北京国家会计学院·中国管理会计实践与创新丛书

管理会计师系列

初级管理会计

总　编　秦荣生
副总编　贺颖奇　张静
主　编　聂兴凯

中国财经出版传媒集团
中国财政经济出版社

图书在版编目（CIP）数据

初级管理会计／聂兴凯主编．—北京：中国财政经济出版社，2018.12

（北京国家会计学院·中国管理会计实践与创新丛书．管理会计师系列）

ISBN 978－7－5095－8694－5

Ⅰ.①初…　Ⅱ.①聂…　Ⅲ.①管理会计－教材　Ⅳ.①F234.3

中国版本图书馆CIP数据核字（2018）第275840号

责任编辑：孙　琛　　　　责任校对：徐艳丽

封面设计：孙俪铭　　　　版式设计：南博文化

中国财政经济出版社 出版

URL：http：//www.cfeph.cn

E－mail：cfeph@cfemg.cn

社址：北京市海淀区阜成路甲28号　邮政编码：100142

营销中心电话：010－88191537

北京富生印刷厂印刷　各地新华书店经销

787×1092毫米　16开　18印张　426 000字

2019年7月第1版　2019年8月北京第2次印刷

定价：63.00元

ISBN 978－7－5095－8694－5

（图书出现印装问题，本社负责调换）

本社质量投诉电话：010－88190744

打击盗版举报热线：010－88191661　QQ：2242791300

《初级管理会计》编委会

前言

为贯彻落实党的十八大和十八届三中全会精神，深入推进会计强国战略，全面提升会计工作总体水平，推动经济更有效率、更加公平、更可持续地发展，2014年10月27日，财政部根据《会计改革与发展“十二五”规划纲要》，制定发布了《关于全面推进管理会计体系建设的指导意见》（以下简称《指导意见》），明确了管理会计体系建设的指导思想和基本原则，提出了管理会计体系建设的总目标，并围绕该目标部署了相应的任务、具体措施和工作要求。这一文件是中国会计改革与发展工作新的里程碑，标志着中国会计改革与发展工作重心转向培育和发展管理会计，为中国管理会计的建设、发展与推广应用指明了方向，为中国管理会计人才培养提供了基本环境。

财政部会计司在关于《指导意见》的相关解释中①，对我国推进管理会计发展与应用的背景做了深刻分析，概括起来主要有四个方面：

1. 全面推进管理会计体系建设，是推动经济转型升级的迫切需要。国际金融危机以后，世界经济进入增速减缓、结构转型、竞争加剧的时期。我国经济正处于增长速度换档期、结构调整阵痛期和前期刺激政策消化期“三期”叠加阶段，只有加快经济发展方式转变，充分挖掘管理潜力，才能实现社会经济持续发展。在会计领域贯彻落实全面深化改革要求，非常重要的一项内容就是要大力加强管理会计工作，通过强化管理会计应用，推动企业建立、完善现代企业制度，实现管理升级，增强核心竞争力和价值创造力，进而促进经济转型升级；推动更加科学、全面地衡量企业绩效，加快形成企业自主经营、公平竞争的市场环境，充分发挥市场在资源配置中的决定性作用。

2. 全面推进管理会计体系建设，是建立现代财政制度、推进国家治理体系和治理能力现代化的内在要求。要发挥好大国财政职能作用，必须具备国际先进的管理能力和宏观调控水平。管理会计重在利用有关信息参与决策、规划未来、控制和评价经济活动，其理念和方法对财政管理具有较大的借鉴意义。通过运用管理会计，有助于关注和重视政府管理中不同环节、不同岗位之间的相

① 参见财政部《规划宏伟蓝图 开创历史先河——〈财政部关于全面推进管理会计体系建设的指导意见〉系列解读之一》。

互衔接，加强规则制定、流程控制，提高政府管理效能；有助于推进行政事业单位加强预算绩效管理、决算分析和评价工作，推动建立与实现现代化相适应的现代财政制度，进而推进国家治理体系和治理能力现代化。

3. 全面推进管理会计体系建设，是会计改革与发展的重要方向。改革开放以来，特别是市场经济体制建立以来，我国会计工作紧紧围绕服务经济财政工作大局，会计改革与发展取得显著成绩。但是，一个时期以来，我们的会计标准建设以及会计学术研究和会计实务，考虑外部投资者、社会公众和外部会计较多，而服务内部管理决策不够，管理会计发展相对滞后，为单位发展提供规划、决策、控制和评价等方面的作用未得到充分有效发挥。全面推进管理会计体系建设，是顺应会计科学发展的必然选择，是实现中国特色会计体系的自我超越和自我完善的必要举措，是推动中国会计工作转型升级的重点所在。

4. 全面推进管理会计体系建设，是弥补差距、迎头赶上、跨越发展的需要。在我国，尽管管理会计已有一些探索和应用，但总体上看，管理会计在服务经济社会发展，对单位经营情况和支出效益进行深入分析，制定战略规划、经营决策、过程控制和业绩评价等方面，急需充分发挥其应有的作用。管理会计总体上与发展需要有一定差距。要实现我国管理会计跨越式发展，提高单位资金使用效益和价值创造力，推动中国经济转型升级，关键是要科学系统地进行体系规划，坚持问题导向，解决这些制约管理会计发展的重点难点问题，切实加强管理会计实践应用。

基于以上背景，财政部立足国情，借鉴国际经验，于2014年10月24日颁布《指导意见》，提出了“4+1”的管理会计有机发展模式，即推进管理会计理论体系建设，推进管理会计指引体系建设，推进管理会计人才队伍建设，推进面向管理会计的信息系统建设和发展管理会计咨询服务市场。管理会计“4+1”模式是管理会计体系建设的核心任务，各个体系既各有侧重、自成一体，又相辅相成、相互促进，共同构成有机整体。其中，理论建设是基础，指引体系是保障，人才培养是关键，信息化建设是支撑，咨询服务是外部支持。管理会计体系建设必须坚持整体推进，各部分要寻求均衡发展，不可偏废其一，其中人才建设是关键，是其他各项建设的依托。《指导意见》提出的中国建设管理会计体系的宏伟目标是：争取3—5年内，在全国培养出一批管理会计人才（管理会计师）；力争通过5—10年左右的努力，建成中国特色的管理会计体系，使其接近或达到世界先进水平。这一目标既脚踏实地，立足当下，又放眼未来，谋划长远，描绘了中国管理会计未来发展前景，是指导我国开展管理会计工作的总体规划。

根据《指导意见》的部署与任务要求，财政部会计司以管理会计指引体系建设为直接抓手，推动管理会计的建设工作，提出以管理会计基本指引为统领、以管理会计应用指引为具体指导、以管理会计案例示范为有益补充的管理会计指引体系建设规划与具体方案，为单位应用管理会计提供有力的指导和具体指南，确保管理会计工具方法在单位中的应用效果，达到提升单位价值创造力的目标。从2014年至今，已经基本完成管理会计指引体系建设的主体性工作。具体工作成果是：

2016年10月，财政部会计司正式颁布《管理会计基本指引》（简称《基本指引》）。该指引在深入研究和吸收各方意见的基础上，形成了涵盖目标、原则、要素等的基本框架，并以要素为主线铺陈章节，其中，总结提炼了应用环境、管理会计活动、工具方法、信息与报告这四项管理会计要素，构成了管理会计应用的有机体系。在《基本指引》中，明确了管理会计具体应用的七大领域，即战略管理、预算管理、成本管理、营运管理、投融资管理、绩效管理和风险管理；每个领域中都列举了具有代表性的、相对成熟的管理会计具体工具方法，为管理会计应用指引的建设提供了基础。

在基本指引指导下，财政部会计司分别于2017年9月、2018年8月和2018年12月正式颁布三批《管理会计应用指引》（简称《应用指引》），共计34项。该《应用指引》对管理会计各个应用领域所涉及的主要管理会计工具方法进行系统梳理，清晰、明确地指出这些工具方法是什么、怎么用、有哪些优缺点、运用环境、如何选择、预计效果等内容，为各单位结合自身情况选择运用适合的管理会计工具方法提供了具体指南。

管理会计应用指引体系建设的另一个主要方面是管理会计案例库建设。该案例库不同于学术性、教学型的案例库，其主要是配合管理会计应用指引的落地实施，对应《应用指引》涉及的管理会计具体工具方法（如预算管理、作业成本法、目标成本法、平衡计分卡、战略地图等），提供源于中国企业单位实践的示范案例，其目的就是为各个单位开展管理会计活动、应用具体管理会计工具提供操作性示范。因此，管理会计案例库建设是整个指引体系建设中不可缺少的、有益补充部分。

上述中国管理会计发展环境和政策建设成果，标志着由国家政府机构（财政部）推动的我国会计改革与发展进入一个新时代，同时，从《指导意见》到整个指引体系建设的具体内容，表明管理会计的功能和应用领域几乎涉及一个单位的各个管理方面，管理会计的广泛性和包容性得到充分体现。正因如此，管理会计成为会计职能和会计人员转型的根本方向，也为管理会计人才培养的能力标准建设、培养培训方式的改革以及中国管理会计专业人才职业化、国际化的发展带来了挑战和机遇。

从挑战方面看，新的环境对各个单位的会计部门职能和会计人员角色定位提出新的要求，具体是：（1）新环境要求会计（财务）部门的职能必须由面向过去的“交易处理”为主，转变为面向未来的“管理决策支持”功能为主，财会部门的职能必须由过去的“数据提供者”转变为“经营分析者和预测者”。(2) 会计（财务）人员角色要与上述会计（财务）部门的职能新定位相适应，会计（财务）人员角色要从过去的“理财管家”转变为“管理策略家和战略规划家”，真正成为企业管理决策支持活动的行为主体。

从机会方面看，管理会计人才（管理会计师）培养和会计转型建设迎来前所未有的大好时机。首先，从政策面上看，国家财政部在《指导意见》相关解释中明确指出：管理会计人才队伍建设是关键，是其他各项建设的依托。我国虽有超过1660万的会计人员，但高端会计人才相对缺乏，其中能够为单位管理高层提供有效经营和最优化决策信息的管理会计人才尤为匮乏，力量较为薄弱，已经成为当前制约管理会计发展的突出瓶颈。因此，全面推进管理会计体系建设，客观要求我们抓紧解决人才匮乏这一关键问题，体现“坚持人才带动，整体推进”原则，重点通过改进和加强会计人才队伍建设，培养一批适应需要的管理会计人才，带动管理会计各体系的整体发展。这一政策背景为我们以培养中国管理会计师为抓手的管理会计人才培养方案提供了政策依据，建立适用于中国环境的管理会计师胜任能力体系及人才培养方案可谓水到渠成。

其次，从财会职能和财会人员角色转型的角度看，挑战正孕育着机会。未来一个合格的管理会计人才（管理会计师）需要在战略管理、营运管理、成本管理、预算管理、绩效管理、投融资管理、IT应用等领域掌握足够的知识和技能，需要以最有效的方式进行沟通、协调，有效地领导或主导推进管理会计活动。因此，培养合格的管理会计人才（管理会计师）恰恰需要建立适用于我国国情的管理会计专业人员的能力框架，确定人才培养标准和评价标准，保证其未来所需知识体系、能力技能和职业道德的合理性和完备性。由此为解决中国管理会计人才（管理会计师）培养范围、标准、职业化等一系列问题提供规范依据。

北京国家会计学院以管理会计研究所为依托，参与国家管理会计体系建设的《指导意见》、《基本指引》、《应用指引》、案例库建设和一系列相关课题研究工作①。作为国家管理会计人才培养的基地，学院2015年底开始着手中国管理会计师胜任能力的研究，2016年初特别立项《中国管理会计师胜任能力框架研究》课题，紧紧抓住解决管理会计人才匮乏这一关键问题，在认真分析企业商业环境、当前和今后一个时期管理会计人才发展面临的新形势、新任务和新挑战的基础上，总结中国管理会计实践经验与成就，借鉴国际管理会计职业机

① 北京国家会计学院管理会计研究所2015—2019年间中标的财政部“中国管理会计发展规划项目”有：《管理会计概念框架研究》(2015—2016)、《面向管理会计的信息标准、生成应用研究》(2015—2016)、《案例库的开发与构建研究》(2018—2018)、《政府部门全面预算管理研究》(2018—2019，此项目为财政部世界银行贷款项目的子项目)。

构的成熟做法，研究建立了我国管理会计师能力框架，其标准结构，如图1所示。该框架是按照有效达成管理会计实务的绩效目标或结果要求，以“管理会计职能标准、管理会计师个人特性标准，包括其知识体系、技能体系和职业操守”为构建要素，定义了初级管理会计师、中级管理会计师和高级管理会计师三个关键角色。这三个角色具体按照能力标准开展管理会计活动。

该框架的意义在于：（1）为我国建立管理会计人才培养标准提供依据；（2）为促进我国管理会计人才培养培训模式与内容创新提供基础；（3）为我国建立管理会计人才培养体系、专业能力考试提供依据；（4）为我国建立管理会计人才测评体系及其信息化提供依据；（5）为推进我国管理会计专业职业化、国际化进程提供具体抓手；（6）为促进管理会计人才培养模式与内容创新，实现我国管理会计总体战略目标等提供基础性支持；（7）以胜任能力框架为依据，以专业能力培训和考试为抓手，为管理会计人才专业能力培养提供可行路径。

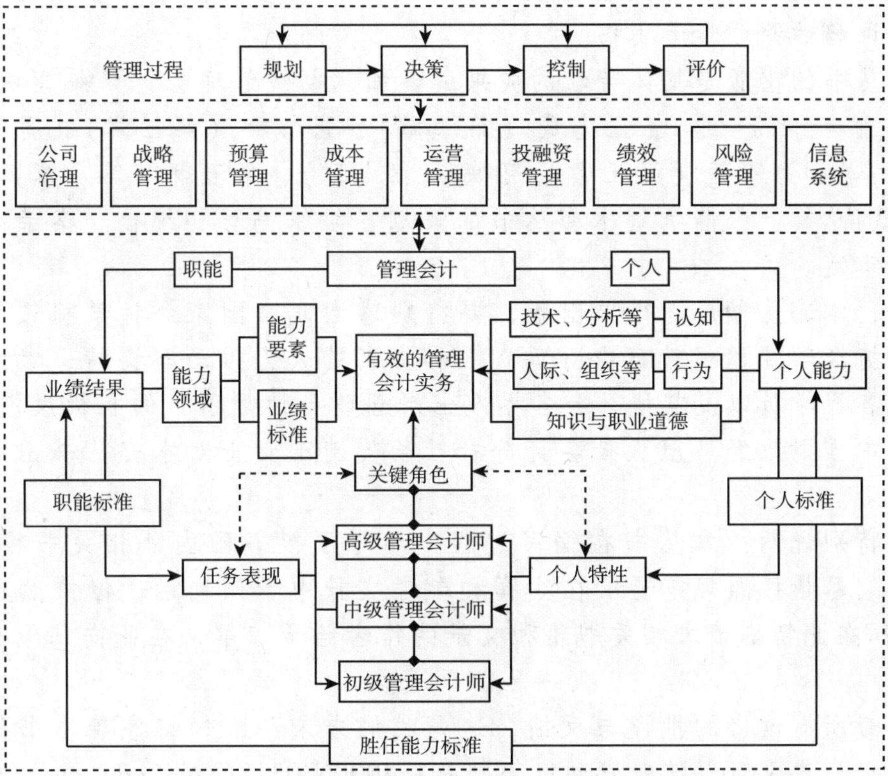

图1　管理会计师胜任能力框架标准结构

2017年6月以来，在中国管理会计师胜任能力框架的基础上，北京国家会计学院以远程教育中心为具体执行和运营管理机构，推出管理会计专业人才培养项目，为国家和社会培养和储备管理会计人才。该项目名称为管理会计师，英文为“Certified Management Accountant”（简称缩写为CNMA），分为初级管理会计师、中级管理会计师和高级管理会计师三个等级的考试。经过两年多的运营探索，以特色课程、高质量师资、严格的考试及管理过程和高公信力，得到社会企事业单位的广泛认可。

为了进一步提高CNMA教育质量、规范专业人才培养并为相关机构和个人学习、应用管理会计提供便利，北京国家会计学院根据财政部《指导意见》提出的人才培养目标要求，以财政部《基本指引》规定的管理会计应用领域为“经”，《应用指引》为“纬”，在总结经验和广泛听取各方意见基础上，应社会各界要求，推出中国管理会计实践与创新丛书，包括管理会计师人才培养方案、中国管理会计实践案例、中国管理会计创新、中国环境下管理会计理论研究等一系列成果。本系列为“管理会计师培训用书”，包括《初级管理会计》、《中级管理会计》、《高级管理会计》和《中国管理会计师胜任能力框架研究》等。这套丛书可以作为各个实务界单位（包括企业和行政事业单位）学习、应用、指导开展管理会计的参考用书，也可以作为各个高等院校培养管理会计专业学生及相关课程的教学参考用书。

本套丛书的出版是集体劳动的成果。参加《初级管理会计》编写的人员有：贺颖奇（前言和第一章）、王志成（第二章）、张黎群（第三章）、周芸（第四章和第六章）、谢军蓉（第五章）、孙娜（第七章）、张玉琳（第八章）。聂兴凯负责本书的总纂。张静负责本套丛书的策划、组织编写和统稿。秦荣生负责本套丛书的审定。

此外，本套丛书最终得以出版，要特别感谢北京国家会计学院领导的具体指导和支持，学院远程教育中心负责人和员工的大力推动与支持，参加考试培训学习的各界学员以及其他社会各界人士对管理会计师项目的积极反馈和关心；特别感谢中国财政经济出版社会计分社社长樊清玉女士对本套丛书出版付出的辛苦和耐心。

最后特别说明：本丛书在编写过程中参考了很多国内外相关书籍和文献，虽然作者们尽量按照规范要求在注释和参考文献中予以列示，但依然难免“挂一漏万”，在此特别请求相关书籍和文献的作者给予谅解，在此向您们表示衷心的感谢！

期待着所有读者的批评与反馈，这是我们未来不断修订完善本书的宝贵财富。您的宝贵意见可以随时发到以下邮箱：4000630318@nai.edu.cn.

目录

第一章

绪 论

【学习目标】

通过本章学习，理解和掌握

- 管理会计的定义、基本功能与目标体系
- 管理会计信息的质量要求
- 管理会计的职能与应用领域
- 管理会计在企业单位管理中的地位
- 管理会计与财务会计的区别
- 环境变化、管理思想的发展对管理会计发展的影响

第一节 管理会计的定义、基本功能与目标体系

什么是管理会计？管理会计“与生俱来”的基本功能是什么？管理会计的目标是什么？这些问题是管理会计的本质问题，也是我们学习、理解和应用管理会计需要厘清的关键问题。

自2014年国家财政部颁布《关于全面推进管理会计体系建设的指导意见》以来，管理会计成为学界和实务界共同“热议”和“追捧”的话题。到底如何理解管理会计，进而如何理解管理会计的功能和目标，这个看似简单、直接的问题，却在学界和实务界专家中呈现“百花齐放”的局面。从学术探讨的视角看，这种局面或许是有利的，但是，从管理会计实践、管理会计专业与职业发展和管理会计职业化人才培养的角度看，这种局面却恰恰造成了很多认识上的混乱和实践上的困惑。因此，我们有必要对管理会计的定义、目标和功能等基本问题进行讨论，试求走出“乱局”，为管理会计专业与职业化人才培养（例如管理会计师培养）提供相对清晰的管理会计的定位，帮助大家更好地理解、学习管理会计。

一、管理会计的定义与基本功能

关于管理会计的定义与基本功能，学界、实务界和职业界均有多种不同的理解和描述，但出于本教材的目的，我们按照时间先后顺序，仅就国际上一些代表性会计职业组织对管理会计所做出的里程碑性的定义和我国财政部对管理会计的定义和基本功能进行介绍和解析。

（一）国际会计职业组织的定义及其分析

1966年，美国会计学会（American Accounting Association，简称AAA）发布了影响世界会计理论研究与实践发展的著名公告：《会计基本理论公告》（A Statement of Basic Accounting Theory，简称 ASOBAT）。该公告首先将会计定义为“识别、计量和提供经济信息，以便信息使用者得以有根据地做出判断和决策的过程”（The process of identifying，measuring，and communicating economic information to permit informed judgments and decisions by users of the information），并进一步指出“本质上，会计就是一个信息系统”（Essentially，accounting is an information system）——这一会计定义深刻地影响着整个世界的会计学科的发展，此后，美国主流会计学理论研究基本上都遵从该定义，直到现在，虽然每年不断有新的会计理论文献，但均未能超越该定义（胡玉明，2017）。在此概念之下，AAA 进一步定义了管理会计，即“管理会计是利用适当的技术和观念，加工历史和未来的经济信息，以帮助管理人员制定合理的经济目标方案，并协助管理部门达到其经济目标制定合理的经济决策。”按照 AAA 的说明，管理会计本质上是一个信息系统，其基本功能是“提供信息和利用信息开展管理活动”，而管理活动表现为管理决策支持过程。

1986 年，美国全国会计师协会（National Association of Accountants，简称 NAA）的下属管理会计实务委员会将管理会计定义为：“管理会计是向管理当局提供关于企业内部计划、评价、控制以及确保企业资源的合理使用和经营责任的履行所需财务信息的确认、计量、归集、分析、编报、解释和传递过程。管理会计还包括为诸如股东、债权人、规章制定机构及税务当局等非管理集团编制财务报告。”该定义没有改变管理会计的本质之说，只是扩大了管理会计的范围，即管理会计是包括财务会计在内的大会计体系，其基本功能依然是“提供信息和利用信息开展管理活动”，只是管理活动被具体化为服务于企业单位的内部计划、评价和控制和资源利用等管理过程。

1988 年国际会计师联合会（International Federation of Accountants，IFAC）在其《管理会计概念公告》（征求意见稿）中指出，“管理会计是指在组织内部，对管理当局用于规划、评价和控制的（财务和运营）信息进行确认、计量、积累、分析、处理、解释和传输的过程，以确保其资源利用并对它们承担经管责任。管理会计是管理活动的组成部分，关注在动态竞争环境中运用各种技术有效地利用资源，来增加组织价值。”

IFAC 对管理会计下的定义与 NAA1980 年代的定义相比，同样没有改变管理会计的本质和基本功能，最大区别在于：其一，明确了管理会计信息的来源是广泛的，不仅包括财务信息，而且包括经营信息；其二，强调了管理会计信息的使用者是企业内部的管理人员，不包括企业外部的相关组织和人员，从而将管理会计与财务会计理论与实务的发展分离为明确的两个分支。

1988 年，加拿大管理会计师协会颁布了管理会计指引（Management Accounting Guidelines，简称 MAGs），其中对管理会计的定义是：“管理会计是会计专业的一个分支，是提供企业管理开展计划、指挥、决策等所需要的信息以及企业各层级管理者如何有效利用信息进行最有效决策过程。”这一定义遵循管理会计的本质是信息系统之说，管理会计的基本功能依然是“提供信息和利用信息开展管理活动”。

1997 年，美国管理会计师协会（The Institute of Management Accountants，简称 IMA）①的定义为：“管理会计是提供价值增值，是企业规划设计、计量和管理财务与非财务信息系

① 1991 年 NAA 更名为 IMA。

统的持续改进过程，通过此过程指导管理行为、激励行为、支持和创造达到组织战略、战术和经营目标所必须的文化价值。”由该定义可以清楚地看出管理会计是一个信息系统，基本功能依然是“提供信息和利用信息开展管理活动”。这个定义一个明显的特点就是将管理会计参与管理活动的范围扩大而且更具一般性，具化为战略、战术、管理行为、激励行为、持续改进等综合概念表达。

2005 年，英国特许管理会计师公会（The Chartered Institute of Management Accountants，简称 CIMA）对管理会计的定义为“运用会计和财务管理的相关原则，用以创造、保护、增加公共部门和私营部门中营利及非营利企业利益相关者的价值。管理会计是管理的重要组成部分，它需要识别、生成、展示、解释和使用相关信息来：（1）提供战略决策信息以及制定商业战略；（2）计划长期、中期、短期的运营；（3）制定资本结构决策并有效融资；（4）决定股东和管理层的激励策略；（5）为经营决策提供信息；（6）控制运营并确保资源的有效利用；（7）计量财务和非财务绩效并报告给管理层和其他利益相关者；（8）保全有形和无形资产；（9）实施公司治理程序，风险管理和内部控制。”该定义扩展了相关信息的范围和其使用范围，认为管理会计是一个信息系统，基本功能依然表现为“提供信息和利用信息开展管理活动”。

2008 年，IMA 决定对《管理会计公告》（SMAs，Statements on Management Accounting）进行大规模修订，重新定义了管理会计，认为：“管理会计是一个涉及管理决策、设计规划和绩效管理体系的职业，在财务报告和控制方面提供专业支持来帮助管理层构建和实施组织战略。”该定义改变了以往从管理会计属性功能的角度定义管理会计，而是从管理会计职业主体的角度——管理会计师的角度将管理会计定义为一种“职业”，没有直接表达实施这一职业活动的手段和技术过程，但是这并不影响管理会计是一个信息系统的本质，因为任何职业管理会计师开展管理会计活动依然是需要和利用管理会计信息。因此，管理会计的基本功能并未改变，只是更加明确了这一基本职能的行为主体。

2014 年 CIMA 和美国注册会计师协会（AICPA）联合发布了《全球管理会计原则》，其中给出了新的管理会计的定义，认为：“管理会计是为组织创造价值和保值而收集、分析、传递和使用与决策相关的财务与非财务信息。”这一定义可谓是描述管理会计本质和基本功能最为简明、直接的定义，即管理会计是一个信息系统，基本职能是“提供信息和利用信息开展管理活动”。

总之，上述国际上各个职业组织对管理会计定义的演进过程表明：管理会计本质是一个信息系统，其基本功能是提供信息和利用信息开展管理活动，至于职能划分、专业技术、工具和方法等都是完成这两项基本工作功能的手段。

（二）中国财政部的定义及其分析

中国财政部在 2014 年 10 月颁布的《关于全面推进管理会计体系建设指导意见》（简称指导意见）中明确指出：“管理会计是会计的一个分支，主要服务于单位内部管理需要，是通过利用相关信息，有机融合财务与业务活动，在单位规划、决策、控制和评价等方面发挥重要作用的管理活动。”该定义该如何理解？由于本书接受采用财政部的定义，故在此对该定义做详细的解析。

（1）该定义定位了管理会计在会计学科和会计工作中的位置，即是会计学科和会计工作的一个分支。(2) 该定义强调了管理会计的服务对象，即“单位内部管理需求”，管理会计的信息使用者是“内部管理者”。(3) 该定义的核心是强调管理会计如何利用信息为管理服务。因此，该定义本质上是说管理会计是一个信息系统，基本职能依然是提供信息和利用信息开展管理活动。(4) 该定义强调了管理会计发挥作用的路径或载体，是规划、决策、控制和评价等管理过程及其具体职能活动。这一点非常重要，它意味着管理会计与这些管理活动过程的关系是伴生性关系，管理活动在哪里，管理会计的服务功能就应该跟着发挥到哪里。因此，提供信息是管理会计发挥作用的必要条件，而业财信息的融合运用是管理会计有效发挥作用的充分条件。(5) 该定义界定的管理会计的服务领域（也可以理解为管理会计的工作领域）非常宽泛，涉及单位规划、决策、控制与评价的各个职能管理领域（如战略管理、预算管理、成本管理、运营管理、投融资管理、绩效管理、风险管理、信息与报告等）。(6) 该定义说明管理会计为管理服务，解决的是“管理”问题而非“会计”问题，进而说明管理会计在服务管理过程中起到的是支持、帮助、参谋的作用而不是替代管理的作用；因此，管理会计作为信息系统，其功能也可概括地表述为决策支持系统①。

总之，财政部对管理会计的定义相比其他而言，更具广泛性、动态性和包容性，为管理会计的研究、应用和发展提供了广阔空间。同时，也为管理会计人才及其培养提出更高要求和挑战。

二、理解管理会计的前置性概念

如前所述，管理会计是与管理过程伴生的、在企业单位经营管理过程中发挥作用的。为更好地理解管理会计，说明管理会计目标问题，我们需要对相关概念首先作一界定。

（一）基础核心概念

以下概念是理解整个管理会计的核心概念和语言语境体系。

1. 资源。资源是指企业单位为创造未来收益而取得的关键性要素，包括人力、物资（机器、原材料、空间场所等）、信息技术、环境标准、资金和组织资源等。

2. 企业单位。企业单位是资源的集合，其从外部取得资源，内部配置、使用资源，并向外部（社会）输出资源。

3. 管理目标。企业单位管理过程是一个目标管理过程，因此，管理目标是指企业单位管理者为开展一个或多个管理活动而监控的资源应用或提供的特定结果或产出。

管理目标可以是单位的最终成品或服务，也可以是任意的中间产品或服务。只要在单位管理者接受的时空约束条件下，管理目标适用于单位规划、决策、控制与评价活动中的任何的测量、分析或预测等目的。

4. 企业单位管理过程的三个关键“资源流”。

(1) 广义物流：是指企业单位管理过程中按照数量、质量标准、结构与时间方向约束等所进行的资源配置的物理过程。其计量属性是以资源的自然属性（自然量纲单位）计量，

① 此处所使用的决策的概念，并非狭义的选择行动方案或拍板决定做某件事，而是接受了赫伯特·西蒙提出的决策概念，包括决策环境分析、决策方案选择、决策方案执行与决策执行结果的评价反馈。

从长期经营的角度看，广义物流通常表现为战略资源规划，而从短期经营的角度看，则表达为企业年度资源配置计划，即经营计划。广义物流与企业单位的核心经营流程相对应，可表达为企业单位的供应（采购）、生产和销售三大继起核心流程，同时，这三大流程的一般化即是供应链。

（2）资金流：是指与广义物流相伴生的资金流动，从财务的角度看，就是价值流。其计量属性是以价值属性计量，资金流量或价值流的多少是由广义物流配置数量与其相应的资源价格（广义的资源消耗定额）的乘积决定。从战略角度看，资金流或价值流通常表达为中长期资金规划，从短期看，则表达为年度资金计划和预算。与广义物流的三大继起流程相对应，资金流表达为采购资金流、生产资金（成本）流和销售资金流（销售收入与费用），同时，这三大资金流的一般化就是核心价值链。

（3）信息流：是指与广义物流和资金流相伴生的业务和财务信息流动[①]。信息流通常以各种媒介为载体，为管理者提供所需要的信息，表达为为规划、决策、控制、评价提供服务的过程，故“信息流”实际上是管理的“抓手”。信息流的载体正式表达为管理会计报告。

5. 价值链。如上所述，供应链和价值链是“一个硬币的两个面”，其差别在于资源（硬币）计量基础不同（两个面）。为了更好地从整体上理解管理会计，我们进一步对价值链的概念进行讨论。

价值链概念的前提将整个社会的经济活动过程视为社会的价值创造过程。价值链就是从这个过程的最上游——各种资源的取得，到最下游——终端消费过程各个价值创造活动（或称环节）构成的链条（迈克尔·波特，1985）。价值链包括核心价值链（主价值链）和辅助价值链。前者是任何一个企业单位都必有的客观存在，没有核心价值链就没有企业单位产品或服务；后者是辅助或保障前者有效开展的各种管理活动，例如战略管理、人力资源管理、会计、法务管理、信息系统、通讯系统、绩效管理、风险管理等，价值链的基本结构如图 1－1 所示。

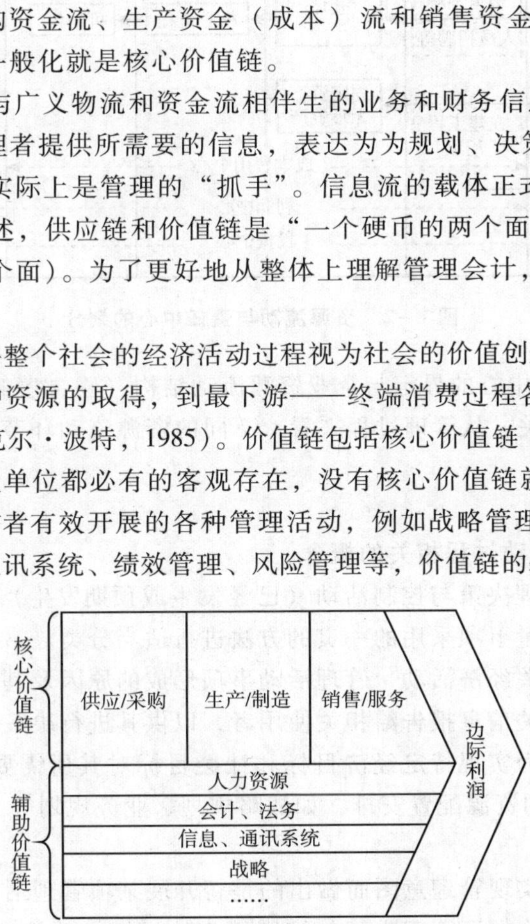

图 1－1　价值链的基本结构

6. 经营管理。经营管理是企业组织为了实现管理目标，开展供、产、销活动过程以及为保障该过程顺利进行的各种管理活动的总称，其核心是在一定时空条件下做出资源合理配置与资源有效利用相关规划、决策、控制、评价等活动。

7. 责任中心。责任中心是指在企业单位经营管理活动中各个管理者实施规划、决策、

① 在此“财务信息”和“会计信息”同义。

控制与评价的主体。受管理权限的约束，责任中心可以分为三大类：投资中心、利润中心和成本（费用）中心，如图 1－2 所示。

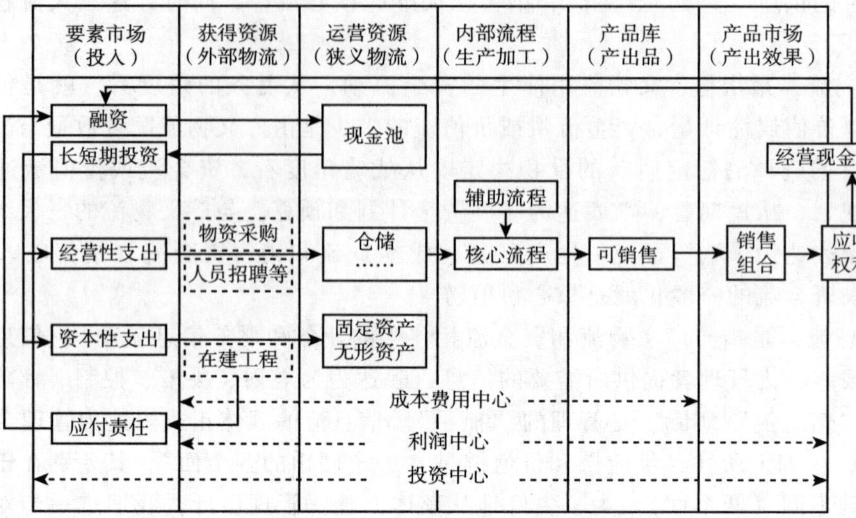

图 1－2 资源流动与责任中心的划分

图 1－2 表明：责任中心的界定与企业资源流动结构（隐含着管理会计代理目标及其要素）及管理过程密切相关。从管理过程来看，不同的资源流动环节所涉及的决策权力不同，责任也就不同。

（二）与管理会计活动过程相关的概念

1. 计量：是指对管理决策与控制活动（已经发生或预期发生）事项所做的量化的测定。

2. 归集：是指对计量事项采用的一贯的方法进行适当分类。

3. 分析：是指对相关经济活动、管理活动事项形成的原因及其相互关系进行确定。

4. 传递：是指将相关信息报告给相关使用者，以供其进行决策和控制。

5. 规划：是指单位为实现特定经济目标和社会目标对其所需要的资源、使用资源的水平和预期结果预先做出的资源配置安排，如战略规划、业务规划等。规划通常是企业经营预算的编制前提。

6. 决策：是指为了实现管理意图而做出的是否开展某项管理活动的决定。

7. 控制：是指单位为保证管理决策与控制行为的目标一致性所做出的各种预防或矫正性活动。

8. 评价：是指单位按照一定标准对管理活动事项的结果或过程做出的有效性判定，并将结果进行反馈。

9. 机会成本：是指单位在资源稀缺性的约束下，将有限资源投资于最优机会而放弃次优机会发生的应得而未得的受益。

10. 报告：是指管理会计活动中，为满足管理活动的信息需要，以恰当的载体和符合逻辑的方式和格式，对会计与业务性数据、信息，按照特定的管理意图或特定管理需要予以提供、传递、解释和协调的过程。

三、管理会计的目标

管理会计的目标，是管理会计职能活动的逻辑起点，也是认识管理会计职能属性的基本前提。下面在以上核心概念的基础上，我们讨论管理会计的目标问题。

不同的学科和管理职能通常都会有其反映自身特点、属性的目标。例如我们所熟悉的“财务管理”，其目标在股东至上的治理结构下被表述为“股东价值最大化”；在利益相关者治理结构下被表述为“利益相关者价值最大化”；再如很多商业管理职能的目标都概括地表述“价值最大化”。管理会计作为一个学科或者一种管理职能，其目标应该是什么？应该如何表述？如何反映其专属性？这并非一个简单的问题。

在我们前文所讨论的管理会计定义，实际上都包含管理会计的“目标”指向和表述，如帮助管理层实现“资源有效利用”、解除“经营管理责任”、“增加组织价值”、“价值增值”、“保值增值”等，概括起来就是说管理会计为企业单位“创造价值”或实现“价值最大化”，这一说法是否恰当？如果从管理会计的终极目的来看，这种说法并无不妥，但是，就其直接目标而言却有待商榷。

我们建议管理会计的目标应具有和反映管理会计的专有属性，唯此才能体现与其他管理职能目标的区别，并反映管理会计本身的特点。因此，理解、把握管理会计目标需要紧密结合企业单位经营管理过程和经营管理结果，对管理会计的目标进行适当分类和表述。

管理会计的目标归根结底是通过提供信息和参与管理过程，为组织创造价值服务。这一过程表现为管理会计借助专业工具与方法，帮助管理者对资源的最优化配置和使用作出有效规划、决策、控制与评价。这一目标符合经济管理活动的“成本—效益”基本原则。因此，恰当理解管理会计目标要把握好两点：首先，应该合理地认识企业单位目标，包括终极目标、代理目标和代理目标要素；其次，在此基础上，将管理会计的目标划分为直接目标和附属目标，它们共同形成管理会计目标体系。

1. 企业单位的终极目标。可持续地创造价值是所有企业单位追求的目标，而企业管理过程表现为企业价值管理过程。因此，企业的终极目标即价值创造的结果，通常抽象地表述为企业价值最大化。

2. 终极目标的代理目标。由于企业终极目标是抽象的，因此，从实现在规划、决策、控制和评价的操作过程角度看，终极目标可以通过代理目标来体现和表达。根据前面对企业单位的基本定义和图 1－1 所示的企业单位的核心流程，代理目标包括：

（1）经济性：是指企业单位取得资源和资源使用过程的经济合理性，通常表现为以货币计量的资源取得成本和耗费的合理性计量。

（2）效率性：是指企业单位以既定的经济资源所获得的产出结果计量，通常用投入产出比表示。在不考虑效果的情况下，投入产出比越高越好。

（3）效果性：是指单位产出结果达到或满足预期管理目标程度的计量，达到或满足预期管理目标的程度越高越好。

经济性、效率性和效果性的综合体现即是经济效益。

3. 管理会计的直接目标。管理会计的直接目标是指为企业单位内部管理者实现有效规划、决策、控制和评价等管理活动提供有用信息，并通过参与这些管理活动为企业实现其终极目标服务。由于单位规划、决策、控制和评价等管理活动意图不同，其所需要的有用信息不同，相应的选择管理会计工具方法不同。因此，管理会计的直接目标能否实现以及实现的程度，取决于融合会计与业务信息的质量特性和工具方法的适用性。

4. 管理会计的附属目标。企业单位规划、决策、控制和评价管理活动在实务体系中，表达为具体的企业单位治理、战略管理、预算管理、成本管理、运营管理、绩效管理、投融资管理、风险管理、信息系统运行等各种具体管理职能活动。因此，管理会计的附属目标是指管理会计为企业单位有效开展各种管理职能活动提供有用信息（包括财务与非财务信息，定量信息和定性信息），并通过参与这些管理职能活动，保证其有效服务于单位规划、决策、控制和评价的直接目标的实现。

综上所述，在以上目标体系中，附属目标应保证直接目标的实现；附属目标、直接目标共同保证代理目标的实现，而附属目标、直接目标、代理目标共同保证终极目标的实现。上述目标体系的结构关系如图1－3所示。从管理过程到终极目标实现的过程看，管理会计的目标可以概括为一句话：帮助企业单位“向管理要效益”。

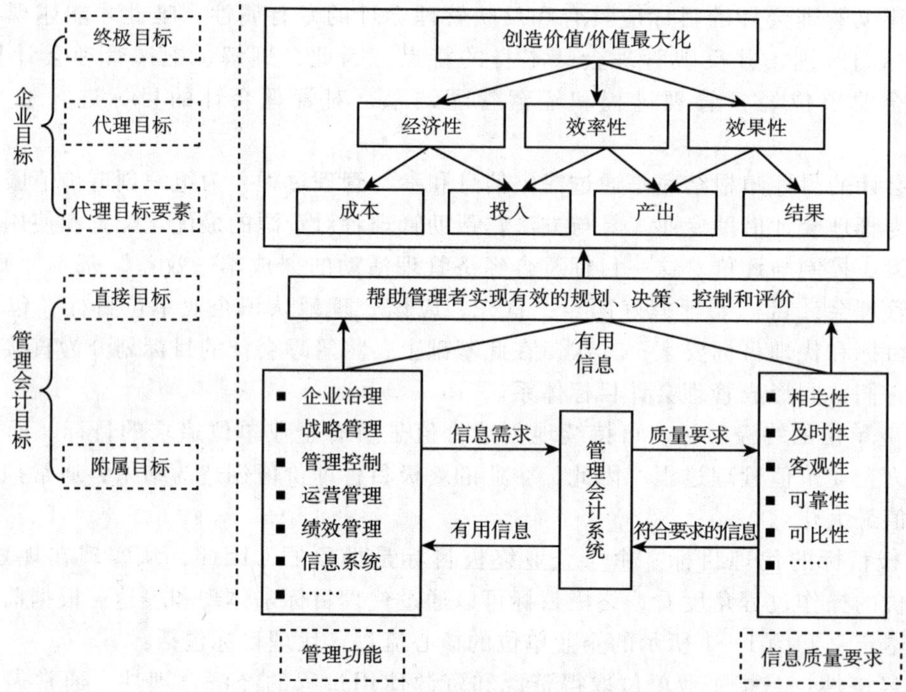

图1－3　管理会计目标体系及其关系

第二节　管理会计信息质量特征与原则与职能

管理会计所提供的信息需要达到一定的质量要求，运用管理会计信息参与管理活动需要遵循一定的原则，这是实现管理会计活动或工作有用的基础。

一、管理会计信息质量特征

管理会计信息的质量特征，可以通俗地理解为管理会计的信息质量标准或信息质量要求。和其他产品或服务一样，管理会计作为一种为企业单位内部管理提供服务的“产品”，有其特定的质量要求（质量特征）。根据国内外职业机构和学者的研究，管理会计若要实现为规划、决策、控制、评价活动提供有效服务，则其信息当且仅当具备对规划、决策、控制和评价的有用性，而这种有用性是以下信息质量特征（标准要求）刻画的。

（一）相关性/目标相关性

相关性指的是该信息基于或者有利于促进行动和产生想要的结果。例如，给定不同的替代品，相关成本和收入是指与至少一种替代品不同的预期成本和收入。历史成本可能只能作为估算预期将来成本的基础。

相关性取决于目标功能的结构。换句话说，相关性信息是指关于使用者目标功能的任何变量的信息，而且必须要十分接近目标功能的内在定义。相关性是定性的而非定量的特性，从这个意义上说，信息要么相关，要么不相关。

相关性取决于接收信息的特定使用者以及他们的特定决策。一些变量可能对某一使用者相关，但对其他人不相关；或者只对某一种类型的决策相关，对其他决策不相关。

（二）准确性/精确性/可靠性

从统计意义上讲，这些特性是相互关联的。准确性概念是由精确性和可靠性概念来表述的，精确性则需要可靠性。可靠性常常用于描述在一个置信区间内涵盖估计的真值的可能性；精确性常常用于描述样本估计的区间；尽管我们不可能得到100%的准确性，但是我们可以设定一个上下界限，在这个区间内准确性是管理会计信息的有效特性。

（三）一致性/可比性/统一性

一致性是指在一个企业单位连续的时间内使用相同的规则和程序，以使它自己的报表与其他企业单位的报表具有可比性。统一性涉及在不同企业单位使用相同的规则。一致性、统一性以及确保的可比性是财务报表的理想标准。管理会计的相关性在长期决策和短期决策上有所不同。长期计划决策依赖多样化的、非结构化的信息以及非重复性的场景，并且这可能被强调一致性/可比性/统一性的内部会计系统所过度束缚。但是，短期计划和绩效控制领域则更多地依赖于结构化信息、重复性场景，并且与强调一致性/可比性/统一性的内部会计系统紧密相关。

（四）可验证性/客观性/中性/可追溯性

可验证性和客观性是指独立的计量者运用相同的计量方法能得出相同的计量结果。我们通常能通过数据的差异来计量出数据的离散程度。如果计量规则具体明了，我们就可以通过再现最初的计量过程以及基于可审计追踪的证据文件来实现对计量结果的验证。可追溯性是指审计踪迹的存在性。最后，中性是指在存在多方组织的情况下，数据的不偏不倚。计量者对于数据的个人兴趣可能使得计量结果产生偏差。为管理会计产生的数据的可验证性/客观性/中性/可追溯性的程度与财务会计有所不同。然而，信息的中性是期望的目标，尤其是当数据用于信息评价或者作为调配资源或者解决纠纷的基础时，信息的中性要求尤为重要。

（五）灵活性/适应性

灵活性是指数据分类和聚合程度，而这些数据是形成不同信息和报告的基础。比如，采购数据可能按以下类别进行分类：（1）单个产品和服务；（2）单个采购者；（3）供应商。这些数据可能按以下分类来汇总：（1）交易类别；（2）日；（3）月等。

适应性是指从数据库取出的数据与企业决策过程的一致程度。会计系统的适应性不仅要求其具有灵活性，而且要求与决策过程明确、协调。由于管理会计报告种类很多且缺乏一致性，还要满足不同的决策需要，管理会计比财务会计需要更好的灵活性和适应性。

（六）及时性

及时性是指信息的时间问题。及时性有两部分：间隔和延迟。间隔是在编制两份连续报告时所费的时间；延迟则是加工数据、准备报告、传递报告所需要的时间。尽管及时性是管理会计信息独特的理想特性，但是及时性可能受到成本考量的影响，并且可能与其他标准（比如准确性等）相冲突。

（七）可理解性/可接受性/动机性/公平性

可理解性是指管理会计提供信息时，必须考虑到信息使用者的理解能力，所提供的会计信息必须保持明晰性；可接受性是指信息使用者对已经满足问题要求和计量标准的信息认可程度。公平性指的是信息的中性。动机性是指确保信息使用者和企业单位目标一致的企图。简单地说，管理会计信息应该易于理解，便于接受，对使用者公平以及让使用者有动机以企业单位期望的方式开展管理活动。

以上管理会计的主要信息质量特征并不是同等层次的，而是要根据决策和用户的需要进行分层分类，如图1-4所示。

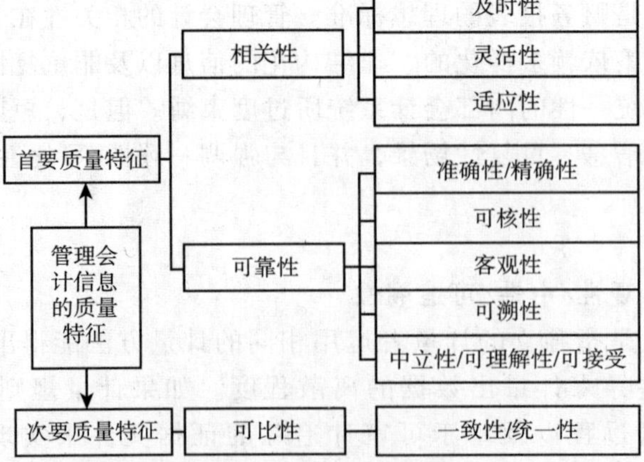

图1-4 管理会计信息质量特征分类与关系

二、管理会计基本原则

在总结国内外学者和职业机构研究的基础上，为有效开展管理会计实务，管理会计在实现其功能过程中必须接受和遵守以下基本原则①：

（一）战略导向原则

管理会计的应用应以战略规划为导向，以持续创造价值为核心，促进单位可持续发展。

（二）融合性原则

管理会计应嵌入单位相关领域、层次、环节，以业务流程为基础，利用管理会计工具方法，将财务和业务等有机融合。

（三）适应性原则

管理会计的应用应与单位应用环境和自身特征相适应。单位自身特征包括单位性质、规模、发展阶段、管理模式、治理水平等。

（四）成本效益原则

管理会计的应用应权衡实施成本和预期效益，合理、有效地推进管理会计应用。

（五）目标一致性原则

该原则是指在执行决策过程中，各个行为主体的管理活动要保持与企业战略或总体目标方向的一致性，当产生偏差的时候就需要采取措施进行矫正。

（六）因果关系原则

因果关系是指企业为实现管理目标而度量的定量产出与为得到这些产出所消耗的投入数量之间的关系。因果关系是企业进行决策与控制的基本逻辑前提。

（七）类比推测原则

类比推测是指利用因果关系来推断过去或将来的动因或结果。类比推测关系是企业管理过程的内生性要求，遵循类比推测原则，可以更好决定使用成本信息的方式，提高企业资源优化的决策水平。

（八）价值导向原则

管理会计应用要以持续价值创造为导向，落实到战略、运营、作业各层级，促进单位可

① 前四项基本原则是财政部（2016年）《管理会计基本指引》中规定的。

持续发展。这里的价值，包括经济性、效率性和效果性三个基本方面。

三、管理会计的职能

如果说管理会计的基本功能——“提供信息和利用信息开展管理活动”——是与生俱来的，那么，管理会计的职能则是管理会计在具体应用场景中的“工作使命和责任”。根据财政部的定义，管理会计主要服务于企业单位内部管理需要，是利用相关信息，有机融合财务和业务活动，为企业单位的规划、决策、控制和评价等管理活动服务。因此，管理会计的基本职能就是为企业单位的有效管理实务发挥自己的功能，按照管理意图和要求“解析过去，控制现在，筹划未来”①。这一职能定位体现了管理会计活动在时间上的连续性和空间上的继起性，是对管理会计职能的高度概括。

（一）解析过去

管理会计“解析过去”的职能主要是体现为对已经生成的财务会计信息（包括报告的和未报告的）和非财务信息，按照管理意图进行再分类、计量等处理，并对信息的含量/含义进行分析、解释和评价，以管理会计报告或其他载体形式传递给相关管理者，目的是为改进当前的管理控制工作（即控制现在）和未来预测、规划、决策等工作（即筹划未来）服务。因此，管理会计的“解析过去”是企业单位整个管理系统中重要的反馈职能之一，强调管理会计并非意味着削弱甚至否定财务会计的存在及其重要性，相反，财务会计是管理会计信息的重要来源之一。

（二）控制现在

管理会计“控制现在”的职能主要体现在运用“解析过去”得到信息改进当前管理工作，具体是按照企业单位计划或标准确定的一系列的指标（值），对比设计执行结果，分析当前执行过程产生差异的原因并及时修正或矫正当前的执行行为过程，并不断优化“筹划未来”所需要的信息，为企业单位实现其管理目标服务。

（三）筹划未来

管理会计“筹划未来”的职能，主要体现为运用“解析过去”和“控制现在”得到相关信息，为企业单位开展战略和经营预测、规划、计划、决策等管理工作服务。“筹划未来”是企业单位实现可持续发展和可持续价值创造的重要工作，而面向未来，提高企业单位管理（者）的前瞻性管理能力，为企业单位“筹划未来”服务，是管理会计区别财务会计的重要特征。管理会计的这一职能，是通过具体的管理会计信息和管理会计的知识体系、分析方法与工具的应用过程，降低企业管理的不确定性，提高管理预见性，从而提高预测、规划、计划和决策的可靠性。

总之，“解析过去，控制现在和筹划未来”是管理会计的基本职能，三者在时间上的连续性和空间上的继起性，决定了三者共同构成一个完整的管理闭环，而这种管理闭环是一个

① 这一职能定位最早由余绪缨先生提出，财政部在发布的“指导意见”相关解释中也采用了这一定位之说，参见财政部《规划宏伟蓝图 开创历史先河——〈财政部关于全面推进管理会计体系建设的指导意见〉系列解读之一》。

管理行为过程。在持续经营的假设下，这一过程循环往复以至无穷，推进企业单位管理过程和价值创造过程的持续改进。最后需要指出的是：这三大职能的具体展开体现在企业单位的战略管理、成本管理、预算管理、营运管理、投融资管理、绩效管理、风险管理和信息系统等具体管理职能中。

第三节 管理会计的应用领域

管理会计的应用领域，通俗理解就是管理会计的工作领域。下面我们首先对国际职业组织和研究者提供的一些经验证据进行描述，然后，根据财政部的《财政部关于全面推进管理会计体系建设的指导意见》（财政部，2014）《管理会计基本指引》（财政部，2016）和《管理会计应用指引》（财政部，2016—2018）及其示范案例（财政部，2016—2018）确定我国（也是本教材）管理会计的应用领域。

一、经验证据

国际具有代表性管理会计职业组织包括美国 IMA 和英国 CIMA 等都对管理会计的应用领域做过指引性规定。

美国 IMA 将管理会计应用领域分为七大管理职能领域，即治理系统（Governance Systems）、管理控制系统（Management Control Systems）、发展组织领导力（Developing Organizational Leadership）、内部计量系统（Internal Measurement Systems）、对外报告系统（External Reporting Systems）、全球商务环境（Global Business Environment）、财务职能转变（Transforming the Finance Function）。为了管理会计能在这些领域充分发挥作用，IMA 通过管理会计公告的形式，不断推出管理会计的具体技术、工具与方法。截至现在，IMA 共颁布了四大类（战略成本管理类、绩效管理类、企业风险与控制及管理会计实务类）合计 34 个管理会计具体公告，具体说明管理会计开展职能活动的工具与方法。

英国 CIMA 和美国注册会计师协会（AICPA）2014 年联合发布的《全球管理会计原则》，围绕“制定战略（Strategy）、计划（Plan）、执行（Execute）和评估（Review）”管理活动，提出了 14 个管理会计的具体应用领域，即成本改造与管理、对外报告、财务战略、内部控制、投资评价、管理与预算管理、定价、折扣和产品决策、项目管理、守法与合规、资源管理、风险管理、战略税收管理、司库与现金管理、内部审计。

从国内调查研究的结果看[①]，企业实务人员认为管理会计的应用涉及 15 个管理职能领域，即成本费用管理，预算管理，财务预测，财务数据分析，盈利性（产品盈利性、渠道盈利性、客户盈利性）分析管理，运营管理（流程再造等），风险管理，资金管理，融资决策，纳税筹划，为董事会选择、聘用、激励、考核经理人提供依据和方法，部门绩效考核与评价，投资项目绩效考核与评价，参与战略制定，参与公司财务规划等。

以上这些管理会计所涉及的应用领域，也恰恰说明了管理会计的广泛性、复杂性、包容

① 详见北京国家会计学院和英国 ACCA 联合研究报告：《中国企业管理会计实践状况调查》，2016 年。

性和伴生性的特征。

二、我国管理会计应用领域的确定

我国财政部《指导意见》明确了我国管理会计体系建设的基本目标和具体任务，而管理会计指引体系建设，作为落实《指导意见》具体任务的直接抓手，规定了管理会计的具体应用领域及其工具方法。

管理会计基本指引是指导企业单位应用管理会计的共同基础，明确了管理会计的具体应用的七大领域，即战略管理、预算管理、成本管理、营运管理、投融资管理、绩效管理和风险管理；每个领域中都列举了具有代表性的、相对成熟的管理会计具体工具方法，为管理会计应用指引的建设提供了基础。具体详见表 1－1 所示。

表 1－1　管理会计应用领域与代表性工具

工具 / 领域	管理会计工具方法
战略管理	战略地图、价值链管理等
预算管理	全面预算管理、滚动预算管理、作业预算管理、零基预算管理、弹性预算管理等
成本管理	目标成本管理、标准成本管理、变动成本管理、作业成本管理、生命周期成本管理等
营运管理	本量利分析、敏感性分析、边际分析、标杆管理等
投融资管理	贴现现金流法、项目管理、资本成本分析等
绩效管理	关键指标法、经济增加值、平衡计分卡等
风险管理	单位风险管理框架、风险矩阵模型等

在基本指引指导下，财政部于 2017 年 9 月起着手进行《管理会计应用指引》的建设工作，陆续颁布了一系列管理会计应用指引，截至 2018 年 12 月，已经颁布应用指引共计 34 项，详见表 1－2 所示。该应用指引对管理会计各项工具方法进行系统梳理，清晰明确地告诉单位这些工具方法是什么、怎么用、有哪些优缺点、运用环境、如何选择、预计效果等内容，以便于单位结合自身情况选择运用适合的管理会计工具方法。

表 1－2　管理会计应用指引索引表

指引 / 领域	应用指引
战略管理	管理会计应用指引第 100 号——战略管理 管理会计应用指引第 101 号——战略地图
预算管理	管理会计应用指引第 200 号——预算管理 管理会计应用指引第 201 号——滚动预算 管理会计应用指引第 202 号——零基预算 管理会计应用指引第 203 号——弹性预算 管理会计应用指引第 204 号——作业预算

续表

领域 \ 指引	应用指引
成本管理	管理会计应用指引第 300 号——成本管理 管理会计应用指引第 301 号——目标成本法 管理会计应用指引第 302 号——标准成本法 管理会计应用指引第 303 号——变动成本法 管理会计应用指引第 304 号——作业成本法
营运管理	管理会计应用指引第 400 号——营运管理 管理会计应用指引第 401 号——本量利分析 管理会计应用指引第 402 号——敏感性分析 管理会计应用指引第 403 号——边际分析 管理会计应用指引第 404 号——内部转移定价 管理会计应用指引第 405 号——多维度盈利能力分析
投融资管理	管理会计应用指引第 500 号——投融资管理 管理会计应用指引第 501 号——贴现现金流法 管理会计应用指引第 502 号——项目管理 管理会计应用指引第 503 号——情景分析 管理会计应用指引第 504 号——约束资源优化
绩效管理	管理会计应用指引第 600 号——绩效管理 管理会计应用指引第 601 号——关键业绩指标法 管理会计应用指引第 602 号——经济增加值法 管理会计应用指引第 603 号——平衡计分卡 管理会计应用指引第 604 号——绩效棱柱模型
风险管理	管理会计应用指引第 700 号——风险管理 管理会计应用指引第 701 号——风险矩阵 管理会计应用指引第 702 号——风险清单
报告与信息	管理会计应用指引第 801 号——企业管理会计报告 管理会计应用指引第 802 号——管理会计信息模块 管理会计应用指引第 803 号——行政事业单位

总之，管理会计基本指引规定了管理会计的应用领域，而应用指引则为企业单位在这些领域开展管理会计活动（工作）的具体工具和方法，两者相辅相成。

三、管理会计与财务会计的区别

现代会计通常被分为财务会计和管理会计两个基本分支，其关系可以概括地理解为“同源分流”。因此，财务会计和管理会计既相互联系，又相互区别，各有其自身的特点。在此，我们主要介绍两者之间的区别，借以说明管理会计自身的特点。与财务会计相比，管理会计有以下几方面的特点①：

① 前三个区别参见财政部《规划宏伟蓝图 开创历史先河——〈财政部关于全面推进管理会计体系建设的指导意见〉系列解读之一》（2014 年）。

（一）服务对象不同

在服务对象方面，管理会计主要是为强化单位内部经营管理、提高经济效益服务，属于“对内报告会计”；而财务会计主要侧重于对外部相关单位和人员提供财务信息，属于“对外报告会计”。

（二）职能定位不同

在职能定位方面，管理会计侧重在“创造价值”，其职能是解析过去、控制现在与筹划未来的有机结合；而财务会计侧重在“记录价值”，通过确认、计量、记录和报告等程序提供并解释历史信息。

（三）程序与方法不同

在程序与方法方面，管理会计采用的程序与方法灵活多样，具有较大的可选择性；而财务会计有填制凭证、登记账簿、编制报表等较固定的程序与方法。

（四）遵循的会计原则不同

在会计原则方面，财务会计的处理与报告，必须遵循公认会计原则，如历史成本原则、匹配原则、稳健原则以及一致性原则等，必须接受企业会计准则、证券监管条例和税务法规等强制规制。因此，财务会计的处理与报告具有强制性。而管理会计则不必受公认会计原则、会计准则以及对外公开报告制度的限制，其要遵循的是开展信息提供和使用或者报告等活动。

（五）提供的信息类型不同

财务会计以财务报表体系为载体，向信息使用者提供货币性信息（monetary information）；而管理会计除提供货币性信息外，还以管理过程为载体，向信息使用者提供非货币性信息，诸如人工小时、机器小时、材料数量、库存水平、生产与销售量、客户的满意程度、交货期等。

第四节　管理会计在企业单位组织中的地位

在以上管理会计目标、功能、职能和应用领域讨论的基础上，我们进一步讨论管理会计在企业组织中的地位。这个问题是理解管理活动和职能与管理会计活动和职能相互关系的关键。

一、管理过程、管理职能与管理会计的关系

根据管理会计定义，管理会计所服务的规划、决策、控制和评价这四类管理活动，实际上是一个完整的管理闭环系统，其各项活动的开展即是管理过程，而战略管理、预算管理、成本管理、运营管理、绩效管理、投融资管理、风险管理以及信息系统等都是按照这一过程

开展的具体管理职能活动。这意味着企业单位每项管理职能活动都遵循规划、决策、控制、评价这一闭环系统循环往复地进行。

管理会计服务于规划、决策、控制和评价等管理活动，就是具体服务于上述企业单位的各项管理职能活动。管理会计的这一服务过程是以管理职能活动为载体，以具体工具方法为技术手段，为这些职能活动提供相关信息并利用相关信息不断改进各项管理职能活动，与管理职能过程形成伴生的、互动的关系。如果将各种管理职能实施规划、决策、控制和评价的过程视为“皮”的话，那么管理会计就是附着在这张“皮”上的“毛”，“皮之不存，毛将焉附”，就是其相互关系形象、生动的写照。其逻辑关系如图 1－5 所示。

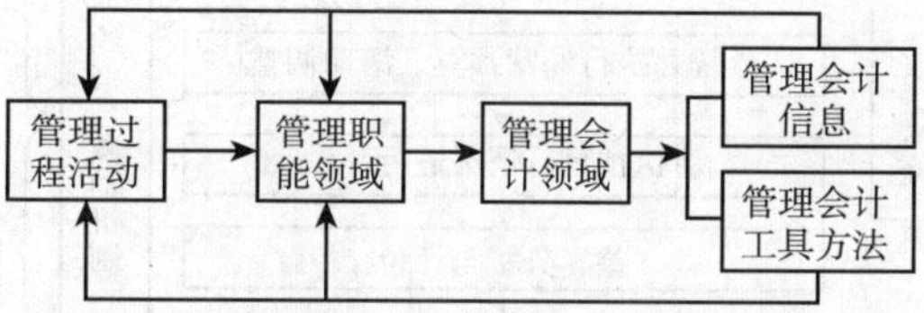

图 1－5　管理活动驱动管理会计的逻辑关系

图 1－5 表明：在把握管理过程、管理职能活动与管理会计的基本关系时，关键在于抓住基本逻辑，即：管理过程活动驱动管理职能领域，管理职能活动驱动管理会计的应用领域，进而决定管理会计信息需求和信息的取得与利用需要选择适用的管理会计工具方法。以上管理过程、管理职能与管理会计的关系具体开展如图 1－6 所示。

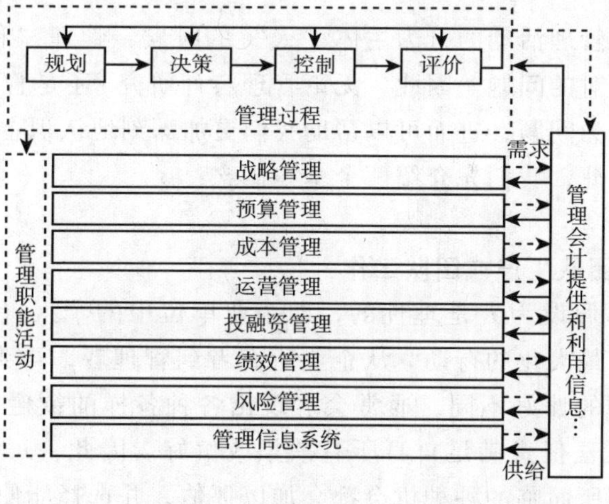

图 1－6　管理过程、管理职能与管理会计的关系

二、管理会计与企业单位经营管理系统的关系

如上所述，管理会计作为与管理过程的伴生和互动系统，是企业单位整个经营管理系统的子系统，通过战略规划、经营决策、管理控制和绩效评价等管理活动共同为企业单位创造价值。管理会计可以根据不同的管理需要，对应不同的管理过程活动，构成不同的管理会计活动。因此，从管理会计系统的基本职能来讲，管理会计系统与企业单位的整个经营管理体系是紧密联系在一起的，不能人为地将其割裂开来，图 1－7 说明了在一个静态（单期）

下，管理会计与企业单位整个经营管理体系关系的基本框架。

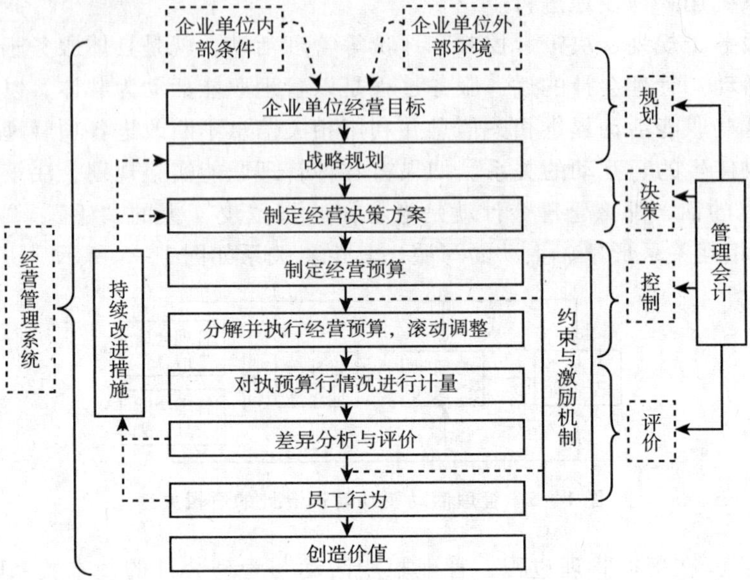

图1－7 管理会计与经营管理

三、企业单位中的行为问题

一旦我们考虑各种管理活动的行为主体“人”的时候，管理“科学”和“艺术”的平衡或权衡就成为必须面对的问题。因此，无论管理会计研究①还是管理会计实务活动，都必须要关注和处理人的行为问题，进而可以帮助我们更加深刻地认识企业单位的管理过程和管理会计活动的特性。为此，我们先介绍两个基本概念：

（一）理性行为与团队生产或团队工作

经济学的一个基本假设为人是理性的，即企业单位中的个人（个体）为了自身利益，都会采取使其自身效用最大化的行动。从企业所有者到管理者，再到一般员工都是理性人。这些个人，由于其自身的偏好不同，通常会表现出各种各样的欲望；但由于资源的有限性（稀缺性），使得他们无法任意满足自身所有欲望或偏好。因此，每个理性人在追求自身效用最大化过程中，对其所面临的种种机会都会加以评估，并选择能使其物质和精神生活变得更好的机会。应该指出，强调“理性人”，并非意味着人具有完全理性（即指全智全能，不仅能完全预见，而且能完全计算）。实际上，由于人的认识能力、计算能力、知识与经验等通常是有限的，故人的理性是“有限理性”而非完全理性。在有限理性下，“理性人”所选择的“理性”结果，并非是无条件“最优化”或“最大化”的，而是有条件“最优”，即为“满意”结果。

当企业单位中的各个理性人联合起来，共同完成某项生产任务或提供劳务或某种工作

① 管理会计研究中有一个非常重要的分支即行为管理会计，限于本书目的，在此不做更多讨论。

时，这个联合集体就称为生产（或工作）团队。团队生产或工作是现代企业单位的重要特征之一。之所以采用团队生产方式是因为：（1）团队生产较之个人单独生产能提供更多的产品和劳务；（2）团队生产往往能创造出更多的机会。在团队生产的前提下，企业单位被理解为"一组资源所有者自愿与团队中的个体签订一系列契约的集合"。在这种资源基础契约结构中，人们通过缔约，可以获得更大的利益。

团队生产的观点意味着产出（某种产品或劳务）是团队所有投入的综合作用的结果，每一个个体的能力都将受到团队中其他成员的影响。团队生产虽然有其优势，但也存在着许多组织性的问题，特别是"搭便车"问题。这是因为，在绝大多数情况下，第一，我们无法对每个人的投入状况（或绩效）进行直接（或直观）的计量；第二，团队成员在其理性驱使下，总想"少干多占"，逃避责任，存在所谓"偷懒"、"机会主义"（败德）行为动机。

（二）代理关系与决策权分配

当理性的个体组成一个企业单位时，企业组织管理结构通常会表现为层级机构，其上下级关系之间形成委托代理关系，上一级是委托人，下一级是代理人。例如：董事会和经理人之间、经理人和主管人之间、主管人和基本员工之间等都是委托代理关系。这一关系体系是按照一定的责任权限的分配形成企业单位的受托责任体系，具体分为财务受托责任和管理受托责任。委托人（上级人员）除了按照受托责任要求对代理人（下级人员）行使组织、指挥、协调与监督等职权外，还有对代理人履行受托责任情况进行鉴证的职能，具体是对代理人履约过程进行控制，对其绩效予以考核、评价和激励。在这种以企业单位内部层级制度为基础的管理过程中，核心问题有两个：一是"目标一致"问题；二是"决策权力分配"[①]问题。

由于各级代理人都是"理性人"，他们在追求自身效用相对最大化的过程中，其目标并非与委托人的目标相一致，甚至代理人会以牺牲委托人的利益为代价来换取个人目标的实现。这种目标不一致问题，通常我们简单地称之为"代理问题"[②]。代理问题的存在会使委托人的利益受到损害，从而使企业价值下降，这就是所谓的代理成本。要解决代理问题或降低代理成本，委托人必须用足够的激励来诱使代理人"就范"，防止委托人自身或企业价值下降。代理成本的高低取决于代理人风险承担能力、工作水平与职业行为补偿的要求与预期。由于代理人在拥有信息方面较之委托人更具优势，所以他们通常更加厌恶风险，行为短期化倾向更明显，偷懒的动机更强。因此，如想降低和消除代理成本，委托人必须要支付一定的监督和约束成本。但是，只要监督和约束代理人的行为需要花费成本，则在代理人和委托人之间就将存在差异。要完全消除这种差异，并不符合成本—效益原则。

在遵循成本—效益原则下，完全消除目标不一致问题是不可能的。实际上，通过一定的激励机制解决代理问题的过程是一个成本与效益相权衡的过程。具体的解决途径有两个：一是通过市场激励，即通过劳动市场、经理人市场所形成的替代压力，来实现对代理人的监督

① 此处的决策概念依然是赫伯特·西蒙的决策观。

② 代理问题产生的客观基础是委托人与代理人之间的信息分布的不对称和不完全。据此，可以把代理问题分为两类：一是由于隐蔽信息所造成的逆向选择问题，二是由于隐蔽行为造成的道德风险问题。

与约束；二是通过企业内部的管理激励，即通过与企业单位内部层级制度相对应的、决策权力的分配系统来规定和约束代理人的行为。

企业单位的管理活动，即规划、决策、控制和评价都是通过一定的决策权的安排与行使来实现经济资源合理配置的，每种资源又都需要有与其自身资源特性相关的一系列决策权。这种决策权分为两大类，即决策管理权和决策控制权。决策管理是指管理者在决策过程中选定或执行一次决策所涉及的方面；而决策控制则是管理者在决策过程中批准或监督一项决策所涉及的方面。在一个企业单位中，很少有人能够掌握某一特定决策的所有权力，对某一特定的决策制定权而言，企业单位都会安排一套缜密的审批与监督系统，实现决策管理权与决策控制权的分离。因此，企业组织实施管理的过程，就是把企业单位的资产（资源）的决策权分配给代理人个体，从而由代理人个体承担责任的行为过程。一旦由决策权力分配系统限定了代理人的责、权、利之后，代理成本问题也就被限定在一定的范围之内。

决策权力分配的原则是：特定决策权力的安排与代理人拥有和处理信息的能力相对应；特定的决策必须和特定知识信息以及掌握这一特定知识信息的代理人相联系。现代企业组织研究与设计的基本理念是，所有的企业单位都必须建立三个基本系统：决策权力分配体系、经营业绩计量体系和以经营业绩为基础的奖惩体系。这种企业组织结构与企业经营战略或方针和企业价值目标要保持目标一致性。因此，管理会计必须为企业单位解决好是否以及如何将知识信息与决策权匹配的问题提供信息和辅助服务。这也是为什么管理会计要渗透或嵌入企业单位管理过程及其具体职能管理活动的理论基础之一。

第五节 环境、管理思想与管理会计的发展

管理实践活动改造着人们的思想，人们的思想经过系统化之后，又反过来推动人们的管理实践活动。纵观管理和管理会计的发展历程，作为一种思想理念和工具方法，管理会计一直受到实践活动的驱动和牵引。就此而言，管理会计是社会经济环境变迁的函数。下面我们从历史发展的角度，概略地介绍一下现代管理会计的发展以及有关管理思想、经营环境变化对管理会计的影响。

一、19 世纪至 20 世纪 80 年代前

现代管理会计的起源可以追溯到 19 世纪出现的多层级企业管理，但其发展的最大动力来自 19 世纪中叶铁路业的迅速发展。当时的管理者创立的新的管理会计方法，被迅速发展起来的钢铁公司的管理者所应用。例如，安德鲁·卡内基就是一个以重视成本而闻名的钢铁企业家，他特别重视掌握成本信息及其对企业管理控制的作用；相对于同业竞争者而言，他更加重视如何不断地改进产品的成本结构。到 19 世纪末，大的商业企业纷纷利用规模经济优势发展起来。这些企业迫切需要利用计量指标评价企业内部经营管理的效率。

为了对企业的生产效率进行计量和分析，制造业的工程师们首先倡导了科学管理运动。当时最著名的科学管理制度就是由工程师弗雷德里克·泰罗与其同事共同建立的成本计量体系，后来被人们称为“泰罗制”。

“泰罗制”的核心是关注工作效率。它是通过动作研究和时间研究，定出在理想状态下原材料消耗定额和劳动定额，从而把原材料成本和劳动力成本标准化。到20世纪初，这种制度已经能够记录并分析实际成本和标准成本的差异。

然而，对于制造业来说，产品种类多、间接费用高的现实，迫使工程师和管理者们必须找出分配这些间接费用的具体方法。但是，由于当时信息处理成本高昂，而且与原材料和直接人工相比，间接费用也并非重要项目，导致管理者没有必要投入巨额财力来计量并分配这些间接费用。因此，许多简单的间接费用分配方法，如直接人工小时分配率、直接人工工次分配率等便应运而生。这些分配思想与方法，是和当时产品市场供求状况——卖方市场的客观环境相适应的。

20世纪初，从事多元经营的综合性（联合性）企业迅速发展起来，这为管理会计系统的进一步创新提供了良机。杜邦公司就是这一期的新型企业组织机构的典范。杜邦公司的管理者，面对如何协调综合性企业生产经营、市场组织以及如何将资本投向利润最大的经济领域等重大问题，设计出多个重要的经营和效率指标，将资源有效地在各部门之间进行分配。这其中最重要、持续影响至今的管理会计创新成果是投资报酬率（Return on Investment，ROI）指标。这一指标为企业整体及部门经营业绩评价提供了依据。20世纪20年代后，随着杜邦公司、通用汽车公司等这类多部门的综合性企业组织的形成和发展，投资报酬率指标的应用范围得到进一步扩大。

然而，这些大公司为市场提供多样化产品的同时，需要新的组织管理系统和采用新的计量指标来协调公司内部分散的经济活动。如何有效地进行分散经营，是当时公司管理者最为关心的问题。为了适应分散经营的需要，企业管理者的职能发生了重大改变，即由过去的参与所有经营活动的职能转变为在企业内部建立一个有效的资本和劳动力市场，以协调、激励和评估各分部管理者的业绩。随之而来的是预算和预测方法成为规划和协调各分部经济活动的重要工具。

从上述一个世纪以来成功的工业企业和管理会计实践的产生和发展来说，企业管理实践的发展驱动着管理会计的发展，两者在实践中伴生互动，相得益彰。

二、20世纪80年代以后

从1925年至1985年这60年间，管理会计系统没有得到明显的发展，但到了20世纪80年代后半期，制造业的创新又为管理会计系统的发展提出了新的挑战。这一时期，就全球经济的发展而言，买方市场已充分形成，顾客为满足其多样化、多层次的要求，变得越来越挑剔；而在生产技术方面，以计算机辅助设计、辅助制造和数控技术为基础，为满足顾客的挑剔需求提供了生产技术支持；企业的生产组织方式由此从大规模大批量生产，转向适时制（Just in Time，JIT）和大规模定制生产与分配。在管理控制思想和实践中，企业开始重视产品质量、产品设计、降低存货水平、优化供应链等，强调持续改善企业经营活动。在新的市场与制造环境下，许多企业发现原有的管理会计方法无法很好地适应新的制造技术的应用。例如，计量每个工人工作效率和机器利用效率的方法，与企业改善产品质量、增加定制生产能力与降低存货水平等目标相冲突。因此，管理会计系统必须经过重新设计，以支持和促进新的制造技术在企业中的应用。业绩计量系统和决策权的分配系统都必须考虑改善产品质量、提高生产能力、适应适时制生产系统和计算机集成生产系统的需要，并能支持管理者在新的技术环境下进行有效投资等。

三、当代管理新思维与管理会计的发展

如上所述，20年纪80年代以来，实务界和学术界一直致力于建立管理会计新方法的研究（学术上也称之为管理会计创新学派），以适应新的技术变革和全球性竞争所带来的挑战。这些管理会计新方法包括全面质量管理，适时供应、生产及分析系统，工程再造与持续改善，组织的学习，团队管理与战略分析等。这些新的方法被用来支持企业适应技术条件的变化和新的管理战略与流程的实施。一些管理思想和理念，深刻地影响着管理会计创新研究与实践。下面我们对此做一简要介绍。

20世纪80年代，在管理理论和实践中，在客户不断要求提高质量的压力下，最引人注目的是日本企业的管理模式。这种关注导致人们在世界范围内开始研究日本式的管理思想与技术，如全面质量管理、适时制生产和看板管理等，持续改进质量成为许多公司的目标。全面质量管理的理念——“制造质量”和“零缺陷”取代了过时的质量观念——“检验质量”和“可接受的质量缺陷率”。

在这个时期，管理理论与实践关注的另一个焦点是：在职能部门内部和跨部门之间建立起有效的工作团队，管理中人的行为方面又重新得到重视。员工参与决策、培育企业文化以及组织对员工利益的关心等管理观念被概括为一种新的管理理论——Z理论。与此同时，公司为寻求可持续发展的战略竞争优势，开始用心研究日本成功企业的经验，并用由此发展起来的“战略意图”（Strategic intent）的理念——为组织设定一个宽泛的发展方向和使命，来改善战略计划模式（由中央集权部门为组织设定一个非常细致的战略计划）；强调战略柔性，避免战略刚性。

从管理思维的角度看，西方的企业管理更倾向于从狭隘的职能角度看问题，并且应用过于简单化的管理解决方案来迎合短期的预算和盈利目标。与之相反，日本企业管理则以更加全面和综合的角度来看待企业组织和员工，具有循环性和长期性的时间观念，更加强调追求市场份额而不是对股东和利益相关者的短期回报，营造一种基于市场优势的长期盈利性。

近期以来，经济管理理论的发展还有一个明显的特征，即受到了自然科学发展的极大影响。一些新的概念，如非线性、不确定性、复杂性和混沌性等，已经开始替代我们所熟悉的机械、数学和几何模型。这些不确定性和复杂性等，既能给那些有准备的组织带来巨大机会，同时又能给那些反应迟缓的企业造成严重威胁。

随着顾客挑剔性市场的形成，以及全球化竞争环境的加剧与多变，组织变革的节奏也必须加快。如何保持对当地或某国市场的反应力，同时又能获得全球化的好处，这是每个企业单位所面临的新挑战。为此，许多组织已经开始对组织结构进行调整与变革，纠正现代组织在结构与决策权分配上存在的问题。为了适应环境的不确定性，树立和接受“战略柔性”的思想是必要的，而“战略柔性”的思想要求企业组织必须能够随着顾客需要的变化、新的竞争威胁与机会的出现而不断地适应和学习，即组织必须是一个“学习型组织”。这样的组织中，员工被视作是知识生产者，而非可以被轻易替换的支薪阶层；被视为关键性资产，而非不断被削减的成本。授权、网络和培养学习的能力成为企业单位实现“柔性”的主要途径。许多企业单位已经开始以一种更加全面和综合的视角来对待自身，不再把自身视作一系列被清晰界定的职能集合，而是视作基于资源、面向顾客的流程集合。管理的重点也由职

能转向流程。众所周知的企业流程再造（Business Process Reengineering，BPR）的管理思想，实际上要求人们应当把管理注意力集中于各部门如何协调与顾客传递价值，即关注信息和产品是如何流经整个组织，资源是如何在流程中进行配置的，而非关注各部门如何工作。在这种观念的影响下，一些组织正在努力把自身当作一个突破企业边界的、更广泛范围内的供应链的一部分来加以管理。

组织和环境之间的界限更加富有弹性。随着企业同外部专家和其他组织所建立的网络关系的日益发展，组织开始向“关系型”和“虚拟型”的方向发展，不再强调正式的组织结构。在这一发展方向上，企业的价值链被相互联结起来，发展为价值链网，许多企业成为某个战略联盟的成员，通过伙伴关系，而非竞争利益的思维来推动组织、竞争者、经营环境、公众和员工之间的关系平衡。

进入21世纪以来，对管理实践影响最大的莫过于信息技术的发展与应用，特别是以信息技术为基础的大数据、云计算、互联网、物联网、商业智能乃至人工智能的发展与应用，整个世界由此变化更加迅速并成为常态，商业模式、管理方式、组织模式、价值创造路径等也由此变得“难以捕捉”，环境的不确定性大为增强；但同时也为非线性、不确定性、复杂性和混沌性的管理提供了更加可行的解决方案，推动人类对复杂的管理技术应用。

上述管理思想及其相应的技术方法的形成与发展，为管理会计的发展和创新提供了营养之源。以上所讨论的顾客导向、企业管理职能的转变、全球化竞争、全面质量管理、价值链、信息技术进步、制造环境的变化以及战略意图与战略柔性、学习型组织与流程再造等内容，需要管理会计创新成果，即管理会计的新思想、新工具和新方法的产生和应用来反映。只有这样，管理会计提供的信息才能更好地体现管理会计信息决策有用性所要求的一系列信息质量标准，管理会计信息的使用才能更好地满足管理意图和管理实践需要，管理会计活动才能更好地服务于企业单位规划、决策、控制和评价这一管理过程及其具体管理职能活动，实现管理会计的直接目标和终极目标。

本章小结

本章是学习管理会计的基础，主要讨论了管理会计的基本概念、本质属性、基本目标、基本原则、基本职能、应用领域、管理会计与财务会计的区别，以及环境、管理思想、理念、方法等的发展对管理会计发展的影响等基础性问题。

管理会计是企业管理系统的一个子系统，是主要服务于内部管理需求，通过利用相关信息，有机融合财务和业务活动，为企业单位有效开展规划、决策、控制和评价等管理活动提供服务。管理会计的本质是信息系统，基本功能是为企业单位管理活动提供有用信息并利用信息开展管理活动。这是管理会计“与生俱来”的功能。

企业单位的目标可以分为终极目标和代理目标，终级目标是为企业单位创造价值或实现企业单位价值最大化。管理会计的目标并不是直接创造价值，而是直接为企业单位有效开展规划、决策、控制和评价这一管理过程服务。而实现这一直接目标的过程，是通过管理会计的附属目标达成体现的，即为企业治理、战略管理、运营管理、成本管理、预算管理、投融资管理、绩效管理、风险管理以及管理信息系统等管理职能活动的有效开展服务来具体体现的。

管理会计的基本职能是解析过去、控制现在和筹划未来的有机结合，是管理会计工作的“使命和责任”。管理会计的应用领域随着管理实践的需要变化而发展和不断扩大，如今，管理会计的应用领域已经反映在企业单位战略管理、成本管理、预算管理、运营管理、投融资管理、绩效管理、风险管理以及面向管理会计的信息系统等各个领域，充分反映了管理会计的广泛性和包容性。尽管如此，这并不意味着管理会计要替代这些具体的管理职能活动，管理会计与管理过程伴生和互动，在服务于管理过程中发挥支持、参谋和辅助性作用。

企业单位中的行为问题，是管理会计必须面对的问题。企业单位的理性代理人在以团队方式从事经济管理活动时，不可避免地存在“搭便车”等道德风险问题。因此，在企业单位管理过程中，普遍存在的基本问题，就是“目标一致”问题。为解决代理问题，任何企业单位都需建立三个基本系统，即决策权分配体系、经营业绩计量体系和以经营业绩为基础的奖惩体系。

管理会计与企业单位的经营过程和管理机制设计机制是紧密结合在一起。它与财务会计相比，在服务对象、职能、工作方法与程序、原则、信息特征等方面有很多特点。

管理实践与管理思想的发展，一直驱动和影响着管理会计的发展与创新。20 世纪 80 年代中期以后，以计算机集成系统为基础的新制造环境，引起了管理思想与管理理论的一场变革。适时制生产（JIT）、全面质量管理、降低存货水平等一系列持续改善的管理方式，为管理会计方法的创新提供了契机。一些新的管理思想如工作团队、战略意图、不确定性与战略柔性、学习型组织等为管理会计的进一步拓展提供了营养之源；大数据、云计算、互联网、物联网、商业智能、人工智能等信息技术的发展与应用，改变了管理会计工作方式和手段，也为管理会计工具方法的创新提供了基础设施，但这并不会改变管理会计的本质。

本章练习题及参考答案

一、判断题

1. 管理会计的本质是根据企业单位的内部管理需求为管理者提供相关信息。（ ）

2. 管理会计师利用相关信息，有机融合财务和业务活动，为企业单位的规划、决策、控制和评价等管理活动服务。（ ）

3. 管理会计的功能和职能表明：管理会计师企业单位战略管理、运营管理、绩效管理等管理职能的活动的替代机制。（ ）

4. 管理会计为了保证自身为管理者所提供的信息的有用性，其信息质量首先要具有相关性特征。（ ）

5. 管理会计的直接目标是为企业单位创造价值。（ ）

6. 管理会计的直接目标是为企业单位有效开展规划、决策、控制和评价提供服务，这种服务包括提供相关信息并利用信息开展管理活动。（ ）

7. 管理会计的管理会计的附属目标是为企业单位有效开展战略管理、预算管理、成本管理、运营管理、投融资管理、绩效管理、风险管理等管理职能活动服务。（ ）

8. 企业终极目标是实现价值最大化，但其代理目标是经济型、效率性和效果性。（　）

9. 管理会计的应用领域是规划、决策、控制和评价。（　）

10. 在价值链机构中，核心价值链（主价值链）具有客观性，是任何企业单位价值链不可或缺的部分。（　）

11. 在有限理性假设下，理性人可以实现自身效用最大化。（　）

12. 企业单位的管理者此所以使用团队生产或工作方式，主要是因为团队生产或工作方式可以有效地解决“免费搭车”问题。（　）

13. 所有企业单位的管理工作都必须面对和设法解决“目标一致性”问题。（　）

14. 管理会计是企业单位管理中一个独立的管理职能，它可以要求其他管理职能活动按照它所提供的标准开展管理活动。（　）

15. 管理会计的和管理过程是伴生的、互动的关系，管理过程是管理会计提供服务的载体。（　）

二、单选题

1. 管理会计的本质是（　）。

A. 信息系统　B. 管理职能　C. 管理信息　D. 信息管理

2. 管理会计的基本功能是（　）。

A. 提供相关信息　B. 利用开展管理活动

C. A + B　D. 实现企业管理目标

3. 管理会计的信息质量要求是保证信息的（　）。

A. 客观性　B. 相关性　C. 及时性　D. 可比性

4. 管理会计之所以必要，是由（　）。

A. 管理会计自身的功能决定的　B. 管理会计的基本职能决定的

C. 企业单位的内部管理需求决定的　D. 企业单位价值最大化的要求决定的

5. 在做经济决策时，假设人是完全理性的，这意味着（　）。

A. 人的能力是有限的，职能预见有限未来

B. 人的能力是无限的，既可以充分计算，又可以充分预测全部可能

C. 人的效用最大化的需求是无限的

D. 人的效用最大化的需要是有限的

6. 在做经济决策时，人的有限理性假设意味着（　）。

A. 人们可以获得效用最大化的结果　B. 人可以实现无条件最优化决策结果

C. 人们可以获得最多的稀缺资源　D. 人们可以获得效用或决策的满意结果

7. 管理会计的职能是（　）。

A. 取代管理决策　B. 辅助管理决策

C. 是独立于管理决策的管理过程　D. 是取代管理者的信息化工具

8. 云计算、大数据、互联网、物联网等信息技术的发展，导致管理会计（　）。

A. 本质发生变化　B. 职能发生变化

C. 工作方式与技术手段发生变化　D. 原则发生变化

9. 管理会计工作解决的是（　　）。

A. 理论问题　　B. 会计问题　　C. 方法问题　　D. 管理问题

10. 企业单位的规划、决策、控制、评价过程是（　　）。

A. 各自独立的四种管理活动　　B. 各自独立的四种管理过程

C. 相互联系的管理会计过程　　D. 四种管理活动过程的闭环管理过程

三、多选题（在给出的选项中有两个（含）以上的选项是最合适的）

1. 管理会计是（　　）。

A. 会计的重要分支　　B. 主要服务内部管理需要

C. 利用相关信息　　D. 有机融合财务和业务活动

E. 为单位规划、决策、控制和评价管理活动服务

2. 管理会计基本功能是（　　）。

A. 为企业单位内部管理者提供管理所需要的相关信息

B. 为解决企业单位管理问题提供相关信息

C. 利用相关信息参与管理活动

D. 为会计信息的外部使用者提供报告

E. 为内部管理者提供财务分析报告

3. 管理会计与管理活动过程的关系是（　　）。

A. 相互独立的关系　　B. 伴生性关系

C. 控制与被控制的关系　　D. 相互促动的关系

E. 指导与被指导的关系

4. 根据企业单位是资源的集合这一概念，资源流包括方不限于（　　）。

A. 数据流　　B. 客户流　　C. 广义物流

D. 资金流　　E. 信息流

5. 企业单位的目标体系包括（　　）。

A. 终极目标　　B. 代理目标　　C. 代理目标的要素

D. 直接目标　　E. 附属目标

6. 管理会计目标可以分为（　　）。

A. 价值目标　　B. 业务目标　　C. 直接目标

D. 管理目标　　E. 附属目标

7. 保证管理会计信息有用性的信息质量特征包括（　　）。

A. 相关性　　B. 可靠性　　C. 可比性

D. 客观性　　E. 及时性

8. 管理会计信息相关性的质量特征包括（　　）。

A. 及时性　　B. 灵活性　　C. 适应性

D. 可溯性　　E. 一致性

9. 管理会计的基本原则包括但不限于（　　）。

A. 战略导向　　B. 融合性　　C. 适应性

D. 成本效益　　E. 目标一致性

10. 管理会计的是基本职能是（ ）。

A. 战略导向　B. 解析过去　C. 控制现在

D. 筹划未来　E. 提高效率

11. 管理会计的应用领域包括但不限于（ ）。

A. 战略管理　B. 预算管理　C. 成本管理

D. 运营管理　E. 绩效管理

12. 管理会计与财务会计的区别主要表现但不限于（ ）。

A. 服务对象不同　B. 基本职能不同　C. 遵循的会计原则不同

D. 工作程序方法不同　E. 信息特性不同

13. 在企业单位的组织管理机制设计中，通常要包括（ ）。

A. 决策权利的分配体系　B. 经营业绩计量体系

C. 以经营业绩为基础的奖惩体系　D. 资源配置体系

E. 决策控制体系

14. 企业单位的决策权分配原则是（ ）。

A. 特定决策权分配必须按照企业单位股东或投资人的意愿为标准

B. 特定决策权分配必须以企业单位董事长的要求为依据

C. 特定决策权的安排与代理人拥有和处理信息的能力相对应

D. 特定决策必须和特定知识信息相联系

E. 特定决策必须和掌握特定知识信息的代理人相联系

15. 驱动管理会计发展的重要管理思想、理念或经济技术因素包括但不限于（ ）。

A. 经济全球化、价值链、以客户为核心　B. 全面质量管理、流程再造、持续改进

C. 战略意图、战略柔性、学习型组织　D. 战略联盟、竞合关系、社会责任

E. 云计算、大数据、互联网、物联网等信息技术应用

四、问答题

1. 如何理解中国财政部在《指导意见》中对管理会计的定义？

2. 如何理解管理会计目标体系？

3. 如何理解管理会计的信息质量特征？

4. 当代影响管理会计的发展的管理思想、理念、方法以及信息技术应用等有哪些表现？管理会计应该作何反应？

一、判断题

1. √　2. √　3. ×　4. √　5. ×　6. √　7. √　8. √　9. ×　10. √　11. ×　12. ×　13. √　14. ×　15. √

二、单选题

1. A　2. C　3. B　4. C　5. B　6. D　7. B　8. C　9. D　10. D

三、多选题

1. ABCDE 2. ABC 3. BD 4. CDE 5. ABC 6. CD 7. AB 8. ABC 9. ABCDE
10. BCD 11. ABCDE 12. ABCDE 13. ABC 14. CDE 15. ABCDE

四、问答题

1. 中国财政部在2014年10月颁布的《关于全面推进管理会计体系建设指导意见》中明确指出："管理会计是会计的一个分支，主要服务于单位内部管理需要，是通过利用相关信息，有机融合财务与业务活动，在单位规划、决策、控制和评价等方面发挥重要作用的管理活动"。该定义可以从以下几方面来理解：

（1）该定义定位了管理会计在会计学科和会计工作中的位置，即是会计学科和会计工作的一个分支。

（2）该定义强调了管理会计的服务对象，即"单位内部管理需求"，管理会计的信息使用者是"内部管理者"。

（3）该定义的核心是强调管理会计如何利用信息为管理服务。因此，该定义本质上是说管理会计是一个信息系统，基本职能依然是提供信息和利用信息开展管理活动。

（4）该定义强调了管理会计发挥作用的路径或载体，是规划、决策、控制和评价等管理过程及其具体职能活动。这一点非常重要，它意味着管理会计与这些管理活动过程的关系是伴生性关系，管理活动在哪里，管理会计的服务功能就应该跟着发挥到哪里。因此，提供信息是管理会计发挥作用的必要条件，而业财信息的融合运用是管理会计有效发挥作用的充分条件。

（5）该定义界定的管理会计的服务领域（也可以理解为管理会计的工作领域）非常宽泛，涉及单位规划、决策、控制与评价的各个职能管理领域（如战略管理、预算管理、成本管理、运营管理、投融资管理、绩效管理、风险管理、信息与报告等）。

（6）该定义说明管理会计为管理服务，解决的是"管理"问题而非"会计"问题，进而说明管理会计在服务管理过程中起到的是支持、帮助、参谋的作用而不是替代管理的作用；因此，管理会计作为信息系统，其功能也可概括地表述为决策支持系统。

总之，财政部对管理会计的定义相比其他而言，更具广泛性、动态性和包容性，为管理会计的研究、应用和发展提供了广阔空间。同时，也为管理会计人才及其培养提出更高要求和挑战。

2. 管理会计的目标，是管理会计职能活动的逻辑起点，也是认识管理会计职能属性的基本前提。同时，管理会计的目标应具有和反映管理会计的专有属性，要能体现与其他管理职能目标的区别，并反映管理会计本身的特点。因此，理解、把握管理会计目标需要紧密结合企业单位经营管理过程和经营管理结果，对管理会计的目标进行适当分类和表述。尽管管理会计的目标归根结底是通过提供信息和参与管理过程，为企业单位创造价值服务。但是，首先理解管理会计的目标体系应该合理地认识企业单位目标，包括终极目标、代理目标和代理目标要素；其次，在此基础上，将管理会计的目标划分为直接目标和附属目标，它们共同形成管理会计目标体系。

（1）企业单位的终极目标。可持续地创造价值是所有企业单位追求的目标，而企业管理管理过程表现为企业价值管理过程。因此，企业的终极目标即价值创造的结果，通常抽象地表述为企业价值最大化。

（2）终极目标的代理目标。由于企业终极目标是抽象的，因此，从实现在规划、决策、控制和评价的操作过程角度看，终极目标可以通过代理目标来体现和表达。根据前面对企业单位的基本定义和企业单位的核心流程，代理目标包括：①经济性：是指企业单位取得资源和资源使用过程的经济合理性，通常表现为以货币计量的资源取得成本和耗费的合理性计量。②效率性：是指企业单位以既定的经济资源所获得的产出结果计量，通常用投入产出比表示。在不考虑效果的情况下，投入产出比越高越好。③效果性：是指单位产出结果达到或满足预期管理目标程度的计量，达到或满足预期管理目标的程度越高越好。

（3）管理会计的直接目标。管理会计的直接目标是指为企业单位内部管理者实现有效规划、决策、控制和评价等管理活动提供有用信息，并通过参与这些管理活动，为企业实现其终极目标服务。由于单位规划、决策、控制和评价等管理活动意图不同，其所需要的有用信息不同，相应的选择管理会计工具方法不同。因此，管理会计的直接目标能否实现以及实现程度，取决于融合会计与业务信息的质量特性和工具方法的适用性。

（4）管理会计的附属目标。企业单位规划、决策、控制和评价管理活动在实务体系中，表达为具体的企业单位治理、战略管理、预算管理、成本管理、运营管理、绩效管理、投融资管理、风险管理、信息系统运行等管理职能活动。因此，管理会计的附属目标是指管理会计为企业单位有效开展各种管理职能活动提供有用信息（包括财务与非财务信息，定量信息和定性信息），并通过参与这些管理职能活动，保证其有效服务于单位规划、决策、控制和评价等直接目标的实现。

在以上目标体系中，附属目标应保证直接目标的实现；附属目标、直接目标共同保证代理目标的实现，而附属目标、直接目标、代理目标共同保证终极目标的实现。

3. 管理会计信息的质量特征，可以通俗地理解为管理会计的信息质量标准或信息质量要求。和其他产品或服务一样，管理会计作为一种为企业单位内部管理提供服务的“产品”，有其特定的质量要求（质量特征）。其中：相关性和可靠性是管理会计的信息的首要质量特征，可比性是其次要质量特征。

（1）相关性。相关性指的是该信息基于或者有利于促进行动和产生想要的结果。例如，给定不同的替代品，相关成本和收入是指与至少一种替代品不同的预期成本和收入。相关性是定性的而非定量的特性，取决于接收信息的特定使用者以及他们的特定决策。

（2）可靠性。可靠性从统计意义上说，通常是与准确性、精确性相互联系的。准确性概念是由精确性和可靠性概念来表述的，精确性则需要可靠性。可靠性常常用于描述在一个置信区间内涵盖估计的真值的可能性；精确性常常用于描述样本估计的区间；尽管我们不可能得到100%的准确性，但是我们可以设定一个上下界限，在这个区间内准确性是管理会计信息的有效特性。

（3）可比性。可比性通常是与一致性和统一性相互联系的。一致性是指在一个企业单位连续的时间内使用相同的规则和程序，以使它自己的报表与其他企业单位的报表具有可比性。统一性涉及在不同企业单位使用相同的规则。一致性、统一性以及确保的可比性是财务报表的理想标准。管理会计的相关性在长期决策和短期决策上有所不同。长期计划决策依赖多样化的、非结构化的信息以及非重复性的场景，并且这可能被强调一致性/可比性/统一性的内部会计系统所过度束缚。但是，短期计划和绩效控制领域则更多地依赖于结构化信息、重复性场景，并且与强调一致性/可比性/统一性的内部会计系统紧密相关。

4. 20年纪80年代以来，一些管理思想和理念，深刻地影响着管理会计创新研究与实践。

（1）20世纪80年代到20世纪末，在管理理论和实践中，在竞争压力不断增加的压力下，许多管理模式，如全面质量管理、适时制生产和看板管理、持续改进、跨部门之间建立起有效的工作团队、员工参与决策、培育企业文化以及组织对员工利益的关心等受到世界范围的广泛关注，管理中人的行为方面又重新得到重视。

（2）"战略意图"（Strategic intent）的理念——为组织设定一个宽泛的发展方向和使命，用于改善战略计划模式（由中央集权部门为组织设定一个非常细致的战略计划）；强调战略柔性，避免战略刚性。

（3）"战略柔性"的思想要求企业组织必须能够随着顾客需要的变化、新的竞争威胁与机会的出现而不断地适应和学习，即组织必须是一个"学习型组织"。这样的组织中，员工被视作是知识生产者，而非可以被轻易替换的支薪阶层；被视为关键性资产，而非不断被削减的成本。

（4）企业开始用更加全面和综合的角度来看待企业组织和员工，具有循环性和长期性的时间观念，更加强调追求市场份额而不是对股东和利益相关者的短期回报，营造一种基于市场优势的长期盈利性，而且不再把自身视作一系列被清晰界定的职能集合，而是视作基于资源、面向顾客的流程集合。

（5）经济管理理论的发展还有一个明显的特征，即受到了自然科学发展的极大影响。一些新的概念，如非线性、不确定性、复杂性和混沌性等，已经开始替代我们所熟悉的机械、数学和几何模型。这些不确定性和复杂性等，既能给那些有准备的组织带来了巨大机会，同时又能给那些反应迟缓的企业造成严重威胁。

（6）随着顾客挑剔性市场的形成，以及全球化竞争环境的加剧与多变，组织变革的节奏也必须加快。如何保持对当地或某国市场的反应力，同时又能获得全球化的好处，这是每个企业单位所面临的新挑战。

（7）企业流程再造（Business Process Reengineering，BPR）的管理思想，实际上要求人们应当把管理注意力集中于各部门如何协调与顾客传递价值，即关注信息和产品是如何流经整个组织，资源是如何在在流程中进行配置的，而非关注各部门如何工作。在这种观念的影响下，一些组织正在努力把自身当作一个突破企业边界的、更广泛范围内的供应链的一部分来加以管理。

（8）组织和环境之间的界限更加富有弹性。随着企业同外部专家和其他组织所建立的网络关系的日益发展，组织开始向"关系型"和"虚拟型"的方向发展，不再强调正式的组织结构。在这一发展方向上，企业的价值链被相互联结起来，发展为价值链网，许多企业成为某个战略联盟的成员，通过伙伴关系，而非竞争利益的思维来推动组织、竞争者、经营环境、公众和员工之间的关系平衡。

（9）进入21世纪以来，对管理实践影响最大的莫过于信息技术的发展与应用，特别是以信息技术为基础的大数据、云计算、互联网、物联网、商业智能乃至人工智能的发展与应用，整个世界由此变化更加迅速并成为常态，商业模式、管理方式、组织模式、价值创造路径等也由此变得“难以捕捉”，环境的不确定性大为增强；但同时也为非线性、不确定性、复杂性和混沌性的管理提供了更加可行的解决方案，推动人类对复杂的管理技术应用。

上述管理思想及其相应的技术方法的形成与发展，为管理会计的发展和创新提供了营养之源。管理会计创新与发展需要及时将这些新思想、新工具和新方法等反映在管理会计创新成果及其应用之中。只有这样，管理会计提供的信息才能更好地体现管理会计信息决策有用性所要求的一系列信息质量标准，管理会计信息的使用才能更好地满足管理意图和管理实践需要，管理会计活动才能更好地服务于企业单位规划、决策、控制和评价这一管理过程及其具体管理职能活动，实现管理会计的直接目标和终极目标。

第二章 预算管理

【学习目标】

- 理解业务预测的主要内容，掌握销售预测、成本预测、利润预测、资金预测的方法
- 理解业务预算的主要内容，掌握收入预算、成本预算、费用预算和现金流量预算的编制方法
- 理解预算编制的主要方法，掌握固定预算与弹性预算、增量预算与零基预算、定期预算与滚动预算的编制

预算管理，是要在企业战略规划的指引之下，以年度总体目标为导向，在对各项生产经营投资活动进行预测的基础之上，对下一期间的工作进行总体的安排。所以，初级管理会计师需要认识到预算管理不仅仅是微观的成本控制和绩效管理工具，需要了解预测的内容与方法、预算管理的一般内容与要求、预算编制的常见方法等，并且理解这些方法在实践中如何应用，应用过程中会有什么问题，以及如何解决和优化。

第一节 业务预测

一、业务预测概述

（一）业务预测的意义

预测分析是根据客观对象的已知信息对事物在将来的某些特征、发展状况进行估计、测算的活动，是运用各种定性和定量的分析理论与方法，对事物未来发展的趋势和水平进行判断和推测的一种活动。预测分析的实质是根据事物的过去和现在估计未来，根据已知预测未知，从而减少对未来事物认识的不确定性，以指导我们的决策行动，减少决策的盲目性。管理会计中的预测分析是指运用专门的方法对企业的经营过程进行预测的过程。企业要想在竞争中立于不败之地，就必须对整个市场的发展趋势作出准确的预计和推测。企业必须在准确的业务预测的基础上进一步进行决策和规划。

企业要保证预测的正确性，必须建立完整的预测系统，一般应做到：尽可能地收集与预测对象相关的资料，然后对资料进行加工、整理，在此基础上建立一定的预测模型，并随时将预测的结果与实际相比较，修正预测值，同时检验预测模型的合理性。

（二）业务预测的原则

1. 延续性原则。延续性原则，是指企业经营活动中，过去和现在的某种发展规律将会延续下去，并假设决定过去和现在发展的条件，同样适用于未来。企业业务预测根据这条原则，就可以把未来视作历史的延伸进行推测。例如，趋势预测分析法就是基于这条原则而建立的。

2. 相关性原则。相关性原则，是指企业经营活动过程中一些经济变量之间存在着相互依存、相互制约的关系，企业可以利用对某些经济变量的分析研究来推测受它们影响的另一个（或另一些）经济变量发展的规律性。例如，因果预测分析法就是基于这条原则而建立的。

3. 相似性原则。相似性原则，是指企业在经营活动过程中不同的（一般是无关的）经济变量所遵循的发展规律有时会出现相似的情况，企业可以利用已知变量的发展规律类推出未知变量的发展趋势。例如，判断分析法就是基于这条原则而建立的。

4. 统计规律性原则。统计规律性原则，是指企业在经营活动过程中对于某个经济变量所作出的一次观测结果，往往是随机的，并且多次观测的结果会出现具有某种统计规律性的情况，企业可以利用概率分析及数理统计的方法进行推测。例如，回归分析法就是基于这条原则而建立的。

（三）业务预测的内容

一般来说，业务预测的基本内容主要包括销售预测、利润预测、成本预测和资金预测。

1. 销售预测。销售预测可以说是其他预测的前提，是指对未来特定时间内，全部产品或特定产品的销售数量与销售金额的估计。销售预测是在充分考虑未来各种影响因素的基础上，结合本企业的销售实际业绩，通过一定的分析方法提出切实可行的销售目标。

2. 利润预测。利润预测是按照企业经营目标的要求，在企业营业收入预测基础上通过对销售量商品或服务成本营业费用以及其他对利润产生影响的因素进行分析与研究，进而对企业在未来某一时期内可以实现的利润预期数进行预计和测算。对企业利润的预测最主要的是对营业利润的预测。

3. 成本预测。成本预测是指运用一定的科学方法，对未来成本水平及其变化趋势作出科学的估计。通过成本预测，掌握未来的成本水平及其变动趋势，有助于减少决策的盲目性，使经营管理者易于选择最优方案，作出正确决策。成本预测是成本管理的重要环节。

4. 资金预测。资金预测又称资金需要量预测，是根据相关资料，运用专门方法对企业将来的生产经营活动所需资金以及扩展业务所需追加资金的估计和测算。

（四）业务预测的方法

业务预测方法科学、合理与否，直接影响到决策的正确性。根据有关统计，国内外的预测方法有几百种，适用于不同的目的和要求。但一般来讲，可以概括为两大类：定性分析方法和定量分析方法。

1. 定量分析法。定量分析法又称数量分析法，它是根据历史资料，采用统计推断的方法或建立数学模型，对所取得的数学资料进行科学的加工处理，以充分揭示各有关因素之间的规律性联系，作为对未来事物发展趋势预测的依据的方法。定量分析按照具体做法的不同，可以分为以下几种类型：

（1）趋势外推分析法。趋势外推分析法又称时间序列法，它将某指标过去的变化趋势作为预测的依据，而把未来作为历史的自然延续。即属于按事物自身发展趋势进行预测的一类动态预测方法。这种方法的基本预测原理是：企业过去和现在存在的某种发展趋势将会延续下去，而且过去和现在发展的条件同样适用于未来，可以将未来视为历史的自然延续。此类方法主要包括算术平均法、指数平滑法、修正的时间序列回归分析法和二次曲线法。

（2）因果预测分析法。因果预测分析法是根据预测对象与其他相关指标之间相互依存、相互制约的有规律性的联系，来建立相应的因果数学模型所进行的预测分析方法。这类方法的基本原理是：预测对象受到许多因素的影响，它们之间存在着复杂的因果关系，通过对这些变量内在规律性的研究可建立一定的数量模型，在已知自变量的条件下，可利用模型直接推测预测对象的水平。因果预测分析法具体包括回归分析法、经济计量法和本量利分析法。

2. 定性分析法。定性分析法又称非数量分析法，它是一种直观性的预测方法，主要依靠人们的主观判断来确定事物的未来情况和发展趋势。预测人员一般是有经验的管理人员、销售人员、财务人员和工程技术人员，他们按照过去积累的经验进行分析与判断，各自分别提出初步的预测意见，然后进行综合、补充和修正，得出最终预测结论。在缺乏完整的历史资料或有关变量之间不存在较为明显的数量关系等情况下，适合采用此方法。

定性分析法的优点是省时省力，但有容易受主观判断影响和预测结果不精确等缺点。定量分析法虽然比较精确，但许多非计量因素无法考虑。当今社会，由于社会、道德、审美等许多非经济目标日益受到重视，还有国家的方针政策以及政治经济形势的变动、消费者心理以及消费习惯的改变、股东的意向以及企业员工参与等因素，企业在进行分析预测时，也应该考虑这些非经济的或不可计量的因素。因此，在实际工作中，应根据需要将两类方法科学合理地结合起来应用，以达到预测的目的。

（五）业务预测的步骤

业务预测是一项复杂且要求比较高的工作，一般可按以下步骤进行：

1. 确定预测目标。确定预测目标就是确定对什么进行预测，并达到什么目的。例如，是预测企业的销售量还是预测企业的利润，这是根据企业经营的总体目标来设计和选择的。确定预测目标是做好业务预测的前提，是制订预测分析计划、确定信息资料来源、选择预测方法及组织预测人员的依据。

2. 搜集、整理和分析资料。预测目标确定后，应着手搜集有关经济的、技术的、市场的计划资料和实际资料，这是开展业务预测的前提条件。在搜集资料的过程中要尽量保证资料的完整全面。在占有大量资料的基础上，对资料进行加工、整理、归集、鉴别，去粗取精、去伪存真，找出各因素之间相互依存、相互制约的关系，从中发现事物发展的规律，作为预测的依据。

3. 选择预测方法。每种预测方法都有特定的用途，对于不同的预测对象，我们应根据预测的目标、内容、要求和所掌握的资料，选择相应的预测方法。对于定量预测，要建立数学模型，以确定最佳的定量预测分析方法。所建的经济数学模型应该进行检验，可靠后再用于预测。对于定性预测，应结合以往经验选择最佳的定性预测方法。

4. 综合分析预测。应用选定的预测方法和建立的模型，分别进行定量和定性分析，在分析内部、外部的各种影响因素后，进行分析判断，揭示事物的变化趋势，并预测其发展结果。

5. 检查验证。通过检查前期预测结果是否与当前实际相符，检查过去的预测结果是否正确，并分析找出误差原因，以便及时对原选择的预测方法加以改进，使预测方法在本期预测过程中加以改正，完善预测机制。

6. 修正预测结果并输出最后预测结论。对于原来采用定量方法进行的预测，常常由于某些因素的数据不充分或无法定量而影响预测的精确，这就需要用定性分析方法考虑这些因素，并修正定量预测结果。而原来采用定性方法预测的结果，也需要用定量的方法加以修正、补充，使预测结果更接近实际。

二、销售预测

（一）销售预测的意义

随着我国经济体制改革的不断深入和社会主义市场经济体制的逐步建立和完善，市场竞争必将日趋激烈。在这种形势下，更要求企业重视和加强销售预测，认真研究市场对企业可能产生的各种影响，了解本企业产品在市场上的占有情况和竞争能力，以便更有效、更明确地组织企业的产品生产和推销工作，使企业在激烈的市场竞争中求得生存和发展。

影响销售预测的因素很多，彼此之间的关系也很复杂，必须对它们仔细分析，综合考虑它们的影响。这些因素一般可分为外部和内部两方面。主要的外部因素有：当前市场的状况、经济发展趋势、竞争对手情况、客户的变化、一般商业环境与市场的变化等。主要的内部因素有：产品的价格、企业过去的销售业绩、产品的功能和质量、企业提供的配套服务、企业的生产能力、各种广告手段的应用、推销的方法，等等。

衡量销售预测的结果，主要看预测的结果是否符合客观实际，也就是看它的可靠性。由于预测涉及未来，本来就有一定的不确定性，加之影响的因素多而复杂，要提高销售预测的可靠性，除了选择正确的方法外，正确组织预测工作也是十分重要的。

作为一个制造企业，生产经营的主要目的是获取利润，而产品销售收入是利润的主要来源。在市场经济条件下，企业的生产不能盲目进行，而是应由市场的需求来决定。“以销定产”是一个经营原则，销售预测就成了企业编制预算、组织生产等一系列经营活动的重要依据。

企业在进行销售预测时，应该充分研究和分析本企业产品销售的相关资料，诸如产品价格、产品质量、售后服务、推销方法等；另外，对企业所处的市场环境、物价指数、市场占有率以及经济发展趋势等情况也应进行研究分析，在此基础上，选择相应的方法进行预测。

（二）销售预测的定性分析法

销售预测的定性分析法是在预测人员具备丰富的实践经验和广泛的专业知识的基础上，根据其对事物的分析和主观判断能力对预测对象的性质和发展趋势作出推断的预测方法，如市场调研法和判断分析法。这类方法主要是在企业所掌握的数据资料不完备、不准确的情况下使用，通过对经济形势、国内外科学技术发展水平、市场动态、产品特点和竞争对手情况等资料的分析研究，对本企业产品的未来销售情况作出质的判断。

1. 市场调研法。市场调研法就是通过对某种产品在市场上的供需情况变动的详细调查，了解各因素对该产品市场销售的影响状况，并据以推测该种产品市场销售量的一种分析方法。市场调研法预测的基础是市场调查所取得的各种资料，然后根据产品销售的具体特点和调查所得资料情况，采用具体的预测方法进行预测。市场调查的内容主要包括以下四个方面：

（1）对产品本身的调查。任何产品都有其市场的生命周期，它通常可分为试销、成长、成熟、饱和及衰退五个阶段。不同产品的生命周期不同，即使对同一种产品来讲，由于受到科学技术水平、社会经济发展水平以及消费环境变化的影响，其在不同的社会时期的生命周期也有不断缩短的趋势。对产品本身的调查，就是要查清产品在当前市场的生命周期长度以及所处的生命周期阶段，以把握产品的市场销售前景。

（2）对消费者情况的调查。一种产品能否实现销售主要取决于市场需求，而消费者的情况、消费心理、个人爱好、消费的风俗习惯、对产品及其供应者的要求等都会影响到对产品的需求量。因此，掌握消费者的爱好及其对产品的购买意图等是市场调查一项很重要的内容，尤其是生活消费品的销售预测。因为生活消费品使用面广、挑选性强，消费者的消费意愿极易变化，消费行为对市场需求的影响更为直接。

（3）对经济发展趋势的调查。一国或地区的社会经济发展趋势都会直接或间接地影响到市场需求。因此，了解国民收入增长情况、社会商品购买力变动情况、消费动向、行业生产增长速度和规模等，将有助于对产品的市场需求作出正确的判断。

（4）对市场竞争情况的调查。市场经济离不开竞争，要能在市场竞争中求得生存和发展，既要清楚本企业产品的竞争能力，更要了解竞争对手的情况，包括在产品的设计、生产、销售、价格等方面有哪些新动向，对销售将会产生什么影响，知己知彼，正确估计本企业产品在市场上的地位。

最后，把上述四方面的调查分析资料进行综合、整理、加工、计算，就可以对产品的销售作出预测。当然，企业的管理当局也可利用社会上的专门机构（如统计部门或同业公会的调研机构等）的调查资料，他们一般只提供某类产品的整个行业市场的需求潜量。根据这项信息再乘以本企业产品的市场占有率，即可算出本单位的预计销售量。

2. 判断分析法。判断分析法主要是根据熟悉市场未来变化的专家的丰富实践经验和综合判断能力，在对预测期销售情况进行综合分析研究以后所作出的产品销售趋势的判断。参与判断预测的专家既可以是企业内部人员，如销售部门经理和销售人员，也可以是企业外部人员，如有关推销商和经济分析专家等。判断分析法的具体方式一般可分为下列四种：

（1）意见汇集法。意见汇集法也称主观判断法，它是由本企业熟悉销售业务、对于市场的未来发展变化趋势比较敏感的领导人、主管人员和业务人员，根据其多年的实践经验集思广益，分析各种不同意见并对之进行综合分析评价后进行判断预测的分析方法。这一方法产生的依据是，企业内部的各有关人员由于工作岗位和业务范围及分工有所不同，尽管他们对各自的业务都比较熟悉，对市场状况及企业在竞争中的地位也比较清楚，但其对问题理解的广度和深度却往往受到一定的限制。在这种情况下就需要各有关人员既能对总的社会经济发展趋势和企业的发展战略有充分的认识，又能全面了解企业当前的销售情况，进行信息交流和互补，在此基础上经过意见汇集和分析，就能作出比较全面客观的销售判断。这一方法在企业实行分片推销责任制的情况下尤为适用，采用这一方法，费时不长，耗费较小，运用灵活，并能根据销售市场的变动及时对预测数进行修正，是一种比较实用的方法。因为在这种推销方式下，每个推销人员对他所负责推销地区的各方面情况都比较熟悉，并能根据该地区的消费习惯、消费结构、收入水平等因素的变动，凭经验及时地估计出本企业的产品在该地区的市场需求情况，而把本企业某一产品在所有地区的预测数汇总后，就能得到企业对该产品的整体销售预测。

（2）德尔菲法。德尔菲法也称专家调查法，它是一种客观判断法，由美国兰德公司在20世纪40年代首先倡导使用。它主要是采用通讯的方式，通过向见识广、学有专长的有关专家发出预测问题调查表的方式来搜集和征询专家们的意见，并经过多次反复，综合、整理、归纳各专家的意见以后，作出预测判断的分析方法。采用这一方法在征询意见时，各专家之间应尽量互不通气，使各人能根据自己的经验、观点和方法进行预测，避免专家之间因为观点不同、地位不同等原因而产生干扰和影响。同时，在每次重复征询意见过程中，都应注意把上次征询意见的结果进行加工整理后反馈给各专家，特别要注意不应忽略少数人的意见，使各专家在重复预测时能作出较全面的分析和判断。

（3）专家小组法。专家小组法也属于一种客观判断法，它是由企业组织各有关方面的专家组成预测小组，通过召开各种形式座谈会的方式，进行充分广泛的调查研究和讨论，然后运用专家小组的集体科研成果作出最后的预测判断的分析方法。与德尔菲法各专家“背靠背”预测形式相反，这一方法是由各专家组成小组面对面地进行集体讨论和研究，因此可以相互启发和补充，使对预测问题的分析、研究更为全面和深入，避免各专家之间因信息资料不共享而使预测带有片面性。采用这一方法，要求各专家从企业的整体利益出发，畅所欲言，充分表达各自的观点，而不要受不同意见的干扰和影响。

（4）模拟顾客综合判断法。模拟顾客综合判断法先请各位专家模拟成各种类型的顾客，通过比较本企业和竞争对手的产品质量、售后服务和销售条件等作出购买决策，然后把这些“顾客”准备购买本企业产品的数量加以汇总，形成一个销售预测值的分析方法。

（三）销售预测的定量预测分析法

定量预测分析法又称为数量预测分析法，它应用现代数学方法和现代化计算工具对各类信息数据进行加工处理，通过建立预测模型完成预测分析，结果比较客观。定量预测分析法在销售预测中主要包括算术平均法、移动加权平均法、指数平滑法。

1. 算术平均法。算术平均法又称简单平均法，是根据过去若干时期的实际销售量（额）进行平均计算，以其简单平均值作为未来销售预测值的一种销售预测方法，其计算公式如下：

预测销售量（额）= 各期实际销售量（额）之和/期数

【例2-1】 H企业2017年下半年的销量分别为，7月份4000件，8月份4200件，9月份4300件，10月份4100件，11月份4000件，12月份4000件，如果要求按照算术平均法计算2018年1月份的销量，该如何计算？

2018年1月的预计销售量 =（4000 + 4200 + 4300 + 4100 + 4000 + 4000）÷ 6 = 4100（件）

该种方法的优点是计算简单，但是它并没有考虑时间序列变化的趋势，特别是近期和远期实际销售量（额）对未来期间预测值的不同影响，并且将各个月份的差异平均化，其预测的误差可能比较大。所以这种方法只适合于各期销售量（额）基本稳定，变化不大的产品预测，比如不存在季节性变动的产品等。

2. 简单移动平均法。简单移动平均法是根据过去若干期的实际资料，求其平均数的方法，但是每次平均数只用最近若干期的资料。所谓“移动”，是指预测值随着时间的不断推移，计算的平均值也在不断地往后顺延。

【例 2-2】以上例 2-1 中的资料为依据，用简单平均移动法（移动期为 3）预测 2018 年 1 月份的销售量。

2018 年 1 月份预测销售量 =（4100 + 4000 + 4000）÷ 3 = 4033（件）

3. 移动加权平均法。移动加权平均法是先根据过去若干期的销售量或销售额，按其距离预测期的远近分别进行加权（近期权数大些，远期权数小些）；然后计算其加权平均数，并以此作为计划期的销售预测值。所谓“移动”，是指对计算平均数的时期不断向后推移。

$$预测销售量(额) = \sum_{i=1}^{n} 第\ i\ 期销售量 \times \frac{第\ i\ 期权数}{各期权数之和}$$

【例 2-3】仍以例 2-1 中的资料为依据，要求根据 2017 年 10—12 三个月的数据，按移动加权平均法预测 2018 年 1 月份的销售量。

根据近期权数大、远期权数小的特点，所以分别取权数为 0.2、0.3、0.5，因此，2018 年 1 月份的销售量为：4100 × 0.2 + 4000 × 0.3 + 4000 × 0.5 = 4020（件）

这种方法既考虑到销售的发展趋势，同时又根据时期的远近分别加权，消除了各个月份销售差异的平均化，故其预测结果比较接近计划期的实际情况。

4. 指数平滑法。指数平滑法就是遵循重近轻远的原则，对全部历史数据采用逐步衰减的不等加权办法进行数据处理的一种预测方法。指数平滑法通过对历史时间序列进行逐层平滑计算，从而消除随机因素的影响，识别经济现象基本变化趋势，并以此预测未来。它是短期预测中最有效的方法。

使用指数平滑系数来进行预测，对近期的数据观察值赋予较大的权重，而对以前各个时期的数据观察值则顺序地赋予递减的权重。指数平滑法是同类预测法中被认为是最精确的，因为最近的观察值已经包含了最多的未来情况的信息。其计算公式为：

计划期销售预测数 = 平滑系数 × 上期实际销售数 +（1 - 平滑系数）× 上期预测销售数

平滑系数的值要求大于 0 小于 1，一般取值在 0.3 与 0.7 之间。

【例 2-4】假定 H 公司 2017 年 12 月份的 B 产品销售的实际数的原预测数是 4000 件，但是实际数是 3500，平滑系数采用 0.5，采用平滑系数法预测 2018 年 1 月份的 B 产品的销售量。

预计 2018 年 1 月份的销售量 = 0.5 × 3500 +（1 - 0.5）× 4000 = 3750（件）

指数平滑法与移动加权平均法实质上是近似的，其优点是可以排除在实际销售中所包含的偶然因素的影响，但确定平滑系数的值还带有一定的主观性。平滑系数越大，则近期实际数对预测结果的影响越大；反之，平滑系数越小，则近期实际数对预测结果的影响越小。

因此，我们可以采用较小的平滑系数，使此法的平均数能反映实际值变动的长期趋势；

也可以采用较大的平滑系数，使此法的平均数能进行近期的销售预测。

（四）销售预测的因果预测分析法

因果预测分析法是利用事物发展的因果关系来推测事物发展趋势的方法。它一般是根据过去掌握的历史资料，找出预测对象的变量与其相关变量之间的依存关系，来建立相应的因果预测数学模型，然后通过对数学模型的求解来确定对象在计划期的销售量或销售额。

因果预测所采用的具体方法较多，最常用且最简单的是回归分析法。回归分析主要是研究事物变化中的两个或两个以上因素之间的因果关系，并找出其变化的规律，应用回归数学模型，预测事物未来的发展趋势。由于在现实的市场条件下，企业产品的销售量往往与某些变量因素（如国内生产总值、个人可支配收入、人口、相关行业的销售量、需要的价格弹性或收入弹性等）之间存在着一定的函数关系，因此我们可以利用这种关系，选择最恰当的相关因素建立起预测销售量或销售额的数学模型，这往往会比采用趋势预测分析法获得更为理想的预测结果。例如，轮胎与汽车，面料、辅料与服装，水泥与建筑之间存在着依存关系，而且都是前者的销售量取决于后者的销售量。因此，可以利用后者现成的销售预测的信息，采用回归分析的方法来推测前者的预计销售量。

这种方法的优点是简便易行、成本低廉。回归分析法主要包括一元线性回归法（预测对象的相关因素有一个）与多元回归法（预测对象的相关因素有两个或两个以上）。初级管理会计师教材主要介绍一元线性回归法。

一元线性回归法又称直线趋势法。一元线性回归法即最小二乘法，是用途较为广泛的一种预测方法，是用来处理两个变量之间具有的线性关系的一种方法。其具体做法是：

（1）设 x 为影响预测对象的相关因素的销售量或销售额，即自变量；y 为预测对象的销售量或销售额，即因变量。

（2）搜集本企业近年来有关因变量的历史资料，以及相关工业有关自变量的相应统计数据。

（3）根据直线方程式 $y = a + bx$，按照数学最小二乘法的原理来确定一条能反映自变量 x 与因变量 y 之间具有误差平方和最小的直线（即回归线）。它的常数项 a 和系数 b 的值可按下列公式计算：

$$a = \frac{\sum y - b\sum x}{n}$$

$$b = \frac{n\sum xy - \sum x \times \sum y}{n\sum x^2 - (\sum x)^2}$$

（4）a 与 b 的值求得后，结合计划期自变量 x 的预计销售量或者销售额的信息，代入计划期 $y = a + bx$ 的计算公式，即可求得预测对象 y 的预计销售量或者销售额。

【例 2 - 5】假设 H 公司 2017 年生产销售 A 产品的具体情况如下，1 月份 2100 件，2 月份 2250 件，3 月份 2320 件，4 月份 2470 件，5 月份 2540 件，6 月份 2700 件。建立以时间为 x，销售量为 y 的线性回归方程，预测 7 月份 A 产品的销售量。根据资料，列表 2 - 1 如下：

表 2－1　　　　**H 公司 2017 年上半年 A 产品的销售量**

时间 x	销售量 y	X^2	xy
1	2100	1	2100
2	2250	4	4500
3	2320	9	6960
4	2470	16	9880
5	2540	25	12700
6	2700	36	16200
$\sum x = 21$	$\sum y = 14380$	$\sum x^2 = 91$	$\sum xy = 52340$

根据表 2－1，并代入线性回归方程进行计算，得出：a = 1994.66，b = 114.86。所以一元线性回归方程为：y = a + bx = 1994.66 + 114.86x。所以 7 月份的预测销售量 = 1994.66 + 114.86 × 7 = 2799（件）。

三、成本预测

（一）成本预测的意义

成本预测是成本管理的重要环节，是组织成本决策和编制成本计划的前提。随着社会日益现代化，企业规模不断扩大，产品加工工艺越来越复杂，生产过程中任何一个环节的成本耗费一旦失控，都可能给企业带来无可挽回的损失。为了防止成本费用管理的失控现象，并且以最少的投入获得最大的产出，或者说以最少的耗费取得最大的经济效益，首先必须科学预测生产经营过程中的成本费用，以在此基础上有效管理企业成本。通过成本预测，掌握未来的成本水平及其变动趋势，作出生产经营活动中所可能出现的有利与不利情况的全面和系统分析，有助于把未知因素转化为已知因素，帮助管理者提高自觉性，减少盲目性，还可避免成本决策的片面性和局限性。为了提高成本管理的水平，企业的成本管理不能只停留在事中繁琐的成本计算和事后的成本分析上，应着眼于未来，做好事前的成本预测、目标成本制定，以便更有利地控制调节成本。作为衡量企业经济效益的一个重要指标，它必然也是会计管理的主要对象之一。

成本信息是企业决策和控制的重要依据。就制造企业而言，产品成本高低是决定企业竞争能力大小的重要因素之一。只有生产出价廉质优的产品，才能为顾客所接受，在激烈竞争的市场中得以生存和发展。因此，现代成本管理不仅要分析成本升降的原因，还要重视未来的成本规划，对企业的成本水平和趋势作出科学的预测。

企业进行成本预测时，应该在目标既定的前提下，利用相关的会计资料和其他资料，测定未来的成本水平及趋势，并且对目标的现实性进行测算，修正目标，使其与实际趋向一致。一般来说，费用的预测与固定成本预测的情况类似，所以不再单独阐述。

（二）成本预测的内容

成本预测分析的内容主要有两个方面：一是规划企业作为奋斗目标的未来成本，它是在未来期应当达到的成本，称之为目标成本；二是对企业实际情况进行预测，对未来时期可能达到的成本进行预测，称之为预测成本。这两种成本都是事前发生的，但又有不同的含义：目标成本是应当达到的，是经过努力奋斗应当实现的目标；预测成本是根据过去的成本情况，推测在未来时期有可能实现的状况。

目标成本是企业产品未来一定时期内应该达到的标准（读者应注意目标成本和标准成本之间的区别）。该标准应具备先进性和合理性，即企业经过一定的努力可以达到的目标。目标成本的确定通常有两条途径。

1. 按照目标利润和销售预测的结果制定。这种方法适用于全部产品的目标成本的制定。大多数企业都在确定目标利润的基础上，计算预计销售单价和预计销售量的乘积（即为预计销售收入）再扣除目标利润，就得到目标成本。即：目标成本 = 预计单价 × 预计销售量 - 目标利润 = 预计销售收入 - 目标利润。

2. 先进成本法。它是选择某一成本水平作为目标成本。当该产品由若干厂家同时生产时，制定产品的目标成本可以用先进成本法确定目标成本，以进一步挖掘降低成本的潜力，作为企业的奋斗目标。先进成本法一般常用计算先进平均数予以确定目标成本。先进平均数方法不是以本行业做好的成本为目标，而是以本行业中等以上的水平为基准，再确定一个一般企业能接受的、经过努力可以达到的成本作为目标成本。它适用于生产水平在中等及以下的企业制定其目标成本。

（三）成本预测的方法

成本预测方法也可以分为定性预测法和定量预测法，这点与销售预测法相类似。成本预测的定性预测法与销售预测一样，是在定量预测法不适用、缺乏企业历史成本数据的情况下所采用，该方法是建立在业务知识、实践经验和综合分析能力的基础上，预测企业成本的变动趋势。定量预测法是根据企业历史成本数据以及成本与各影响因素之间的关系，建立数学模型，预测未来成本及其变化趋势的一种预测方法，常用的方法是因果预测分析法。这里我们主要介绍因果预测分析法，它主要包括高低点法、回归分析法、因素预测法。

1. 高低点法。高低点法是指，根据若干连续时期的历史资料，按照成本习性原理和反映成本发展趋势的直线 $y = a + bx$，只要选择最高业务量和最低业务量的产品总成本之差 Δy，和两者业务量之差 Δx 进行对比，求出单位变动成本 b 和固定成本总额 a 的值，从而计算未来某一期间一定产量条件下的成本情况，并推测成本发展趋势的方法。

根据 $y = a + bx$，可以得到 $\Delta y = b \times \Delta x$，于是，可以求出 b：

$$b = \frac{\text{最高业务量的成本} - \text{最低业务量的成本}}{\text{最高业务量} - \text{最低业务量}}$$

$$a = \text{最高业务量的成本} - b \times \text{最高业务量}$$

或

$$a = \text{最低业务量的成本} - b \times \text{最低业务量}$$

$$\text{总成本预测值 } y = a + b \times \text{预计业务量}$$

【例 2-6】H 企业生产 B 产品，2017 年 6 月份，预计产量达到 90 台，2017 年 1—5 月份，有关成本资料如表 2-2 所示。

表 2－2　　H 企业 2017 年 1—5 月份成本资料

月份	产量（台）	总成本（万元）
1	60	40
2	70	55
3	58	42
4	75	58
5	80	60

根据表 2－2 的资料，采用高低点法预测 H 企业 2017 年 6 月份的总成本。

$$b=\frac{\text{最高业务量的成本}-\text{最低业务量的成本}}{\text{最高业务量}-\text{最低业务量}}=\frac{60-42}{60-58}=0.8182$$

$$a=\text{最高业务量成本}-b\times\text{最高业务量}=60-0.8182\times80=-5.456$$

则 2017 年 6 月份总成本预测值：

$y=a+b\times$最高业务量 $=-5.456+0.8182\times90=68.182$（万元）

2. 回归直线分析法。回归直线分析法是根据历史资料，应用最小平方原理求解出回归直线方程 $y=a+bx$ 中的参数 a、b。具体方法前面有关部分已经作了介绍。a、b 两个参数的计算公式如下：

$$a=\frac{\sum y-b\sum x}{n}$$

$$b=\frac{n\sum xy-\sum x\times\sum y}{n\sum x^2-(\sum x)^2}$$

【例 2－7】继续沿用例 2－6，用回归直线分析法计算 2017 年 6 月份的总成本。设产量为自变量 x，总成本为因变量 y，建立回归直线方程 $y=a+bx$，具体如表 2－3 所示。

表 2－3　　计算分析表

月份	x	y	x^2	y^2
1	60	40	3600	2400
2	70	55	4900	3850
3	58	42	3364	2436
4	75	58	5625	4350
5	80	60	6400	4800
合计	343	255	23889	17836

$$a=\frac{\sum y-b\sum x}{n}=0.9549$$

$$b=\frac{n\sum xy-\sum x\times\sum y}{n\sum x^2-(\sum x)^2}=-14.5061$$

那么回归直线方程为 $y=-14.5061+0.9549x$

2017 年 6 月份，H 企业的总成本预测值 $y=-14.5061+0.9549\times90=71.43$

3. 加权平均法。该方法是根据过去若干期固定成本和单位变动成本的历史资料，按事先确定的权数进行加权的方法。该方法也是建立在 $y=a+bx$ 方程的基础上。与上述两种方法不同的是：一是该方法所依据的历史资料是各个时期的固定成本 a 和单位变动成本 b，而不是总成本；二是求解参数方法不同，加权平均法就是规定各个时期的成本资料以不同的权数。由于距计划期越近，对计划期的影响越大，加权权数应大些，即一般近期资料权数大些；反之，则加权权数小些，即远期资料权数小。同销售预测方法中的权数确定一样，为了计算简便，加权时可以令 $\sum w_i=1$，然后直接对各期成本资料进行加权平均，求得 a 和 b 两个参数。其公式如下：

$$a=\frac{\sum a_i\times w_i}{\sum w_i}$$

$$b=\frac{\sum b_i\times w_i}{\sum w_i}$$

四、利润预测

（一）利润预测的意义

利润是衡量企业经济效益综合性最强的主要指标，它不仅反映企业在一定时期内的生产经营成果，也是衡量和考虑企业经济效益和业绩的重要依据。利润预测是对企业未来（计划期）可实现的利润进行的预见。利润对于一个企业来说，在经营活动中的地位至关重要的，如果没有利润，企业难以生存下去，更谈不上扩大生产规模和发展生产水平了。因此，利润是企业生产经营活动和管理工作质量的综合成果，也是反映多种财务要素的综合性指标。每个企业都应对利润进行有效管理。搞好利润预测，对于经营管理者的规划、决策工作具有重要意义。

所谓目标利润，是指企业在未来一段时间内，经过努力应该达到的最优化利润控制目标，它是企业未来经营必须考虑的重要战略目标之一。目标利润应该反映未来企业可以实现的最佳利润水平，既先进又合理。并且目标利润确定后，应保持相对稳定，不能随意更改，并及时组织落实为实现目标利润，在产量、成本、价格等方面必须达到的各项指标和有关措施，并以此作为编制全面预算的基础。

（二）利润预测的内容

利润预测是在销售预测、成本预测的基础上，通过对产量、价格、成本的预测数据进行综合分析，进一步反映利润在未来时期的状况。利润预测分析的主要内容有两方面：其一是确定目标利润，即企业在未来一段时间内，经过努力应该达到的最优化利润控制目标，这是利润预测的中心任务；其二是反映各因素的变动对目标利润变动的影响，即利润变动因素敏感性分析。本部分主要介绍目标利润的预测。

（三）利润预测的方法

利润预测可以按照有关利润的指标计算得出，也可以根据销售预测中计划期的预计销售量和成本水平，应用本量利的相互关系和经营杠杆系数等方法进行。

1. 按照有关利润率指标计算。企业可以选择先进、合理的利润率作为预测目标利润的依据，通常可以选择销售利润率、产值利润率和资金利润率。其对应的相关指标为产品销售收入、产品总产值、资金平均占用额。具体计算公式表示如下：

销售利润率：　　目标利润 = 销售利润率 × 预计销售收入总额

产值利润率：　　目标利润 = 产值利润率 × 预计产品总产值

资金利润率：　　目标利润 = 资金利用率 × 预计资金平均占用额

2. 本量利方法。本量利方法是根据利润、销售量、成本之间的数量关系来确定目标利润。在企业只生产单一产品的情况下，其具体公式为：

目标利润 =（销售单价 - 单位变动成本）× 预计销售量 - 固定成本

= 单位边际贡献 × 预计销售量 - 固定成本

【例 2-8】 H 公司预计计划期间销售甲产品 1000 件，假设甲产品的销售单价是 30 元，单位变动成本是 18 元，固定成本总额是 3500 元，要求预测该公司产品在计划期间可实现多少利润。

预计目标利润 = 1000 ×（30 - 18）- 3500 = 8500（元）

在实际工作中，如果企业生产销售多种产品，则企业预计利润的计算公式为：

多种产品预计的利润 = 加权平均边际贡献率 × 预测销售收入 - 固定成本

$= \sum$（某产品边际贡献率 × 预计该产品销售量）- 固定成本

3. 经营杠杆。在预测利润时，在其他因素不变的情况下，销售量一定程度的变动会使利润以更大幅度变动，将利润变动率大于销售量变动率的特殊现象称为经营杠杆效应。这如同物理学中的杠杆原理，只要给予一个较小的力，便可以举起一个较重的物体一样。从财务角度看，经营杠杆效应源于固定成本的存在。在产品售价和单位变动成本不变的情况下，当销售量变动时，固定成本成为增加利润的杠杆，使得单位固定成本呈反比例变动。即销售量越大的单位产品所负担的固定成本越小，单位产品获利能力越高；反之，单位产品获利能力就越低，从而带来单位利润相对变化，最终导致利润的变动率总是大于销售量变动率。因此，经营杠杆是在销售量变动时利用固定成本，使利润实现更大的变动。经营杠杆所产生的效益和反映的风险可用经营杠杆系数来衡量。

经营杠杆系数，又称为经营杠杆率，它是指利润变动率相当于销售量变动率的倍数，或利润变动率与销售量变动率的比值，其计算公式为：

$$经营杠杆系数(DOL) = \frac{利润变动率}{销售量变动率}$$

【例 2-9】 H 公司生产一种 B 产品的有关资料如表 2-4 所示：

表 2－4　　该产品相关资料

项目	基期	预测期	变动额	变动率
销售量（件）	1000	2000	1000	100%
单位边际贡献（元）	30	30		
边际贡献（元）	30000	60000	30000	100%
固定成本（元）	15000	15000		
利润（元）	15000	45000	30000	200%

预测期的经营杠杆系数（DOL）＝200%/100%＝2。

按照上述公式计算经营杠杆系数，必须掌握利润变动率和销售量变动率，因而计算比较繁琐，不便于利用经营杠杆系数进行利润的预测分析。为了事先能简便计算确定经营杠杆系数，实际计算时，经营杠杆系数通常可以按照以下简化公式计算：

$$经营杠杆系数(DOL)=\frac{基期边际贡献}{基期利润}$$

利用经营杠杆系数来预测利润，经营杠杆系数在利润预测中预测销售量变动对利润的影响。因此，在一定业务量范围内，经营杠杆系数确定后，即可结合计划期的销售变动率来预测计划期的利润，其计算公式为：预测利润＝基期利润×（1＋销售变动率×经营杠杆系数）。

【例 2－10】 H 公司按照基期资料计算的经营杠杆系数为 4，基期利润为 15 万元，销售收入为 100 万元。若预测期销售收入总额为 150 万元，则预测期可实现的利润为：

$$预测利润=15\times\left(1+\frac{150-100}{100}\times4\right)=45\ (万元)$$

经营杠杆系数指标不仅可以用于预测利润，而且也反映了经营风险的大小。在一定的相关范围内，当产品单价、单位变动成本和固定成本不变时，销售量越大，经营杠杆系数越小；反之，销售量越小，经营杠杆系数越大。当在同一销售量水平上时，经营杠杆系数越大，利润变动幅度越大，企业经营的风险越大。

五、资金预测

（一）资金预测的意义

资金是企业生产经营活动中必备的条件，是各种物质的货币表现。企业除必须进行销售、成本、利润的预测分析以外，还必须正确地做好资金需要量的预测工作，从而做到心中有数，合理筹集资金、利用资金。不断提高资金利用的经济效益，以最少的资金占有取得最佳的经济效益。因此，科学地进行资金预测，不仅能为企业生产经营活动的正常开展测算相应的资金需要量，而且能为制定经营决策、节约资金耗费、提高资金使用效益创造有利的条件。

资金需要量预测就是在销售预测、成本预测和利润预测的基础上，根据企业未来经营发展目标，并考虑影响资金的各项因素，运用一定方法估计和推算企业在未来一定时期内或一定项目上所需要的资金数额、来源渠道、运用方向及其效果的过程。

（二）资金预测的方法与步骤

资金需要量预测的方法主要有资金增长趋势预测法和销售百分比法。资金增长趋势预测法，就是运用回归分析法原理对企业过去若干期销售量（销售额）及资金需要量的历史资料进行分析计量，以确定反映销售量（销售额）与资金需要量之间的数学模型，并据以推算估计未来期间资金需要量的一种方法。本书主要详细介绍销售百分比法。

销售百分比法，是根据各个资金项目与销售收入总额之间的依存关系，以未来销售收入变动的百分比为主要参数，预测随着销售收入增加需要相应增加的资金总量。采用销售百分比法预测资金需要量时，应具备的前提条件主要有：（1）资产负债表上的大部分项目与销售收入有直接的正比关系；（2）各资产现时的规模与其销售水平相当；（3）预测期的销售结构和价格水平与基期保持相同。销售百分比法的计算公式为：

$$\text{预计需要增加的资金量} = (S_1 - S_0)\left(\frac{A}{S_0} - \frac{L}{S_0}\right) - D - R + M$$

上式中，S_1为下期预测销售收入，S_0为基期销售收入，$(S_1 - S_0)$表示销售额的变动差额；A为随销售收入变动的资产项目基期金额，L为随销售收入变动的负债项目基期金额，$\left(\frac{A}{S_0} - \frac{L}{S_0}\right)$表示每增加百元销售收入所需要增加的资金需要量；D为下期提取的折旧摊销额与同期用于更新改造的资金之差额；R为按下期销售收入及基期销售净利率计算的利润与预计发放股利的差额；M为下期新增的零星资金需要量。

运用销售百分比法具体预测时，一般步骤如下：

1. 确定基期的销售收入S_0和下期预计的销售收入S_1。

2. 分析资产负债表，将随销售量变动的项目分离出来。（1）资产类项目。流动资产中的货币资金、应收账款和存货等项目，一般会随着销售收入的增加而增加。因为较多的销售量需要占用较多的存货，发生较多的应收账款，从而要求货币资金需要量增加。固定资产项目则视企业现有生产能力是否满足预测期经营规模的需要而定，如果企业生产能力可以满足未来的需要，则不需要增加固定资产方面的资金投入；反之，如果未来销售量增加超出现有生产能力，则必须扩大生产能力，追加资金投入。至于长期投资、无形资产和其他资产项目，一般与销售量的增减无关，不需要考虑。（2）负债类项目。流动负债中的应付账款、应缴税金和其他应付款等会随着销售量的增加而相应增加；而长期负债项目一般与销售量的增减无关，不需考虑。（3）所有者权益项目。实收资本和资本公积项目一般与销售量增减无关。留存收益中实现的利润如果未全部分配给投资者，与计提的固定资产折旧一样，会形成企业内部的资金来源。

3. 计算基期资产负债表上随销售量变动的各项目占基期销售收入的百分比。根据第二步的分析结果，将随着销售的增加而增加的各项目金额与基期销售收入相比，得到相应的比例。

$$\text{资产占销售收入的百分比} = \frac{\text{随销售量变化的资产}}{\text{基期销售额}} = \frac{A}{S_0}$$

$$\text{负债占销售收入的百分比} = \frac{\text{随销售量变化的负债}}{\text{基期销售额}} = \frac{L}{S_0}$$

4. 确定随销售的增加需要追加的资金。将第三步计算出的“资产占销售收入的百分比”减去“负债占销售收入的百分比”，得到每增加 1 元，销售额需要增加的资金量。

$$单位销售额增加需要增加的资金=\frac{A}{S_0}-\frac{L}{S_0}$$

5. 确定企业内部形成的资金，从而得出计划期需要追加的资金。内部形成的资金是企业留存收益的增加数以及固定资产折旧额，这部分资金来源可以抵减需要筹集的资金。

6. 根据销售百分法计算公式预计需要增加的资金量得出结果。

【例 2-11】 H 企业 2017 年销售收入为 100 万元，税后净利润为 5 万元，发放股利为 3 万元，2017 年末的资产负债表资料如表 2-5 所示。

表 2-5　　H 企业 2017 年末资产负债表　　单位：元

资产		负债	
现金及银行存款	25000	应付账款	156000
应收账款	150000	长期负债	210000
存货	200000	普通股本	500000
厂房设备（净值）	350000	留存收益	69000
长期投资	110000		
无形资产	100000		
资产合计	935000	权益合计	935000

假设 2018 年预计销售收入达到 150 万元，并仍按原股利发放率发放股利，折旧提取数为 5 万元，其中，60% 用于当年更新改造支出，现有厂房设备应用能力已处于饱和状态，计划期间零星资金需要量为 2.1 万元。求预测期需要追加的资金量。

根据资料，各指标计算如下：$S_1-S_0=150-100=50$（万元）

$$\frac{A}{S_0}-\frac{L}{S_0}=\frac{25000+150000+200000+350000}{1000000}-\frac{156000}{1000000}=56.9\%$$

$D=5\times(1-60\%)=2$（万元）　　$R=150\times5/100\times(1-3/5)=3$（万元）

则预测资金需要量 $=50\times56.9\%-2-3+2.1=25.55$（万元）

第二节　业务预算

业务预算也称经营预算、营业预算，是预算期内企业日常生产经营活动的预算。主要包括销售预算、生产预算、供应预算、期间费用预算等生产经营活动预算。从事生产经营活动是企业的基本特征和内容，因此，业务预算是企业全面预算的主体。

按照以销定产的原则，业务预算是编制全面预算的起点。它的基本公式为“收入-费用=利润”，因此在执行时可以分为收入预算、成本预算、费用预算和其他业务预算。在具体内容上，业务预算又可以进一步细分为销售预算、生产预算、直接材料消耗预算、直接人工预算、采购预算、制造费用预算、产品成本预算、存货预算、期间费用预算等多项内容。

业务预算是公司编制预算的最主要内容，它与利润预算关系密切。一方面是利润预算的基本依据，另一方面，业务预算也受到公司利润目标和利润预算的规范和制约。

在过去计划经济体制下，企业往往“以产定销”，为实现产能最大化往往将预算从生产过程开始编制。但是在市场经济条件下，当代企业必须适应市场的要求，以销定产，因此销售量和销售额便成为企业接下来各项活动的依据。在这种情况下，企业基本上采取的都是以销售为起点的预算模式。企业也必须先预测其销售收入，才能以此为依据衍生出整个公司的业务预算。

在预算编制的方法上，公司可以根据不同的预算项目，分别采用固定预算、弹性预算、滚动预算、零基预算等方法进行编制。在预算编制的组织实施上，企业应当采取与企业文化和企业组织结构相一致的组织权责划分形式，以保证其预算的执行、考核和责任落实。

由于以销售为起点的预算模式是当今企业编制业务预算的基本模式，因此我们在业务预算上主要介绍这一模式下的具体编制方法。下面，本部分也将按照“收入 - 成本费用 = 利润”的预算编制公式分别介绍收入预算、成本预算、费用预算和其他业务预算的编制。

一、收入预算

（一）收入预算概述及销售预算

收入预算是指企业在未来一定时期内经营、资本、财务等各方面的收入的总体计划。收入预算既包括经营性的销售预算，又包括一定程度上的非经营性收入预算。由于企业的非经营性收入受到宏观经济、政府政策、公司行业、公司个体情况等因素影响较大，具有较强的不确定性，因此对于非经营性收入的预算，更多的是要考虑具体情况，企业应当根据自身所处内外部环境的特点进行合理的预测和编制。本书在此主要讨论经营性收入预算，亦即销售收入预算的编制。

在以销定产的经营思想下，企业总预算的编制应从销售预算开始，销售预算编制是整个经营预算的基础和出发点。在编制经营预算时，应根据历史销售资料、未来销售趋势预测结果和预算期的经营目标等，首先着手编制销售预算。但是要注意，并非所有企业都必须以销售预算为起点，要看它的主要约束因素是什么，如稀有原材料的企业，其主要约束因素是原材料的可供给量，因此，其预算编制起点应该是原材料采购预算。

（二）销售预算编制的一般方法

销售预算通常由销售量、单价和销售收入及预计现金收入计算附表构成。编制预计现金收入计算附表是为编制现金预算提供必要的资料。另外，销售预算通常要分品种、分月份、分销售区域、分推销员来编制。为了简化，本部分例题只划分了季度销售数据。在编制总体销售预算时，高层经理人员有必要考虑以下因素：过去的销售状况，销售市场的发展，竞争对手的相关活动，供应商与客户的情况，生产能力，销售人员的意见，宣传计划，公司其他产品的盈利能力，管理人员的经验及判断等。

【例 2 - 12】 假设 H 企业生产和销售一种产品，2017 年预计销售数量、单位产品销售价格和销售收入分季的预算数如表 2 - 6 所示。各季的销售收入假定其中的 70% 可于当季收回现金，28% 将于下一季度收回现金，其余 2% 假定为无法收回的坏账。同时假设期初的应收账款是 9500 元。

表 2－6　　销售预算　　单位：元

2017 年度

项　目	第一季度	第二季度	第三季度	第四季度	合计
预计销售量（件）	800	700	900	800	3200
单位售价	80	80	80	80	80
销售收入	64000	56000	72000	64000	256000
预期现金收入分析表					
收回期初应收账款	9500				9500
收回第 1 季度销售款	64000×70% =44800	64000×30% =19200			64000
收回第 2 季度销售款		39200	16800		56000
收回第 3 季度销售款			50400	21600	72000
收回第 4 季度销售款				44800	44800
现金收入合计	54300	58400	67200	66400	246300

二、成本预算

（一）生产预算

生产预算是预算期内企业产品生产活动或劳务活动的预算，其是在销售预算的基础上进行编制的，目的在于具体安排企业在预算期内的产品生产活动，确定有关产品的生产数量及其在不同时间的分布情况。生产预算涉及企业生产经营过程中的各个方面，是企业组织产品生产、控制产品成本和生产资金占用、考核生产部门工作业绩的主要依据。按照以销定产、产需结合的要求，有关产品的生产量应与其销售量相对应。因此，在确定预算期内产品生产量时，既要考虑产品预计销售量，又要考虑预算期初和期末的产品预计库存量。预算期内产品预计生产量的计算公式是：

预计生产量＝预算期末预计库存量＋预算期内预计销售量－预算期初预计库存量

在实际工作中，为了正确确定有关产品在整个预算期内的生产量的具体分布，还须妥善处理各种产品销售的均衡性和季节性问题。

【例 2－13】假定前例中，季末预计的产成品存货占次季销售量的 10%，年末预计产成品盘存数为 100 件，各季预计的期初存货即为上季末预计的期末存货。编制生产预算如表 2－7 所示：

表 2－7　　生产预算　　单位：件

2017 年度

项　目	第一季度	第二季度	第三季度	第四季度	合计
预计销售量	800	700	900	800	3200
加：预计期末存货	700×10%＝70	90	80	100	
合计	870	790	980	900	

续表

项　目	第一季度	第二季度	第三季度	第四季度	合计
减：预计期初存货	800×10% =80	70	90	80	
预计生产量	790	720	890	820	3220

（二）直接材料预算

直接材料预算是预算期内企业产品生产所消耗的各种直接材料种类、数量及其成本的预算。直接材料是指企业在产品生产过程中所消耗的直接用于产品生产并构成产品实体的原料、主要材料、外购半成品，以及有助于产品形成的辅助材料、燃料、动力、包装物等材料物资。直接材料预算的主要内容包括产品名称、产品产量、材料用途、材料名称、计量单位、材料单价、消耗数量、消耗金额和时间等，反映了预算期内企业产品生产所需的各种材料数量及金额。做好直接材料预算的编制，不仅可以保障预算期内产品生产的材料需要，而且通过严格的材料消耗定额控制，还能有效降低产品制造成本。

直接材料预算，是以生产预算为基础编制的，同时要考虑原材料期初、期末存货水平。它主要是用于确定预算期直接材料的采购数量、采购成本及与之相关的预计现金支出数额。其中，一个至关重要的因素就是如何制定单位产品材料计划用量与采购单价标准。

其主要内容有直接材料的单位产品用量、生产需用量、期初和期末存量等。“预计生产量”的数据来自生产预算，“单位产品材料用量”的数据来自标准成本资料或消耗定额资料，“生产需用量”是上述两项的乘积。年初和年末的材料存货量，是根据当前情况和长期销售预测估计的。各季度“预计期末材料存量”根据下季度生产量的一定百分比确定。各季度“预计期初材料存量”是上季度的期末存货。预计各季度“采购量”的计算公式为：

预计采购量 =（生产需用量 + 期末存量）- 期初存量

同时，为了便于以后编制现金预算，通常要预计材料采购各季度的现金支出。每个季度的现金支出包括偿还上期应付账款和本期应支付的采购货款。

【例 2-14】 假定前例中，该单位产品的材料用量 3 千克，每千克单价 2 元；季末预计的材料存货占次季生产需用量的 10%，年末预计的材料存货为 250 千克。各季预计的期初存货即为上季末的期末存货。各季度的购料金额，假定于购料当季支付 50%，其余的 50% 于下一季度支付。同时假设期初的应付账款是 2200 元。编制直接材料预算如表 2-8 所示：

表 2-8　　**直接材料预算**　　金额单位：元

2017 年度

项　目	第一季度	第二季度	第三季度	第四季度	合计
预计生产量	790	720	890	820	3220
单位产品材料用量	3	3	3	3	3
生产需用量（kg）	2370	2160	2670	2460	9660
加：预计期末材料存货（kg）	216	267	246	250	250
合计	2586	2427	2916	2710	9910

续表

项　目	第一季度	第二季度	第三季度	第四季度	合计
减：预计期初材料存货（kg）	2370×10% =237	216	267	246	237
预计材料采购量（kg）	2349	2211	2649	2464	9673
单价	2	2	2	2	2
预计购料成本	4698	4422	5298	4928	19346
预计的现金支出					
支付期初应付账款	2200				2200
支付第一季度购料款	4698×50% =2349	2349			4698
支付第二季度购料款		2211	2211		4422
支付第三季度购料款			2649	2649	5298
支付第四季度购料款				2464	2464
合计	4549	4560	4860	5113	19082

（三）直接人工预算

直接人工是指企业产品生产过程中直接耗用的人工成本，由直接人工工资和其他人工成本构成。也就是企业给予一线生产员工的工资、奖金、津贴、补贴、福利等形式的报酬以及其他相关支出。由于一线生产员工直接从事产品生产，人工成本发生后可以直接归集到各种产品成本中去，因此，编制直接人工预算不仅可以为产品成本预算提供人工成本资料，还可以反映企业一线生产员工的人工成本总额和工资构成。同时，直接人工成本不仅是产品制造成本的重要组成部分，还与员工的物质利益密切相关，而且还涉及很多政策性的事项。例如，员工的工资标准要符合国家有关法规政策，企业各部门之间、员工之间的工资水平要相对合理，要体现各尽所能、按劳分配、不劳不得、同工同酬等分配原则。因此，直接人工预算的编制不仅要考虑产品的生产特点和产品成本的承受能力，还要符合企业的工资制度和国家有关劳动工资及社会保障方面的法律法规。

直接人工预算是预算期内企业生产活动直接人工成本支出的总体安排，由生产部门负责编制，人力资源部及财务部负责协助。直接人工预算也是以生产预算为基础编制的。其主要内容包括预计产量、单位产品标准工时、直接人工总工时、标准单位工时工资率（即每小时人工成本）和预计直接人工总成本及直接人工预计现金支出额。“预计产量”数据来自生产预算。“单位产品标准工时”和“标准单位工时工资率”数据，来自标准成本资料。“直接人工总工时”和“预计直接人工总成本”是在直接人工预算中计算出来的。

【例 2－15】假定前例中，生产单位产品需用直接人工小时 5 小时，每小时工资率 5 元。编制直接人工预算如表 2－9 所示：

表 2－9　　**直接人工预算**　　金额单位：元

2017 年度

项　目	第一季度	第二季度	第三季度	第四季度	合计
预计生产量（件）	790	720	890	820	3220
单位产品直接人工小时	5	5	5	5	5

续表

项　目	第一季度	第二季度	第三季度	第四季度	合计
直接人工小时合计	3950	3600	4450	4100	16100
每小时工资率	5	5	5	5	5
直接人工成本合计	19750	18000	22250	20500	80500

（四）制造费用预算

制造费用是企业各生产单位（分厂、车间）为生产产品和提供劳务而发生的各项间接成本，包括企业各个生产单位为组织和管理生产活动所发生的各项费用。例如，各生产单位的管理及技术人员工资、固定资产折旧费、维修费、机物料消耗、办公费、水电费、劳动保护费、停工损失等。制造费用属于产品生产及劳务活动发生的间接成本，费用发生时一般无法直接判定它所归属的成本计算对象，需要先按生产单位对各项制造费用进行归集，月末再采用一定的方法分配计入各成本计算对象之中。在生产机械化、自动化程度越来越高的趋势下，企业生产设备的投资日趋增大，固定资产折旧费、保险费、维修费不断增加，制造费用在产品成本中所占的比重处于不断提高的状态，加强制造费用的控制和管理尤显重要。制造费用分配的方法有很多，作业成本法等比较复杂的分配方法在中高级教材中进行介绍。

制造费用预算是预算期内企业生产活动各项间接成本支出的总体安排，由生产部门负责编制，财务部门予以协助。制造费用预算通常分为变动制造费用和固定制造费用两部分。一般而言，变动制造费用预算的主要构成项目是间接材料费、间接人工费、动力费等，固定制造费用预算的主要构成项目是固定资产折旧费、设备维护保养费、生产部门管理人员工资等。变动制造费用以生产预算为基础编制，根据单位产品预定分配率乘以预计的生产量进行预计。固定性制造费用可在上年的基础上根据预期变动加以适当修正进行预计。制造费用项目，大部分需要用现金支付，但有的项目如固定资产折旧是不需用现金支付的。为了便于编制现金预算，制造费用预算也应包括预计的现金支出部分。

【例 2－16】假定前例中，按直接人工小时计算变动性制造费用的预计分配率，每直接人工小时应分配变动性制造费用 2 元。预计制造费用 = 固定部分 6000 元（每季）＋变动部分 2 元 × 直接人工小时，每季固定制造费用中含折旧 3250 元，制造费用中凡需现金支付者，均需在费用发生之当季支付。制造费用预算如表 2－10 所示：

表 2－10　　**制造费用预算**　　金额单位：元

2017 年度

项　目	第一季度	第二季度	第三季度	第四季度	合计
直接人工小时预算	3950	3600	4450	4100	16100
变动费用率	2	2	2	2	2
变动性制造费用	7900	7200	8900	8200	32200
固定性制造费用	6000	6000	6000	6000	24000
合计	13900	13200	14900	14200	56200
减：折旧	3250	3250	3250	3250	13000
制造费用现金支出	10650	9950	11650	10950	43200

（五）产品生产成本和期末存货预算

产品生产成本和期末存货预算，是生产预算、直接材料预算、直接人工预算、制造费用预算的汇总，如表 2-11 所示。预算是企业内部计划控制管理的工具，所以为了正确规划利润和成本，该企业在编制预算的时候，采用变动成本法计算损益，即产品成本中只包括变动成本，而对于固定成本则全部作为期间费用，计算当期损益。该预算主要内容是产品的单位成本和总成本。单位产品成本的有关数据，来自前述三个预算。计划产量、期末存货量来自生产预算。生产成本、存货成本等数据，根据单位成本和有关数据计算得出。其基本公式为“产品成本 = 直接材料成本 + 直接人工成本 + 制造费用”，并且通过汇总直接材料预算、直接人工预算和制造费用预算中的有关数据、材料，从而能够很容易地编制出来。值得注意的是，库存产成品的计价方法有很多，有先进先出法、加权平均法等，编制预算时可选择其中一种，在本例中为说明问题方便起见，假定库存产成品的期初和期末单位成本一致。

表 2-11　　**产品成本和期末存货预算**　　计划产量：3220 件（见表 2-7）

2017 年度

成本项目	单位用量	单价（元）	单位变动成本	总成本
直接材料	3 千克	2	6	19320
直接人工	5 小时	5	25	80500
变动性制造费用	5 小时	2	10	32200
合计			41	132020
期末产品存货数量	100（见表 2-7）			
期末产品存货成本	4100			
期末材料存货数量	250 千克（见表 2-8）			
期末材料存货成本	500			

三、费用预算

期间费用包括销售费用、管理费用和财务费用三部分，但财务费用预算是现金流量预算的一部分，所以本部分主要讨论销售费用和管理费用的预算。

（一）销售费用预算

销售费用也称营业费用，是指公司在销售产品或者提供劳务过程中发生的各项费用以及专设销售机构的各项经费，具体包括应由公司负担的运输费、装卸费、包装费、保险费、展览费、销售佣金、委托代销手续费，广告费、租赁费，专设销售机构人员工资、福利费、差旅费、办公费、折旧费、修理费、材料消耗、低值易耗品摊销及其他费用。

销售费用预算是为了实现销售收入预算所需支付的费用预算。销售收入作为收益性指标，当然是越高越好；而销售费用作为成本性指标，则是越低越好。然而一般情况下，销售收入与销售费用是成正比的。企业要使产品销售量或销售收入有较大幅度的增长，就必须加大销售力度，增加销售费用的投入。如果盲目压缩销售费用，就会影响销售业务的开展。因此，在编制销售费用预算时，必须与销售量及销售额预算相互协调和配合。

销售费用预算以销售预算为基础，分析销售收入、销售利润和销售费用的关系，力求实现销售费用的最有效使用。其编制方法与制造费用预算的编制方法非常接近，也可将其划分为变动性和固定性两部分费用。但对随销售量呈正比例变动的那部分变动性销售费用，只需要反映各个项目的单位产品费用分配额即可。对于固定性销售费用，只需要按项目反映全年预计水平。销售费用预算也要编制相应的现金支出预算。具体编制方法主要有销售百分比法、零基预算法和弹性预算法。

企业不管采用哪种方法编制销售费用预算，都要对销售费用的构成和支出数额进行认真分析，要充分利用历史数据并结合实际情况进行合理测算，考察销售费用支出的必要性和投入产出效果，并考虑预算期销售业务量以及其他相关因素的变化，逐项确定销售费用的预算数额。

（二）管理费用预算

管理费用项目繁多、内容复杂、涉及面广，需要企业根据管理费用的特点和管理要求，分析管理费用的构成，有针对性地采取预算控制措施。管理费用是企业为了维持基本组织机构和经营能力，保证生产经营活动正常进行而发生的各项费用支出。其具体主要包括以下几个方面的费用：企业管理部门以及职工方面的费用、用于企业间接管理的费用、提供生产技术条件的费用、企业业务应酬费用、企业计提的各项损失或准备以及其他可以计入到管理费用的有关费用。

在编制管理费用预算时一般要按照以下几个步骤进行编制。首先，按管理费用是否可以人为控制分为约束性管理费用和酌量性管理费用。约束性管理费用是指费用是否发生、发生多少，不受管理人员决策控制的费用项目。例如固定资产折旧费、土地使用费、劳动保险费等；酌量性管理费用是指费用是否发生、发生多少，可以由管理人员决定的费用项目。例如研究开发费用、宣传费用、招待费、职工培训费等。其次，将约束性管理费用归口各相关职能管理部门编制，这部分费用受有关基数、政策和标准的制约，基本没有弹性，可采用固定预算法。最后，将酌量性管理费用根据基期管理费用的预计水平和预算期内的变化因素，结合费用开支标准和公司降低费用的要求，分解到各职能部门分别编制预算草案。酌量性管理费用的人为因素较多，应重点控制。编制方法可采取零基预算法或变量预算法，规定费用降低的比例。对于研究开发费用以及业务招待费、会议费、广告宣传费等项目，应当重点控制。

在编制管理费用预算时，要分析企业的业务成绩和一般经济状况，务必做到费用合理化。本预算的编制可采取以下两种方法：一是按项目反映全年预计水平，这是因为管理费用大多为固定成本，所以一般是以过去的实际开支为基础，按预算期的可预见变化来调整；二是类似于制造费用预算或销售费用预算的编制方法，即将管理费用划分为变动性和固定性两部分费用。为了将管理费用项目落实到位，有效运用预算手段控制管理费用支出，应该将管理费用预算表设计成分部门、分项目列示的棋盘式表格。

综合上述因素，表 2 - 12 是该企业的销售及管理费用预算。

表 2-12 **销售及管理费用预算** 单位：元

2017 年度

项　目	第一季度	第二季度	第三季度	第四季度	合计
预计销售量（件）	800	700	900	800	3200
单位变动费用	4	4	4	4	4
预算变动费用	3200	2800	3600	3200	12800
固定费用：					
广告费	1100	1100	1100	1100	4400
保险费	2800				2800
管理人员工资	8500	8500	8500	8500	34000
租金	350	350	350	350	1400
财产税			1200		1200
小计	12750	9950	11150	9950	43800
合计①	15950	12750	14750	13150	56600

注：假定每季发生的费用均在发生之当期支付。

四、现金流量预算

提高现金流转效率，合理组织现金流入与现金流出之间的匹配关系，是企业财务管理工作的核心。现金流量状况如何，不仅直接关系到企业的获利能力，而且对企业财务风险的大小具有决定性的影响。因此，不仅要求在编制各项业务预算、资本预算时需要预计相关的现金流入与流出数额，还必须从企业整体角度对现金的流入与流出以及现金的净流量作出较为准确的预计，以便事先采取必要的财务对策，避免出现“高利润，低现金”的现象。所谓现金预算就是综合反映企业预算期间由于经营、筹资、投资等各项活动引起的现金流入与流出状况的预算报表。

现金预算由四部分组成：现金收入、现金支出、现金多余或不足、资金的筹集和运用。“现金收入”部分包括期初现金余额和预算期现金收入，销货取得的现金收入是其主要来源。期初的“现金余额”是在编制预算时预计的，“销售现金收入”的数据来自销售预算，“可供使用现金”是期初余额与本期现金收入之和。“现金支出”部分包括预算期的各项现金支出。“直接材料”、“直接人工”、“制造费用”、“销售及管理费用”的数据分别来自前述有关预算。此外，还包括所得税、购买设备、股利分配等现金支出，有关的数据分别来自另行编制的专门预算。“现金多余或不足”部分列示现金收入合计与现金支出合计的差额。差额为正，说明收大于支，现金有多余，可用于偿还过去向银行取得的借款，或者用于短期投资；差额为负，说明支大于收，现金不足，要向银行取得新的借款。对于一般企业而言，为了保证日常交易等需求需要保持一定数量的现金。

【例 2-17】本例中，假设该企业需要保留的现金余额为 5000 元，不足此数时需要向银行借款，借入和偿还额均以 500 元为单位。那么，第二季度借款额为：借款额 = 最低现金余

额 + 现金不足额 = 5000 + 3039 ≈ 8500（元）（因为借入和偿还均以 500 元为单位，所以是 8500 元）。第三季度现金多余，可用于偿还借款。一般按“每期期初借入，每期期末归还”来考虑借款与还款问题，故本例借款期为 6 个月。假设年利率为 10%，则应计利息为 425 元，即利息 = 8500 × 10% × (6/12) = 425（元）。还款后，仍需保持最低现金余额；否则，只能部分归还借款。表 2 – 13 是该企业的现金预算。

表 2 – 13 **现金预算** 单位：元

2017 年度

项　目	第一季度	第二季度	第三季度	第四季度	合计
期初现金余额	10000	9401	5461	9106	
加收入：					
客户收账（表 2 – 6）	54300	57120	66080	64960	242460
合计	64300	66521	71541	74066	252460
减支出：					
直接材料（表 2 – 8）	4549	4560	4860	5113	19082
直接人工（表 2 – 9）	19750	18000	22250	20500	80500
制造费用（表 2 – 10）	10650	9950	11650	10950	43200
销售及管理费用（表 2 – 12）	15950	12750	14750	13150	56600
购买设备		24300			
所得税	4000				
合计	54899	69560	53510	49713	227682
现金多余或不足	9401	(3039)	18031	24353	24778
资金的筹集与运用					
向银行借款		8500			
偿还银行借款			(8500)		(8500)
利息			(425)		(425)
合计		8500	(8925)		(425)
期末现金余额	9401	5461	9106	24353	24353

第三节　常用预算编制方法

本节介绍的预算编制方法有多种，在实践中究竟选择哪一种方式呢？读者一定不要以现代、先进作为标准，例如弹性预算一定比固定预算更好？而应以预算项目的特点与该方法是否匹配作为选择标准。

一、固定预算与弹性预算

（一）固定预算

固定预算（fixed budget），又称为静态预算（static budget），是指按固定业务量编制的预算，一般按预算期的可实现水平来编制。固定预算的基本特征是：不考虑预算期内业务活动水平可能发生的变动，只按照预算期内计划预定的某一共同的业务活动水平为基础确定相应的数据；将实际执行结果与预算期内计划预定的某一共同的活动水平所确定的预算数进行比较分析，并据以进行业绩评价、考核。然而，如果企业的实际执行结果与预期业务活动水平相距甚远，则固定预算就难以为控制服务。事实上，固定预算对控制的有用性仅限于当实际业务水平与预期业务活动水平完全一致之时。否则，就难以为预算控制服务。在市场变化较大或较快的情况下，不宜采用此法。

（二）弹性预算

针对固定预算所存在的不足，早在20世纪30年代，就已经开始有弹性预算方法的应用。弹性预算（flexible budget）又称变动预算（variable budget），是指一种具有伸缩性的、能够适用于一系列业务量变化的预算。它是在企业不能准确预测业务量的情况下，根据收入、费用、成本同业务量之间有规律性的依存关系，按预算期内可能发生的业务量编制的一系列预算。在企业的生产经营活动中，预计完成的业务量很少恰好完成，当实际执行的水平与原计划不一致时，某些随业务量变化而增减的收入与支出项目，不能以原来的水平进行比较，必须对那些项目按照变化的业务量比例加以调整。因为弹性预算适合于间接费用的性质和特点，成为现代企业普遍采用的一种预算管理控制方法。

1. 弹性预算的类型。弹性预算主要有全面弹性预算、弹性成本预算、弹性管理费用预算、弹性销售费用预算和弹性利润预算等多种类型。本节只介绍全面弹性预算的编制方法。全面弹性预算（Master Flexible Budget）是以预算期内预期的各种可能实现的销售净收入作为计量基础，按成本性态，扣减相应的成本，据此分别确定不同销售净收入水平下可实现的利润或发生的亏损。例如，某企业第一季度的产品成本资料与计划成本资料对比见表2-14。

表2-14　　　计划产量：5000单位　实际产量：5600单位

成本项目	消耗（系数）	计　划	实　际	差　异
原材料	材料消耗量	60000	66000	-6000
直接人工费	直接人工小时	30000	31800	-1800
变动制造费用	机器台时	25000	26200	-1200
固定制造费用	产量	40000	41200	-1200
合计		155000	165200	-10200

从以上的计算结果来看，企业发生了成本超支10200元。但这种超支不能说明企业生产经营活动的好坏，因为没有把成本和业务量这一重要的因素联系起来，在不同业务量条件下的两种成本总额是不能比较的。因此，需要把计划成本按照实际业务量加以调整，才可以和

建立在实际业务量基础下的实际成本进行比较。

按实际业务量调整计划成本时，不分成本项目的性质，都按业务量增减的比例加以调整也是不正确的。因为包括在产品总成本中的固定成本并不随业务量的变化而增减，只应将计划成本中的变动费用按业务量进行调整，而固定成本仍应按计划数与实际发生额进行比较，这才符合产品成本构成的特性。这种分析比较才更具有实际意义。按照业务量变动调整变动成本（计划费率）和按计划的固定成本而编制的预算便是弹性预算。预算具有弹性就是指预算中的变动费用是根据计划的变动费率和有伸缩性的业务量进行计算的，变动成本随业务量的变化成比例地变化，在预算中它不是一个固定的数量，而是可以调整变化的数量。在上例中，如果实际业务量较计划业务量增加12%，则计划预算、弹性预算和实际成本见表2－15。

表2－15　　计划预算、弹性预算和实际成本

项　目	计　划	弹性预算	实际成本	实际成本与弹性预算差异
原材料	60000	66000	64000	2000
直接人工费	30000	32400	31800	600
变动制造费	25000	26800	26000	800
固定制造费	40000	40000	41000	－1000
合　计	155000	165200	162800	2400

在弹性预算一栏中，固定费用仍按计划数填列，各项变动成本都是按业务量增长12%的比例调整计算的。以实际成本和弹性预算比较的结果，与前一种比较大不相同，该企业不仅没有发生成本超支，而且节约了2400元，就各项费用来看，除了固定制造费用超支以外，其余各项变动费用都有所节约。由此可知，弹性预算对于考核和评价责任中心的业绩更有说服力。

弹性预算和传统的固定预算在编制方法上有所不同，弹性预算是为一系列业务量水平而编制的，其适用范围较为广泛。只要预算的各项指标是在某一定业务范围之内，其数据都可以作为实际控制之用。比如上述例题的单位材料费率10元，固定制造费用30000元，在业务量3000单位至6000单位之间，一般的情况没有明显的差异，则此项成本预算的结构便可依此建立，只有当业务量超过6000单位时，才需要重新预计变动费率和固定费用。

2. 编制弹性预算的方法。编制弹性预算的基本方法与步骤是：选择业务量的计量标准；确定适用的业务量范围；确定各项费用与业务量之间的数量关系；计算各项费用预算，并用一定方式表达出来。

（1）选择业务量标准。实行弹性预算时，固定费用和业务量无关，而变动费用则随业务量而变化。业务量选择的适当与否，对掌握成本的变动性和实行预算控制关系甚大。选择一项费用和业务量的关系的基础，以其有直接关联为准则，以手工操作为主的作业，可以选用人工工时为标准；制造单一品种的企业或作业可以选用产品产量为单位；制造多种产品的企业或作业则宜选用机器工时或人工工时；对销售收入责任中心则选用价值额为单位等。在选择业务量作为计算标准时应注意：首先，所选用的标准应能表示业务量的多少，而业务量

的多少，直接影响成本费用的多少。例如，销售数量可以衡量销售费用，而生产数量就不能作为衡量销售费用的标准。其次，用所选择的标准表示业务量以衡量成本时，影响业务量变化的应以该项标准为唯一因素，也就是同时不受其他任何因素影响。再次，所选用的标准应便于了解。例如用直接人工小时数衡量制造费用，比用主要成本易于使人了解，避免在应用中发生误解而导致混乱。接着，按所定标准搜集数据资料时，应力求简捷，从而减少作业的耗费。如以直接人工小时为标准时，可以直接从成本记录中得到，但若使用机器小时，则可能需要另建记录，必然增加作业的耗费。最后，使用的标准应根据情况变化而及时地、相适应地加以改变。例如某企业原来是以手工操作进行生产，其制造费用原以直接人工小时来衡量，但生产过程机械化以后，即应改用机器工作小时为标准比较合适。

（2）确定业务量范围。固定费用的金额和变动费用的变动费率，只有在一定的业务量范围内才是不变的。一个企业或分厂或部门的业务量范围究竟如何划定，也是弹性预算的一项重要问题。各个费用项目，可能各有不同的限定范围，但在实际工作中，不可能为每一项费用分别规定其适用范围，只能在编制预算时，以最低业务量（低限）和最高业务量（高限）为其上下的范围。在此范围之内还可以将业务量分成若干阶段，每阶段差距的大小，也必须适宜。差距太大，容易失去弹性预算的控制作用；差距太小，预算限额虽较准确，执行起来也比较方便，但不免使编制工作量过大。通常是根据过去业务量的最高和最低为其下限和上限，在此范围内以固定费用没有多大变化为准绳。一般将业务量范围限定在正常生产能力 70% 到 120% 。

（3）确定费用性质与业务量的关系及其表达方式。各项费用的性质不同与业务量的关系各异，如何通过适当的方式正确表达它们之间的关系，使之在控制和考核过程中行之有效，一般有列表法、公式法、图示法等。无论哪一种方法的基本原理都是根据成本结构两类不同性质的费用与业务量的关系作为基础而表现为不同的形式：弹性成本预算 = 固定成本 + $\sum$（单位变动成本 × 预计业务量）。任何一项费用预算都可以按照它与业务量的关系分为固定费用与变动费用。固定费用在一定业务量范围内具有相对固定性，而变动费用则随业务量变化呈正比例增减。

列表法也叫多水平法，它是在确定的业务量范围内，按照一定的业务量标准，划分若干个不同的水平，然后分别计算各项预算数额，汇总列入一个预算表格中的方法。在应用列表法时，业务量之间的间隔应根据实际情况确定。间隔越大，水平级别就越少，可简化编制工作，但间隔太大了就会丧失弹性预算的优点；间隔较小，用以控制成本费用的标准就较为准确，但又会增加编制预算的工作量。一般情况下，业务量的间隔以 5%—10% 为宜。列表法的优点是不管实际业务量是多少，不必经过计算即可找到与业务量相近的预算数额，用以控制成本较为方便、直观。但是，由于预算的实际执行结果不可能与预算标准完全一致，因此，运用列表法评价和考核实际业绩时，往往需要使用插补法来计算实际业务量的预算标准，计算过程比较麻烦。

公式法是按照成本费用的线性公式 $y = a + bx$ 来代表一定业务范围内的预算数额的方法。其中 y 代表总成本，a 代表固定成本，b 代表单位变动成本，x 代表业务量。在公式法下，如果事先确定了业务量 x 的变动范围，只要列示出参数 a 和 b，便可利用公式计算任一业务量水平的预算数值。公式法的优点是可以计算出任何业务量的预算数值。但是，由于任何事物都会有一个从量变到质变的过程，当业务量变化到一定限度时，代表固定成本的 a 和代表单位变动成本的b就会发生变化。因此，采用公式法编制预算时，需要在“备注”中说明：在不同的业务量范围内，应该采用不同的固定成本（a）数值和单位变动成本（b）数值。利用公式法编制预算的关键是对各项成本、费用进行习性分析，找出各项成本费用的固定成本和单位变动成本，预算表格中需要注明线性公式和相应的a和b数值。

弹性预算和其他预算方法比较有很多优点：它比固定预算运用范围广泛，使预算与实际具有可比基础，使预算控制和差异分析更有意义和说服力，一经编制，只要各项消耗标准和价格等依据不变，便可连续使用，从而可大大减少预算编制的工作量。当然，运用弹性预算而不运用固定预算的最主要的原因还在于运用弹性预算能够在控制了数量变化后，更好地对预算责任单位、责任人或员工的工作业绩进行正确评价。同时，弹性预算相比固定预算方法而言，其拥有显著的缺点，即预算编制工作量较大。

3. 应用弹性预算法编制预算举例。

（1）列表法举例。

【例2－18】 H公司2017年预计B产品的销售量在600—700吨，销售单价（不考虑税金因素）为每吨产品1万元，产品单位变动成本为0.6万元，固定成本总额为100万元。

根据以上资料，采用弹性预算法的列表法，按照5%的间隔编制收入、成本和利润预算如表2－16所示。

表2－16　　收入、成本和利润弹性预算表（列表法）　　金额单位：万元

项目	方案1	方案2	方案3	方案4	方案5
销售量（吨）	600	625	650	675	700
销售收入	600	625	650	675	700
变动成本	360	375	390	405	420
边际贡献	240	250	260	270	280
固定成本	100	100	100	100	100
利润	140	150	160	170	180

如果预算期内H公司实际执行结果为销售量650吨，变动成本总额是370万元，固定成本总额是105万元，则固定预算、弹性预算与实际执行结果的差异分析如表2－17所示。

表2－17　　固定预算、弹性预算与实际执行结果的差异分析表

项目	固定预算	弹性预算	实际结果	预算差异	成本差异	实际与固定预算差异
计算关系	①	②	③	④＝②－①	⑤＝③－②	⑥＝③－①
销售量（吨）	600	650	650	+50	0	+50
销售收入	600	650	650	+50	0	+50
变动成本	360	390	370	+30	－20	+10
边际贡献	240	260	280	+20	+20	+40
固定成本	100	100	105	0	+5	+5
利润	140	160	175	+20	+15	+35

从表 2－17 可以看出：弹性预算与固定预算相比，销售量指标多出 50 吨，在成本费用开支维持正常水平的情况下，边际利润增加 20 万元，这 20 万元属于预算差异。但是，将实际完成结果与弹性预算相比较就会发现，由于变动成本和固定成本分别减支 20 万元和超支 5 万元，使实际利润比弹性预算的要求增加 15 万元，增加的这部分利润属于成本差异。这两种差异的相互补充，可以更好地说明实际利润比固定预算利润增加 35 万元的原因，一是由于销售量的增加使利润增加 20 万元；二是由于变动成本和固定成本的变动增加利润 15 万元，合计增加利润 35 万元。

（2）公式法举例。

【例 2－19】仍沿用上例，采用公式法编制总成本预算，如表 2－18 所示。

表 2－18　　收入、成本和利润弹性预算表（公式法）

序号	销售量 X（吨）	总成本 Y（万元）	销售收入（万元）	利润（万元）	备注
计算关系	①	② = a + bx	③ = ① × 单价	④ = ③ − ②	
1	600	460	600	140	已知： a = 100 b = 0.6 Y = a + b x 单价：1 万元
2	601	460.6	601	140.4	
3	602	461.2	602	140.8	
4	603	461.8	603	141.2	
5	604	462.4	604	141.6	
6	605	463	605	142	
7	606	463.6	606	142.4	
8	607	464.2	607	142.8	
9	608	464.8	608	143.2	
10	609	465.4	609	143.6	
…	…	…	…	…	
101	700	520	700	180	

二、增量预算与零基预算

编制成本费用预算的方法按其出发点的特征不同，可分为增量预算和零基预算两种方法。

（一）增量预算

增量预算的方法，简称增量预算，是指以基期成本费用水平为基础，结合预算期业务量水平及有关降低成本的措施，通过调整有关原有费用项目及预算额而编制预算的方法。

增量预算的方法源于以下三项假定：（1）现有的业务活动是企业必需的，只有保留现有的每项业务活动，才能使企业的经营过程得到正常发展。（2）原有的各项开支都是合理的，既然现有的业务活动是必需的，那么原有的各项费用开支都是合理的，必须予以保留。（3）增加费用预算是值得的。增量预算以过去的经验为基础，实际上是承认过去所发生的一切都是合理的，主张不需在预算内容上做较大改进，而是因循沿袭以前的预算项目和预算标准。

这种方法导致以下不足：(1) 受原有费用项目和数额限制，可能导致保护落后。由于按这种方法编制预算，往往不加分析地保留或接受原有的成本项目和数额，可能使原来不合理的费用开支延续存在下去，形成不必要开支合理化，继续造成预算上的浪费。(2) 滋长预算中的平均主义和简单化。采用此法，容易鼓励预算编制人员凭主观臆断按成本项目平均削减预算或只增不减，不利于调动各责任单位和员工降低费用的积极性。(3) 不利于企业未来的发展。按照这种方法编制的费用预算，对于那些未来实际需要开支的项目可能因没有考虑未来情况的变化而造成预算的不足。

(二) 零基预算

1. 零基预算的定义。为弥补增量预算之缺点，美国得克萨斯工具公司的彼得·派尔(P. A. Pharr) 设计了零基准预算模式。该模式现已被西方国家广泛采用作为管理间接费用的一种新的有效方法，并取得了良好的控制效果。

零基准预算 (Zero Base Budgeting, ZBB)，如果说得更准确些，应该是 Zero Base Planning and Budgeting System 的简称。零基预算的方法全称为“以零为基础编制计划和预算的方法”，简称零基预算，是指在编制成本费用预算时，不考虑以往会计期间所发生的费用项目或费用数额，而是以所有的预算支出均为零为出发点，一切从实际需要与可能出发，逐项审议预算期内各项费用的内容及开支标准是否合理，在综合平衡的基础上编制费用预算的一种方法。此定义最关键的一点就是零基准这句话的含义了。零基准，就是从白纸状态开始，希望能打破预算，也可以说是从什么都没有的状态出发的意思。

零基预算按其编制的程序不同可以分为调整法和零基法两种。调整法是以当年的预算及其执行情况为基础，然后根据计划年度业务量的变化确定其增减额。由于它是以现有收支为基数预测未来的增减量，是对过去收支水平按变化的条件进行调整的，所以叫调整法。零基法则不同，它不是以现有预算为基数，而是从零开始，假定企业原来既没有提供产品或服务，也没有成本费用开支，也没有收入和盈利，即如同一个新建企业那样，一切以“零”为起点，再按业务量多少，规划企业的业务量、费用开支和收益，所以叫零基准预算。

2. 零基预算编制的方法与步骤。零基预算编制的步骤，大体上可以分三个阶段进行。第一阶段，根据企业长期发展及战略目标的要求，根据市场需求和企业自身的生产能力及资源条件，提出总体目标，并对所属预算责任单位提出相关的目标与要求。第二阶段，各预算责任单位对其开展的业务进行成本/效益分析，提出不同业务水平的成本和收益，以供管理部门选择方案。第三阶段，由管理部门对各预算责任中心的方案按总体目标进行审核、分析、评价，并编制汇总的预算表。

(1) 提出总体目标。企业在编制预算之前，应根据企业的长远发展目标、对市场需求的预测和企业的生产能力及资源条件，提出总体目标。提出总体目标有两种程序：主动经营的程序和被动经营的程序。主动经营：利润预算→销售预算→制造预算。被动经营：销售预算→制造预算→利润预算。从以上两种程序可以看出：主动经营，企业首要的是确定目标利润预算，然后再规划为实现这一目标而制定销售预算，进而确定制造预算。把目标利润预算放在首要地位，意味着企业的一切生产经营活动必须为实现这一目标而努力，故名之为主动经营。被动经营的利润预算是按照销售预算和制造预算的结果确定的，虽也可以力争目标利润的扩大，终究囿于既定的业务范围和成本费用水平，很难突破一些传统的积习，所以有被动之嫌。

企业在提出总体预算目标的同时，还应为制定预算的责任单位确定其业务量，并提出相应的要求和设想，以便这些责任单位在制定预算时有所遵循，能符合总体预算目标的要求，不致背道而驰。否则各业务部门往往因袭过去的经验，或者局限于本部门的业务范围来考虑问题，不能很好地协调配合。通常应向各业务部门和责任中心提出材料、半成品、工具和产成品等的需要量、机器设备和生产工人的工时需要量等。只提需要量而不提供应量，可以使各业务部门有机动灵活的余地，他们便能根据现有的资源作出最经济合理的决策。

编制预算的责任单位的划分，与预算的编制、执行和考核的关系很大。它应对预算的收入和支出具有有效控制的权力，对其业务范围也具有一定的决策权力。划分的单位过大，业务活动过多，预算的内容过于庞杂，就难以做好事前的预测、过程的控制，以至事后的考核也没有多大意义。划分的单位过小，业务范围过窄，某些责任职能不易分清，收支项目更难确定其归属，实际上无法根据成本/效益分析作出选择。一般来说，凡属能够确定成本、费用、效益的责任单位，都可以划分为预算责任单位。

（2）进行成本/效益分析。编制预算的责任单位应根据企业总体预算目标所提出的要求，有效地安排自己的业务活动。有效地安排业务活动意味着预计完成的业务量、所提供的产品或服务，在质量上有保证，经济上是合算的。比如，物流运输部门不仅可以完成企业的全部运输任务，而且运输成本是最低的，甚至有可能承担一部分厂外协作，以其收入抵偿支出，从而进一步降低成本。因此，企业内部各个编制预算的责任单位，都要进行成本/效益的分析。这种分析的方法，既以其成本或费用与业务量进行比较，也可以与收益比较。总之，根据不同的业务内容采取不同的比较方法。比如，物流运输部门可以其总费用支出和运输量比较，以计算单位运输成本；采购供应部门以其存货总成本和核定资金占用额度进行比较，以计算资金费用率；销售部门以其销售费用与销售总额比较，以计算销售费率的水平，以其销售成本和销售总额比较，以计算盈利水平；生产制造分厂可以分别就直接人工成本和直接材料消耗水平与产品成本比较；以制造费用和生产产品比较等。方案提出以后，应对所提方案进行分析比较，哪些方案是可行的，哪些方案是根本无法实现的，哪些方案在经济上是不合理的，哪些方案是效率最大的，等等。进行逐项排队，对那些根本不合理，无法实现的方案予以淘汰，最后保留1—2个、2—3个、4—5个可供选择的方案，这些可供选择的方案在业务部门的范围内都是能够执行的，都可以取得相当程度的效益，提供给预算决策机构进行抉择。

（3）审查和编制预算表。编制预算的责任单位报送“各种方案成本/效益分析表”，已就该单位范围内各项业务活动作了初步的评价。总部应汇集、审查、评估各种分析表，业务量能否满足整体目标所提出的要求，在安排上是否符合该单位的业务能力和范围，成本效益的计算是否可靠等。应根据企业的整体目标确定某一方案为最优方案。

（4）资金的分配。方案确定之后，厂部即应进行资金的分配。属于正常的开支，按通常的方式安排。比如日常管理费用、制造费用和工资等的货币支出，根据费用开支标准和定额计算。特殊需要的项目，如能促进成本降低、增加边际贡献、改善产品质量、加强环境保护、劳动保护和安全措施等，则根据项目的实际需要进行资金分配。资金分配过程是编制零基预算的最后定案阶段，此时厂部要根据所属各个业务单位和生产环节确定的方案分别计算其资金需要量，以进行资金平衡，平衡过程就是要按照轻重缓急进行排队，以决定某些项目的取舍与增删。为了有效地安排项目的资金，通常把项目分成必保项目、需要项目和合理项目。必保项目是必不可少的，是企业主要生产经营活动不能缺少的，或者是履行合同义务所规定的，等等。需要的项目应努力争取实现。例如，提高产量、保证质量、降低成本、增加边际贡献，等等。合理的项目是指那些使生产线上的人员能减少作业负担的、改善职能部门工作环境的，等等。有了这些标准，具体如何分配资金就比较容易了。在资金比较充裕的情况下，所有的项目可以得到满足，当资金不足以保证全部项目实现时，就可按照必保项目、需要项目和合理项目的先后顺序分配资金。每一个责任单位都有其必保项目、需要项目和合理项目。按照轻重缓急分配资金，既保证了所有责任单位主要生产经营活动的进行，同时又可以使那些经济效益较大的项目优先得到保证。资金分配之后，厂部即行编制企业的财务收支预算，应按部门、项目进行规划，同时还要按月编制执行预算。采用零基法编制预算不仅提供了财务指标，而且还提供了业务数量，使业务工作直接地与经济效果联系起来，对于克服业务部门重业务轻经济效益的片面观点，有很大的促进作用。以此作为日常和定期的监督与控制，也是具有重要意义的。

3. 零基预算法的优缺点。零基预算法的优点有：（1）不仅能压缩费用的开支，而且能够切实做到有限的费用用在最需要的地方。（2）成本、费用预算核定不受过去老框框的制约，能够充分发挥各级管理人员的积极性和创造性，促进各预算责任中心精打细算，量力而行，量入为出，合理使用资金、费用，提高经济效益。

零基预算法在实际运用中存在如下不足：（1）工作量大、费用较高。由于零基预算法要求一切支出均以零为起点，需要进行历史资料、现有情况和投入产出分析，因此，编制预算的工作相当繁重，需要花费大量的人力、物力和时间，预算成本较高，编制预算的时间也较长。（2）主观意识较强、短期行为较重。因为任何项目的“轻重缓急”都是相对的，所以，零基预算法在对费用项目进行分层、排序和资金分配时，极易受主观意识的影响，并易于强调短期项目和当前利益，忽视长期项目和长远利益。

据美国有关方面调查表明，大多数企业认为零基预算作为企业经营管理的业务计划和预算控制方法，比较其他预算方法，实施的结果能够取得更为满意的成本费用节约和经济效果。

综上所述，零基预算法是一种将业务计划与预算编制密切结合的方法，并且运用划分层次和规定各级增量的办法，将分类排队工作贯穿于整个预算编制过程之中，使企业各责任单位能够相互协调，配合一致，为完成企业的总体预算目标采取有效的行动，节约费用开支，提高资金的利用效率，极大地调动各责任中心和员工的主观能动作用。尤其是多层次地参与制定预算工作，根据业务量的范围和重要性，安排和落实预算，使资金、费用的使用更为合理，能够选择效益最大的预算分配方案，因此，零基预算法最符合效益最大、费用最少的原则。

4. 应用零基预算法编制预算举例。H公司采用零基预算法编制2017年度的管理费用资金支出预算，根据公司经营目标和总体预算安排，2017年用于管理费用资金支出的总额度为200万元。管理费用资金支出预算编制的基本程序如下：

第一步，企业管理部门根据2017年度企业的总体经营目标及管理部门的具体任务，经过集思广益、认真分析和反复讨论、测算后，提出管理费用资金支出预算方案，确定了费用项目及其支出数额如表2－19所示。

表 2－19　　管理费用资金支出预算方案　　单位：万元

序号	项目	支出金额	测算依据
1	工资	100	管理人员 10 名，年均工资 10 万元/人，全年工资 100 万元
2	办公费	2	管理人员 10 名，年办公费定额 2000 元/人，年办公费 2 万元
3	差旅费	20	管理人员 10 名，年均差旅费 2 万元/人，共计 20 万元
4	保险费	20	管理用固定资产原值 2000 万元，年保险费率 1%，共 20 万元
5	培训费	40	内部培训费 20 万元，外部培训费 20 万元，共 40 万元
6	招待费	18	每月招待费 1.5 万元，全年招待费共计 18 万元
7	税金	9	全年缴纳房产税、土地使用税、印花税等 9 万元
8	合计	209	

第二步，企业预算管理部门经过分析研究认为，工资、办公费、保险费、税金四项费用开支均为预算期内管理部门的最低费用支出，属于约束性费用，必须全额保证其对资金的需求；而差旅费、培训费和招待费三项开支属于酌量性开支的费用项目，可在满足约束性费用资金需求的前提下，将剩余的资金按照其对企业收益的影响程度（即重要性程度）来择优分配。酌量性费用的重要性程度可通过成本效益分析来确定，如表 2－20 所示。

表 2－20　　成本效益分析表　　单位：万元

项目	前三年平均发生额	各期平均收益额	平均收益率	重要性程度
差旅费	50	150	3	0.3333
培训费	30	120	4	0.4445
招待费	20	40	2	0.2222
合计	100	310	9	1

第三步，将预算期内可运用的资金 180 万元在各费用项目之间进行分配，具体分析计算方法如下：（1）全额满足约束性费用的资金需求。约束性费用所需资金总额为：工资 100 万元、办公费 2 万元、保险费 20 万元、税金 9 万元，共计 131 万元。（2）将剩余的资金 69 万元（200 万元－131 万元）以重要性程度为比例在差旅费、培训费和招待费三项酌量性费用项目之间进行分配：差旅费分配资金数＝69×0.3333＝23（万元），培训费分配资金数＝69×0.4445＝31（万元），招待费分配资金数＝69×0.2222＝15（万元）。

第四步，资金分配方案确定以后，编制管理费用资金支出预算，如表 2－21 所示。

表 2－21　　2017 年管理费用资金支出预算　　单位：万元

序号	项目	金额
（一）	约束性费用支出	131
1	工资	100
2	办公费	2
3	保险费	20
4	税金	9

续表

序号	项目	金额
（二）	酌量性费用支出	69
1	差旅费	23
2	培训费	31
3	招待费	15
（三）	合计	200

通过例题可见，按零基预算法编制各种费用预算，一方面可以杜绝不必要的费用开支，有利于企业降低成本费用；另一方面可以在保证企业各项经营业务资金刚性需要的前提下，合理分配和使用资金，有利于提高企业的资金使用效益。

零基预算法作为一种预算控制思想，它的核心是要求预算编制人员不要盲目接受过去的预算支出结构和规模，一切都应按照变化后的实际情况重新予以考虑。应该指出的是在实务中，简单地将零基预算法理解为“一切从零开始”是不恰当的。因为，大多数情况下，预算项目是在以往基础上的继续运行或持续发展，完全不考虑或抛开上期的实际发生额是不科学的。零基预算法强调的是以零为起点进行分析、测算。零基预算法的真正内涵是在对预算期内所有预算项目都进行严格审核、分析、测算、比较、评估的基础上编制预算。

三、定期预算与滚动预算

编制预算的方法按其预算期的时间特征不同，可分为定期预算和滚动预算的方法两大类。

（一）定期预算

定期预算法，是指在编制预算时以不变的会计期间（如日历年度）作为预算期的一种编制预算的方法。需要说明的是定期预算法并不是一种单纯的预算编制方法，而是以预算期间固定不变为特征的一类预算编制方法，即凡是预算期间固定不变的预算编制方法，都可以称为定期预算法。例如，前面所介绍的固定预算法、弹性预算法、增量预算法、零基预算法等预算编制方法通常都是以固定不变的起讫期间作为预算期间编制预算，所以上述预算编制方法都可以称为定期预算法，用定期预算法编制的预算也称为定期预算。

1. 定期预算法的优点。第一，保持了预算期间与会计期间的一致性。定期预算法编制的预算，在预算期间与会计期间相互配比一致，便于预算资料的归集、预算指标的执行和预算执行的考评。第二，便于预算数据与会计数据的相互比较。由于预算期间与会计期间相互配比，所以预算数据与会计数据可以相互比较，有利于对预算执行情况和执行结果进行分析和评价。第三，预算编制过程比较简单。因为预算期间固定不变，所以简化了预算编制过程。

2. 按照定期预算方法编制的预算的缺点。第一，盲目性。由于定期预算往往是在年初甚至提前两三个月编制的，对于整个预算年度的生产经营活动很难作出准确的预算，尤其是对预算后期的预算只能进行笼统的估算，数据笼统含糊，缺乏远期指导性，给预算的执行带来很多困难，不利于对生产经营活动的考核与评价。第二，滞后性。由于定期预算不能随情况的变化及时调整，当预算中所规划的各种生产经营活动在预算期内发生重大变化时（如预算期临时中途转产），就会造成预算滞后过时，使之成为虚假预算。第三，间断性。由于受预算期间的限制，致使经营管理者们的决策视野局限于本期规划的经营活动，通常不考虑下期。例如，一些企业提前完成本期预算后，其他事等来年再说，形成人为的预算间断。因此，按定期预算方法编制的预算不能适应连续不断的经营过程，从而不利于企业的长远发展。第四，市场适应性差。在市场经济体制下，很多企业是依据客户的产品订单组织生产的。例如，纺织印染企业般要根据客户提供的花色品种和其他具体要求组织生产，而企业销售部门拿到客户产品订单的周期一般为一周，即只能拿到满足一周的产品生产任务。在此种情况下，按年、按月编制预算不仅难度较大，而且编制的预算也很难执行下去。在管理实务中，为了解决定期预算所带来的预算方案与预算执行之间的相互脱节问题，企业往往被迫采取定期调整或更改预算项目和预算指标的办法，结果在一定程度上威胁到了预算的权威性。为了克服定期预算的缺点，在实践中可采用滚动预算的方法来编制连续不断的滚动预算。

（二）滚动预算

1. 滚动预算的定义。滚动预算（rolling budget）又称连续预算或永续预算（perpetual budget），是指在编制预算时，将预算期与会计年度脱离开，随着预算的执行不断延伸补充预算，逐期向后滚动，使预算期永远保持为 12 个月的一种方法，其实质是动态的不断连续更新调整的弹性预算。

滚动预算法的基本原理是使预算期始终保持一个固定期间（12 个月或一个季度、一个月）通常以 12 个月为预算的固定期间。当基期年度预算编制完成后，每过去一个月或一个季度，便补充下一个月或下一个季度的预算，逐期向后滚动，使整个预算处于一种永续滚动状态，从而在任何一个时期都能使预算保持着 12 个月的时间跨度，所以滚动预算法又称“连续预算法”或“永续预算法”。

滚动预算法按照“近细远粗”的原则，采用了长计划、短安排的方法，即在编制年度预算时，先将第一个季度按月划分，编制各月份的明细预算指标，以方便预算的执行与控制；其三个季度的预算则可以粗一点，只列各季度的预算总数，等到临近第一季度结束前，再将第二季度的预算按月细分，第三、第四季度以及新增列的下一年度的第一季度预算，则只需列出各季度的预算总数，以此类推，使预算不断地滚动下去。采用这种方式编制的预算有利于管理人员对预算资料作经常性的分析研究，并能根据当前预算的执行情况加以修改、完善下期预算，这些优点都是传统的定期预算编制方式所不具备的。

2. 滚动预算的方式及其特征。滚动预算按其预算编制和滚动的时间单位不同可分为逐月滚动、逐季滚动和混合滚动三种方式。

（1）逐月滚动方式。逐月滚动方式是指在预算编制过程中，以月份为预算的编制和滚动单位，每个月调整一次预算的方法。如在 2017 年 1—12 月的预算执行过程中，需要在 1 月末根据当月预算的执行情况，修订 2—12 月的预算，同时补充下一年即 2018 年 1 月份的预算；到 2 月末，要根据 2 月份的预算执行情况，修订 3 月至 2018 年 1 月份的预算，同时补充 2018 年 2 月份的预算……以此类推。

（2）逐季滚动方式。逐季滚动是指在预算编制过程中，以季度为预算的编制和滚动单位，每个季度调整一次预算的方法。如在 2017 年第一季度至第四季度的预算执行过程中，需要在第一季末根据当季预算的执行情况，修订第二季度至第四季度的预算，同时补充2018年第一季度的预算；第二季度末根据当季预算的执行情况，修订第三季度至2018年第一季度的预算，同时补充2018年第二季度的预算……，以此类推。逐季滚动编制的预算比逐月滚动的工作量较小，但预算精度较差。

（3）混合滚动方式。混合滚动方式是指在预算编制过程中，同时使用月份和季度作为预算的编制和滚动单位的方法。它是滚动预算的一种变通方式。这种方式的理论根据是：人们对未来的了解程度具有对近期的预计把握较大，对远期的预计把握较小的特征。为了做到长计划短安排、远略近详，在预算编制的过程中，可以对近期预算提出较高的精度要求，使预算的内容相对详细；对远期预算提出较低的精度要求，使预算的内容相对简单。这样可以减少预算工作量。如对2017年1—3月的头3个月逐月编制详细预算，其余4—12月分别按季度编制粗略预算；3月末根据第一季度预算的执行情况，编制4月至6月的详细预算，并修订第三至第四季度的预算，同时补充2018年第一季度的预算；6月末根据当季预算的执行情况，编制7—9月的详细预算，并修订第四季度至2018年第一季度的预算，同时补充2018年第二季度的预算……，以此类推。

3. 滚动预算的优缺点。与传统的定期预算相比，按滚动预算方法编制的预算具有以下优点：

（1）滚动预算能够从动态的角度、发展的观点把握住企业近期经营目标和远期战略布局，使预算具有较高的透明度，有利于企业管理决策人员以长远的眼光去统筹企业的各项经营活动，将企业的长期预算与短期预算很好地联系和衔接起来。

（2）连续性、完整性和稳定性突出。滚动预算遵循了企业生产经营活动的变动规律，在时间上不受会计年度的限制，能够根据前期预算的执行情况及时调整和修订近期预算。在保证预算连续性和完整性的同时，有助于确保企业各项工作的连续性和完整性。

（3）滚动预算能使企业各级管理人员对未来永远保持12个月的工作时间概念，有利于稳定有序地开展经营活动。

（4）及时性强。滚动预算采取长计划、短安排的具体做法，可根据预算执行结果和企业经营环境的变化情况，对以后执行期的预算不断加以调整和修正，使预算更接近和适应变化了的实际情况，从而更有效地发挥预算的计划和控制作用，也有利于预算的顺利执行和实施。滚动预算法相比定期预算法也存在着一些缺点：一是工作量较大。采用滚动预算法编制预算，由于预算的自动延伸工作比较耗时，因此，会加大预算管理的工作量。二是编制成本高。企业一般需要配备数量较多的专职预算人员负责预算的编制、调控与考核，这就导致预算管理直接成本的增加。

本章小结

本章从业务预测出发，为预算管理奠定基础，意在帮助读者理解业务预测的主要内容，掌握销售预测、成本预测、利润预测、资金预测的方法。本书超出微观细节层面理解预算管理，从战略具体化角度理解预算，在业务预测基础上，帮助读者理解业务预算的主要内容有哪些，帮助学员掌握收入预算、成本预算、费用预算和现金流量预算的编制方法。为了帮助读者学习，本章还提供了丰富的案例。各种预算编制方法各有优缺点，如何选择合适的方法也是本章的主要内容，本章能帮助读者通过案例解析，掌握固定预算与弹性预算、增量预算与零基预算、定期预算与滚动预算的编制方法，并且能够在实际工作中选择适合的预算编制方法。

本章练习题及参考答案

一、单选题

1. 下列关于生产预算编制的说法中，不正确的是（　　）

A. 生产预算根据业务预算编制

B. 预计生产量 = 预计销售量 + 预计期末产成品存货 - 预计期初产成品存货

C. 期末产成品存货数量通常按下期销售量的一定百分比确定

D. 年初产成品存货是编制预算时预计的

2. 以下哪项，对预算特征的描述是错误的？（　　）

A. 预算是以数字形式表现的对未来一年的计划

B. 一般企业的预算期固定为一年

C. 预算管理是以量化的形式表述企业未来的经营计划、投资活动和资金安排

D. 预算是从预设的假定出发，提出未来可能的结果和方案

3. 全面预算的理念关键体现在（　　）。

A. 产业链覆盖全　　B. 参与人员广泛

C. 财务科目全　　D. 各业务单元都在使用

4. 滚动预算不适用于预算执行过程中对（　　）进行滚动式的预测和管理。

A. 销售预算　　B. 人员预算　　C. 费用预算　　D. 固定成本

5. 能够使预算期间与会计期间相对应，便于将实际数与预算数进行对比的预算方法是（　　）。

A. 滚动预算　　B. 定期预算　　C. 零基预算　　D. 增量预算

6. 直接人工预算的编制中，单位产品人工工时和每小时人工成本数据来自（　　）。

A. 生产预算　　B. 标准成本资料　　C. 销售预算　　D. 行业平均水平

7. 下列预算编制方法中，可能导致无效费用开支项目无法得到有效控制的是（　　）。

A. 增量预算　　B. 弹性预算　　C. 滚动预算　　D. 零基预算

8. 下列哪一项不是推行全面预算管理的原因（　　）

A. 落实企业战略目标　　B. 完善企业管理机制

C. 鞭策经营者　　D. 增加产品销售数量

9. 下列选项中，属于整个预算管理工作中心环节的是（　　）

A. 预算的规划　　B. 预算的制定　　C. 预算的执行　　D. 预算的监督

10. 据（　　）不同，可以将编制预算的方法分为定期预算法和滚动预算法。

A. 出发点特征　　B. 业务量基础的数量特征

C. 预算期时间特征　　D. 预算主体

二、多选题

1. 对于预算执行单位提出的预算调整事项，企业进行决策时，一般应当遵循的要求有（　　）。

A. 预算调整事项不能偏离企业发展战略

B. 预算调整方案应当在经济上能够实现最优化

C. 预算调整重点应当放在预算执行中出现的重要的、非正常的、不符合常规的关键性差异方面

D. 企业应尽可能的满总预算单位提出的预算调整要求

2. 固定预算法的缺点表现在（　　）。

A. 适应性差　　B. 可比性差　　C. 准确性差　　D. 及时性差

3. 现金预算的主要构成内容包括（　　）。

A. 可供使用现金　　B. 现金支出　　C. 现金余缺　　D. 现金筹措与运用

4. 在下列各项中，属于业务预算的有（　　）。

A. 销售预算　　B. 现金预算　　C. 生产预算　　D. 销售费用预算

5. 运用公式“y = a + bx”编制弹性预算，字母 x 所代表的业务量可能有（　　）。

A. 生产量　　B. 销售量　　C. 库存量　　D. 材料消耗量

6. 预算考评制度包括（　　）。

A. 预算编制考评制度　　B. 预算执行考评制度

C. 预算控制考评制度　　D. 预算分析考评制度

7. 下列预算中，在编制时，需要以生产预算为基础的是（　　）。

A. 直接材料预算　　B. 销售预算　　C. 直接人工预算　　D. 制造费用预算

8. 编制预计利润表的依据包括（　　）。

A. 各业务预算　　B. 专门决策预算　　C. 现金预算　　D. 预计资产负债表

9. 下列各项中，可能会列示在现金预算表中的有（　　）。

A. 直接材料采购　　B. 制造费用

C. 资本性现金支出　　D. 经营性现金支出

10. 在预算实务中，受企业产品在市场上供求关系的影响，预算编制的起点主要包括（　　）。

A. 以生产为起点编制全面预算　　B. 以供应为起点编制全面预算

C. 以采购为起点编制全面预算　　D. 以销售为起点编制全面预算

三、简答题

1. 滚动预算的优缺点有哪些？

2. 业务预测的一般步骤是什么？

3. 零基预算法的优缺点是什么？

一、单选题

1. A　2. D　3. D　4. D　5. B　6. B　7. A　8. D　9. C　10. C

二、多选题

1. ABC　2. AB　3. ABCD　4. ACD　5. ABD　6. ABCD　7. ACD　8. ABC　9. ABCD　10. AD

三、简答题

1. 优点：(1) 滚动预算能够从动态的角度、发展的观点把握住企业近期经营目标和远期战略布局，使预算具有较高的透明度。(2) 连续性、完整性和稳定性突出。滚动预算在时间上不受会计年度的限制，能够根据前期预算的执行情况及时调整和修订近期预算。(3) 滚动预算能使企业各级管理人员对未来永远保持 12 个月的工作时间概念，有利于稳定而有序地开展经营活动。(4) 及时性强。滚动预算可根据预算执行结果和企业经营环境的变化情况，对以后执行期的预算不断加以调整和修正，使预算更接近和适应变化了的实际情况。

缺点：(1) 工作量较大。采用滚动预算法编制预算比较耗时，加大预算管理的工作量。(2) 编制成本高。企业需要配备数量较多的专职预算人员负责预算的编制、调控与考核。

2.

(1) 确定预测目标；(2) 搜集、整理和分析资料；(3) 选择预测方法；(4) 综合分析预测；(5) 检查验证；(6) 修正预测结果并输出最后预测结论。

3. 优点：(1) 压缩费用的开支，能够切实做到有限的费用用在最需要的地方。(2) 成本、费用预算核定不受过去老框框的制约，能够充分发挥各级管理人员的积极性和创造性，促进各预算责任中心精打细算，量力而行，量入为出，合理使用资金、费用，提高经济效益。

缺点：(1) 工作量大、费用较高。由于零基预算法要求一切支出均以零为起点，需要进行历史资料、现有情况和投入产出分析，因此，编制预算的工作相当繁重。(2) 主观意识较强、短期行为较重。零基预算法在对费用项目进行分层、排序和资金分配时，极易受主观意识的影响，并易于强调短期项目和当前利益，忽视长期项目和长远利益。

第三章 成本管理

【学习目标】

- 掌握成本的概念和分类方法
- 掌握成本会计的内容、特征和职能
- 理解分步法、分批法、定额法、责任成本法的概念、特点及适用范围
- 掌握责任中心的分类及各类责任中心的核算内容
- 理解和掌握成本预测的基本步骤
- 理解和掌握定量预测法的分类

初级管理会计师应该深入理解本企业的价值链，熟悉业务流程，与业务部门紧密配合，具备独立开展成本会计（成本核算）工作的能力，熟练掌握分步法、分批法、定额法和责任成本法等各种成本计算方法和成本预测方法的基本原理、方法及其应用流程，并能根据企业实际情况，采用科学有效的成本核算方法和成本预测方法，提供对决策者有用的信息。

第一节 成本与成本会计的概念

一、成本的概念

成本作为一个价值范畴，在经济运行中客观存在。成本随着产品交换而产生，又随着经济的发展而不断拓展其表现形式。加强成本管理对于提高企业和国民经济效益有重要意义，因此，我们需要首先了解成本的基本概念。关于成本的基本概念经济学和会计学的定义既有联系又有不同。在此我们主要学习了解会计学中的成本概念。

会计学认为成本是为达到某一个特定目标所失去或放弃的一切可以用货币计量的耗费，可以分为财务成本和管理成本。

（一）财务成本

财务成本是指财务会计范畴内的费用概念，是指企业为了获得营业收入而发生的耗费。凡是不产生营业收入的资产耗费或减少，例如，由于自然灾害所造成的资产毁损，从性质来看，并不是费用，而是损失。正确区分费用与损失，有利于会计报告使用者获得更有用的会计信息。

（二）管理成本

管理成本是管理会计范畴内的费用概念，是指企业用于经营管理的各种成本的总称，可理解为为达到某一特定管理目标所失去或放弃的一切可以用货币计量的耗费。成本的具体含义取决于服务的目标，即“不同目的，不同成本”。在这一观念下形成了一个多成本的概念体系。例如，为了正确计算利润、加强产品成本、客户成本和项目成本的管理，就需要真实计算产品成本、客户成本和项目成本；为了加强企业内部成本控制和考核，就需要计算定额成本、标准成本、可控成本、不可控成本和责任成本；为了进行生产经营决策，就需要计算变动成本、固定成本、边际成本、机会成本、差别成本和沉没成本等。

二、成本会计的内容

随着企业生产经营环境的变化，成本会计的内容也在发生变化。从成本会计产生和发展的历程来看，早期的成本会计主要是将企业生产经营过程中发生的各种资源消耗按照一定的方法、程序进行归集，汇总分配给各种产品，最后计算出各种产品的总成本和单位成本，以便为企业存货计价和损益计算提供成本资料。早期成本会计附属于财务会计，并纳入会计账簿体系，成本会计的重点是成本核算。近代成本会计是在成本核算的基础上进行成本分析，以便进行成本控制。现代成本会计是管理科学与成本会计的结合，包括成本预测、成本决策、成本计划、成本控制、成本核算、成本分析和成本考核等七项内容。其中，成本核算是最基本的内容。

（一）成本预测

成本预测是指依据成本的有关数据及其与各种技术经济因素的依存关系，结合发展前景及采取的各种措施，利用一定的程序、方法和模型，对未来期间成本水平及变化趋势作出科学的估计与推测。

（二）成本决策

成本决策是指利用决策理论，在成本预测的基础上，按照既定或要求的目标，运用定性与定量的方法，对有关方案进行正确的计算和判断后，从中选出最优成本方案的过程。

（三）成本计划

成本计划是指根据成本决策所确定的目标，依据计划期的生产任务、降低成本的要求及相关资料，通过一定的程序，运用一定的方法，以货币计量形式具体规定计划期内产品生产耗费和各种产品的成本水平，并且提出达到规定成本水平所应采取的措施方案。

（四）成本控制

成本控制是指在产品成本形成过程中，通过对产品成本形成的监督及时纠正发生的偏差，并采取相应措施使在生产经营过程发生的各种消耗和费用被限制在成本计划和费用预算标准范围内，以保证达到降低产品成本的目标。

（五）成本核算

成本核算是指根据确定的成本计算对象，采用适当的成本计算方法，按照选定的成本项目，严格划分各种费用界限，采用一系列归集与分配方法将生产费用计入受益产品，进而计算出各成本计算对象的总成本与单位成本。

（六）成本分析

成本分析是指利用成本核算资料和有关资料，运用一系列专门的方法，将本期实际成本与目标成本、上期实际成本、国内外同类产品的成本（成本标杆）进行比较，揭示成本升降变动情况及影响因素，以便采取有效措施以寻找降低成本的潜力。

（七）成本考核

成本考核是指定期对成本计划及有关指标实际完成情况进行考察和评价以实现各责任者努力完成责任成本的目标。

产品成本只是一系列事项发生后的结果，这系列事项的起点就是生产什么产品的决策，一旦生产的决策作出，必然导致企业资源的消耗，而产品成本计算可以看成是预计资源消耗的事实检验。这就是说，成本会计本身就是一个完整的管理闭环体系，其七项内容是相互联系的。它们互为条件、相辅相成，放松或者削弱任何一种职能，都不利于成本会计职能的发挥。

三、成本会计的特征

成本会计是会计的总体框架下相对独立的一部分，但它与财务会计和管理会计又有着密切联系。财务会计中关于资产的计价及其价值耗费的核算是成本核算的基础；反过来，财务会计也要依据成本会计所提供的有关成本费用信息进行存货等资产的计价和利润的计算确定。管理会计是在成本会计的基础上产生和发展起来的，很多内容都与成本有关，成本会计所提供的信息是管理会计所需资料的重要来源。因此，成本会计成为既为财务会计服务又为管理会计服务的一个相对独立的学科。由于内部管理的迫切需要，为管理会计服务的成本会计理论和方法获得长足发展，管理会计越来越依赖于成本信息及其质量，因此也可以将成本会计与管理会计合称为成本管理会计。

四、成本的分类

成本的多维概念说明可以根据不同标准对成本进行分类，以满足企业经营管理的不同需求。成本信息有财务成本和管理成本两种用途，因此，成本也可以按照这个标准进行分类。

（一）按照财务报告目的分类

1. 成本按经济用途进行分类。企业发生的各种支出按其经济用途可以分为制造成本和非制造成本两类。这是财务会计关于成本分类的最主要方法。

（1）制造成本。制造成本也称为生产成本，是指在产品制造过程中发生的支出。生产成本是产品制造过程中所耗用经济资源的货币表现，对象化归集到产品，即为产品成本。产品成本随着产品的实物流动而流动，企业储存待售的产品成本表现为资产负债表上的存货成本，已销售产品的成本列为利润表上的销售成本，是当期费用的一部分。生产成本根据经济用途分为直接材料、直接燃料和动力、直接人工和制造费用。①直接材料是指直接用于产品生产、构成产品实体的原料、主要材料以及有助于产品形成的辅助材料费用。②直接燃料和动力是指直接用于产品生产的燃料和动力。③直接人工是指直接参加产品生产的工人薪酬。④制造费用是指间接用于产品生产的各项费用，以及虽直接用于产品生产，但不便于直接计入产品成本，因而没有专设成本项目的费用。制造费用一般包括企业生产车间的管理人员工资和福利费、固定资产折旧费、修理费、机物料消耗、低值易耗品摊销、水电费、办公费、保险费、劳动保护费、季节性或修理期间的停工损失等费用。

（2）非制造成本。非制造成本也称为期间成本或者期间费用，是指与产品生产无关而全部列为当期费用，且与当期收入相配比的各项支出，这些费用不能追踪至产品，不随产品的实物流动而流动，通常包括销售费用、管理费用和财务费用。①销售费用是指企业在产品销售过程中发生的费用，以及为销售本企业产品而专设的销售机构的各项经费。包括企业销售产品过程中发生的运输费、装卸费、包装费、保险费、展览费和广告费，以及专设的销售机构（含销售网点、售后服务网点等）的职工工资及福利费。②管理费用是指企业行政管理部门为组织和管理企业生产经营活动所发生的各项管理费用。包括企业的董事会和行政管理部门在企业的经营管理中发生的，或者应由企业统一负担的公司经费（包括行政管理部门职工薪酬、物料消耗、低值易耗品摊销、办公费和差旅费、经营租赁费、折旧费等）、工会经费、董事会费（包括董事会成员津贴、会议费和差旅费等）、聘请中介机构费、咨询费（含顾问费）、诉讼费、业务招待费、房产税、土地使用税、车船税、印花税、技术转让费、无形资产摊销等费用。③财务费用是指企业为筹集生产经营所需资金而发生的各项费用。包括企业生产经营期间发生的利息支出（减利息收入）、汇兑损失（减汇兑收益），以及相关的手续费等。

2. 按照成本与特定产品的关系分为直接成本和间接成本。直接成本是在成本发生时即可确认直接计入某产品成本的项目，是可追溯成本，例如制造成本中的直接材料和直接人工；间接成本是指在成本发生时不能确认直接计入某产品成本而需要按照某种标准在几种产品之间分配的成本，例如制造成本中的制造费用。分配标准和分配方法的选择对于正确计算产品成本十分重要。

（二）按照管理目的成本分类

1. 成本按性态进行分类。成本的发生与业务量（产量或销售量）变化之间的依存关系称为成本性态（或成本习性）。成本性态是成本固有的性质形态，是客观存在的。按成本性态可将全部成本分为变动成本、固定成本和混合成本三类。

（1）变动成本是指在一定期间和一定业务量范围内，其总额随着业务量（产量或销售量）的变动而呈正比例变动的成本，如单位产品消耗稳定的直接材料和直接人工中的计件工资等。单位变动成本在产品产量变动时保持固定不变。

（2）固定成本是指在一定期间和一定业务量范围内，其总额不随业务量（产量或销售量）的增减而变动的成本，如房屋、建筑物的折旧、租金和保险费等。单位固定成本随产量增减变化而呈反比例变动。

(3) 混合成本是指其成本总额不与业务量（产量或销售量）呈正比例变动的成本。由于混合成本同时兼有固定与变动两种性质，按变动趋势的不同特点，还可再划分为半变动成本、半固定成本、延期变动成本和曲线变动成本四种。也就是说，无论是怎样的混合成本，都可以按照一定方法将其区分为固定部分和变动部分。

2. 成本按可控性进行分类。成本按其可控性分类，可分为可控成本和不可控成本，这类成本对于评价责任单位的工作非常重要。

(1) 可控成本是指发生于某一部门、单位（包括生产车间、工段、班组等）或个人权责范围内，并且能够加以控制的成本，这一成本称为该部门、单位或个人的可控制成本。

(2) 不可控制成本是指成本的发生不属于某一部门、单位（包括生产车间、工段、班组等）或个人权责范围内，并且不能加以控制，这一成本称为该部门、单位或个人的不可控制成本。

需要注意的是，成本可控与否具有相对性，对某一部门而言是可控的，而对另一部门而言则可能是不可控的，比如，生产设备的租赁费对于具体使用该项设备的生产车间来说，是不可控制成本，但对于有权决定是否用购进新设备代替租用设备的有关领导来说，又属于可控制成本。同时，理解成本可控性还必须同成本发生时间相联系，比如，在产品设计阶段、成本决策与计划阶段，对于尚未发生的成本基本上都是可控的，在产品生产过程中，部分可控，一旦产品完工，实际发生的成本就都是不可控制成本了。

3. 成本按是否与决策相关分类。成本按其是否与决策相关可分为相关成本和无关成本。

(1) 相关成本是指与特定决策有关，在决策过程中必须考虑的成本。例如机会成本、差别成本、重置成本、专属成本、边际成本等。

(2) 无关成本也称不相关成本，是指对未来决策没有影响的成本，如沉没成本、承诺成本等。需要注意的是，沉没成本作为不相关成本是相对的，很多行业特征影响人们对沉没成本概念的理解。例如，在采矿行业中，失败勘探成本就不是沉没成本，而是成功勘探的必要成本。

五、成本核算对象

成本信息有财务成本和管理成本两种用途，成本分类有财务成本和管理成本两种分类，因此，成本核算对象也可以按照这个标准进行分类。

（一）财务视角的成本核算对象

1. 成本核算对象的概念及构成要素。成本核算对象，是企业为归集和分配生产费用而确定的对象。它是以一定时期和空间范围为条件而存在的成本计算实体。由于企业的任何生产经营活动都依存于特定的时空范围，因而确定成本核算对象时，不仅要认定是什么产品或劳务的成本，还要认定是什么地点、什么时期的产品或劳务的成本。成本核算对象由三个要素构成：

(1) 成本计算实体。成本计算实体，是指生产费用和生产经营成果归属的实体。成本计算实体可以是某种产品、某批产品和某类产品的产成品或半成品。

(2) 成本计算期。成本计算期，是指归集生产费用、计算产品成本的时间范围。由于不同企业的生产特点不同，成本计算期可以是生产周期，也可以是日历月份。

（3）成本计算空间。成本计算空间，是指生产费用发生并组织企业成本计算的部门或单位。成本计算空间可以是全厂，也可以是各生产步骤。因此，成本核算对象是某一成本计算期、某一成本计算主体所生产的某种产品，不能笼统地讲成本核算对象就是某种产品。

2. 成本核算对象的确定。成本核算对象依存于特定的时空范围，成本核算对象的确定必须与企业的生产特点相适应。同时，成本核算是成本管理工作的基础，为成本管理提供准确而有效的会计信息是成本会计的基本目标和首要任务。因此，成本核算对象是由生产特点与管理要求共同决定的。生产特点与管理要求组合不同，成本核算对象要素的组合自然也不同，成本核算对象最终也是不同的。下面以工业企业为例说明成本核算对象的确定。

（1）生产工艺特点与管理要求的组合。工业企业产品生产按其生产工艺过程可分为单步骤生产和多步骤生产。单步骤生产，是指生产工艺过程不能间断，或受工作地点限制，生产地点不便分散的生产。多步骤生产，亦称复杂生产，是指生产工艺过程可以间断，可以划分为若干个生产步骤的生产。①在单步骤生产情况下，不管成本管理要求如何，只能以"全厂"作为成本计算的"空间"范围。②多步骤生产则不同。如果成本管理要求提供各生产步骤的成本资料，则必须以各生产步骤作为成本计算的"空间"范围；但如果管理上不要求按步骤提供成本核算资料，也可简化核算程序，扩大其空间范围，以"全厂"作为成本计算的空间。

（2）产品生产组织方式与管理要求的组合。工业企业为了经济有效地组织产品生产，其组织方式可分为大量生产、成批生产和单件生产。①在大量大批生产情况下，产品的生产在连续不断地进行着。等到该批产品全部完工之后才计算其成本，显然不符合会计信息及时性要求。因此，有必要将这种"连续不断的过程"人为地分割为若干个相等的时间单位，即"会计期间"，以计算该时段内产品的成本。为了与财务会计分期保持一致，一般以日历"月份"作为大量大批生产时成本计算的时间范围。②在单件小批生产情况下，产品的品种、规格、交货时间等均有各自的特殊要求。因此，只能将一件或一批产品的生产周期（从该产品投产到完工的一段时间）作为成本计算的时间范围。

（3）三种成本核算对象的形成。工业企业不同的生产特点和不同的成本管理要求的不同组合，决定了成本核算对象三要素的不同组合，从而形成了三种不同的成本核算对象。①全厂、某月生产的某种产成品。在大量大批、单步骤生产的情况下，生产过程不可间断，无半成品产出，成本计算实体是产成品；不可分散组织生产，成本计算空间是全厂；生产连续不断进行，成本计算时间被人为地确定为月份。大量大批、单步骤生产的成本核算对象可归纳为"全厂在某月生产的产成品"。②某步骤、某月生产的半成品或产成品。在大量大批、多步骤生产情况下，生产过程可以间断，有半成品产出，成本计算实体是半成品（生产步骤）和产成品；生产连续不断进行，不能按生产周期组织成本核算，成本计算时间是月份，可以分散组织生产，成本计算空间是生产步骤。大量大批、多步骤生产的成本核算对象可归纳为"某步骤、某月生产的半成品或产成品"。但是，如果成本管理不要求按生产步骤核算成本，成本核算对象也可以是"全厂在某月生产的产成品"。③全厂、某生产期内生产的某件或某批产成品。单件小批生产属于复杂生产，生产过程可以间断，往往有半成品产出，但无须交付买主，且批量很小。为简化成本核算，成本计算实体是产成品；可分散组织生产，但不计算各步骤成本，成本计算空间是全厂；生产周期和交货日期基本一致，按生产周期组织生产和成本核算，成本计算时间是生产周期。单件小批生产的成本核算对象可归纳为“全厂在某生产期内生产的某件、批产成品”。

（二）管理视角的成本核算对象

根据企业内部成本的管理要求，可以按照现代企业多维度、多层次的管理需要，确定多元化的成本核算对象。多维度，是指以产品的最小生产步骤或作业为基础，按照企业有关部门的生产流程及其相应的成本管理要求，利用现代信息技术，组合出产品维度、工序维度、车间班组维度、生产设备维度、客户订单维度、变动成本维度和固定成本维度等不同的成本核算对象。多层次，是指根据企业成本管理需要，划分企业管理部门、工厂、车间和班组等成本管控层次。

六、成本会计的职能

成本会计的职能，是指成本会计在经济管理中的功能。成本会计作为会计的一个重要分支，其基本职能同会计一样，具有反映和监督两大基本职能。但从成本会计产生和发展的历史看，随着生产过程的日趋复杂，生产、经营管理对成本会计不断提出新的要求，成本会计反映和监督的内涵也在不断发展。下面分别说明成本会计职能的基本内容。

（一）反映的职能

反映的职能是成本会计的首要职能。成本会计的反映职能，就是从价值补偿的角度出发，反映生产经营过程中各种费用的支出，以及生产经营业务成本和期间费用等的形成情况，为经营管理提供各种成本信息的功能。就成本会计反映职能的最基本方面来说，是以已经发生的各种费用为依据，为经营管理提供真实的、可以验证的成本信息，从而使成本分析、考核等工作建立在有客观依据的基础上。随着社会生产的不断发展，经营规模的不断扩大，经济活动情况的日趋复杂，在成本管理上就需要加强计划性和预见性。因此，对成本会计提出了更高的要求，需要通过成本会计为经营管理提供更多的信息，即除了要提供能反映成本现状的核算资料外，还要提供有关预测未来经济活动的成本信息资料，以便作出正确的决策和采取措施，达到预期的目的。由此可见，成本会计的反映职能，从事后反映发展到了分析预测未来。只有这样，才能满足经营管理的需要，才能更好地发挥其在经营管理中的作用。

应当指出的是，反映过去同预测未来是密切联系的。要进行成本预测，首先必须了解能够反映成本水平现状和历史的各项指标以及它们之间的内在联系，才能据以分析未来的成本状况，以及为实现预期的成本管理目标应具备的条件和应采取的措施。因此，对实际发生的生产经营耗费的反映，提供实际的成本资料，是成本会计提供成本信息的基础。

（二）监督的职能

成本会计的监督职能，是指按照一定的目的和要求，通过控制、调节、指导和考核等，监督各项生产经营耗费的合理性、合法性和有效性，以达到预期的成本管理目标的功能。成本会计的监督，包括事前、事中和事后监督。首先，成本会计应从经济管理对降低成本、提高经济效益的要求出发，对企业未来经济活动的计划或方案进行审查，并提出合理化建议，从而发挥对经济活动的指导作用；在反映各种生产经营耗费的同时，进行事前监督，即以国家的有关政策、制度和企业的计划、预算及规定等为依据，对有关经济活动的合理性、合法性和有效性进行审查，限制或制止违反政策、制度和计划、预算等的经济活动，支持和促进增产节约、增收节支的经济活动，以实现提高经济效益的目的。其次，成本会计要通过成本信息的反馈，进行事中、事后的监督，也就是通过对所提供的成本信息资料的检查分析，控制和考核有关经济活动，及时从中总结经验，发现问题，提出建议，促使有关方面采取措施，调整经济活动，使其按照规定的要求和预期的目标进行。

成本会计的反映和监督两大职能是辩证统一、相辅相成的。没有正确、及时的反映，监督就失去了存在的基础，就无法在成本管理中发挥制约、控制、指导和考核等作用；只有进行有效的监督，才能使成本会计为管理提供真实可靠的信息资料，使反映的职能得以充分发挥。可见，只有把反映和和监督两大职能有机地结合起来，才能更为有效地发挥成本会计在管理中的作用。

第二节 产品成本核算方法

企业产品成本核算的目的是为企业成本管理提供信息资料，产品成本核算方法主要分为两大类：核算主要方法与核算辅助方法。在主要方法中主要包括三种：品种法、分步法和分批法；辅助方法中主要有分类法、定额法、责任成本法等。在本节中，将主要介绍分步法、分批法、定额法和责任成本法这四种方法。产品成本核算有财政部法规作为依据，同时每个企业应当根据自身生产特点选择适合的方法，因此读者在学习每一种方法的同时，一定要掌握每种方法的适用条件。

一、分步法

产品成本计算的分步法，是以产品生产步骤为成本计算对象，归集和分配生产费用、计算产品成本的方法。它适用于大量大批的多步骤生产，如纺织、冶金、汽车制造等大量大批的制造企业。在这类企业中，产品生产可以分为若干个生产步骤，管理上既要求按照产品品种计算成本，又要求按照生产步骤计算成本，以便为考核和分析各种产品及各生产步骤的成本计划的执行情况提供资料。实际工作中，根据成本管理对象对各生产步骤成本资料的不同要求和简化核算的原则，各步骤成本的计算和结转可以采用逐步结转和平行结转两种方法。

（一）逐步结转分步法

逐步结转分步法是按照产品加工的顺序，逐步计算并结转半成品成本，直到最后加工步骤才能计算产成品成本的方法。它是按照产品加工顺序先计算第一个加工步骤的半成品成本，然后结转给第二个加工步骤，这时，第二步骤把第一步骤转来的半成品成本加上本步骤耗用的材料和加工费用，即可求得第二个加工步骤的半成品成本，如此顺序逐步转移累计，直到最后一个步骤才能计算出产成品成本。逐步结转分步法就是为了分步计算半成品成本而采用的一种分步法，也称计算半成品成本分步法。

1. 逐步结转分步法的特点。逐步结转分步法在完工产品与在产品之间分配费用，是指各步骤完工产品与在产品之间的分配。这种方法的优点包括：（1）能提供各个生产步骤的半成品成本资料；（2）能够为各生产步骤的在产品实物管理及资金管理提供资料；（3）能够全面地反映各生产步骤的生产耗费水平，更好地满足各生产步骤成本管理的要求。

这种方法适用于大量大批连续式复杂生产的企业。这种企业，有的不仅将最终产成品作为商品对外销售，而且生产步骤所产半成品也经常作为商品对外销售。例如，钢铁厂的生铁、钢锭，汽车制造厂的各种零部件，纺织厂的棉纱等，需要计算半成品成本。逐步结转分步法按照成本在下一步骤成本计算单中的反映方式可以分为综合逐步结转和分项逐步结转两种方法。

2. 综合逐步结转分步法。综合逐步结转分步法指上一步骤的半成品成本以“直接材料”或专设的“半成品”项目，综合列入下一步骤成本计算单中的方法。综合逐步结转分步法可以按照半成品的实际成本或计划成本（或定额成本）结转。采用实际成本结转时，各步骤所耗上一步骤的半成品费用应根据所耗半成品的数量乘以半成品的实际单位成本计算，此时由于各月所生产半成品的单位成本不同，所耗半成品的单位成本需要采用先进先出法、加权平均法等方法确定。采用计划成本（或定额成本）结转时，半成品的日常收发均按照计划单位成本计算，在算出半成品实际成本以后，再计算成本差异率，调整所耗半成品的成本差异。

【例 3-1】 H 企业甲产品的生产分两个步骤，分别在两个车间进行，第一车间生产的半成品交半成品库验收，第二车间按所需数量向半成品库领用，第二车间所耗半成品费用按全月一次加权平均单位成本计算。两个车间月末的在产品均按定额成本计价，其成本计算程序及计算过程如下：

第一，根据各种费用分配表、半成品产量月报和第一车间在产品定额成本资料（这些费用的归集和分配与品种法相同），登记甲产品（半成品）第一车间的成本计算单如表 3-1 所示：

表 3-1 **甲产品（半成品）成本计算单** 金额单位：万元

第一车间 20×7 年 9 月

项　目	产量（件）	直接材料	直接人工	制造费用	合计
月初在产品定额成本		1204	350	420	1974
本月生产费用		4140	1472	2040	7652
合计		5344	1822	2460	9626
完工半成品转出	40	3624	1322	1860	6806
月末在产品定额成本		1720	500	600	2820

依据第一车间甲产品（半成品）成本计算单和半成品入库单编制的会计分录为：

借：自制半成品——甲产品 6806

　　贷：生产成本——基本生产成本（第一车间——甲产品） 6806

第二，依据第一车间甲产品（半成品）成本计算单、半成品入库单和第二车间领用半成品的领用单登记半成品明细账如表 3-2 所示：

表 3－2　半成品明细账　金额单位：万元

月份	月初余额		本月增加		合计			本月减少	
	数量（件）	实际成本	数量（件）	实际成本	数量（件）	实际成本	单位成本	数量（件）	实际成本
9	18	2880	40	6806	58	9686	167	40	6680*
10	18	3006							

* 6680 = 167 × 40

根据半成品明细账所列半成品单位成本资料和第二车间半成品领用单编制的会计分录如下：

借：生产成本——基本生产成本（第二车间——甲产品）　6680

　　贷：自制半成品——甲产品　6680

第三，根据各种费用分配表、产成品产量月报和第二车间在产品定额成本资料（这些费用的归集和分配与品种法相同），登记甲产品（产成品）第二车间的成本计算单如表 3－3 所示：

表 3－3　甲产品（产成品）成本计算单　金额单位：万元

第二车间 20×7 年 9 月

项　目	产量（件）	直接材料	直接人工	制造费用	合计
月初在产品定额成本		3200	700	800	4700
本月生产费用		6680	1680	1760	10120
合计		9880	2380	2560	14820
产成品转出	50	8280	2030	2160	12470
单位成本		165.6	40.6	43.2	249.4
月末在产品定额成本		1600	350	400	2350

根据第二车间甲产品（产成品）成本计算单和产成品入库单编制的会计分录如下：

借：库存商品——甲产品　12470

　　贷：生产成本——基本生产成本（甲产品）　12470

采用综合逐步结转分步法结转半成品成本，各步骤所耗半成品的成本是以“直接材料”项目综合反映的，这样计算出的产品成本不能提供按原始成本项目反映的成本资料。通过上面第二车间产品成本明细账的资料可以看出，综合逐步结转半成品成本以后，表现在产成品成本中的绝大部分费用是最后一个步骤所耗半成品的费用，直接人工和制造费用只是最后一个步骤发生的费用，在产品成本中所占比重很小，这显然不符合产品成本构成的实际情况，不能据以从整个企业角度分析和考核产品成本的构成和水平。因此，在管理上要求从整个企业角度分析和考核产品成本的构成和水平时，还应将综合逐步结转计算出的产成品成本进行成本还原。

成本还原就是把各步骤所耗半成品的综合成本逐步进行分解还原为“直接材料”、“直接人工”和“制造费用”等项目，以便提供按原始成本项目反映的产品成本资料。成本还原的方法一般是采用逆序法，即从最后一个步骤开始，将各加工步骤完工产品成本中所耗上一加工步骤所产半成品的综合成本按成本还原率逐步分解，还原为直接材料、直接人工和制造费用等成本项目，以求得按原始成本项目反映的产品成本资料。成本还原率的计算公式如下：

$$成本还原率=\frac{本月产成品所耗上一步骤半成品费用}{上一步骤本月所产该种半成品成本合计}$$

以成本还原率分别乘以上一步骤本月所产各种半成品各个成本项目的费用，即可将本月产成品所耗该种半成品的综合费用进行分解、还原；然后将还原前的产成品成本与产成品成本中半成品费用的还原值按照成本项目相加即可，还原后产成品的单位成本等于还原后产成品的总成本除以产品产量。

【**例 3－2**】根据例 3－1 的资料，要求对产品成本进行成本还原。

首先计算成本还原率：成本还原率＝8280÷6806＝1.2166

产成品所耗半成品费用中的直接材料＝3624×1.2166＝4408.96（万元）

产成品所耗半成品费用中的直接人工＝1322×1.2166＝1608.35（万元）

产成品所耗半成品费用中的制造费用＝8280－4408.96－1608.35＝2262.69（元）

其次，编制成本还原计算表如表 3－4 所示：

表 3－4 **成本还原计算表** 金额单位：万元

产品名称：甲产品产量：50 件

项目	还原前产品总成本	上步骤本月完工半成品成本	成本还原率	产成品成本中半成品成本	还原后产成品总成本	还原后产成品单位成本
	①	②	③	④	⑤＝①＋④	⑥＝⑤/总产量
半成品	8280		1.2166	－8280		
直接材料		3624		4408.96	4408.96	88.18
直接人工	2030	1322		1608.35	3638.35	72.77
制造费用	2160	1860		2262.69*	4422.69	88.45
合计	12470	6806			12470	249.40

*产成品所耗半成品费用中的“制造费用”项目按本月产成品所耗上一步骤半成品费用减去还原出的直接材料和直接人工计算求得，是为了避免由于分配率小数位保留不同可能造成的还原项目之和与还原前费用总和之间形成差额。

由表 3－4 可见，将成本还原后，产成品的成本构成与表 3－3 中有很大不同，通过成本还原将产成品的成本构成恢复到实际的状况。

3. 分项逐步结转分步法。分项逐步结转分步法指将各加工步骤所耗用的上步骤完工的半成品成本，按照成本项目分项记入相应步骤产品成本明细账所对应的成本项目的方法。如果半成品通过半成品库收发，则自制半成品明细账中登记半成品增减时也应按成本项目分别登记。分项结转可以按照半成品的实际单位成本结转，也可以按照半成品的计划单位成本结转。

（二）平行结转分步法

平行结转分步法是指在计算各步骤成本时，不计算各步骤所产半成品成本，也不计算各步骤所耗上一步骤的半成品成本，而只计算本步骤发生的各项其他费用，以及这些费用中应计入产成品成本的份额，将相同产品的各步骤成本明细账中的这些份额平行结转、汇总，即可计算出该种产品的产成品成本。这种结转各步骤成本的方法，称为平行结转分步法，也称不计算半成品成本分步法。

1. 平行结转分步法的特点。采用平行结转分步法的成本计算对象是各种产成品及其经过的各生产步骤中的成本份额，而各步骤的产品生产费用并不伴随着半成品实物的转移而结转。

各生产步骤不计算本步骤的半成品成本，尽管半成品的实物转入下一生产步骤继续加工，但其成本并不结转到下一生产步骤的成本计算单中去，只是当产品最终完工入库时，才将各步骤费用中应由完工产成品负担的份额，从各步骤成本计算单中转出，平行汇总计算产成品的成本。

采用平行结转分步法，每一生产步骤的生产费用也要在其完工产品与月末在产品之间进行分配。但这里的完工产品是指企业最终完工的产成品；这里的某步骤在产品是指该步骤尚未加工完成的在产品和该步骤已完工但尚未最终完成的产品。

这种方法的优点有：（1）各步骤可以同时计算产品成本，平行汇总计入产成品成本，不必逐步结转半成品成本；（2）能够直接提供按原始成本项目反映的产成品成本资料，不必进行成本还原，因而能够简化和加速成本计算工作。

这种方法的缺点有：（1）不能提供各个步骤的半成品成本资料；在产品的费用在产品最后完成以前，不随实物转出而转出，即不按其所在的地点登记，而按其发生的地点登记，因而不能为各个生产步骤在产品的实物管理提供资料；（2）各生产步骤的产品成本不包括所耗半成品费用，因而不能全面地反映各该步骤产品的生产耗费水平（第一步骤除外），不能更好地满足这些步骤成本管理的要求。

2. 平行结转分步法举例。

【例 3-3】仍以例 3-1 和例 3-2 所示的甲产品成本资料为例，假定企业采用平行结转分步法计算产品成本，采用定额比例法在完工产品与在产品之间分配生产费用，其中：原材料费用按定额原材料费用比例分配，其他各项费用均按定额工时比例分配。产品定额的有关资料见表 3-5：

表 3-5　　甲产品定额资料　　金额单位：万元

车间份额	月初在产品		本月投入		本月产成品				
					单件定额		产量（件）	定额原材料费用	定额工时
	定额原材料费用	定额工时	定额原材料费用	定额工时	原材料费用	工时			
一车间	1232	42	3520	120	88	3	50	4400	150
二车间	—	80	—	160	—	4	50	—	200
合计	1232	122	3520	280	160	7	50	8000	350

首先，根据甲产品的定额资料登记第一、二车间的产品成本明细账，见表 3 – 6 和表 3 – 7。

表 3 – 6　　产品成本明细账　　金额单位：万元

第一车间　甲产品

摘　要	产品产量（件）	原材料		定额工时	直接人工	制造费用	合计
		定额	实际				
月初在产品		1232	1204	42	350	420	1974
本月生产费用		3520	4140	120	1472	2040	7652
合计		4752	5344	162	1822	2460	9626
费用分配率			1. 1246		11. 247	15. 185	
产成品成本中本步所占份额	50	4400	4948. 24	150	1687. 05	2277. 75	8913. 04
月末在产品		352	395. 76	12	134. 95	182. 25	712. 96

表 3 – 7　　产品成本明细账　　金额单位：万元

第二车间　甲产品

摘　要	产品产量（件）	原材料		定额工时	直接人工	制造费用	合计
		定额	实际				
月初在产品				80	700	800	1500
本月生产费用				160	1680	1760	3440
合计				240	2380	2560	4940
费用分配率					9. 917	10. 67	
产成品成本中本步所占份额	50			200	1983. 4	2134	4117. 4
月末在产品				40	396. 6	426	822. 6

其次，登记产品成本汇总表。将第一、二车间产品成本明细账中应计入产成品的份额，平行汇总记入甲产品成本汇总表如表 3 – 8 所示：

表 3 – 8　　甲产品汇总表　　金额单位：万元

20 ×7 年 9 月

车间份额	产量（件）	原材料	直接人工	制造费用	合计
第一车间份额	50	4948. 24	1687. 05	2277. 75	8913. 04
第二车间份额	50	—	1983. 4	2134	4117. 4
合计	50	4948. 24	3670. 45	4411. 75	13030. 44
单位成本	50	98. 96	73. 41	88. 24	260. 61

二、分批法

产品成本计算的分批法，是按照产品批别归集生产费用、计算产品成本的方法。它主要适用于单件小批类型的生产，如造船业、重型机器设备制造业等；也可用于一般企业中的新产品试制或试验的生产、在建工程以及设备修理作业等。在小批单件组织生产的企业中，根据订货单位的订单签发工作号来组织生产的，按产品批次计算产品成本，往往与按订单计算产品成本相一致。

（一）分批法的特点与适用条件

1. 成本计算对象是产品的批别，由于产品的批别大多是根据销货订单确定的，因此，这种方法又称为订单法。

2. 分批法下，产品成本的计算是与生产任务通知单的签发和生产任务的完成紧密配合的，因此产品成本计算是不定期的。成本计算期与产品生产周期基本一致，而与核算报告期不一致。

3. 分批法下，由于成本计算期与产品的生产周期基本一致，因而在计算月末产品成本时，一般不存在完工产品与在产品之间分配费用的问题。但是，有时会出现同一批次产品跨月陆续完工的情况，为了提供月末完工产品成本，需要将归集的生产费用分配计入完工产品和期末在产品。

（二）分批法的成本计算程序

采用分批法计算产品成本时，如果一张订单中订购的产品不止一种，还必须按批内不同产品划分生产费用计算产品成本；如果在一张订单中只有一种产品，但数量较大，不便于一次投产，或者订购单位要求分批交货，也可以分为数批组织生产，分批计算产品成本；如果是单件生产而且一张订单只订购一件产品，但这种产品属于大型复杂的产品（如大型船舶等），也可以按产品的不同组成部分分批组织生产，计算成本。

单件生产一般不涉及生产费用在完工产品与期末在产品之间的分配问题。小批生产如果存在批内产品跨月连续完工且月末完工产品占比较小的情况，为简化计算工作，完工产品可先按计划单位成本或定额单位成本，或近期相同产品的实际单位成本计算，待该批产品全部完工时，再计算全批产品的实际总成本和单位成本；但如果月末完工产品数量占全批数量的比重较大，则需要按适当分配方法计算完工产品和期末在产品成本。

采用分批法计算产品成本，应于产品投产时，根据订单号或生产通知单为每批产品开设明细账户；每月发生的生产费用直接记入各批产品成本明细账的有关项目中；制造费用等间接费用另设明细账归集，月末再按一定标准分配计入各批产品成本。

（三）分批法举例

【例 3-4】 某企业按购货单位要求小批生产 A、B、C 三种产品，采用分批法计算各批产品成本。20×7 年 4 月份的生产情况如下：

该企业 3 月 2 日投产 A 产品 6 件，批号 301，4 月 25 日全部完工验收入库；3 月 23 日投产 B 产品 5 台，批号 302，4 月份尚未完工；4 月 12 日投产 C 产品 15 件，批号 401，月末完工7件。C产品所耗原材料费用在生产开始时一次投入，人工和其他加工费用按约当产量进行分配。C产品需经过3道工序加工完成，各工序在产品数量及完工率见表3－9，三批产品的成本明细账见表3－10至表3－12。

表3－9　　C产品月末在产品及完工率情况

工序	完工率（%）	在产品数量（件）	在产品约当产量（件）
1	20	2	0.4
2	60	2	1.2
3	85	4	3.4
合计		8	5

表3－10　　产品成本明细账　　单位：元

投产日期：3月2日　　批号：301　　购货单位：甲公司

日期：4月25日　　产品名称：A　　批量：6件完工

月	日	摘要	成本项目			成本合计
			直接材料	直接人工	制造费用	
3	31	生产费用累计	36800	4500	20200	61500
4	30	材料费用分配表	41002			41002
4	30	人工费用分配表		6198		6198
4	30	制造费用分配表			28700	28700
4	30	本月生产费用合计	41002	6198	28700	75900
4	30	生产费用累计	77802	10698	48900	137400
4	30	转出完工产品成本	77802	10698	48900	137400
4	30	完工产品单位成本	12967	1783	8150	22900

表3－11　　产品成本明细账　　单位：元

投产日期：3月23日　　批号：302　　购货单位：乙公司

完工日期：　　产品名称：B　　批量：5台

月	日	摘要	成本项目			成本合计
			直接材料	直接人工	制造费用	
3	31	生产费用累计	13200	1800	8500	23500
4	30	材料费用分配表	32650			32650
4	30	人工费用分配表		4685		4685
4	30	制造费用分配表			23450	23450
4	30	本月生产费用合计	32650	4685	23450	60785
4	30	生产费用累计	45850	6485	31950	84285

表 3－12　　产品成本明细账　　单位：元

投产日期：4 月 12 日　　批号：401　　购货单位：丙公司

完工日期：4 月 30 日　完工 7 件　　产品名称：C　　批量：15 件

月	日	摘要	成本项目			成本合计
			直接材料	直接人工	制造费用	
4	30	材料费用分配表	67305			67305
4	30	人工费用分配表		12504		12504
4	30	制造费用分配表			42600	42600
4	30	本月生产费用合计	67305	12504	42600	122409
4	30	完工产品成本（7 件）	31409	7294	24850	63553
4	30	完工产品单位成本	4487	1042	3550	9079
4	30	在产品成本（8 件）	35986	5210	17750	58856

上述第 901 批 C 产品有关费用在完工产品与在产品之间的分配计算如下：

直接材料费用的分配率 = 67305 ÷（7 + 8）= 4487（元/件）

直接人工分配率 = 12504 ÷（7 + 5）= 1042（元/件）

制造费用分配率 = 42600 ÷（7 + 5）= 3550（元/件）

完工产品直接材料 = 4487 × 7 = 31409（元）

完工产品直接人工 = 1042 × 7 = 7294（元）

完工产品制造费用 = 3550 × 7 = 24850（元）

三、定额法

（一）定额法的特点

在前面所介绍的成本计算方法下，生产费用的日常核算，都是按照其实际发生额进行，产品的实际成本也都是根据实际生产费用计算的。因此，生产费用和产品成本脱离定额的差异及其发生的原因，只有在月末时通过实际资料与定额资料的对比、分析才能得到反映，而不能在月份内生产费用发生的当时就得到反映。这不利于加强定额管理、及时对产品成本进行控制和管理，不能更有效地发挥成本核算对于节约费用、降低成本的作用。

产品成本计算的定额法，就是为了克服上述几种成本计算方法的弱点，解决及时反映和监督生产费用和产品成本脱离定额的差异，把产品成本的计划、控制、核算和分析结合在一起，以便加强成本管理而采用的一种成本计算方法。其主要特点是：

1. 将事先制定的产品消耗定额、费用定额和定额成本作为降低成本的目标。

2. 在生产费用发生的当时，就将符合定额的费用和发生的差异分别核算，以加强对成本差异的日常核算、分析和控制。

3. 月末，在定额成本的基础上，加减各种成本差异，计算产品的实际成本，为成本的定期考核和分析提供数据。

（二）定额法的适用条件

为了充分发挥定额法的作用，简化核算工作，采用定额法计算产品成本，应具备以下条件：

1. 定额管理制度比较健全，定额管理工作的基础比较好。

2. 产品的生产已经定型，消耗定额比较准确、稳定。

大批、大量生产比较容易具备上述条件，但应当指出的是，定额法与生产类型并无直接联系，不论哪种生产类型，只要具备上述条件，都可以采用定额法计算产品成本。

（三）定额法的计算程序

1. 定额成本的计算。采用定额法计算产品成本，必须首先制定产品的原材料、动力、工时等消耗定额，并根据各项消耗定额和原材料的计划单价、计划直接人工费用率（计划每小时直接人工费用）或计件工资单价、计划制造费用率（计划每小时制造费用）等资料，计算产品的各项费用定额和产品的单位定额成本。产品的定额成本与计划成本既有相同之处，又有不同之处。相同之处是，两者都是以生产耗费的消耗定额和计划单价为根据确定的目标成本。例如：

$$直接材料费用定额 = 产品原材料消耗定额 \times 原材料计划单价$$

$$直接人工费用定额 = 产品生产工时定额 \times 计划直接人工费用率$$

$$制造费用定额 = 产品生产工时定额 \times 计划制造费用率$$

直接人工和制造费用，通常是按生产工时比例分配计入产品成本的，因而其计划单价通常是计划的每小时各项费用额。各项费用定额的合计数，就是单位产品的定额成本或计划成本。

产品的定额成本与计划成本的不同之处是：计算计划成本所依据的消耗定额是计划期（一般为一年）内平均消耗定额，也称计划定额，在计划期内通常是不变的；而计算定额成本所依据的消耗定额是现行的定额，是企业在当时的生产技术条件下，在各项消耗上应达到的标准，它应随着生产技术的进步、劳动生产率的提高不断修订。此外，计算计划成本所依据的原材料等的计划单价，在计划期内通常也是不变的；计算定额成本所依据的直接人工和制造费用的计划单价，则可能变动。因此，计划成本在计划期内通常是不变的；定额成本在计划期内则是变动的。

由上述可知，产品的定额成本，也就是根据各种有关的现行定额计算的成本。制定定额成本，可以使企业的成本控制和考核更加有效，更加符合实际，从而保证成本计划的完成。

产品单位定额成本的制定，应包括零件、部件的定额成本和产成品的定额成本，通常由计划、会计等部门共同制定。一般是先制定零件的定额成本，然后汇总计算部件和产成品的定额成本。如果产品的零部件较多，为了简化计算工作，可以不计算零件的定额成本，而是直接根据零件定额卡所列零件的原材料消耗定额、工序计划和工时消耗定额，以及原材料的计划单价、计划的直接人工费用率和计划的制造费用率等，计算部件定额成本，然后汇总计算产成品定额成本；或者根据零部件定额卡和原材料计划单价、计划的直接人工费用率和计划的制造费用率等，直接计算产成品定额成本。

需要指出的是，编制定额成本计算表时，所采用的成本项目和成本计算方法，应与编制计划成本、计算实际成本时所采用的成本项目和成本计算方法一致，以便成本考核和成本分析工作的进行。

2. 脱离定额差异的核算。脱离定额的差异，是指在生产过程中，各项生产费用的实际支出脱离现行定额或预算的数额。脱离定额差异的核算，就是在发生生产费用时，为符合定额的费用和脱离定额的差异，分别编制定额凭证和差异凭证，并在有关的费用分配表和明细分类账中分别予以登记。这样，就能及时、正确地核算和分析生产费用脱离定额的差异，控制生产费用支出。因此，对定额差异的核算是实行定额法的重要内容。为了防止生产费用的超支，避免浪费和损失，差异凭证填制以后，还必须按照规定办理审批手续。在有条件的企业，可以将脱离定额差异的日常核算同车间或班组经济责任制结合起来，依靠各生产环节的员工控制生产费用。

（1）直接材料费用脱离定额差异的核算。在各成本项目中，直接材料费用（包括自制半成品费用）一般占有较大比重，且属于直接计入费用，因而更有必要和可能在费用发生的当时就按产品核算定额费用和脱离定额的差异，并以不同的凭证予以反映。直接材料脱离定额差异的核算方法，一般有限额法、切割核算法和盘存法三种：

①限额法。为了控制材料的领用，在定额法下，原材料的领用应该实行限额领料（或定额发料）制度，符合定额的原材料应根据限额领料单等定额凭证领发。由于增加产量需要增加用料时，在追加限额手续后，也可以根据定额凭证领发。由于其他原因发生的超额用料或代用材料的用料，则应填制专设的超额领料单、代用材料领料单等差异凭证，经过一定的审批手续后领发。为了减少凭证的种类，这些差异凭证也可用普通领料单代替，但应以不同的颜色或加盖专用的戳记，以示区别。在差异凭证中，应填写差异的数量、金额以及发生差异的原因。差异凭证的签发，须经过一定的审批手续，其中由于采用代用材料、利用废料和材料质量低劣等原因而引起的脱离定额差异，通常由技术部门审批。对于采用代用材料和废料利用，还应在有关的限额领料单中注明，并从原定的限额中扣除。在每批生产任务完成以后，应根据车间余料编制退料手续，退料单也是一种差异凭证。退料单中的原材料数额和限额领料单中的原材料余额，都是原材料脱离定额的节约差异。应当指出的是，直接材料脱离定额差异是产品生产中实际用料脱离现行定额而形成的成本差异，而限额法并不能完全控制用料，上述差异凭证所反映的差异往往只是领料差异，而不一定是用料差异。这是因为，投产的产品数量不一定等于规定的产品数量；所领用原材料的数量也不一定等于原材料的实际消耗量，即期初、期末车间可能有余料。

【例3-5】某限额领料单规定的产品数量为100件，每件产品的直接材料消耗定额为5千克，则领料限额为500千克；本月实际领料480千克，领料差异为少20千克。

现假定有以下三种情况：

第一种情况：本期投产产品数量符合限额领料单规定的产品数量，即为100件，且期初、期末均无余料。则上述少领20千克的领料差异就是用料脱离定额的节约差异。

第二种情况：本期投产产品数量仍为100件，但车间期初余料为10千克，期末余料为12千克，则：

直接材料定额消耗量 $=100\times5=500$（千克）

直接材料实际消耗量 $=480+10-12=478$（千克）

直接材料脱离定额差异 = 478 - 500 = -22（千克）（节约）

第三种情况：本期投产产品数量为 90 件，车间期初余料为 10 千克，期末余料为 12 千克，则：

直接材料定额消耗量 = 90 × 5 = 450（千克）

直接材料实际消耗量 = 480 + 10 - 12 = 478（千克）

直接材料脱离定额差异 = 478 - 450 = +28（千克）（超支）

由此可见，只有投产产品数量等于规定的产品数量，且车间期初、期末均无余料，或期初、期末余料数量相等时，领料（或发料）差异才是用料脱离定额的差异。

②切割核算法。对于某些贵重材料或经常大量使用且又需要经过在准备车间或下料段切割后才能进一步加工的材料，如板材、棒材等，还应填制材料切割核算单。通过材料切割核算单，核算用料差异，控制用料。材料切割核算单，应按切割材料的批别设立，在单中要填明切割材料的种类、数额、消耗定额和应切割成的毛坯数量。切割完毕后，要填写实际切割成的毛坯数量和材料的实际消耗量；然后根据实际切割成的毛坯数量和消耗定额，即可求得材料定额消耗量，再将此与材料实际消耗量相比较，即可确定脱离定额差异。材料定额消耗量、脱离定额的差异，以及发生差异的原因均应填入单中，并由主管人员签字。采用材料切割核算单进行材料切割的核算，能及时反映材料的使用情况和发生差异的具体原因，有利于加强对材料消耗的控制和监督。在有条件的情况下，如与车间或班组的经济核算结合起来，则可以收到更好的效果。

③盘存法。在大量生产不能按照上述方法分批核算原材料脱离定额差异的情况下，除仍要使用限额领料单等定额凭证和超额领料单等差异凭证，以便控制日常材料的实际消耗外，还应定期（按工作班、工作日或按周、旬等）通过盘存的方法核算差异。

根据完工产品数量和在产品盘存（实地盘存或账面结存）数量算出投产产品数量，再乘以原材料消耗定额，算出原材料定额消耗量。其中，投产产品数量的计算公式如下：

本期投产产品数量 = 本期完工产品数量 + 期末在产品数量 - 期初在产品数量

根据限额领料单、超额领料单、退料单等材料凭证以及车间余料的盘存数量，计算直接材料实际消耗量。

将直接材料实际消耗量与定额消耗量进行比较，进而确定原材料脱离定额的差异。

应当指出的是，按照上述公式计算本期投产产品数量，必须具备以下条件，即原材料在生产开始时一次投入，期初和期末在产品都不再耗用原材料。如果原材料是随着生产的进行陆续投入，在产品还要耗用原材料，那么上述公式中的期初和期末在产品数量应改为按直接材料消耗定额计算的期初和期末在产品的约当产量。

【例 3-6】生产甲产品耗用 B 材料。甲产品期初在产品为 50 件，本期完工产品为 1000 件，期末在产品为 150 件。生产甲产品用原材料系在生产开始时一次收入，甲产品的原材料消耗定额为每件 2 千克，原材料的计划单价为每千克 10 元。限额领料单中载明的本期已实际领料数量为 2100 千克。车间期初余料为 50 千克，期末余料为 20 千克。

有关数据计算如下：

投产产品数量 = 1000 + 150 - 50 = 1100（件）

直接材料定额消耗量 = 1100 × 2 = 2200（千克）

直接材料实际消耗量＝2100＋50－20－2130（千克）

直接材料脱离定额差异（数量）＝2130－2200＝－70（千克）（节约）

直接材料脱离定额差异（金额）＝－70×10＝－700（元）（节约）

对于直接材料的定额消耗量和脱离定额的差异，应分批或定期地按照成本计算对象进行汇总，编制直接材料定额费用和脱离定额差异汇总表。表中应填明该批或该种产品所耗各种原材料的定额消耗量、定额费用和脱离定额的差异，并分析说明差异产生的主要原因。该表既可以用来汇总反映和分析材料消耗定额的执行情况，又可以代替原材料费用分配表登记产品成本明细账，还可以报送有关领导或向员工公布，以便根据差异产生的原因采取措施，进一步挖掘降低原材料消耗的潜力。

自制半成品的定额消耗量、定额费用和脱离定额差异的核算方法与直接材料的相同。

（2）直接人工费用脱离定额差异的核算。在计件工资形式下，直接人工属于直接计入费用，因而其脱离定额差异的核算与直接材料的相似。凡符合定额的生产工资可反映在工票、工作班产量记录、工序进程单等产量记录中；脱离定额的差异部分，应设置"工资补付单"等差异凭证予以反映，单中也应填明差异产生的原因，并要经过一定的审批手续。在计时工资形式下，由于实际人工费用总额到月末才能确定，因此，直接人工脱离定额的差异不能在平时按照产品直接计算，只有在月末实际直接人工费用总额确定以后，才能计算。

如果直接人工费用属于直接计入费用，则某种产品的直接人工费用脱离定额差异可按下列公式计算：

某种产品直接人工费用脱离定额的差异＝该产品实际直接人工费用－（该产品实际产量
×该产品直接人工费用定额）

如果直接人工费用属于间接计入费用，则某种产品的直接人工费用脱离定额差异应按下列公式计算：

计划单位小时直接人工费用＝某车间计划产量的定额直接人工费用总额
/该车间计划产量的定额生产工时总数

实际单位小时直接人工费用＝该车间实际直接人工费用总额
/该车间实际生产工时总数

某产品的定额直接人工费用＝该产品实际产量的定额生产工时
×计划单位小时直接人工费用

某产品的实际直接人工费用＝该产品实际产量的实际生产工时
×实际单位小时直接人工费用

某产品直接人工费用脱离定额的差异＝该产品实际直接人工费用
－该产品定额直接人工费用

从以上计算公式可以看出，要降低单位产品的计时直接人工费用，必须降低单位小时的直接人工费用和单位产品的生产工时。为此，企业不仅要严格控制直接人工费用总额，使之不超过计划；还要充分利用工时，使生产工时总额不低于计划；并且要控制单位产品的工时耗费，使之不超过工时定额。为了降低单位产品的计时直接人工费用，在定额法下，应加强日常控制，通过核算工时脱离定额差异的方法，监督生产工时的利用情况和工时消耗定额的执行情况。为此，在日常核算中，要按照产品核算定额工时、实际工时和工时脱离定额的差异，并及时分析产生差异的原因。

【例 3-7】 某厂第一车间（该车间生产甲产品和其他产品）4 月份计划产量的定额直接人工费用为 14800 元，计划产量的定额生产工时总数为 2960 小时；本月实际直接人工费用为 16120 元，实际生产工时总数为 3100 小时；本月甲产品定额工时为 1836 小时，实际生产工时为 1807 小时。

甲产品定额直接人工费用和直接人工费用脱离定额的差异计算如下：

计划每小时直接人工费用 = 14800 ÷ 2960 = 5（元）

实际每小时直接人工费用 = 16120 ÷ 3100 = 5.2（元）

甲产品的定额直接人工费用 = 1836 × 5 = 9180（元）

甲产品的实际直接人工费用 = 1807 × 5.2 = 9396.4（元）

甲产品直接人工费用脱离定额的差异 = 9396.4 - 9180 = 216.4（元）

在定额法下，不论采用哪一种工资形式，都应根据上述核算资料，按照成本计算对象汇总编制定额生产工资和脱离定额差异汇总表。该表汇总反映产品的定额工资、实际工资、工资脱离定额的差异及其产生的原因（在计时工资形式下，还应汇总反映各种产品工时脱离定额的情况）等资料，以考核和分析各种产品工资定额的执行情况，并据以计算产品的工资费用。

（3）制造费用及其他费用脱离定额（或计划）的核算。制造费用，一般来说属于间接计入费用，在日常核算中不能按照产品直接确定制造费用脱离定额的差异，而只能根据月份的费用计划，按照费用的发生地点和费用项目，核算脱离定额的差异，据以对费用的发生进行控制和监督。对于其中的材料费用，也可以采用限额领料单、超额领料单等定额凭证和差异凭证进行控制；对生产工具、零星费用，则可采用“领用手册”、“费用定额卡”等凭证进行控制。在这些凭证中，先要填明领用的计划数，然后登记实际发生数和脱离定额的差异。对于超定额领用，也要经过一定的审批手续。

由上述可知，制造费用差异的日常核算，通常是指脱离费用定额的差异核算。各种产品应负担的制造费用脱离定额的差异，只有到月末将实际费用分配给各种产品以后，才能以其实际费用与定额费用相比较加以确定。其计算确定方法，与计时工资脱离定额差异的计算确定方法相似。其有关计算公式如下：

计划每小时制造费用 = 某车间计划制造费用总额/该车间计划产量的定额生产工时总数

实际每小时制造费用 = 某车间实际制造费用总额/该车间各种产品实际生产工时总数

某产品实际制造费用 = 该产品实际生产工时 × 实际每小时制造费用

某产品定额制造费用 = 该产品实际产量的定额工时 × 计划每小时制造费用

某产品制造费用脱离定额差异 = 该产品实际制造费用 - 该产品定额制造费用

【例 3-8】 沿用例 3-7 的资料。某厂第一车间 4 月份计划制造费用总额为 20720 元，计划产量的定额生产工时总数为 2960 小时；实际生产工时总数为 3100 小时，实际发生制造费用为 21545 元；本月甲产品的定额生产工时为 1836 小时，实际生产工时为 1807 小时。

甲产品定额制造费用和制造费用脱离定额差异的计算如下：

计划每小时制造费用 = 20720 ÷ 2960 = 7（元）

实际每小时制造费用 = 21545 ÷ 3100 = 6.95（元）

甲产品实际制造费用 = 1807 × 6.95 = 12558.65（元）

甲产品定额制造费用 = 1836 × 7 = 12852（元）

甲产品制造费用脱离定额差异 = 12558.65 − 12852 = −293.35（元）

对于废品损失及其发生的原因，应采用废品通知单和废品损失计算表单独反映，其中不可修复废品的成本，应按照定额成本计算。由于产品定额成本中一般不包括废品损失，因而发生的废品损失，通常作为脱离定额差异来处理。

通过将产品的各项生产费用都分别计算出符合定额费用的部分和脱离定额差异的部分，在产品的定额成本上，加上或者减去脱离定额的差异，即可求得产品的实际成本。其计算公式如下：

产品实际成本 = 产品定额成本 ± 脱离定额差异

为了计算完工产品的实际成本，上述脱离定额的差异，还应在完工产品和月末在产品之间进行分配。由于采用定额法计算产品成本的企业都有现成的定额成本资料，因此脱离定额差异在完工产品与月末在产品之间的分配，大多采用定额比例法进行。如果各月在产品的数量比较稳定，也可以采用按定额成本计算在产品成本的方法，将全部差异计入完工产品成本，月末在产品不负担差异。

3. 直接材料成本差异的分配。在采用定额法计算产品成本的企业中，为了便于对产品成本进行考核和分析，材料的日常核算都应按计划成本进行。因此，日常所发生的直接材料费用，包括直接材料定额费用和直接材料脱离定额的差异，都是按照原材料的计划单位成本计算的。直接材料定额费用是定额消耗量乘以计划单位成本；直接材料脱离定额的差异是消耗量差异乘以计划单位成本。也就是说，前述的直接材料脱离定额的差异，是按计划单位成本反映的数量差异，即量差。因此，在月末计算产品的实际直接材料费用时，还必须考虑所耗原材料应负担的成本差异问题，即所耗原材料的价差。其计算公式如下：

某产品应分配的直接材料成本差异 =（该产品的直接材料定额费用 ± 直接材料脱离定额差异）× 原材料成本差异分配率

【例 3−9】沿用例 3−7 的资料。某厂甲产品 4 月份所耗直接材料定额费用为 57000 元，脱离定额差异为节约 800 元，原材料的成本差异率为节约 1%。

该产品应分配的材料成本差异为：

（57000 − 800）×（−1%）= −562（元）

各种产品应分配的材料成本差异，一般均由各该产品的完工产品成本负担，月末在产品不再负担。

在多步骤生产中采用定额法的情况下，若逐步结转半成品成本，则半成品成本的日常核算也应按计划成本或定额成本进行。在月末计算产品实际成本时，也应比照原材料成本差异的分配方法，计算产品所耗半成品的成本差异。

这时，产品实际成本的计算公式如下：

产品实际成本 = 按现行定额计算的产品定额成本 ± 脱离现行定额差异
± 直接材料或半成品成本差异

在定额法下，为了便于考核和分析各生产步骤的产品成本，简化成本计算工作，各步骤所耗原材料和半成品的成本差异应尽量由厂部分配调整，不计入各生产步骤产品的成本。

4. 定额变动差异的核算。定额变动差异，是指因修订消耗定额或生产耗费的计划价格而产生的新旧定额之间的差额。定额变动差异与脱离定额差异是不同的。定额变动差异是定额本身变动的结果，它与生产中费用支出的节约或浪费无关；而脱离定额差异则反映生产费用支出符合定额的程度。

随着经济的发展、生产技术条件的变化、劳动生产率的提高等，企业的各项消耗定额、生产耗费的计划价格，也应随之加以修订，以保证各项定额能够准确有效地对生产经营活动进行控制和监督。在消耗定额或计划价格修订以后，定额成本也应随之及时修订。

消耗定额和定额成本一般是在月初、季初或年初定期进行修订。在定额变动的月份，其月初在产品的定额成本并未修订，仍然按照旧定额计算。因此，为了将按旧定额计算的月初在产品定额成本和按新定额计算的本月投入产品的定额成本，在新定额的同一基础上相加起来，应该计算月初在产品的定额变动差异，以调整月初在产品的定额成本。

月初在产品定额变动差异，可以根据定额发生变动的在产品盘存数量或在产品账面结存数量和修订前后的消耗定额，计算出月初在产品消耗定额修订前和修订后的定额消耗量，进而确定定额变动差异。在构成产品的零部件种类较多的情况下，采用这种方法按照零部件和工序进行计算，工作量就会很大。为了简化计算工作，也可以按照单位产品费用的折算系数进行计算。即将按新旧定额所计算出的单位产品费用进行对比，求出系数，然后根据系数进行计算。其计算公式如下：

系数 = 按新定额计算的单位产品费用/按旧定额计算的单位产品费用

月初在产品定额变动差异 = 按旧定额计算的月初在产品费用 × (1 - 系数)

【例 3 - 10】 沿用例 3 - 7 的资料。甲产品的一些零件从本月 1 日起实行新的直接材料消耗定额，单位产品旧的直接材料费用定额为 12 元，新的直接材料费用定额为 11.4 元。该产品月初在产品按旧定额计算的直接材料定额费用为 12000 元。

月初在产品定额变动差异的计算结果如下：

系数 = 11.4 ÷ 12 = 0.95

月初在产品定额变动差异 = 12000 × (1 - 0.95) = 600 (元)

采用系数法来计算月初在产品定额变动差异虽然较为简便，但由于系数是按照单位产品计算，而不是按照产品的零部件计算的，因此它只适于在零部件成套生产或零部件成套性较大的情况下采用。也就是说，在零部件生产不成套或成套性较差的情况下采用系数法，就会影响计算结果的正确性。例如，某产品只是部分零部件的消耗定额做了修订，如果零部件生产不成套，月初在产品所包括的零部件又并不都是消耗定额发生变动的零部件，这时，采用上述方法计算，则会将本来不应有定额变动差异的月初在产品定额成本，错误地进行了调整。

各种消耗定额的变动，一般表现为不断下降的趋势，因而月初在产品定额变动差异，通常表现为月初在产品定额成本的降低。在这种情况下，一方面应从月初在产品定额成本中扣除该项差异；另一方面，由于该项差异是月初在产品生产费用的实际支出，因此还应将该项差异计入本月产品成本。相反，若消耗定额不是下降，而是提高，那么，在计算出定额变动差异后，应将此差额加入月初在产品定额成本之中，同时从本月产品成本中予以扣除，因为实际上并未发生这部分支出。

在有月初在产品定额变动差异时，产品实际成本的计算公式应补充为：

产品实际成本 = 按现行定额计算的产品定额成本 ± 脱离现行定额差异
± 直接材料或半成品成本差异 ± 月初在产品定额变动差异

定额变动差异一般应按照定额成本比例，在完工产品和月末在产品之间进行分配。因为这种差异不是当月工作的结果，不应全部计入当月完工产品成本。但是，若定额变动差异数额较小，或者月初在产品本月全部完工，那么，定额变动差异也可以全部由完工产品负担，月末在产品不再负担。

在定额法下，产品实际成本的计算，也应在产品成本明细账中按照成本项目分别进行。但为了适应定额法的要求，所采用的产品成本明细账以及各种费用分配表或汇总表，都应按照定额消耗量、定额费用和各种差异分设专栏或专行，以便按照前述方式，以定额成本为基础，加减各种差异计算产品实际成本。

（四）定额法的优缺点

1. 定额法的主要优点。

（1）通过生产耗费及其脱离定额和计划的日常核算，能够在生产耗费发生的当时反映和监督脱离定额（或计划）差异，从而有利于加强成本控制，可以及时、有效地促进生产耗费的节约，降低产品成本。

（2）由于产品实际成本是按照定额成本和各种差异分别核算的，因而便于对各项生产耗费和产品成本进行定期分析，有利于进一步挖掘降低成本的潜力。

（3）通过脱离定额差异和定额变动差异的核算，还有利于提高成本的定额管理和计划管理工作的水平。

（4）由于有现成的定额成本资料，因而能够较为合理、简便地解决完工产品和月末在产品之间分配费用的问题。

2. 定额法的主要缺点。采用定额法计算产品成本比采用其他方法核算工作量要大。因为采用定额法必须制定定额成本，单独核算脱离定额差异，在定额变动时还必须修订定额成本，计算定额变动差异。

（五）定额法举例

【例 3－11】沿用例 3－7 的资料。假设某厂大批量生产甲产品。该产品各项消耗定额比较准确、稳定，为了加强定额管理和成本控制，采用定额法计算产品成本。该产品由一个封闭式车间（第一车间）生产，不分步计算成本。该企业规定，该产品的定额变动差异和直接材料成本差异由完工产品成本负担；脱离定额差异按定额成本比例，在化工产品与月末在产品之间进行分配。

某厂采用定额法计算甲产品成本所登记的产品成本明细账，详见表 3－13－1 和表 3－13－2。

表 3-13-1

产品名称：甲

产品成本明细账

20×7 年 4 月

单位：元

产量：5200 件

成本项目	月初在产品成本		月初在产品定额变动		本月生产费用			生产费用累计			
	定额成本	脱离定额差异	定额成本调整	定额变动差异	定额成本	脱离定额差异	直接材料成本差异	定额成本	脱离定额差异	直接材料成本差异	定额变动差异
	①	②	③	④	⑤	⑥	⑦	⑧=①+③+⑤	⑨=②+⑥	⑩=⑦	⑪=④
直接材料	12000	-704.80	-600	+600	57000	-800	-562	68400	-1504.80	-562	+600
直接人工	900	+35.6			9180	+216.4		10080	+252		
制造费用	1260	+81.67			12852	-293.35		14112	-211.68		
成本合计	14160	-587.53	-600	+600	79032	-876.95	-562	92592	-1464.48	-562	+600

表 3-13-2

产品名称：甲

产品成本明细账

20×7 年 4 月

单位：元

产量：5200 件

成本项目	差异分配率	本月产成品成本					月末在产品成本	
	脱离定额差异分配率	定额成本	脱离定额差异	直接材料成本差异	定额变动差异	实际成本	定额成本	脱离定额差异
	⑫=⑨÷⑧	⑬	⑭=⑬×⑫	⑮=⑩	⑯=⑪	⑰=⑬+⑭+⑮+⑯	⑱	⑲=⑱×⑫
直接材料	-2.2%	59280	-1304.16	-562	+600	58013.84	9120	-200.64
直接人工	+2.5%	9360	+234			9594	720	+18
制造费用	-1.5%	13104	-196.56			12907.44	1008	-15.12
成本合计	—	81744	-1266.72	-562	+600	80515.28	10848	-197.76

所列产品成本明细账，是在对生产耗费脱离定额差异进行日常核算和控制的基础上，根据有关资料登记的，具体内容如下：

（1）月初在产品成本资料，根据上月末在产品成本资料登记。

（2）月初在产品定额变动资料，根据前述某厂甲产品月初在产品定额变动差异的计算资料登记。其中，定额成本调整数，是用来调整按旧定额计算的月初在产品定额成本的（定额降低时为负数，定额提高时为正数）；定额变动差异数，是应该由本月产品成本负担的月初在产品定额变动的差异（定额降低时为正数，定额提高时为负数）。两者数额相等，但正负相反。

（3）本月生产费用中的定额成本和脱离定额差异，是根据前列的直接材料定额费用和脱离定额差异汇总表和其他有关汇总表、分配表进行登记的。

（4）直接材料成本差异，是根据前列直接材料成本差异分配计算资料登记的。

（5）由于脱离定额差异要在完工产品和月末在产品之间按照定额成本比例进行分配，所以要计算脱离定额差异分配率，并据以计算登记完工产品和月末在产品应负担的差异额。

（6）完工产品的定额成本，根据产成品入库单列示的产成品数量和单位定额成本计算登记；月末在产品的定额成本，可以根据该种产品各工序各种在产品的盘存数量或账面结存数量，乘以各该项费用定额计算登记，也可以根据定额成本累计数（第⑧栏）减去本月产成品定额成本（第⑬栏），即按倒轧的方法计算登记，两者计算的结果应相等。

（7）在将上述各项的计算结果记入成本明细账后，即可计算出完工产品的实际成本。

四、责任成本法

在上一部分，我们介绍了定额法，定额法和责任成本法都要制定成本目标，计算差异，把成本计算与成本控制、成本分析结合起来。定额法是以产品为成本计算对象的，而责任成本法是以责任中心作为成本计算对象。虽然责任成本法也分直接材料、直接人工和制造费用三项，但主要是按可控性分类，把可控成本归入各责任成本中心。

（一）责任中心

责任中心是按既定职责范围确定成本责任，对成本发生负有管理责任的内部责任单位。责任中心具有相对独立的经营业务和财务收支活动，是一个责权利相结合的实体，能够对其可控项目承担经济责任，便于责任核算、业绩考核和评价。按照分权管理的原则可将企业内部单位划分为成本中心、利润中心和投资中心三类责任中心。

1. 成本中心的含义。成本中心指只以货币衡量其投入，而不以货币衡量其产出的责任单位。成本中心往往是没有收入的。例如，一个生产车间，它的产品或半成品并不由自己出售，没有销售职能，没有货币收入。有的成本中心可能有少量收入，但不成为主要的考核内容。例如，生产车间可能会取得少量外协加工收入，但这不是它的主要职能，不是考核车间的主要内容。一个成本中心可以由若干个更小的成本中心所组成。例如，一个分厂是成本中心，它由几个车间所组成，而每个车间还可以划分为若干个工段，这些工段是更小的成本中心。任何发生成本的责任领域，都可以确定为成本中心，大的成本中心可能是一个分公司，小的成本中心可能是一台设备和两个员工组成的单位。成本中心的职责，是用一定的成本去完成规定的具体任务。成本中心有两种类型：标准成本中心和酌量性成本中心。

(1) 标准成本中心。标准成本中心指成本发生的数额通过技术测定可相对可靠地估算、有确定的投入产出关系（函数关系）的成本中心。通常，标准成本中心的典型代表是制造业工厂、车间、工段、班组等。在生产制造活动中，每个产品都可以有明确的原材料、人工和间接制造费用的数量标准和价格标准。实际上，任何一种重复性的活动都可以建立标准成本中心，只要这种活动能够计量产出的实际数量，并且能够说明投入与产出之间可望达到的函数关系。因此，各种行业都可能建立标准成本中心。银行业根据经手支票的多少，医院根据接受检查或放射治疗的人数，快餐业根据售出的盒饭多少，都可建立标准成本中心。

(2) 酌量性成本中心。酌量性成本中心是指那些产出不能用货币加以衡量，投入和产出之间没有明确的函数关系的成本中心。这些责任中心包括行政管理部门，如会计、人事、劳资、计划等；研究开发部门，如设备改造、新产品研制等；以及某些销售部门，如广告、宣传、仓储等。一般行政管理部门的产出难以度量，研究开发和销售活动的投入量与产出量之间没有切确的联系。对于酌量性成本中心，唯一可以准确计量的是实际费用，无法通过投入和产出的比较来评价其效果和效率。

2. 利润中心的含义。利润中心指能同时控制生产与销售，既对成本负责，又对收入负责并核算利润的责任单位。一般而言，利润中心具有生产经营决策权，如分厂、分公司、相对独立的具有经营权的部门等。利润中心在生产经营方面有较大的自主权和独立性，因为它可以根据企业的既定政策自行决定生产什么和怎样销售，类似一个相对独立的企业。但它没有融资和投资的权力；其生产经营的总规模和生产能力受上一级管理层次的制约，它只能在现有生产能力上开展其业务。同时，对上一层次发生的有关费用不承担任何责任，也不作为评价绩效的依据。

3. 投资中心的含义。投资中心是指能对成本、收入和投资进行控制的责任单位。也就是说，投资中心的经理人员不仅要对成本和收入负责，还要对投资效益负责。企业投资的目的是为了获得利润，因而投资中心同时也是利润中心。投资中心与利润中心的主要区别在于，利润中心没有投资决策权，它是在企业确定投资方向后进行的具体的经营；而投资中心则拥有投资决策权，即能够相对独立地运用其所掌握的资金，有权购置和处理固定资产，扩大或缩小生产能力。

4. 责任中心的比较。尽管成本中心、利润中心和投资中心在权责范围的大小等方面存在差别，但它们都对发生在各自中心的成本负有责任。从责任成本管理角度看，它们都属于责任中心。三种责任中心的业绩考核重心也有所不同。成本中心考核的主要内容是责任成本。利润中心考核的主要指标是毛利、部门边际贡献和营业利润三种不同层次的收益形式。而投资中心则主要考察其投资回报率和剩余收益。我们本部分主要讨论责任成本。

(二) 责任成本的概念及特点

1. 责任成本的概念。责任成本是一种以具体的责任中心（部门、单位或个人）为成本计算对象，以其承担的责任为范围所归集的成本，也就是特定责任中心的全部可控成本。它是考评各责任中心经营业绩和职责履行情况的重要依据。责任成本一般是可控成本，因为只有责任中心能够控制的成本，才能作为对其进行考核的依据。在实行责任成本管理的企业，应该按照日常生产经营过程中各项成本发生的原因和责任归属，确定相应的责任部门。企业发生的各项成本按责任归属落实到各责任成本中心，构成各责任成本中心的责任成本。

2. 责任成本的特点。

（1）与特定的责任成本中心相联系。责任成本以责任成本中心为对象进行汇集，按责任成本中心进行控制、核算和考核。因此，责任成本是与特定责任中心相联系的一种成本。一项成本，对某个责任中心来说是可控的，对另外的责任中心来说则是不可控的。例如，耗用材料的进货成本，采购部门可以控制，使用材料的生产单位则不能控制。有些成本，对于下级单位来说是不可控的，而对于上级单位来说则是可控的。例如，车间主任不能控制自己的工资（尽管它通常要计入车间成本），而他的上级则可以控制。

（2）可预知性。各责任成本中心将要发生的责任成本的性质、内容可以预先加以确定，其耗费水平可以预先加以估计，从而可以预先较为合理地确定各责任成本中心责任成本的构成内容及消耗标准。

（3）可控性。各责任成本中心有能力控制、调节责任成本。换言之，各责任成本中心以该中心的可控成本为其责任成本的范围，可控性是划分责任成本、确定成本责任的基本标志。一般来说，在消耗或支付的当期成本是可控，一旦消耗或支付就不再可控。有些成本是以前决策的结果，如折旧费、租赁费等，在添置设备和签订租约时曾经是可控的，而使用设备或执行契约时已无法控制。从整个公司的空间范围和很长的时间范围来观察，所有成本都是人的某种决策或行为的结果，都是可控的。但是，对于特定的人或时间来说则有些是可控的，有些是不可控的。

（4）可追溯性。企业发生的耗费与特定的原因和目的相联系，受特定管理权限的制约，因而发生的成本均可按其发生的原因及其可控性追溯到有关责任部门。责任成本可按其发生的原因及其可控性追溯到有关责任部门的特性，称为责任成本的“可追溯性”。这是责任成本的基本待征。各责任成本中心发生的成本，有些是该责任成本中心的可控成本，有些为不可控成本。同样，责任成本中心的可控成本不一定发生在该责任成本中心。为了正确确定各责任成本中心的成本责任，对于发生在某责任成本中心之外而应由该责任成本中心承担责任的成本，也应追溯到该责任成本中心。

3. 责任成本与可控成本和产品成本的比较分析。

（1）责任成本与可控成本的比较分析。责任成本是以具体的责任单位（部门、单位或个人）为对象，以其承担的责任为范围所归集的成本，也就是特定责任中心的全部可控成本。可控成本是指在特定时期内、特定责任中心能够直接控制其发生的成本。其对称概念是不可控成本。可控成本总是针对特定责任中心来说的。区分可控成本和不可控成本，还要考虑成本发生的时间范围。

（2）责任成本与产品成本的比较分析。责任成本与产品成本（变动成本计算法和完全成本计算法）的含义也不同，它们是在三种不同的成本计算方法下产生的。主要区别有：第一，核算的目的不同。计算产品的完全成本是为了按会计准则确定存货成本和期间损益；计算产品的变动成本是为了经营决策；计算责任成本是为了评价成本控制业绩。第二，成本计算对象不同。变动成本计算和完全成本计算以产品为成本计算的对象；责任成本以责任中心为成本计算的对象。第三，成本的范围不同。完全成本计算的范围是制造成本，包括直接材料、直接人工和全部制造费用；变动成本计算的范围是变动成本，包括直接材料、直接人工和变动制造费用；责任成本计算的范围是各责任中心的可控成本。第四，共同费用在成本对象间分摊的原则不同。完全成本计算按受益原则归集和分摊费用，谁受益谁承担，要分摊全部的间接制造费用；变动成本计算只分摊变动成本，不分摊固定成本；责任成本法按可控原则把成本归属于不同责任中心，谁能控制谁负责，不仅可控的变动间接费用要分配给责任中心，可控的固定间接费用也要分配给责任中心。

（三）责任成本的计算

1. 判别每一项成本费用支出的责任归属。

（1）责任成本内容确定的原则。在确定各责任成本中心的责任成本时，应遵循可控原则与责任归属原则。各责任成本中心发生的可控成本分为两种情况：一是各责任成本中心直接发生的责任成本；二是发生在其他责任成本中心，而根据责任归属原则应该由该责任成本中心承担责任的成本。这种从其他责任成本中心追溯而来的应由本责任成本中心承担的责任成本，称为被追溯责任成本。如供水、供电部门未保证正常水电供应，导致其他部门的停工损失及由此而产生的废品损失等，尽管这些损失发生在相关部门，但其责任应该在供水、供电部门，相关的损失应该由遭受损失的部门追溯到供水、供电部门。对于供水、供电部门而言，这就是被追溯责任成本。被追溯责任成本主要有：本责任成本中心产生的废品结转到后续生产步骤而应负担的损失，包括该废品在本责任成本中心的生产成本及后续生产部门生产过程中追加的成本；本责任成本中心责任造成的其他责任成本中心发生的损失；未能按生产计划均衡生产致使半成品或产成品供应中断而导致后续生产部门的停工损失或产品销售的违约损失；设备使用不当而造成的各方面的损失等。判别成本费用支出的责任归属可按以下原则：假如某责任中心通过自己的行动能有效地影响一项成本的数额，则该中心就对该项成本负责；假如某责任中心有权决定是否使用某种资产或劳务，它就应对这些资产或劳务的成本负责；某管理人员虽然不能直接决定某项成本，但是上级要求他参与有关事项，从而对该项支出施加了重要影响，则他对该成本也要承担责任。对于各责任成本中心之间相互提供材料、劳务和半成品供应的，为正确划分成本责任，应确定恰当的内部结算价格进行结算，以排除各责任成本中心之间成本超支或节约的相互影响，以便准确考核评价各责任成本中心的工作绩效。

（2）生产部门的责任成本。生产部门责任成本的内容与制造成本的内容比较接近，但有些项目需要调整。这些需要调整的项目包括：①直接材料及半成品成本需要按内部结算价格等计价，以便分清不同部门之间的责任。②制造费用中固定资产的折旧费、大修理费等项目根据不同情况进行调整。生产部门使用的固定资产的折旧费主要由企业以往的投资活动及政策选择所决定，大修理费取决于固定资产的性质。从成本可控性角度看，固定资产的折旧费及大修理费不应由生产部门承担责任。但固定资产在生产部门使用得合理与否，对固定资产需求总量、使用年限、大修理费用等均有影响；并且固定资产与其他生产要素（如人工等）之间存在某种替代性，如果不将固定资产的折旧费与大修理费作为固定资产使用部门的责任成本，难免会出现设备配置过剩或过分使用设备等弊端。因此，在实际工作中可以将固定资产折旧这一固定成本变换为生产部门的弹性预算，当生产部门按正常生产能力完成产品生产量时，其负担的折旧费不发生变化，当生产部门的实际产量超过（或低于）正常生产能力时，其折旧费的相对节约（或超支）差异表现为生产部门对折旧费承担的责任，即生产部门不负责折旧费的预算差异，但对其产量差异负责。固定资产大修理费可以比照折旧费的处理方法进行处理，固定资产的日常修理费作为生产部门的责任成本。

(3) 供应部门的责任成本。供应部门的责任成本包括：材料物资的采购成本，供应部门发生的各项费用，材料物资盘盈、盘亏、毁损等，材料储存成本，因材料质量问题而造成的废品损失，因未按计划时间供应材料而造成生产部门的停产损失等，因材料不合规定的型号、标准等而造成的浪费。由于企业调整生产计划等原因造成材料报废、超时储存，以及为保证特殊需要而进行紧急订货等原因所追加的成本或增加的损失，应从供应部门责任成本的相关项目中扣除。

上述各部门以外的其他职能部门，应对其在管理或业务活动过程中发生的各种费用负责。这些职能部门的责任成本包括其在执行职能时发生的各项成本，以及由于管理不当等原因导致其他部门发生的损失。

2. 制造费用的归属和分摊方法。将发生的直接材料和直接人工费用归属于不同的责任中心通常比较容易，而制造费用的归属则比较困难。为此，需要仔细研究各项耗费和责任中心之间的因果关系，采用不同的分配方法。一般是依次按下述五个步骤来处理：

(1) 直接计入责任中心。将可以直接判别责任归属的费用项目，直接列入应负责的成本中心。例如，机物料消耗、低值易耗品的领用等，在发生时可判别耗用的成本中心，不需要采用其他标准进行分配。

(2) 按责任基础分配。对不能直接归属于个别责任中心的费用，优先采用责任基础分配。有些费用虽然不能直接归属于特定成本中心，但它们的数额受成本中心的控制，能找到合理的依据来分配，如动力费。如果成本中心能自己控制使用量，可以根据其用量来分配。分配时要使用固定的内部结算价格，防止供应部门的责任向使用部门转嫁。

(3) 按受益基础分配。有些费用不是专门属于某个责任中心的，也不宜用责任基础分配，但与各中心的受益多少有关，可按受益基础分配，如按装机功率分配电费等。

(4) 归入某一个特定的责任中心。有些费用既不能用责任基础分配，也不能用受益基础分配，则考虑有无可能将其归属于一个特定的责任中心。例如，车间的运输费用和试验检验费用，难以分配到生产班组，不如建立专门的成本中心，由其控制此项成本，不向各班组分配。

(5) 不能归属责任中心的固定成本。不能归属于任何责任中心的固定成本，不进行分摊。例如，车间厂房的折旧是以前决策的结果，短期内无法改变，可暂时不加控制，作为不可控费用。

3. 责任成本的计算方法。为了明确各单位责任的执行情况，必须对其定期进行责任成本的计算与考核，以便对各责任单位的工作作出正确的评价。责任成本的计算方法包括直接计算法和间接计算法。

(1) 直接计算法。直接计算法是将责任单位的各项责任成本直接加和汇总，以求得该单位责任成本总额的方法。其计算方法为：某责任单位责任成本 = 该单位各项责任成本之和。

(2) 间接计算法。间接计算法是以本责任单位的物流成本为基础，扣除该责任单位的不可控成本，再加上从其他责任单位转来的责任成本的计算方法。其计算公式为：某责任单

位责任成本 = 该责任单位发生的全部成本 - 该单位不可控成本 + 其他单位转来的责任成本。

4. 责任成本考核。由于成本中心没有收入，只对成本负责，因而对成本中心的考核与评价应以责任成本为重点，即以业绩报告为依据，衡量责任成本的实际数额与预算数发生多大差异，并分析研究其发生的原因。具体来说，成本中心的考核指标包括责任成本的变动额和变动率两种指标，其计算公式如下：

责任成本变动额 = 实际责任成本 - 预算责任成本

责任成本变动率 = 责任成本变动额/预算责任成本 × 100%

第三节 成本预测方法

预测，是人们根据事物的已知信息，预计和推测事物的未来发展趋势和可能结果的一种行为。成本预测，就是根据历史成本资料和有关经济信息，在认真分析当前各种技术经济条件、外界环境变化及可能采取的管理措施的基础上，对未来成本水平及其发展趋势所作出的定量描述和逻辑推断。成本预测作为现代管理会计的一项重要职能，是根据成本的性态及其与各种技术经济因素的依存关系，并结合发展的前景和采取的各种措施，利用大量观察所得的有关数据，采用科学的方法，对未来产品成本水平及其变化趋势作出的科学的推测。实践证明，搞好成本预测，对于生产经营决策科学化、正确制订成本计划、为成本控制提供目标和方向、改善经营管理、调动员工生产积极性、挖掘降低成本潜力，都具有十分重要的意义。

一、成本预测的基本步骤

（一）确定预测目标

成本预测目标是成本预测的对象和目的，成本预测首先应该明确预测目标，才能根据不同的对象决定需要的资料、采用的方法和对预测工作的要求。成本预测的目标又取决于企业对未来的生产经营活动所欲达到的总目标。

（二）收集成本预测资料

有效地收集和分析资料是进行成功预测的基础。在确定成本预测目标的基础上，应该积极收集有关一切预测资料，主要包括会计和统计资料，有关定额和计划资料等，并进行相应的归纳整理以利于进一步分析。

（三）检验和分析成本资料

收集的资料通常内容杂陈、真伪并具，因此应该本着去粗取精、去伪存真的原则，对预测资料进行严格检验和筛选，在此基础上进一步整理分析，使资料系统化、条理化，为下一步预测工作做好准备。

（四）提出假设，建立预测模型

在进行预测时，必须对已收集到的资料运用一定的数学方法进行科学加工处理，借以揭示有关变量之间的规律性联系，使预测规范化、科学化。

（五）选择预测方法进行预测

在选择预测方法的时候要注意预测方法的选择和配合问题。选择恰当的成本预测方法并确定有关的数值，带入到数学模型中求得成本预测值。

（六）测算成本预测误差

将每项预测数值与实际结果相比较，发现和确定误差的大小。

（七）分析预测误差，修正预测结果

定期且不断地更新预测报告，用最新的数据去复核、检验所做假设是否可靠。由于假设的存在，数学模型往往会舍去一些影响因素或事件，因此要运用定型预测方法对定量预测结果进行修正，以保证预测目标顺利实现。同时要分析内部、外部各种影响因素，考虑重大因素的影响。

二、成本预测的基本方法

成本预测方法可以分为定量预测法和定性预测法。

（一）定量预测法

定量预测是对预测对象未来数量方面的特征所作的预测。定量预测主要依靠历史统计资料，运用科学的方法建立数学模型，并利用这一模型来预测对象可能表现的数量。数量预测从未来状态的估计上讲，可分为点预测和区间预测。定量预测的优点是：偏重于数量方面的分析，重视预测对象的变化程度，能作出变化程度在数量上的准确描述；主要把历史统计数据和客观实际数据作为预测的依据，运用数学的方法进行处理分析，受主观因素的影响小；可以利用计算机，进行大量的计算工作和数据处理。定量分析法按照具体做法的不同又可以分为趋势预测分析法和因果预测分析法两种。

1. 趋势预测法。趋势预测法是根据某项指标按时间顺序排列的历史成本资料，运用一定的数学模型和方法进行加工计算，借以推测未来发展变化趋势的方法，通过趋势的外推预测成本，又称为“外推分析法”。趋势预测法的实质就是承认事物发展的连续性，并把未来视为事物的延申，包括简单平均法、平均法和指数平滑法等。

2. 因果预测法。因果预测法是根据成本与其相关影响因素之间的内在联系，建立数学模型并进行分析预测的各种方法，它的实质是利用事物内部因素发展的因果关系来预测事物发展的趋势。利用数学方法描述预测目标与影响因素之间的函数关系，也就是建立成本 Y 与影响因素 X 之间的某种函数关系 $Y = F(X)$。根据数据的统计资料，对函数 $Y = F(X)$ 中的参数进行估计和检验，从而得到与统计资料发展趋势大体相符的成本预测模型。常用的模型为一元线性回归分析模型、多元线性回归分析模型、非线性回归分析模型等。

（二）定性预测法

定性预测法又称为判断分析法、分数量分析法或集合意见法，是指由熟悉情况和业务的专家根据个人经验进行分析判断，提出初步预测意见，然后再通过一定形式进行综合分析，最后作为预测未来状况和发展趋势主要依据的方法体系。定性预测侧重于对事物性质的分析和预见，这个方法特别适合于有关预测对象的数据资料不足，或由于影响因素复杂难以用数学描述，或对主要影响难以进行定量分析的情况。定性分析预测方法主要有：专家预测法、德尔菲法、主观概率法等。专家预测法又包括个人判断预测法、专家会议法和头脑风暴法。

关于每种预测方法的计算应用，请参见本书第二章相关内容，在此不再赘述。

本章小结

本章首先对成本的概念进行了探讨。成本是为实现一定目的所付出的价值牺牲，只要与经营目的相关的活动所发生的价值牺牲都属于成本范畴。不同目的，不同成本。成本会计是管理科学与成本会计的结合，包括成本预测、成本决策、成本计划、成本控制、成本核算、成本分析和成本考核等七项内容。其中，成本核算是最基本的内容。相比财务会计，成本会计具有不同的特征，最为明显的特征即为以服务管理需要为目标，但依然以反映和监督为基本职能。根据管理者不同的管理需求，成本存在多种分类方法，也存在多种成本核算对象。

产品成本核算方法，包括分步法、分批法、定额法和责任成本法等。成本计算方法的选择应考虑生产的特点和管理的要求对成本计算的影响。例如分批法一般适用于小批生产、单件生产的企业；分步法则适用于大量大批多步骤生产的企业。

成本预测需要遵循科学的步骤，在实际工作中需要经过多次预测、比较以及初步预测目标和方法的不断修改、完善，才能最终获得较为理想的预测结果。成本预测的方法种类繁多，分为定性预测法和定量预测法。

本章练习题及参考答案

一、选择题

1. 下列各项费用中，计入产品成本的是（　　）。

A. 管理费用　　B. 制造费用　　C. 销售费用　　D. 财务费用

2. 分步法的主要特点是（　　）。

A. 按生产步骤计算产品成本

B. 分车间计算产品成本

C. 需要分别计算各步骤半成品成本和最后步骤的产成品成本

D. 需要计算各步骤应计入产成品成本的份额

3. 在分步法中，各步骤半成品已经转移，但其成本不结转的成本结转方式是（　　）。

A. 逐步结转　　B. 综合结转　　C. 平行结转　　D. 分项结转

4. 成本还原是从（ ），将本步骤本月所产完工产成品耗用的上步骤半成品的综合成本，按照上步骤本月所生产的半成品的成本结构分解为上步骤的成本项目。

A. 最后一个生产步骤起　　B. 第一个生产步骤起

C. 中间一个生产步骤起　　D. 任意一个生产步骤起

5. 在逐步结转分步法下，某产品经过 3 个步骤加工，需进行（ ）成本还原。

A. 1 次　　B. 2 次　　C. 3 次　　D. 4 次

6. 采用平行结转分步法，第二步骤广义的在产品不包括（ ）。

A. 第一生产步骤正在加工的在产品　　B. 第二生产步骤正在加工的在产品

C. 第二生产步骤完工入库的在产品　　D. 第三生产步骤正在加工的在产品

7. 产品成本计算的分批法，使用的生产组织是（ ）。

A. 大量大批生产　　B. 大量小批生产　　C. 单件成批生产　　D. 小批单件生产

8. 下列情况下，不宜采用简化分批法的是（ ）。

A. 各月间接计入费用水平相差不大　　B. 月末未完工产品件数较多

C. 同一月份投产的批数很多　　D. 各月间接计入费用水平较多

9. 简化分批法是（ ）。

A. 不计算在产品成本的分批法

B. 不分批计算在产品成本的分批法

C. 不分批计算完工产品成本的分批法

D. 分批计算完工产品和在产品成本的分批法

10. 采用简化分批法，在产品完工之前，产品成本明细账（ ）。

A. 不登记任何费用　　B. 登记直接费用和生产工时

C. 登记原材料费用　　D. 只登记间接费用，不登记直接费用

11. 分批法一般是按客户的订单组织生产的，所以也叫（ ）。

A. 订单法　　B. 系数法　　C. 分类法　　D. 定额法

12. 原材料脱离定额的差异是（ ）。

A. 数量差异　　B. 价格差异　　C. 定额变动差异　　D. 材料成本差异

13. 产品成本计算的定额法适用于（ ）。

A. 大量大批生产同一种产品的企业

B. 单件小批生产多种类型产品的企业

C. 产品定额管理基础较好的企业

D. 产品品种规格繁多且生产工艺基本相同的企业

14. 成本中心控制和考核的内容是（ ）。

A. 责任成本　　B. 产品成本　　C. 目标成本　　D. 不可控成本

15. 责任成本是指该中心发生的（ ）。

A. 工段成本之和　　B. 产品成本　　C. 可控成本之和　　D. 不可控成本之和

二、判断题

1. 一个企业可以同时采用多种成本核算方法。 （ ）

2. 分批法的成本计算对象是产品的批别或订单。 （ ）

3. 分批法是以产品的生产步骤作为成本计算对象，设置成本明细账。企业应根据订单下达生产任务通知单。（ ）

4. 采用简化分批法，必须建立基本生产成本二级账。（ ）

5. 分步法的成本计算期与会计报告期一致。（ ）

6. 在平行结转分步法下，在产品是广义的在产品，半成品的成本转移与实物转移不一致。（ ）

7. 综合结转半成品成本有利于从整个企业的角度分析和考核产品成本的构成。（ ）

8. 材料脱离定额的差异是指按实际价格计算的材料实际成本和按计划价格计算的材料计划成本之间的差异。（ ）

9. 定额成本是一种目标成本，是企业进行成本控制和考核的依据。（ ）

10. 逐步结转分步法和平行结转分步法在完工产品成本的计算程序上是一致的。（ ）

三、计算题

1. A 产品采用定额法计算成本。本月份有关 A 产品原材料费用的资料如下：

（1）月初在产品定额费用为1000 元，月初在产品脱离定额的差异为节约50 元，月初在产品的定额费用调整后降低20 元。定额变动差异全部由完工产品负担。

（2）月定额费用为 24000 元，本月脱离定额的差异为节约 500 元。

（3）本月原材料成本差异率为节约 2%，材料成本差异全部由完工产品成本负担。

（4）本月完工产品的定额费用为 22000 元。

要求：

（1）计算月末在产品的原材料定额费用。

（2）计算完工产品和月末在产品的原材料实际费用（脱离定额差异，按定额费用比例在完工产品和月末在产品之间进行分配）。

2. 某企业计划年度预计产销甲产品 1600 台，单台销售价格为 2000 元，计划年度目标利润为 150000 元，应由甲产品负担的期间费用为 190000 元。预测甲产品计划年度单位目标成本。

3. 某企业今年 7 月至 12 月 A 产品的产量分别为：924 台、868 台、1141 台、980 台、1204 台、1050 台。总成本分别为：371000 元、357000 元、430000 元、385000 元、441000 元、406000 元。预计计划年度一月份生产 A 产品 1300 台。请运用高低点法预测计划年度 1 月份的总成本和单位成本。

一、选择题

1. B　2. A　3. D　4. A　5. B　6. A　7. D　8. D　9. B　10. B　11. A　12. A　13. C　14. A　15. C

二、判断题

1. √　2. √　3. ×　4. √　5. √　6. √　7. ×　8. ×　9. √　10. ×

三、计算题

1. （1）月末在产品原材料定额费用 = 1000 − 20 + 24000 − 22000 = 2980（元）

（2）原材料定额差异率 = (−50 − 500)÷(22000 + 2980) = −2.2%

本月应负担材料成本差异 = (24000 − 500)×(−2%) = −470（元）

本月完工产品原材料实际成本 = 22000 + 22000 ×(−2.2%) − 470 + 20 = 21066（元）

月末在产品原材料实际成本 = 2980 + 2980 ×(−2.2%) = 2914.44（元）

2. 甲产品单位目标成本 = 1787.50（元）

3. a = (441000 − 357000)/(1204 − 868) = 250（元）

b = 441000 − 250 × 1204 = 140000（元）

y = 140000 + 250x

计划年度一月份的总成本 = 140000 + 250 × 1300 = 465000（元）

单位成本 = 465000/1300 = 357.69（元）

第四章

营运管理

【学习目标】

- 理解并掌握企业营运管理以及决策相关成本的概念
- 理解并掌握短期经营决策的具体步骤
- 掌握并能够运用不同情况下生产决策分析的方法
- 掌握本量利分析中的关键因素、基本假设和基本公式
- 理解安全边际指标、盈亏平衡作用指标的含义和计算方法
- 理解不同因素的变化对盈亏平衡点的影响
- 理解敏感性分析的方法及意义
- 理解并掌握用图示法进行本量利分析

营运管理是企业实施战略计划和营运目标的重要方法，涉及计划、组织、指挥、协调、控制、激励等多项管理活动，需要各级管理者的参与。初级管理会计师在营运管理中扮演者重要的角色。营运管理工具方法，通常包括本量利分析、敏感性分析、边际分析和标杆管理等，按照管理会计师胜任能力标准的要求，初级管理会计师基本全面掌握这些工具方法，并能有效地进行运用。

第一节　企业营运管理的概念

一、企业营运管理概念

营运管理，是指为了实现企业战略和营运目标，各级管理者通过计划、组织、指挥、协调、控制、激励等活动，实现对企业生产经营过程中的物料供应、产品生产和销售等环节的价值增值管理。

企业进行营运管理时，应区分计划（Plan）、实施（Do）、检查（Check）、处理（Act）等四个阶段（简称 PDCA 管理原则，下同），形成闭环管理，使营运管理工作更加条理化、系统化、科学化。①

① PDCA 管理原则是美国质量管理专家休哈特博士首先提出的，由戴明采纳、宣传，获得普及，所以又称戴明环。全面质量管理的思想基础和方法依据就是 PDCA 管理原则。PDCA 管理原则的含义是将质量管理分为四个阶段，即计划（Plan）、执行（Do）、检查（Check）、处理（Act）。在质量管理活动中，要求把各项工作按照作出计划、计划实施、检查实施效果，然后将成功的纳入标准，不成功的留待下一循环去解决。这一工作方法，后逐渐发展为企业管理各项工作的一般方法。

营运管理工具方法，包括但不限于本量利分析、敏感性分析、边际分析和标杆管理等。企业应根据自身业务特点和管理需要等，对不同的营运管理工具方法进行恰当结合与综合运用，更好地实现营运管理的目标。企业营运管理工具方法的应用程序包括营运计划的制订、营运计划的执行、营运计划的调整、营运监控分析与报告、营运绩效管理等。

二、营运管理的应用环境

企业营运管理的应用环境包括组织架构、管理制度和流程、信息系统以及相关外部环境等。为确保营运管理的有序开展，企业应建立健全营运管理组织架构，制定营运管理流程，明确各管理层级或管理部门在营运管理中的职能职责，有效组织开展营运计划的制订审批、分解下达、执行监控、分析报告、绩效管理等日常营运管理工作。企业应建立和完善营运管理的相关制度与流程，明确营运管理各环节在营运管理中的工作目标、职责分工、工作程序、工具方法、信息报告等内容。企业应建立完整的业务信息系统，规范信息的收集、整理、传递和使用等，有效支持管理者决策。

三、营运计划的制订

营运计划，是企业根据战略决策和营运目标的要求，从时间和空间上对营运过程中所需要的各种资源所作出的统筹安排，主要作用是分解营运目标，分配企业资源，安排营运过程中的各项活动。营运计划按计划的时间可分为长期营运计划、中期营运计划和短期营运计划；按计划的内容可分为销售、生产、供应、财务、人力资源、产品开发、技术改造和设备投资等营运计划。制订营运计划应当遵循以下原则：

（一）系统性原则

企业在制订计划时不仅应考虑营运的各个环节，还要从整个系统的角度出发，认识到各个环节是整个大系统中的一个小系统；既要考虑大系统的利益，也要兼顾个体利益。

（二）平衡性原则

企业应考虑内外部环境之间的矛盾，有效平衡可能对营运过程中的研发、生产、供应、销售等存在影响的各个方面，使其保持合理的比例关系。

（三）灵活性原则

企业应当充分考虑未来的不确定性，在制订计划时保持一定的灵活性和弹性。企业在制订营运计划时，应以战略目标和年度营运目标为指引，充分分析判断宏观经济形势、行业发展规律以及竞争对手情况等内外部环境变化，同时还应评估企业自身研发、生产、供应、销售等环节的营运能力，客观评估自身的优势和劣势以及面临的风险和机会等。

四、营运计划的执行

经审批的营运计划应以正式文件的形式下达执行。执行企业应逐级分解营运计划，按照横向到边、纵向到底的要求分解落实到各下级企业或部门、岗位或员工，确保营运计划得到充分落实。同时，应将营运计划分解到季度、月度，形成月度的营运计划，逐月下达、执行。各执行企业应根据月度的营运计划组织开展各项营运活动。

企业应建立配套的监督控制机制，及时记录营运计划执行情况，进行差异分析与纠偏，持续优化业务流程，确保营运计划有效执行。应在月度营运计划的基础上，开展月度、季度滚动预测，实时反映滚动营运计划所对应的实际营运状况，为企业资源配置的决策提供有效支持。

五、营运计划的调整

企业的营运计划一旦批准下达，一般不予调整。宏观经济形势、市场竞争形势等发生重大变化，导致企业营运状况与预期出现较大偏差的，企业可以适时对营运计划作出调整，使营运目标更加切合实际。企业在营运计划的执行过程中，应关注和识别所存在的各种不确定因素，分析和评估其对企业营运的影响，适时启动调整原计划的有关工作，确保企业营运目标更加切合实际，更合理地进行资源配置。

企业在进行营运计划调整的决策时，应及时分析和评估营运计划调整方案对企业营运的影响，包括对短期的资源配置、营运成本、营运效益等的影响以及对长期战略的影响。企业应建立营运计划调整的流程和机制，规范营运计划的调整活动。营运计划的调整应由具体执行企业提出调整申请，层层审批，批准后下达正式文件。

综上所述，运营管理是企业在营运管理的应用环境下，根据系统性原则、平衡性原则、灵活性原则等制定、执行与调整营运计划的管理过程。初级管理会计师能够运用管理会计知识有效地参与到营运管理的各个环节中去。

第二节　相关成本与短期经营决策

一、决策相关成本的概念

（一）相关成本与非相关成本

相关成本是指与特定决策有直接关联的成本。相关成本的形式有很多，诸如边际成本、机会成本、重置成本、付现成本、可避免成本、可延缓成本、专属成本、差量成本等。其基本特点是：相关成本是一种未来成本，而且是一种有差别的未来成本。

与相关成本相对立的概念是无关成本，也称为非相关成本，是指与决策没有直接关联的成本。凡不受决策结果影响，已经发生或一定要发生的成本就是无关成本。这种成本通常与特定决策无关。例如，无论是哪种决策方案，均会发生某项成本，那么就可以断定该项成本是上述方案的无关成本。无关成本主要包括沉没成本、不可避免成本、不可延缓成本和共同成本等。

在短期经营决策中，了解和区分哪些成本是无关成本、哪些是相关成本是十分必要的。只有相关成本才是特定决策需要考虑的成本。

（二）固定成本与变动成本

1. 固定成本的定义。固定成本是指在一定范围内，其总额不随业务量变动而增减变动，但单位成本随业务量增加而相对减少的成本。固定成本一般包括下列内容：房屋设备租赁费、保险费、广告费、按直线法计提的固定资产折旧额、管理人员薪金等。固定成本的主要特点是：(1) 在一定时期和一定业务量的相关范围内，成本总额不受业务量增减变动的影响；(2) 从单位产品所分摊的固定成本看，它随产量的增减呈反比例变动。

2. 固定成本的分类。固定成本按其是否受管理当局的短期决策影响可以细分为约束性固定成本和酌量性固定成本两类。

约束性固定成本是指不受管理当局短期决策行为影响的部分固定成本。它和整个企业的经营能力（包括基本组织机构）的形成及其正常维护密切相关，一旦形成在短期内是难以削减的，因为对这类成本的削减会使生产能力、经营能力被破坏，所以对企业管理当局有很大的约束性。厂房、机器、设备的折旧费、保险费、财产税和经营管理人员的基本工资等都属于这类成本，只有通过合理充分地利用其创造的生产经营能力，提高产品产量，相对降低其单位成本。

酌量性固定成本是指受管理当局短期决策行为的影响，可以在不同时期改变其数额的那部分固定成本。企业在一定预算期内（通常是一年）安排开支的广告费、新产品开发费、职工教育培训费、经营性租赁费等一般属于这类成本。由于这类成本在一定的预算执行期内保持不变，与当期业务量无关，而在编制下期预算时又可由企业管理当局根据未来的实际需要和财务负担能力进行调整。

3. 固定成本的相关范围。固定成本总额的不变性不是绝对的，而是相对的。固定成本只有在一定的时间范围和业务量范围内不变，超出这个范围，固定成本也会发生变动。在图4－1中，企业的生产量如果在4000件以内，则固定成本为10000元，且不受具体产量的影响。一旦企业生产量进一步提高，固定成本将上升至20000元，并在新的相关范围内保持不变。

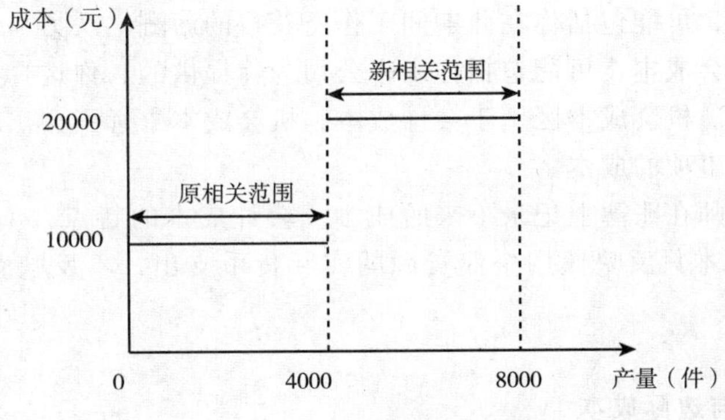

图4－1 固定成本的相关范围

4. 变动成本的定义。变动成本是指在一定时期，一定业务量范围内，其成本总额随业务量变动发生相应的正比例变动，而单位成本保持不变的成本。

变动成本一般包括：直接材料成本、直接人工成本和制造费用中随业务量的变动而呈正比例变动的物料用品费、燃料费、动力费，以及按业务量支付的销售佣金、装运费、包装费等。变动成本的主要特点是：(1) 在一定时期和一定业务量的相关范围内，其成本总额随产量的增减呈正比例增减；(2) 从产品的单位成本来看，它不受业务量变动的影响，其数额始终保持在某一特定的水平不变。

5. 变动成本的分类。变动成本根据其发生的原因可以进一步细分为约束性变动成本和酌量性变动成本。

约束性变动成本是指企业管理当局的当前决策无法改变其支出数额的变动成本。这类成本通常表现为企业所生产产品的直接物耗成本，以直接材料成本最为典型。例如，某热电厂的锅炉必须使用某煤矿生产的燃烧值在一定千卡以上的精煤，在这种情况下，燃料成本就属于随发电量呈正比例变动的技术性变动成本。又如，在工资水平不变的前提下，流水作业生产岗位上的工人工资和福利费也是受工艺流程影响的变动成本。要降低这类成本，企业应当通过改进设计、改革工艺技术、实现技术革新和技术使命、提高材料综合利用率、劳动生产率和产出率以及避免浪费、降低单耗来实现。

酌量性变动成本是指企业管理当局的当前决策可以改变其支出数额的变动成本。例如，在质量能够得到保证、单耗不变的前提下，企业可以在不同地区或不同供货单位采购到价格水平不同的某种原材料，其成本消耗就属于酌量性变动成本。再如，在分散作业的计件工资制下，由于计件单价受管理当局决策的制约，其工资成本随完工产量呈正比例变动，它也是一种酌量性变动成本。要想降低这类成本，应当通过合理决策、降低材料采购成本、优化劳动组合、严格控制制造费用开支、改善成本效益关系来实现。

6. 变动成本的相关范围。与固定成本的相关范围一样，变动成本也存在相关范围的问题。它通常也只在一定的条件下，即一定的时间、一定的业务量范围内成立。超出这一范围，变动成本总额与业务量之间的依存关系可能发生改变，由正比例的线性关系变为非正比例、非线性的关系。

（三）机会成本与会计成本

机会成本是指为接受一项选择而放弃或牺牲的其他选择的收益。例如，你参加一项业务培训项目的机会成本，可能包括你在此期间工作所获得的薪酬。从另一方面来讲，你工作而非参加培训项目的机会成本，可能包括你未来公司为你提供的、你选择参加业务培训项目所能获得的知识和经验。机会成本区别于会计成本，机会成本永远不会出现在会计记录中，因为机会成本是未发生事项的成本。

会计成本是会计师在账簿上记录下来的成本。会计成本的特点：（1）会计成本属于历史成本；（2）会计成本只反映使用企业资源的实际货币支出，不反映企业为使用这些资源而付出的总代价。

（四）增量成本与边际成本

增量成本是指某一作业所引起的总成本的增加。边际成本在经济理论上是指成本对业务量无限小变动所作出的变动反应。在管理会计中，边际成本是指业务量每增加或减少1个单位所引起的总成本变动量（差量）。因此，边际成本实际上就是增加一个单位业务量的差量成本。在相关范围内，边际成本、单位差量成本与单位变动成本是一致的。

（五）重置成本与沉没成本

重置成本也称为现时成本，是指目前从市场上重新取得某项现有的资产所需支付的成本。在短期经营决策中的定价决策以及长期投资决策中的设备更新决策等，一般需要考虑重置成本，即作为一项相关成本。

沉没成本又称为沉落成本，是指由于过去决策结果而引起的已经实际支付款项（实际发生）、无法收回的成本。这种成本是与当前决策无关的。企业中大多数的固定成本（如固定资产折旧费、无形资产摊销费）均属于沉没成本。某些变动成本也属于沉没成本，如在半成品是否深加工的决策中，半成品本身的变动成本就属于沉没成本。

（六）付现成本与非付现成本

付现成本又称现金支出成本，是指在所确定的某项决策方案中，需要以现金支付的成本。在短期经营决策中，特别是当企业的资金处于短缺状态，支付能力受到限制，筹资又十分困难的情况下，往往会选择付现成本最小的方案来代替总成本最低的方案。非付现成本则与之相对应，是指在一项决策中不需要用现金支付的成本，是一种不相关成本。

（七）可控成本与不可控成本

可控性是指某个特定的管理者对其所负责的成本、收入或相关项目施加影响的程度。可控成本就是在一定期限和范围内主要受某一责任中心管理者影响的成本。

从一个责任单位或者部门来看，成本的发生属于这个单位或部门权责范围内，能够为这个单位或部门所预计、计量及施加影响的，称为这个单位或部门的可控成本。反之，成本的发生不属于这一单位或部门的权责范围内，不能为这个单位或部门加以控制的，称为这个单位或部门的不可控成本。应当注意，成本的可控性是有条件的，这取决于特定的单位和特定的时期以及不同层级决策问题的权利大小。成本按可控性分类旨在明确各单位或部门的经济责任，以便评价或考核其工作业绩，促使可控成本不断降低。

在责任会计制度中，经理的业绩报告通常不包括不可控成本，或者虽然包括不可控成本，但需要把它与可控成本分开列示。例如，机器监管员的业绩报告只限于直接材料、直接制造人工、动力和机器维修成本，而不包括工厂支付的租赁和税金成本。

（八）可避免成本与不可避免成本

可避免成本是指通过某项决策行动可改变其数额的成本。这种成本是否发生，完全取决于与其相联系的备选方案是否被选择。选择一个行动方案就会有一定的成本发生，如果决策者不希望发生该项成本，则可以通过放弃该方案而达到此目的。

不可避免成本是指某项决策行动不能改变其数额的成本。该成本是否发生不取决于有关方案是否被选择，因此它是与某一特定决策方案没有直接联系的成本，其发生与否及金额大小，并不取决于有关方案的取舍。

二、相关成本决策类型

（一）差量分析法与贡献分析法

1. 差量分析法。差量分析法就是通过比较备选方案之间的差额收入和差额成本，根据差额利润进行生产决策的方法。其计算公式为：

$$差额利润 = 差额收入 - 差额成本$$

当比较两互斥方案时，若某方案相对于另一方案的差额利润为正，则选择该方案，反之，则选择另一方案。当备选方案存在多个互斥方案时，则通过相关分析法进行比较。相关分析法是通过比较不同方案的相关收入与相关成本，按相关收入与相关成本的差额（即相关损益）高低进行排序，相关收益（利润）越大的方案越优先。

2. 边际贡献分析法。这种方法是通过分析边际贡献总额的大小来确定最优方案。在短期经营决策中，固定成本往往固定不变，此时通过比较各产品的边际贡献大小就可以作出判断。但决策中涉及追加的专属成本时，就无法直接用边际贡献法。此时可以采用上述的相关损益法进行判断。

（二）自制还是外购决策

管理者通常要决策是自制一种产品（或提供一项服务）还是从外部供应商处购买；制造商也要考虑零件是自制还是购买；服务公司的经理也要决策是由内部提供服务还是将服务外包等。自制或外购决策是涉及内部和外部生产的一项选择。例如，某汽车制造商为了额外车轴的需要，使用相关分析法进行的自制或外购决策。该问题是应该制造（自制）所需的车轴还是从外部供应商处采购（购买）。来自人力资源、会计、采购和财务部门代表组成的综合团队经仔细讨论，管理者认为自制的核心成本包括一次性的资本投入、启用机器的资本支出，以及不间断的人力、维修、折旧和保险支出；而外购的主要成本包括对供应商的一次性设备支出和不间断的运输、物流、仓储和培训支出。此外，管理者还需要考虑到重要的定性因素，比如如何确保产品高质量，该公司要确保每一个外购的车轴拥有高品质且能够在恰当的时间送达准确的位置。

【例 4－1】假定某制造公司目前生产用于打印机的一款电子零件。一年内，该公司将转产另一种类型的打印机，不再使用这一电子零件。然而，下年该公司必须生产 10000 个这种零件以满足旧打印机的生产需要。

一家潜在的供应商可以生产类似的零件，生产该公司规格的电子零件的报价为 4.75 元/套。目前自制生产该零件的单位制造成本为 8.20 元/套。那么，该公司应该自制还是外购这些零件呢？

表 4－1　　零件的总成本和单位成本计算表　　单位：元

项　目	总成本	单位成本
直接材料	10000	1.00
直接人工	20000	2.00
变动制造费用	8000	0.80
固定制造费用	44000	4.40
合计	82000	8.20

在本例中，固定制造费用由分配给每条生产线的工厂共同成本组成。无论零件生产线发生了什么，整体固定制造费用都不会改变。因此，固定制造费用属于无关成本，在短期决策时可以将其忽略。

本例中的其他成本都是相关的。比如直接材料和直接人工属于相关成本，因为如果从外部购买零件，工厂将不再需要发生该类成本。类似的变动制造费用也是相关的，因为如果从外部采购，这项成本就不会发生。

若从外部购买这些零件呢？毫无疑问，采购价格将一定是相关成本，因为如果零件是自制的，这项成本就不会发生。从外部购买还有其他相关成本吗？经过与采购部门核实和确认，系统处理额外采购绰绰有余，这说明外购零件将不会发生额外的相关成本。

（三）增加还是撤销产品线和分部的决策

企业经常会考虑拓展或者压缩其目前的经营业务以提高获利能力。在经理人员的所有决策中，有关对旧生产线或公司的其他分部是否应该予以撤销，新的生产线是否需要增加的决策是最难作出的。在这类决策中，必须要考虑许多定量的和定性的因素。

然而，撤销一个原有的分部或者增加一个新的分部的任何决策，最终都将取决于决策对经营净收益的影响。为评价这一影响，有必要对成本进行相关分析。

1. 成本分析示例。

【例 4－2】某医药公司上个月的销售额和成本的信息，以及它的三个主要产品——药品、化妆品和保健品的相关信息如表 4－2 所示：

表 4－2　　某医药公司销售和成本表　　单位：元

	合计	产品		
		药品	化妆品	保健品
销售额	250000	125000	75000	50000
减：变动成本	105000	50000	25000	30000
边际贡献	145000	75000	50000	20000
减：固定成本				
工薪费用	50000	29500	12500	8000
广告费用	15000	1000	7500	6500
折旧－固定装置	5000	1000	2000	2000
租金	20000	10000	6000	4000
保险费	3000	2000	500	500
固定成本总额	93000	43500	28500	21000
经营净收益（损失）	52000	31500	21500	（1000）

如本例表 4－2 中所示，由于保健品生产线目前亏损 1000 元，管理层正在考虑是否应该继续保留保健品生产线，还是应该撤销保健品生产线。根据成本分析法，只有那些在两个选择方案下有差异的成本，也就是在撤销这条保健品生产线时成本可避免，该成本为决策相关成本。在决定是否撤销某条生产线时，管理人员要能清楚地判断出哪些是可避免成本（因而是与决策相关的）和哪些是不可避免成本（因而是与决策不相关的）。

如果撤销保健品线，那么公司每月将损失 20000 元的边际贡献，同时却又很可能可以避免一些固定成本。例如，很可能要解雇某些雇员，或很可能要减少广告费。如果撤销保健品生产线后，公司能够避免比损失的边际贡献更多的固定成本，那么，这条生产线的撤销将使公司的境况得到改善，因为公司整体经营净收益得到了提高。另一方面，如果公司不能避免和损失掉边际贡献那样多的固定成本，那么该保健品生产线就应该保留。

从前面的讨论中可以知道，并非所有的成本都是可避免的。例如，一些与产品线有关的成本，可能是沉没成本。其他成本可能是应分配的共同成本，无论产品线是予以处置还是予以保留，其总额都是不变的。

为说明应如何进行产品线决策分析，假设该公司已分析了应由三个产品线共同负担的固定成本的情况如下：

（1）工薪费用反映的是支付给直接在生产线工作的雇员的薪金。如果保健品产品线被撤销了，那么所有在该产品线工作的雇员都可能被解雇。

（2）广告费反映的是为某一特定产品线所发生的产品广告费用，并且如果该产品线被撤销了是可以避免的。

（3）折旧费反映的是安装不同产品线的固定装置的折旧费用。尽管这一固定装置是新的，但由于是定制的，所以如果保健品线被撤销了，它也毫无再售价值。

（4）租金反映的是公司全部建筑物的租金，并根据销售额将其分配给各产品线。在长期租赁协议中，每月 20000 元的租金是固定的。

（5）保险费反映的是每一条产品线存货的保险费用。

掌握了这些信息，管理当局就能够确定与保健品线相联系的固定成本 15000 元是能够避免的，而 6000 元是不可避免的。

表 4 - 3　　不可避免与可避免成本分析表　　单位：元

固定成本	分配给保健品部的总成本	不可避免成本	可避免成本
工薪	8000		8000
广告费用	6500		6500
折旧 - 固定装置	2000	2000	
租金	4000	4000	
保险费	500		500
合计	21000	6000	15000

注：这些固定成本反映了或者沉没成本，或者不论保健品生产线是被保留还是被撤销其金额都不会有变化的未来成本。

如前所述，如果保健品线被撤销，公司将损失该产品的边际贡献 20000 元，但将节省相关的可避免固定成本。我们现在知道可避免固定成本总额为 15000 元。因此，撤销保健品线将导致经营净收益减少 5000 元，如表 4 - 4 所示。

表 4 - 4　　收益变动分析表　　单位：元

保健品生产线终止经营时将损失的边际贡献	(20000)
减：保健品生产线终止经营时可避免的固定成本	15000
公司经营净收益总额的减少	(5000)

在本例中，撤销保健品生产线可避免的固定成本（15000 元）小于将损失的边际贡献(20000 元)。因此，基于所给数据，保健品生产线不应该终止经营，除非能为保健品生产线占用的生产空间和柜台空间找到更具获利性的用途。

2. 比较分析示例。这类决策也可以通过编制比较利润表来进行。比较利润表显示了公司保留或撤销生产线对整个公司的利润的影响情况。该公司的这种比较分析表如表 4 - 4 所示。如果撤销保健品生产线，如列于表内最后一栏中的数据所显示的，公司经营净收益总额每期将减少 5000 元。当然，这一结果与之前仅强调比较所损失的边际贡献和可避免的固定成本时得到的结果是一致的。

表 4 - 5　　产品线比较分析　　单位：元

	保留保健品生产线	撤销保健品生产线	差异：经营净收益的增加或减少
销售额	50000	0	(50000)
减：变动成本	30000	0	30000
边际贡献	20000	0	(20000)
减：固定成本			
工薪费用	8000	0	8000
广告费用	6500	0	6500
折旧 - 固定装置	2000	2000	0
租金	4000	4000	0
保险费	500	0	500
固定成本总额	21000	6000	15000
经营净收益（损失）	(1000)	(6000)	(5000)

3. 固定成本的分配问题。回顾表 4 - 2 是否建议保健品生产线应该予以保留呢？表 4 - 5 计算结果说明如果保留保健品生产线将会表现为损失。那么，为什么还要保留一个亏损的生产线呢？对这种前后明显不一致的结论的解释，至少部分与被分配给生产线的共同固定成本有关。分配共同固定成本一个最大的危险就是这些分配会使一条生产线（或其他经营分部）看起来比实际上更不具盈利性。由于将共同固定成本在所有生产线之间进行了分配，保健品线看起来是无利可图的。然而，如之前所列示的，如果将其予以撤销，将导致公司总的经营净收益的减少。如果在消除了共同固定成本的分配后再重新计算表 4 - 2 的数据，那么，这一点将会看得更清楚。运用分部报告法重新计算的数据如表 4 - 6 比表 4 - 2 可以对保健品生产线是否应保留或撤销有更好的认识。如表 4 - 6 所示，保健品生产线补偿了它自身的所有可追溯固定成本，并且还产生了 3000 元的分部毛利以补偿公司的部分共同固定成本。除非发现其他生产线能提供比保健品生产线更多的分部毛利，否则保留保健品生产线将对公司的整体利润是有利的。

另外，如果一条生产线对其他产品的销售是必需的，或者能起到磁石般的作用以吸引顾客，那么，管理者可能就会选择保留这条并没有什么盈利能力的产品线。例如，面包在食品店也许不是什么特别有利可图的，但是顾客期望能买到，如果某商店决定不再销售面包，那么毫无疑问，许多人就会跑到别的商店去购买。

表4－6　　某医药公司产品线——贡献毛益式的重新计算　　单位：元

	合计	生产线		
		药品部	化妆品部	保健品部
销售额	250000	125000	75000	50000
减：变动成本	105000	50000	25000	30000
边际贡献	145000	75000	50000	20000
减：可追溯固定成本				
工薪费用	50000	29500	12500	8000
广告费用	15000	1000	7500	6500
折旧－固定装置	5000	1000	2000	2000
保险	3000	2000	500	500
可追溯固定成本总额	73000	33500	22500	17000
生产线分部毛利	72000	41500	27500	3000
减：共同固定成本				
租金	20000			
共同固定成本总额	20000			
经营净收益	52000			

注：如果保健品生产线被撤销了，公司将失去这3000元的分部毛利。此外，固定装置的2000元折旧费是沉没成本，从而是不可避免的，这两个数额的总和（3000元＋2000元＝5000元）将是如果保健品生产线被终止经营而导致的公司总的经营净收益的减少额。

（四）是否接受特殊订单的决策

在生产经营过程中，企业在满足正常渠道的销售需要后，有时还尚有部分生产能力剩余没有得到充分利用，如果外单位要求以低于正常售价甚至低于产品单位成本的价格追加订货，企业就需要作出是否接受这些订货的决策。关于这一问题，通常可以区分以下几种情况进行具体分析。

1. 如果只利用暂时闲置的生产能力而不减少正常销售，不要求追加专属成本，生产能力不能转移。这种情况下接受此特殊订货的条件为：

$$特殊订货价格 > 单位变动成本$$

无论是否接受订货，固定成本都不会发生变动，特殊订货所提供的边际贡献价格减去变动成本）将直接转化为利润，从而增加企业的利润总额。这里的固定成本属于无关成本，决策时不必考虑。

2. 利用闲置的生产能力，并暂时减少部分正常销售以接受特别订货，但不要求加专属成本，生产能力不能转移。这种情况下接受此特殊订货的条件为：

$$特殊订货价格 > 单位变动成本 + \frac{因减少正常销售而损失的边际贡献}{特殊订货数量}$$

由于特殊订货影响了正常销售，减少了正常销售的边际贡献，所以要想使特殊订单增加企业利润，就必须使特殊订货价格在补偿单位变动成本以及因减少正常销售所损失的边际贡献后仍有剩余。

3. 利用暂时闲置生产能力，需要增加专属固定成本，且生产能力可转移。这种情况下接受此特殊订货的条件为：

$$特殊订货价格 > 单位变动成本 + \frac{新增专属成本 + 机会成本}{特殊订货数量}$$

在接受特殊订货需要增加专属固定成本的情况下，要想使特殊订货增加企业利润，特殊订货产品的价格就必须在补偿单位变动成本和因特殊订货而新增的固定成本后仍有剩余。

【例 4 – 3】某公司甲产品年生产能力为 20000 件，年度正常业务量为 16000 件，正常售价为 30 元/件，单位产品成本为 24 元，其具体构成如表 4 – 7 所示：

表 4 – 7　　甲产品成本构成表　　单位：元

成本项目	金额
直接材料	10 元
直接人工	5 元
变动制造费用	3 元
固定制造费用	6 元
单位产品成本	24 元

现有一客户追加订货。

要求：就以下各不相关方案作出是否接受该订货的决策。

（1）订货 4000 件，剩余生产能力无法转移，且不需追加专属成本。由于客户订货量在生产能力范围内，单位变动成本 = 10 + 5 + 3 = 18（元）。所以，如果客户提供的特殊价格大于单位变动成本 18 元，就可以接受此特殊订货，使企业多获利润，利润增量为该订货带来的边际贡献总额。

（2）订货 4000 件，剩余能力无法转移，但需一台专用设备，购置成本为 10000 元。此时，如果客户提供的特殊订货价格大于 18 + 10000/4000 = 20.5（元），就可以接受此特殊订货，使企业利润增加，利润增量为该订货带来的边际贡献总额扣除追加的专属成本 10000 元。

（3）订货 4500 件，剩余能力无法转移也不需追加专属成本。这种情况下，由于此特殊订货冲击了正常销售 500 件，其损失的边际贡献 =（30 – 18）× 500 = 6000（元）。此时，如果客户提供的特殊订货价格大于 18 + 6000/4500 = 19.33（元），就可以接受此特殊订货，使企业增加利润，利润增量为该订货带来的边际贡献总额扣除损失的边际贡献（机会成本）。

（五）联产品销售还是进一步加工的决策

联产品是指通过同一原料按照同一工艺过程加工，所产出的性质相近、价值差不多的多种产品的统称。如汽油、柴油等产品都是炼油厂的联产品。必须注意的是：不是对同一种原料经过相同的工艺进行加工处理而形成的所有产品都属于联产品。联产品之间的性质和使用价值都比较相近，市场价格也不是特别悬殊。如果同一种原料经过同一工艺加工过程，形成了使用价值差别非常大、市场价格相差悬殊的不同产品，那么，这些产品就不是联产品，而是主产品和副产品。

联产品是否进一步加工的决策，围绕究竟是选择“深加工联产品”方案还是选择“直接出售联产品”方案而展开的决策，属于“互斥方案”的决策类型。

1. 联合成本基础。联合成本是指同时生产出多种产品的生产流程的成本。例如，煤的蒸馏可以得到焦炭、煤气和其他产品。蒸馏过程的成本成为联合成本。联合产品中的一个或多个产品能被分别确认的时点就成为分离点，例如，煤变成焦炭、煤气和其他产品的时点。如果分离后每种产品还需继续加工，就必须另外追加成本，这种成本称为可分成本，由分离后继续加工的产品独自负担。在决策中，联合成本为决策无关成本，可分成本为决策相关成本。

2. 主产品、联产品与副产品。联合生产过程中的产出可分为两种：有正销售价值的产出与零销售价值的产出。例如，沿海碳水化合物在形成石油、天然气的过程中也会产出水，而水具有零销售价值，它将回到海洋中进行循环利用。产品描述的是有正销售价值（或者使公司避免成本发生）的任何产出。当然，销售价值有高有低。

在联合生产过程中，有一种产品与流程中其他产品相比有较高价值时，我们称这种产品为主产品。当联合生产过程中有多种产品与其他产品相比有较高销售价值，则这些产品成为联产品。联合生产过程中，与主产品或联产品相比具有很低价值的产品称为副产品。

例如，原木被加工为标准木材与木屑，因为与木屑相比标准木材具有较高的销售价值，所以标准木材是主产品，木屑是副产品。假如原木被加工成高级木材、标准木材与木屑，因为与木屑相比，高级木材与标准木材都具有较高的销售价值，那么高级木材与标准木材是联产品，木屑是副产品。

主产品、联产品和副产品在实务中的区别并不是很明确。例如，许多公司将冶炼原油得到的煤油划分为副产品，因为与汽油和其他产品相比，煤油具有很低的销售价值。而当公司认为煤油比汽油和其他产品更有价值时，则将煤油划分为主产品。实际上，主产品、联产品与副产品的划分会随时间发生变化，这取决于产品在不同阶段的销售价值。

3. 分配联合成本。管理者分配联合成本前，必须首先看看这样做的背景。必须将联合成本分配给单独的产品或服务：为对内和对外报告目的，计算存货性成本和产品销售成本。将联合生产或加工成本分配给产品对于计算期末存货价值是必要的。而且，许多公司使用基于联合成本分配的内部会计数据分析各部门的盈利性，并评价部门管理者的业绩。

4. 联合成本的分配方法。方法1：利用市场销售数据（例如销售收入）分配联合成本。这一方法分配成本时的三种具体方法为：

（1）分离点销售价值法；（2）预计可实现净值法（NRV）；（3）固定毛利率可实现净值法。

方法2：用实物计量数据分配联合成本，实物计量有联产品的重量、数量（实物单位）或体积。

5. 销售或深加工决策实例。

【例4-4】“水果时光”是一家专门从事水果加工的厂商，为降低成本，现决定自己种植桃子。每个种植区中的树木都要喷洒、施肥、灌溉和修剪。当桃子成熟时，就要雇用工人采摘桃子。桃子在经过清洗和挑选后，会被送到仓库。所有这些活动的成本（包括处理）每年大约为300元/吨。

根据桃子的大小和瑕疵，工人将其分为三个等级（A，B，C）。没有瑕疵（伤痕、割伤、虫洞等）的大号桃子，归类为 A 等；没有瑕疵的小号桃子，归类为 B 等；其余的桃子，归类为 C 等。每吨桃子能生产 800 斤 A 等、600 斤 B 等和 600 斤 C 等。

A 等桃子以每斤 0.40 元的价格出售给大型超市。B 等桃子以 5 斤为单位包装卖到大超市，每袋价格为 1.30 元（每袋成本为 0.05 元）。C 等桃子被进一步加工成果酱，每罐 16 克果酱的售价为 0.75 元，而加工过程中每斤桃子的成本为 0.10 元，最后可以产出 500 罐果酱。大型超市近日要求“水果时光”公司提供每罐 16 克的桃子派馅，而且愿意支付每罐 0.90 元的价格。“水果时光”公司认为 B 等桃子符合这一要求，并且估算若将桃子加工为桃子派馅，每斤成本为 0.24 元，公司可以生产 500 罐。图 4－2 说明了公司是将 B 等桃子在分离点出售还是继续加工成桃子派馅。

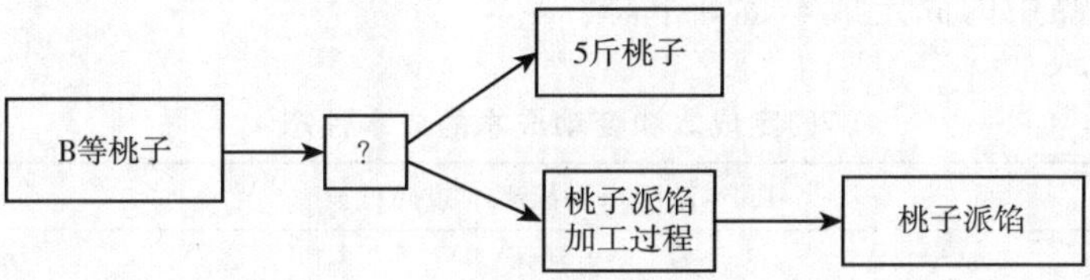

图 4－2　联产品进一步生产过程

无论是在分离点出售 B 等桃子还是继续加工成桃子派馅后再出售，喷洒、修剪和其他共同成本都属于无关成本。无论怎样决策，公司都必须为每吨桃子支付 300 元，然而，将 B 等桃子在分离点出售和进一步加工为桃子派馅的收入可能不同。因此，收入为相关因素。同样，如果 B 等桃子被进一步加工也会发生加工成本，所以加工成本也是相关的。

第三节　成本性态与本量利分析的基本原理

一、成本性态

如本章第二节所述，成本性态是指成本与业务量之间的相互依存关系。按照成本性态，成本可划分为固定成本、变动成本和混合成本。不受业务量变动影响而保持总额不变的成本即为固定成本。随产量变动而总额呈正比例变动的成本为变动成本。

（一）变动成本性态和固定成本性态

理解成本性态的关键是区分变动成本和固定成本，而判定一种成本是变动成本还是固定成本要看决定它的成本动因的变化给它带来何种影响。变动成本是指在一定范围内，其总额随业务量变动发生相应的正比例变动，而单位成本保持不变的成本，是随成本动因的变化在总量上按比例发生变动的成本。相反，固定成本是指在一定范围内，其总额不随业务量变动而增减变动，但单位成本随业务量增加而相对减少的成本。假设产量是成本动因，那么当产量增长 10% 时，变动成本也增长 10%，而固定成本会保持不变。

成本动因可以是产成品的数量或是生产销售服务的数量。例如老干妈风味食品有限责任公司——一家广受消费者欢迎的食品生产公司，支付给销售人员的佣金是销售额的 40%。因此公司的佣金成本就是销售额的 40%——这是关于销售收入的变动成本。或假定鱼饵商店购买鱼饵的价格是每袋 2 元，鱼饵的总成本就是 2 元乘以购买的总袋数——这是关于数量（袋数）的变动成本。要注意每单位的变动成本并不发生变化，只是总成本会随着成本动因作业水平的变化在总量上按比例变化。

现在考虑固定成本。假定华为公司为生产手机租用了一间厂房，租金为每年 500000 元。这项总成本本身并不受手机生产数量的影响，但在分摊这类成本时，却取决于总产量。如果手机的生产量为 100000 部，则此项单位成本为 500000/100000 = 5 元；如果生产量为 50000 部，则每单位成本为 500000/50000 = 10 元。因此，固定成本总额并不改变，但随着产品数量的增加，单位产品中的固定成本逐渐下降。

表 4-8　固定成本和变动成本的成本性态

成本动因水平提高（或降低）		
成本类型	总成本	单位成本
固定成本	不变	减少（或增加）
变动成本	增加（或减少）	不变

分析成本类型，可以依据以下两个基本原则：

1. 将固定成本视为成本总额。不管成本动因作业水平如何变化，固定成本总额不变。

2. 将变动成本视为单位成本，不管成本动因作业水平如何变化，单位变动成本不变。因此，变动成本总额随着成本动因的水平变化而变化。

除了以上这些纯粹的成本类型，还有另外两种成本类型同时结合了固定成本和变动成本的特点，它们就是阶梯成本和混合成本。

阶梯成本因为资源及其成本的集合不可分，所以阶梯成本随业务活动的某种区间跳跃式变动。如果个别的成本集合相对庞大且适用于某一特定的、广泛的活动范围，该成本就在那一活动范围内被视为固定成本。图 4-3 显示了租赁石油和天然气钻探设备的成本。在某一给定区域，当石油和天然气的探测到达一定程度时，就需要租赁另一套钻探设备。但是，在某一水平上租赁的全套钻探设备，可以支持相关范围内的所有探测活动。因此，在每一个相关范围内，该阶梯成本就表现为固定成本，而该水平上的阶梯总成本就是适用于该业务活动水平的固定成本总额。

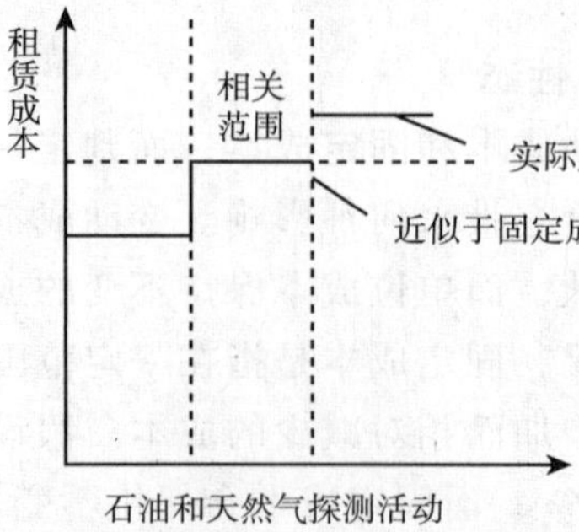

图 4-3　租赁成本

反之，当个别成本集合相对较小，且适用于较窄的业务活动范围时，会计师常常将阶梯成本描述为变动的。图 4－4 显示了一家超市出纳的工资成本。假设一个出纳员平均每小时能服务 20 名顾客，而在购物的相关范围内，每小时顾客数量的变动范围为 40—440 名。与此相对应，出纳员需要量的变动范围为 2—22 名。正因为这里的阶梯相对较小，该阶梯成本的性质更多的类似于变动成本，将其视为变动成本来计划工作并不会影响准确性。

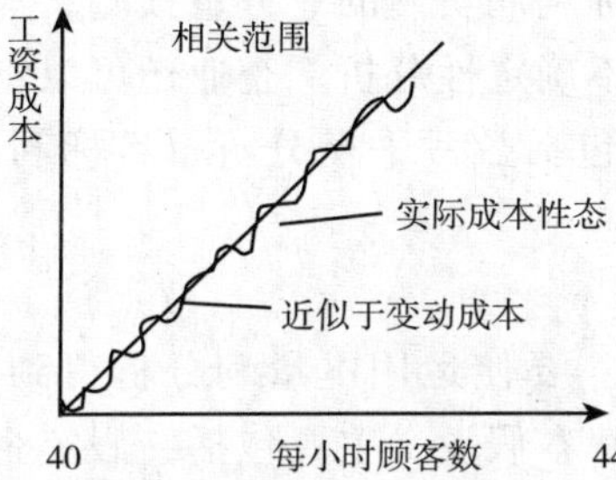

图 4－4 超市出纳的工资成本

（二）混合成本

混合成本，是指总额随业务量变动但不呈正比例变动的成本。混合成本的分解方法主要包括：高低点法、回归分析法、账户分析法（也称会计分析法）、技术测定法（也称工业工程法）、合同确认法，前两种方法需要借助数学方法进行分解，并且已经在本书第二章详细介绍。此处仅介绍后三种方法，这三种方法可通过直接分析认定。

1. 账户分析法。企业根据有关成本账户及其明细账的内容，结合与产量的依存关系，判断其比较接近的成本类别，并视为该类成本。账户分析法较为简便易行，但比较粗糙且带有主观判断。

2. 技术测定法。企业根据生产过程中各种材料和人工成本消耗量的技术测定来划分固定成本和变动成本。技术测定法仅适用于投入成本和产出数量之间有规律性联系的成本分解。

3. 合同确认法。企业根据订立的经济合同或协议中关于支付费用的规定，来确认并估算哪些项目属于变动成本，哪些项目属于固定成本。合同确认法一般要配合账户分析法使用。

二、本量利分析

（一）本量利分析概述

1. 本量利分析的基本含义及作用。本量利分析（CVP）是指以成本性态分析和变动成本法为基础，运用数学模型和图式，对成本、利润、业务量与单价等因素之间的依存关系进行分析，发现变动的规律性，为企业进行预测、决策、计划和控制等活动提供支持的一种方法。其中，“本”是指成本，包括固定成本和变动成本；“量”一般指业务量；“利”一般指营业利润。其基本公式如下所示：

营业利润＝(单价－单位变动成本)×业务量－固定成本

本量利分析主要用于企业生产决策、成本决策和定价决策，也可以广泛地用于投融资决策等。当然，企业在营运计划的制订、调整以及营运监控分析等程序中通常也会应用到本量利分析。

本量利分析可以帮助企业寻找增加收入、降低成本的措施，也是企业进行决策、规划和控制的重要工具。与经营风险相联系，可促使企业降低风险；与预测技术相结合，可以帮助企业进行盈亏平衡预测、确保目标利润实现的业务量预测；与决策融为一体，可以帮助企业进行生产决策、定价决策和投资不确定性分析。企业还可以将其用于全面预算、成本控制和绩效评价。本量利分析方法通常包括盈亏平衡分析、目标利润分析、敏感性分析、边际分析等。

2. 本量利分析的基本原理。

（1）本量利分析的基本假设。要使运用本量利分析得到的信息具有管理决策价值，必须尽量符合本量利分析的前提和基本假设，主要包括：假定企业的全部成本都能够划分为固定成本和变动成本两部分。在成本性态分析的基础上，假定在分析的范围内，变动成本随业务量的变化呈正比例变化，单位变动成本保持不变，固定成本总额在业务量的相关范围内保持不变。本量利分析在相关范围内才有效，并且是建立在线性关系假定基础上的。假定在相关范围内，单价、单位变动成本、固定成本总额保持不变。假定在一定时期内，业务量总是在保持成本水平和单价水平不变的范围内变化，那么固定成本总额和单位变动成本的不变性在相关范围内就能得以保证，成本函数表现为线性方程 $y = a + bx$ 的形式；同样，在相关范围内，单价也不因销售业务量的变化而变化，销售收入函数也表现为线性方程的形式。产销平衡和品种结构（销售组合）稳定。假定在只安排生产一种产品的情况下，生产出来的产品总是可以找到市场，即产销平衡（产量等于销量）；如果生产多种产品，产品总销售额变化时，各种产品的销售额占全部产品总销售额的比重应保持不变。

（2）本量利分析的基本等式。本量利分析研究的是销售数量、价格、成本和利润各因素之间的数量依存关系，根据上述假定，本量利分析的基本公式可表示为：

$$
\begin{aligned}
\text{营业利润} &= \text{销售收入} - \text{总成本} = \text{单价} \times \text{业务量} - (\text{固定成本} + \text{变动成本}) \\
&= \text{单价} \times \text{业务量} - (\text{固定成本} + \text{单位变动成本} \times \text{销量}) \\
&= \text{单价} \times \text{业务量} - \text{单位变动成本} \times \text{业务量} - \text{固定成本} \\
&= (\text{单价} - \text{单位变动成本}) \times \text{业务量} - \text{固定成本}
\end{aligned}
$$

即：

$$\text{营业利润} = (\text{单价} - \text{单位变动成本}) \times \text{业务量} - \text{固定成本}$$

这个等式是本量利分析的基础，公式中共有 5 个变量，已知其中任意 4 个变量的值，就可以求出其余一个变量的值。这个基本计算公式反映了价格、成本、业务量等因素之间的相互关系。

（3）本量利分析的应用环境。企业应用本量利分析，应当遵循《营运管理指引》对应用环境的一般要求。这意味着营运管理的应用环境同样适用于本量利分析，体现了管理会计应用指引的概括性指引与工具方法指引之间的关系。

（二）盈亏平衡分析

盈亏平衡分析是本量利分析的基础，其基本内容是分析并确定产品的盈亏平衡点，从而确定企业的安全程度，以及有关因素对盈亏平衡点的影响。

1. 盈亏平衡分析的基本概念和意义。盈亏平衡分析（也称保本分析），是指分析、测定盈亏平衡点，以及有关因素变动对盈亏平衡点的影响等，是本量利分析的核心内容。盈亏平衡分析的原理是，通过计算企业在利润为零时处于盈亏平衡的业务量，分析项目对市场需求变化的适应能力等。

盈亏平衡点有两种表现形式，一种是盈亏平衡点的业务量，一种是盈亏平衡点的销售额。计算和确定盈亏平衡点，能帮助管理人员控制和分析销售与利润的关系，即企业要盈利，其产销量必须达到和超过盈亏平衡点。盈亏平衡分析一般包括单一产品的盈亏平衡分析和产品组合的盈亏平衡分析。

（1）单一产品的盈亏平衡分析通常采用以下方法：

公式法：

$$\text{盈亏平衡点的业务量}=\frac{\text{固定成本}}{\text{单价}-\text{单位变动成本}}$$

$$\text{盈亏平衡点的销售额}=\text{单价}\times\text{盈亏平衡点的业务}$$

或：

$$\text{盈亏平衡点的销售额}=\frac{\text{固定成本}}{1-\text{变动成本率}}$$

或：

$$\text{盈亏平衡点的销售额}=\frac{\text{固定成本}}{\text{边际贡献率}}$$

$$\text{边际贡献率}=1-\text{变动成本率}$$

企业的业务量等于盈亏平衡点的业务量时，企业处于保本状态；企业的业务量高于盈亏平衡点的业务量时，企业处于盈利状态，企业的业务量低于盈亏平衡点的业务量时，企业处于亏损状态。

图示法：企业可以使用本量利关系图进行分析。本量利关系图按照数据的特征和目的分类，可以分为传统式、贡献毛益式和利量式三种图形。

（2）产品组合的盈亏平衡分析通常采用以下方法。产品组合的盈亏平衡分析是在掌握每种单一产品的边际贡献率的基础上，按各种产品销售额的比重进行加权平均，据以计算综合边际贡献率，从而确定多产品组合的盈亏平衡点。

$$\text{某种产品的销售额权重}=\frac{\text{该产品的销售额}}{\text{各种产品的销售额合计}}$$

$$\text{盈亏平衡点的销售额}=\frac{\text{固定成本}}{1-\text{综合变动成本率}}$$

或：

$$\text{盈亏平衡点的销售额}=\frac{\text{固定成本}}{\text{综合边际贡献率}}$$

$$\text{综合边际贡献率}=1-\text{综合变动成本率}$$

企业销售额高于盈亏平衡点时，企业处于盈利状态；企业销售额低于盈亏平衡点时，企业处于亏损状态。企业通常运用产品组合的盈亏平衡点分析优化产品组合，提高获利水平。

用公式法确定盈亏平衡点的具体方法通常有基本等式法与边际贡献法，下面将分别对这两种方法的使用进行介绍。

基本等式法：由本量利分析的基本等式可以确定盈亏平衡点，就是计算当企业的利润为零时，销售额或业务量的数值。由：

$$营业利润=(单价-单位变动成本)\times业务量-固定成本$$

令营业利润=0，得

$$(单价-单位变动成本)\times盈亏平衡点的业务量-固定成本=0$$

$$盈亏平衡点的业务量=\frac{固定成本}{单价-单位变动成本}$$

当企业的产品有多个品种时，基本等式法不适用，因为不同产品的业务量无法直接相加。

【例4-5】 某企业生产一种产品，单价为5元，单位变动成本为3.5元，当月固定成本为2500元，现要求计算盈亏平衡点。

盈亏平衡点的业务量：

$$盈亏平衡点的业务量=\frac{固定成本}{单价-单位变动成本}=\frac{2500}{5-3.5}=1667\ (件)$$

盈亏平衡点的销售额：

$$盈亏平衡点的销售额=单价\times盈亏平衡点的业务量=5\times1667=8335\ (元)$$

边际贡献法：单一产品下的边际贡献法：若用单位边际贡献表示单价减去单位变动成本的差额，边际贡献表示销售收入减去变动成本的差额。将基本公式变形，这时盈亏平衡点的计算公式也可以表示为：

$$盈亏平衡点的业务量=\frac{固定成本}{单价-单位变动成本}=\frac{固定成本}{单位边际贡献}$$

于是，盈亏平衡点的业务量等于固定成本与单位边际贡献的比值。

此时盈亏平衡点的销售额的计算公式可以表示为：

$$盈亏平衡点的销售额=\frac{单价\times固定成本}{单价-单位变动成本}=\frac{单价\times固定成本}{单位边际贡献}$$

$$=固定成本\times\frac{单价}{单位边际贡献}$$

$$=\frac{固定成本}{边际贡献率}$$

于是，盈亏平衡点的销售额等于固定成本与边际贡献率的比值。

利用单位边际贡献和边际贡献率的概念可以简化盈亏平衡点的计算。

【例4-6】 沿用【例4-5】的资料，现要求用边际贡献的有关概念求解。

单位边际贡献：

$$单位边际贡献=单价-单位变动成本=5-3.5=1.5\ (元)$$

边际贡献率：

$$边际贡献率=\frac{单位边际贡献}{单价}=\frac{1.5}{5}=0.3$$

盈亏平衡点的业务量：

$$盈亏平衡点的业务量=\frac{固定成本}{单位边际贡献}=\frac{2500}{1.5}=1667\ (件)$$

盈亏平衡点的销售额：

$$盈亏平衡点的销售额=\frac{固定成本}{边际贡献率}=\frac{2500}{0.3}=8333（元）$$

采用不同的方法，盈亏平衡点的销售额有 2 元的计算误差。事实上，该误差来源于基本等式法中盈亏平衡点的业务量取近似值而非准确值。

与边际贡献率密切相关的另一重要指标是变动成本率。该指标反映的是变动成本占销售收入的百分比，公式为：

$$变动成本率=\frac{变动成本总额}{销售收入}$$

显然，边际贡献率与变动成本率之间的关系为：

$$边际贡献率+变动成本率=1$$

除了单位边际贡献，还有一个重要指标是单位限制资源的边际贡献。这一指标对进行资源有限制情况下的短期经营决策非常重要。

$$单位限制资源边际贡献=\frac{某产品的单位边际贡献}{该单位产品限制资源的消耗量}$$

多品种下的边际贡献法：对于多个品种采用边际贡献法时，由于采用变动成本法，不需要在各种产品之间分配固定成本。由于每个产品的边际贡献率不同，这时应采用综合边际贡献率，此时的盈亏平衡点的销售额也是综合盈亏平衡点的销售额。因此，关键在于综合边际贡献率的计算。

当进行多产品决策时，边际贡献与变动成本之间存在如下关系：

$$综合边际贡献率=1-综合变动成本率$$

综合边际贡献率反映了多产品组合给企业做出贡献的能力，该指标通常越大越好。

$$综合边际贡献率=\frac{所有产品的边际贡献总额}{所有产品销售收入总额}=\frac{\sum 该产品的销售额\times该产品的边际贡献率}{所有产品的销售额}$$

$$=\sum（该产品的销售百分比\times该产品的边际贡献率）$$

$$综合盈亏平衡点的销售额=\frac{固定成本总额}{综合边际贡献率}$$

若要具体求某种产品的盈亏平衡点的销售额，应先求出该产品的销售百分比，然后乘以综合盈亏平衡点的销售额即可。

$$某种产品的销售百分比=\frac{该产品的销售额}{所有产品的销售额}\times100\%$$

$$某种产品的盈亏平衡点的销售额=综合盈亏平衡点的销售额\times某种产品的销售百分比$$

用求得的具体的盈亏平衡点的销售额除以该产品的单价，就得到该产品的盈亏平衡点的业务量：

$$某种产品的盈亏平衡点的业务量=\frac{该产品的盈亏平衡点的销售额}{该产品的销售单价}$$

综上所述，在已知多品种下每一品种的单价、业务量、单位变动成本及整体固定成本的前提下，多品种条件下盈亏平衡分析的具体步骤如下：

第一步，计算各种产品的单位边际贡献和边际贡献率。

$$单位边际贡献 = 单价 - 单位变动成本$$

$$边际贡献率 = \frac{单位边际贡献}{单价}$$

第二步，计算各种产品的销售额。

$$销售额 = 单价 \times 业务量$$

第三步，计算各种产品的销售额权重。

$$某种产品的销售额权重 = \frac{该产品的销售额}{各种产品的销售额合计}$$

第四步，计算综合边际贡献率。

$$综合边际贡献率 = \sum（该产品的销售额权重 \times 该产品的边际贡献率）$$

第五步，计算综合盈亏平衡点的销售额。

$$综合盈亏平衡点的销售额 = \frac{固定成本}{综合边际贡献率}$$

第六步，计算某产品的盈亏平衡点的销售额。

$$某产品的盈亏平衡点的销售额 = 综合盈亏平衡点的销售额 \times 该种产品的销售额权重$$

第七步，计算某产品的盈亏平衡点的业务量。

$$某产品的盈亏平衡点的业务量 = \frac{某产品的盈亏平衡点的销售额}{该产品的单价}$$

【例4－7】某企业计划生产A，B，C三种产品，固定成本总额为16000元，它们的业务量、销售单价、单位变动成本资料如表4－9所示。

表4－9　产品资料

项　目	A产品	B产品	C产品
预计业务量（件）	1600	2000	2500
销售单价	30	25	14
单位变动成本（元）	25	18	10

要求：

（1）计算企业计划期内的综合边际贡献率、综合盈亏平衡点的销售额。

（2）计算B产品的盈亏平衡点的销售额和盈亏平衡点的业务量。

根据题目的已知条件，可以直接求出各种产品的边际贡献、边际贡献率、业务量、销售百分比，利用多品种盈亏平衡点的公式，就可以求出综合盈亏平衡点。计算结果如表4－10所示。

表 4-10 **各产品指标值**

项目	A 产品	B 产品	C 产品	合计
销售额（元）	48000	50000	35000	133000
销售百分比	36.09%	37.59%	26.32%	100%
单位边际贡献	5	7	4	—
边际贡献率	16.67%	28%	28.57%	—

（1）$\text{综合边际贡献率}=\dfrac{\text{所有产品贡献边际总额}}{\text{所有产品销售收入总额}}=\dfrac{1600\times5+2000\times7+2500\times4}{13300}=24.06\%$

或综合边际贡献率 $=\sum$（该产品的销售额权重 × 该产品的边际贡献率）

$=36.09\%\times16.67\%+37.59\%\times28\%+26.32\%\times28.57\%=24.06\%$

$\text{综合盈亏平衡点的销售额}=\dfrac{\text{固定成本总额}}{\text{综合边际贡献率}}=\dfrac{16000}{24.06\%}=66500$（元）

（2）B 产品的盈亏平衡点的销售额 = 综合盈亏平衡点的销售额 × B 产品的销售百分比 = $66500\times37.59\%=25000$（元）

$\text{B 产品的盈亏平衡点的业务量}=\dfrac{\text{B 产品的盈亏平衡点的销售额}}{\text{B 产品的单价}}=\dfrac{25000}{25}=1000$（件）

2. 用图示法确定盈亏平衡点。本量利分析是建立在成本性态分析以及相关范围和线性的假定基础上的，因此，可以用坐标图绘制销售收入线和成本线，确定盈亏平衡点。

（1）传统式本量利关系分析图。在图 4-5 中，横轴为业务量 Q，纵轴为销售收入或总成本（S 或 TC），销售收入曲线为 S，总成本曲线为 TC，由前面基本公式法对盈亏平衡点的分析，不难理解两条曲线的交点对应的横坐标和纵坐标，分别为盈亏平衡点的业务量和盈亏平衡点的销售额。Q_{BEP} 为盈亏平衡点的业务量，SP 为单价，VC 为单位变动成本，FC 为固定成本，S_{BEP} 为盈亏平衡点的销售额。作图法简单明了，直观形象，但绘图时的误差较大，确定的盈亏平衡点不够精确。

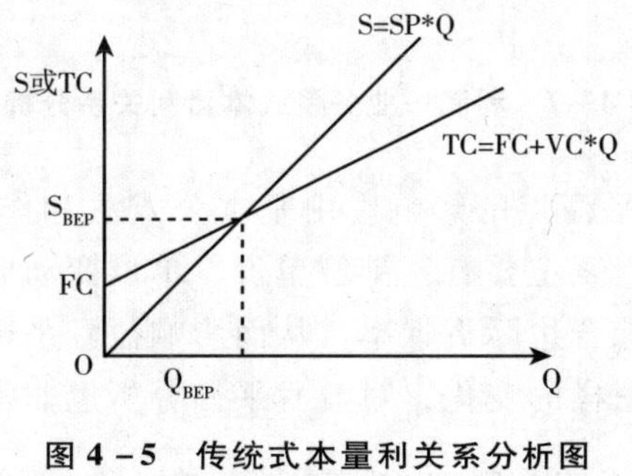

图 4-5 传统式本量利关系分析图

作图法只能用于单一品种的盈亏平衡点的确定，不能确定多品种下的盈亏平衡点，因为多品种下的单价、单位变动成本都不止一个，只有在产品组合不变的情况下，采用一定的数学处理方法，将单价和单位变动成本加权得到一个综合加权值，才可以作图，但比较麻烦。所以，作图法一般不用于多品种的分析。

除了这种传统式本量利关系分析图外，还有边际贡献式、利润—业务量式的本量利关系分析图（参见图4-6和图4-7）。这些关系分析图分别适用于不同情况。

（2）边际贡献式本量利关系分析图。图中，TVC为变动成本曲线，贡献式本量利关系分析图的特点是将变动成本单独列示，能直观地反映利润、固定成本、边际贡献之间的关系，突出了边际贡献。

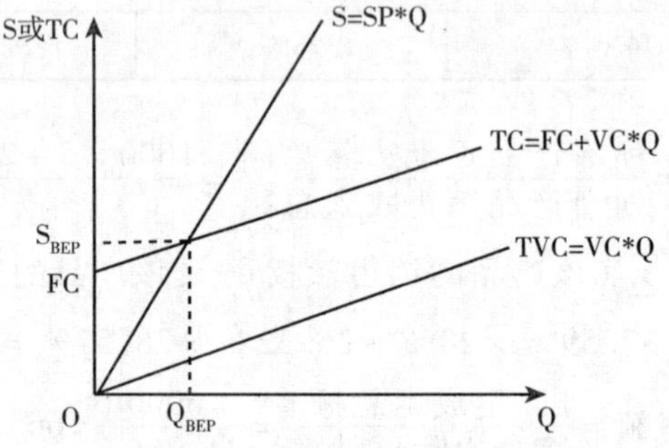

图4-6 贡献式本量利关系分析图

（3）利润—业务量式本量利关系分析图。图中，M为边际贡献线，OI为利润线，m为单位边际贡献。利润线与横轴的交点为盈亏平衡点。该图能清晰反映业务量变化对利润的影响，具有简明的优点。

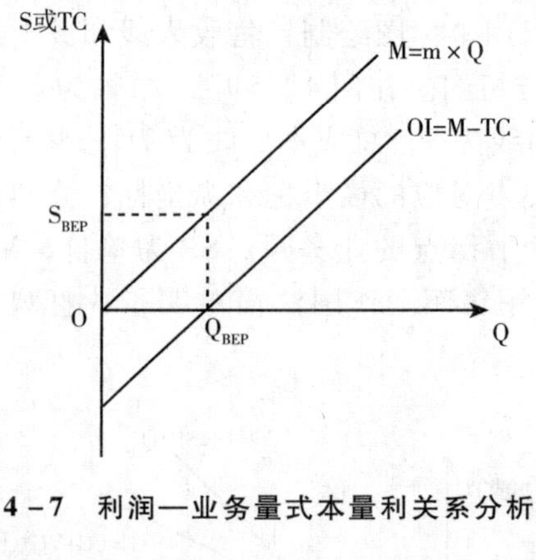

图4-7 利润—业务量式本量利关系分析图

3. 有关因素变动对盈亏平衡点的影响。由基本公式法和作图法对盈亏平衡点的确定过程可知，影响盈亏平衡点的因素主要有：销售单价、单位变动成本、固定成本。对于多品种而言，品种的结构也会影响综合边际贡献率，从而影响盈亏平衡点。因此，当上述因素变动时，会引起盈亏平衡点发生怎样的变化，对盈亏平衡分析也非常重要。

（1）销售单价对盈亏平衡点的影响。由基本公式：$\text{盈亏平衡点的业务量}=\dfrac{\text{固定成本}}{\text{单价}-\text{单位变动成本}}$可以了解到当其他条件不变时，产品单价的变化会导致盈亏平衡点的反向变化。单价上升，销售收入和边际贡献都会增加，因此盈亏平衡点会下降，为有利的影响；反之，则盈亏平衡点会上升，为不利的影响。

（2）单位变动成本对盈亏平衡点的影响。当其他条件不变时，单位变动成本的变化会导致盈亏平衡点的同向变化。单位变动成本的增加将导致边际贡献减少，因此，盈亏平衡点会上升，为不利的影响；反之，则盈亏平衡点会下降，为有利的影响。

（3）固定成本对盈亏平衡点的影响。在其他条件不变的情况下，固定成本的变化会引起盈亏平衡点的同向变化。固定成本总额的变化不会引起销售收入和边际贡献的变化，但固定成本增加需要更多的边际贡献来补偿，因此，盈亏平衡点会上升，为不利的影响；反之，盈亏平衡点会下降，为有利的影响。

（4）品种结构对盈亏平衡点的影响。在其他条件不变的情况下，当边际贡献较高的产品的销售百分比增加时，综合边际贡献率增加，因此盈亏平衡点会下降，为有利的影响；反之，则盈亏平衡点会上升，为不利的影响。

4. 与盈亏平衡点有关的指标。用来评价企业经营的安全程度，与盈亏平衡点有关的指标有安全边际指标和盈亏平衡作业率指标。

（1）安全边际指标。企业在计算盈亏平衡点的基础上，还要确定企业的安全程度，即确定安全边际指标。安全边际指标有相对数和绝对数，分别为安全边际和安全边际率。安全边际是实际或预计的业务量（额）与企业盈亏平衡点的业务量（额）之间的差额，安全边际率等于安全边际除以实际或预计的业务量（额）。

$$\text{安全边际量} = \text{实际或预计的业务量} - \text{盈亏平衡点的业务量}$$

$$\text{安全边际额} = \text{实际或预计的销售额} - \text{盈亏平衡点的销售额}$$

$$\text{安全边际率} = \frac{\text{安全边际量}}{\text{实际或预计的业务量}} \times 100\%$$

$$\text{安全边际率} = \frac{\text{安全边际额}}{\text{实际或预计的销售额}} \times 100\%$$

为何是实际或预计的业务量或销售额？因为管理会计的任务是控制现在和规划未来。于是，根据应用职能的不同，既可能使用现在发生的实际数量，也可能使用将来可能发生的预计数量。安全边际和安全边际率都是正指标，越大越好，一般认为，安全边际率在10%以下时，就很危险，在40%以上时，就很安全。实际上，超过盈亏平衡点的安全边际提供的边际贡献就是利润。因此，利用安全边际和安全边际率的概念，利润与销售利润率的基本等式可以转化为：

$$\text{利润} = \text{安全边际量} \times \text{单位边际贡献} = \text{安全边际额} \times \text{边际贡献率}$$

$$\text{销售利润率} = \frac{\text{利润}}{\text{业务量}} = \text{安全边际率} \times \text{边际贡献}$$

因此，安全边际率和边际贡献率是决定企业销售利润率的重要指标。

（2）盈亏平衡作业率指标。盈亏平衡作业率指标是安全边际的反指标，是指盈亏平衡点的业务量（额）占实际或预计的业务量（额）的百分比，又称为危险率。其计算公式为：

$$\text{盈亏平衡作业率} = \frac{\text{盈亏平衡点的业务量}}{\text{实际或预计的业务量}} \times 100\%$$

$$\text{盈亏平衡作业率} = \frac{\text{盈亏平衡点的销售额}}{\text{实际支预计的销售额}} \times 100\%$$

盈亏平衡作业率是反指标，越小说明企业的经营越安全。盈亏平衡作业率和安全边际率存在以下的关系：

$$盈亏平衡作业率+安全边际率=1$$

【例4-8】企业预计年业务量为30000件，每件售价2元，单位变动成本为1.6元，计划期固定成本为10000元。现要求计算企业计划期内有关的安全边际指标、销售利润率和盈亏平衡作业率指标。

$$盈亏平衡点的业务量=\frac{固定成本}{单位边际贡献}=\frac{10000}{2-1.6}=25000（件）$$

安全边际量＝实际或预计业务量－盈亏平衡点的业务量＝30000－25000＝5000（件）

$$边际贡献率=\frac{单位边际贡献}{售价}=\frac{2-1.6}{2}=20\%$$

$$安边际率=\frac{安全边际量}{实际或预计的业务量}\times 100\%=\frac{5000}{30000}\times 100\%=16.7\%$$

销售利润率＝安全边际率×边际贡献率＝16.7%×20%＝3.34%

盈亏平衡作业率＝1－安全边际率＝1－16.7%＝83.3%

（三）目标利润分析

目标利润分析是在本量利分析的基础上计算为达到目标利润所需达到的业务量、收入和成本的一种利润规划方法。该方法应该反映市场的变化趋势、企业战略规划目标以及管理层需求。

1. 目标利润分析的意义和方法。盈亏平衡分析是以企业利润为零、不盈不亏为前提的，然而，企业不但要盈亏平衡，还要有盈利，否则就无法长期生存和发展。目标利润分析可以用于企业的目标利润预测。目标利润分析就是在盈利条件下的本量利分析。

实际中，业务量、成本、利润之间的关系很复杂，为简化研究，在分析一个因素时，一般均假定其他因素是确定的或不变的。它们之间的关系，可由本量利分析的基本公式推出，此时的利润为目标利润，另外，还可以用图示法表示本量利之间的关系。与盈亏平衡分析相似，目标利润分析包括单一产品的目标利润分析和产品组合的目标利润分析。单一产品的目标利润分析重在分析每个要素的重要性，而产品组合的目标利润分析重在优化企业产品组合。

企业应该结合市场情况、宏观经济背景、行业发展规划以及企业的战略发展规划等因素确定目标利润。

2. 保利点的确定方法。保利点就是在单价和成本水平一定的情况下，为确保实现预先制定的目标利润而必须达到的业务量和销售额的总称。

本量利分析的基本公式为：

$$营业利润=业务量\times(单价-单位变动成本)-固定成本$$

即：

$$营业利润=(单价-单位变动成本)\times 业务量-固定成本$$

当营业利润为目标利润时，保利量的计算公式可以表示为：

$$保利量=\frac{固定成本+目标利润}{单价-单位变动成本}=\frac{固定成本+目标利润}{单位边际贡献}$$

保利额是在保利量的基础上乘以单价得到的，用公式表示为：

$$保利额=\frac{固定成本+目标利润}{单价-单位变动成本}\times 单价=\frac{固定成本+目标利润}{边际贡献率}$$

与盈亏平衡分析一样，基本公式也不能直接用于多品种的保利分析，对于多品种的保利点分析的情形，边际贡献率应为产品的综合边际贡献率。

【例 4-9】 某企业预计下月 A 产品的目标利润为 10000 元，每件售价 8 元，单位变动成本为 6 元，该月它的固定成本为 2000 元。要求计算该月的保利点。

$$保利量=\frac{固定成本+目标利润}{单价-单位变动成本}=\frac{2000+10000}{8-6}=6000（件）$$

$$保利额=保利量\times 单价=6000\times 8=48000（元）$$

公式中的目标利润采用的是税前利润的形式，如果企业的目标利润采用的是税后利润的形式，就需将税后利润转为税前利润，再代入公式中计算。用税后利润除以（1－所得税税率）即为税前利润。

3. 有关因素变动对保利点的影响。保利点的计算公式只是在盈亏平衡点的计算公式上多加了一个目标利润，所以，影响盈亏平衡点的因素也会影响保利点，且影响因素的相关分析也一样。具体而言，包括销售单价、单位变动成本、固定成本、品种结构的影响，且影响的大小、方向与前述有关因素对盈亏平衡点的影响分析完全相同。当然，目标利润肯定会影响保利点，目标利润越高，相应需要补偿的边际贡献越大，保利点越高。

4. 根据目标利润预测单价。

（1）单一品种条件下确定单价。单一品种条件下，当业务量确定时，可以根据本量利分析的基本公式推导出实现目标利润所需的单价。计算公式为：

$$销售单价=\frac{目标利润+固定成本总额+单位变动成本\times 业务量}{业务量}$$

【例 4-10】 沿用【例 4-9】的资料，已知企业预计的业务量为 5000 件。现要求计算企业实现目标利润的最低单价。

$$销售单价=\frac{10000+2000+6\times 5000}{5000}=8.4（元）$$

（2）多品种条件下确定单价。多品种条件下，要根据目标利润确定单价，首先确定每种产品的边际贡献和业务量，当知道其他品种的边际贡献后，可以根据下面的公式计算某一品种的单价：

$$某种产品销售单价=\frac{目标利润+固定成本总额-其他产品边际贡献总额}{业务量}+该产品单位变动成本$$

【例 4-11】 沿用【例 4-9】的资料，已知企业生产的其他产品边际贡献总额为 5000 元。现要求计算该产品使企业实现目标利润的最低销售单价。

$$该种产品销售单价=\frac{10000+2000-5000}{5000}+6=7.4（元）$$

5. 产品组合的目标利润分析。产品组合的目标利润分析通常采用以下方法：

在单一产品的目标利润分析基础上，依据分析结果进行优化调整，寻找最优的产品组合。基本分析公式如下：

$$实现目标利润的销售额=\frac{综合目标利润+固定成本}{1-综合变动成本率}$$

$$实现目标利润率的销售额=\frac{固定成本}{1-综合变动成本率-综合目标利润率}$$

企业在应用该工具方法进行优化产品产量结构的策略分析时，在既定的生产能力基础上，可以提高具有较高边际贡献率的产品的产量。

（四）敏感性分析

敏感性分析（sensibility analysis）是属于本量利分析的一种具体方法。通过敏感性分析，可以帮助企业发现影响营业利润的敏感性因素，提醒企业关注营运管理过程的关键因素，有助于企业的风险管理和营运管理。

1. 敏感性分析的含义与目的。敏感性分析是指对影响目标实现的因素变化进行量化分析，以确定各因素变化对实现目标的影响及其敏感程度。敏感性分析可以分为单因素敏感性分析和多因素敏感性分析。敏感性分析具有广泛适用性，它不仅用于本量利分析，还用于考察有关参数变化对决策的影响。敏感性分析通常会营运到企业营运计划的制定、调整以及营运监控分析等程序中，也常用于长期投资决策等。有助于识别、控制和防范短期营运决策、长期投资决策等相关风险，也可以用于一般经济分析。

假设分析是与敏感性分析相近的一个概念，它考察如果一个因素变化对结果的影响。例如，“如果销售额仅是计划的90%，利润将变为多少？”是一个假设分析，它关注于研究业务量变化时利润的变化程度。业务量变化到什么程度利润将为负则是一个敏感性分析，它研究的是业务量的变化将会导致利润由正转为负。本量利分析中的敏感性分析主要研究和分析有关参数发生多大变化会使盈利转为亏损，各参数变化对利润的影响程度，以及参数变化时，如何通过销量的调整，保证原目标利润的实现。短期营运决策的敏感性分析主要运用于目标利润规划。

敏感性分析能够帮助经营者了解各个参数影响的大小，可以使经营者决定应对哪些参数进行重点控制，当这些参数发生变化后，能及时采取措施，调整企业的计划，将经营活动控制在最有利的状态下。

2. 盈亏平衡点的敏感性分析。盈亏平衡点的敏感性分析是指使盈利转为亏损的有关参数的变动程度。利润由单价、单位变动成本、产销量和固定成本决定。其他条件不变，只有一个因素变动，当利润为零时即为变动因素的临界值（极值）。

在对理论进行规划时，企业应该确定导致盈利转为亏损的有关变量的临界值，即确定销售量和单位销售价格的最小允许值、单位变动成本和固定成本的最大允许值。有关的计算公式如下：

$$销售量的最小允许值=\frac{固定成本}{单价-单位变动成本}$$

$$单价的最小允许值=\frac{单位变动成本\times业务量+固定成本}{业务量}$$

$$单位变动成本的最大允许值=\frac{单价\times业务量-固定成本}{业务量}$$

$$固定成本的最大允许值 = (单价 - 单位变动成本) \times 业务量$$

【例 4-12】 某企业只生产一种产品，单价为 4.5 元，单位变动成本为 3 元，预计固定成本为 75000 元，预计产销量为 80000 件。问：该企业要盈利，相关的参数应在哪个范围内变化？

当参数不变时，企业预计的利润：

利润 = (单价 - 单位变动成本) × 业务量 - 固定成本 = (4.5 - 3) × 80000 - 75000 = 45000（元）

当利润 = 0 时，

单价的最小值：

$$单价 = \frac{固定成本}{业务量} + 单位变动成本 = \frac{75000}{80000} + 3 = 3.9375（元）$$

单位变动成本的最大值：

$$单位变动成本 = 单价 - \frac{固定成本}{业务量} = 4.5 - \frac{75000}{80000} = 3.5625（元）$$

固定成本的最大值：

固定成本 = (单价 - 单位变动成本) × 业务量 = (4.5 - 3) × 80000 = 120000（元）

业务量的最小值（盈亏平衡点）：

$$业务量 = \frac{固定成本}{单价 - 单位变动成本} = \frac{75000}{4.5 - 3} = 50000（件）$$

通过以上的分析可知，只要控制了有关因素的变化范围，就可以保证企业不发生亏损。

3. 保利点的敏感性分析。保利点的敏感性分析是指参数变化对利润的影响程度。利润对参数变化的敏感程度可以用敏感系数衡量，它是利润变化百分比与参数变化百分比的比值。计算公式为：

$$某因素敏感系数 = \frac{目标值变动百分比}{因素值变动百分比}$$

在目标利润规划中，目标值为目标利润，变动因素为销售量、单价、单位变动成本和固定成本。敏感系数的绝对值越大，说明利润对该因素越敏感，即该因素微小幅度的变动，将会引起利润较大幅度的变动，属于强敏感性因素；如果有关因素虽有较大幅度变动但对利润影响不大的，属于弱敏感性因素。

企业应当根据敏感系数绝对值的大小对各种因素排序，按照有关因素的敏感程度优化规划和决策。在短期利润规划决策中，销售量、单价、单位变动成本和固定成本都会对利润产生影响，应该重点关注敏感性因素，及时采取措施，加强控制敏感性因素，确保实现利润规划。

本章小结

本章内容主要介绍了企业营运管理的基本理论、短期经营决策及与之相关的相关成本和非相关成本、成本性态与本量利分析的基本原理，以及初级管理会计师在营运管理中所扮演的角色等内容。

本章介绍了营运管理的基本应用原理。在管理会计中，营运管理是指为了实现企业战略和营运目标，各级管理者通过计划、组织、指挥、协调、控制、激励等活动，实现对企业生产经营过程中的物料供应、产品生产和销售等环节的价值增值管理。涉及计划（Plan）、实施（Do）、检查（Check）、处理（Act）四个阶段（简称 PDCA 管理原则）。营运管理工具方法，通常包括但不限于本量利分析、敏感性分析、边际分析和标杆管理等。为了保证营运管理的科学合理性，各级管理者在计划、执行和调整营运计划时，应综合考虑应用环境所带来的影响。为了营运计划的顺利实施，还应当掌握营运计划的制订方法。

决策的程序实际上是一个提出问题、分析问题、解决问题的分析、判断过程。相关性通常是指信息与决策相关的特征。其中一个重要的相关信息就是相关成本，本章着重介绍了与短期经营决策相关的相关成本，以及不影响短期经营决策的非相关成本。

本章着重介绍了本量利分析，并在成本习性分析的基础上，以数学化的会计模型与图式来揭示固定成本、变动成本、业务量、单价、利润等变量之间内在规律性联系，为企业经营管理提供必要财务信息的一种定量分析方法。在本量利分析中，常用的分析方法有盈亏平衡分析、保利分析以及敏感性分析。

本章练习题及参考答案

一、判断题

1. 企业生产销售多种产品时，当边际贡献较低的产品的销售百分比减少时，保利点和盈亏平衡点上升。（　）

2. 成本性态是指成本总额与特定业务量之间的依存关系。（　）

3. 固定成本是指在一定条件下，不随着业务量发生任何数额变化的那部分成本。（　）

二、选择题

1. 阶梯式混合成本又称为（　）。

A. 半固定成本　B. 半变动成本　C. 延期变动成本　D. 曲线式成本

2. 在短期经营决策中，可以不考虑的成本是（　）。

A. 增量成本　B. 可避免成本　C. 变动成本　D. 历史成本

3. 下列说法正确的有（　）。

A. 增量成本是指某一作业所引起的总成本的增加

B. 沉没成本又称为旁置成本，是指由于过去决策结果而引起的已经实际支付款项、无法收回的成本

C. 机会成本是指为接受一项选择而放弃或牺牲的其他选择的收益。例如，你参加一项业务培训项目的机会成本，可能包括你在此期间工作所获得的薪酬

D. 相关成本是指与特定决策有直接关联的成本。相关成本的形式有很多，诸如边际成本、机会成本、重置成本、付现成本、可避免成本、不可延缓成本、专属成本、差量成本等

三、简答题

请简单分析当其他条件不变时，销售单价、单位变动成本、固定成本变动对盈亏平衡点的影响。

一、判断题

1. ×　2. √　3. ×

二、选择题

1. A　2. D　3. ABC

三、简答题

销售单价、单位变动成本、固定成本变动对盈亏平衡点的影响如下：

（1）当其他条件不变时，产品单价的变化会导致盈亏平衡点的反向变化，销售价格上升，销售收入和边际贡献都会增加，因此盈亏平衡点会下降，为有利影响；反之，则盈亏平衡点会上升，为不利影响。

（2）当其他条件不变时，单位变动成本的变化会导致盈亏平衡点的同向变化，单位变动成本的增加将导致边际贡献减少，因此盈亏平衡点会上升，为不利影响；反之，则盈亏平衡点会下降，为有利影响。

（3）当其他条件不变时，固定成本的变化会导致盈亏平衡点的同向变化。固定成本总额的变化不会引起销售收入和边际贡献的变化，但固定成本增加需要更多的边际贡献来补偿，因此盈亏平衡点会上升，为不利影响；反之，则盈亏平衡点会下降，为有利影响。

第五章 投融资管理

【学习目标】

- 掌握投融资决策分析方法相关的基本概念、原理及其应用技术
- 掌握融资渠道与资本成本计算相关的基本概念、原理及其应用技术
- 掌握营运资金管理方法相关的基本概念、原理、方法及其应用技术

融资是指企业根据需要，通过一定的资金渠道，采取一定的筹资方式，有效筹集资金的活动。融资是企业资金运动的起点，也是企业生产经营活动正常进行和盈利的前提条件。投资是指企业投入财力，期望在未来获取收益的一种行为。投资是企业经营活动的重要环节，通过投资活动选择发展所需要的生产要素，并将其进行有效的整合，使企业的价值达到最大。投融资管理包括投资管理和融资管理。投资管理是指企业根据自身战略发展规划，以企业价值最大化为目标，对资金投入营运进行的管理活动。融资管理，是指企业为实现既定的战略目标，在风险匹配的原则下，对通过一定的融资方式和渠道筹集资金进行的管理活动。企业融资的规模、期限、结构等应与经营活动、投资活动等的需要相匹配。企业进行投融资管理应以持续创造企业价值为核心，符合企业发展战略与规划，与企业战略布局和结构调整方向相一致，投融资对象的风险状况与企业的风险综合承受能力相匹配。

第一节 投融资决策分析方法

投融资管理领域应用的管理会计工具方法，一般包括贴现现金流法、情景分析、约束资源优化和项目管理等。

一、贴现现金流法

贴现现金流法①是以明确的假设为基础，选择恰当的贴现率对预期的现金流入、流出进行贴现，通过贴现值的计算和比较，为财务合理性提供判断依据的价值评估方法。

贴现现金流法一般适用于在企业日常经营过程中与投融资管理相关的资产价值评估、企业价值评估和项目投资决策等；也适用于其他价值评估方法不适用的企业，包括正在经历重大变化的企业，如债务重组、重大转型、战略性重新定位、亏损或者处于开办期的企业等。最常用的贴现现金流法为净现值法和内部收益率法。

---

① 贴现现金流法的基础是货币时间价值，计算方法和系数表请参阅本书附录1和附录2。

（一）净现值法

净现值法（Net present value method）：是评价投资方案经常采用的一种方法。该方法以净现金流入量的总现值扣除净现金投资量的总现值计算出净现值，然后根据净现值的大小来评价投资方案。净现值为正值，投资方案可以接受；净现值是负值，投资方案不可接受。净现值越大，说明投资方案的收益越高。净现值法是一种比较科学也比较简便的投资方案评价方法。净现值的计算公式为：

净现值 = 未来报酬总现值 − 初始投资总额

$$NPV = \sum_{t=1}^{n} \frac{C_t}{(1+r)^t} - C_0$$

式中，NPV：净现值

C_0：初始投资额

C_t：t 年现金流量

r：贴现率

n：投资项目的寿命周期

【例 5－1】假设公司正在意向新设备投资项目，该项目初始投资为 40000 元，每年税后现金流如表 5－1 所示：

表 5－1　投资税后现金流量表

初始投资	第 1 年	第 2 年	第 3 年	第 4 年	第 5 年
40000	10000	12000	15000	10000	7000

假设该项目的投资收益率为 13%，将该投资项目的资料代入净现值计算公式，则该项目的净现值计算如下：

$$NPV = \frac{10000}{(1+13\%)} + \frac{12000}{(1+13\%)^2} + \frac{15000}{(1+13\%)^3} + \frac{10000}{(1+13\%)^4} + \frac{7000}{(1+13\%)^5} - 40000$$

$$NPV = -1428 < 0$$

由于净现值法小于零，所以该方案不可行。

净现值法的优点在于：第一，考虑了货币时间价值，能够反映各种投资方案的净收益；第二，通常以资本成本或者要求的投资报酬率作为贴现率，考虑并强调了项目的机会成本和风险因素；第三，该方法简明直观、易于理解、适用性强。

净现值法的缺点在于：第一，虽然能够反映各种投资方案的净收益，但是没有揭示各个投资方案本身可能达到的实际报酬率是多少；第二，计算过程中采用的贴现率没有明确的标准，具有一定的主观性，选用不同的贴现率对决策结论有较大的影响；第三，对于初始投资额度不同的项目难以作出比较；第四，对于寿命不同的投资方案进行比较时单纯依据净现值是否为正，或者比较净现值的大小进行决策，可能难以作出决策。

为克服净现值法的缺点，人们有时采用净现值指数的方法进行投资项目评价。该方法利用净现金流入量的总现值与净现金投资量的总现值比值得到净现值指数，然后根据净现值指数的大小来评价投资方案。净现值指数大于1，投资方案是可以接受的；净现值指数小于1，投资方案就是不可接受的。净现值指数越大，投资方案越好。

净现值指数 = 未来报酬总现值/初始投资总额

例 [5-1] 中，

净现值指数

$$=\left[\frac{10000}{(1+13\%)}+\frac{12000}{(1+13\%)^2}+\frac{15000}{(1+13\%)^3}+\frac{10000}{(1+13\%)^4}+\frac{7000}{(1+13\%)^5}\right]/40000$$

$$=0.9643$$

净现值指数小于1，该投资项目不能达到经济保本点，不可采用。这一结论与采用净现值法的结论是一致的。

（二）内部报酬率法

内部报酬率（Internal Rate of Return，简写为 IRR）亦称“内含报酬率”，是指投资项目净现值为零时的折现率，即某项投资处于经济保本点时的折现率。内部报酬率可视为项目存续期间投资者可获得的平均回报。作为评估投资项目的指标，优点是比较直观，缺点是无法用于评价非常规性投资项目和规模不等的项目。

内部报酬率的计算可以采用逐次测试法在净现值计算的基础上进行，如果净现值是正值，就要选取比这个净现值计算中更高的折现率来测算，直到测算的净现值正值近于零。再继续提高折现率，直到测算出一个净现值为负值。如果负值过大，就降低折现率后再测算到接近于零的负值。根据接近于零的相邻正负两个净现值的折现率，用线性插值法求得内部收益率。

具体计算步骤如下：

若建设项目现金流量为一般常规现金流量，则财务内部收益率的计算过程为：

（1）首先根据经验确定一个初始折现率i_0。

（2）根据投资方案的现金流量计算净现值 $NPV(i_0)$。

（3）若 $NPV(i_0)=0$，则 $IRR=i_0$；

若 $NPV(i_0)>0$，则继续增大i_0；

若 $NPV(i_0)<0$，则继续减小i_0。

（4）重复步骤（3），直到找到这样两个折现率i_1和i_2，满足 $NPV(i_1)>0$，$NPV(i_2)<0$，其中i_2-i_1一般不超过2%—5%。

（5）利用线性插值公式近似计算内部收益率 IRR。其计算公式为：

$$\frac{(IRR-i_1)}{(i_2-i_1)}=\frac{NPV_1}{(NPV_1-NPV_2)}$$

依然采用净现值计算中的例子的基础资料计算内部报酬率。我们需要确定的是当净现值 NPV 为零时的折现率。从例 [5-1] 中我们已经知道当$i_1=13\%$时净现值 NPV = -1428。

令：$i_2=10\%$

$$\frac{10000}{(1+10\%)}+\frac{12000}{(1+10\%)^2}+\frac{15000}{(1+10\%)^3}+\frac{10000}{(1+10\%)^4}+\frac{7000}{(1+10\%)^5}-40000$$

查复利现值系数表，将利率为10%，期数第1期至第5期的复利现值系数分别代入：

$$10000\times0.909+12000\times0.826+15000\times0.751+10000\times0.683+7000\times0.621-40000=1444$$

运用插值法计算可得：

$$\begin{matrix} 13\% & -1420 \\ i & 0 \\ 10\% & 1444 \end{matrix}$$

$$\frac{(13\%-i)}{(13\%-10\%)}=\frac{(-1420-0)}{(-1420-1444)}$$

求得，i=11.51%，也就意味着该项目内部报酬率为11.51%。

内部收益率法的优点是能够把项目寿命期内的收益与其投资总额联系起来，指出这个项目的收益率，便于将它同行业基准投资收益率对比，确定这个项目是否值得建设。使用借款进行建设，在借款条件（主要是利率）还不很明确时，内部收益率法可以避开借款条件，先求得内部收益率，作为可以接受借款利率的高限。但内部收益率表现的是比率，不是绝对值，一个内部收益率较低的方案，可能由于其规模较大而有较大的净现值，因而更值得建设。所以在各个方案选比时，必须将内部收益率与净现值结合起来考虑。

二、情景分析

情景分析，是指在对企业经营管理中未来可能出现的相关事件情景进行假设的基础上，结合企业管理要求，分析相关方案发生的可能性、相应后果和影响，以作出最佳决策的方法。情景分析一般适用于企业的投融资决策，也可用于战略目标制定、风险评估等。通常情况下，可以采取德尔菲法、敏感性分析等方法。

（一）德尔菲法

1. 德尔菲法的特征。德尔菲法本质上是采用背对背的通信方式来征询专家组成员的意见，经过反复征询、归纳、修改，最后使专家组成员的意见趋于一致。德尔菲法的基本特征有四点：

（1）匿名性，整个研究过程的专家完全是在匿名或背对背的情况下交流思想和信息的，匿名是德尔菲法最重要的特点；

（2）一致性，德尔菲法的主要目的就是通过一系列的互动交流来获得规模较大的专家团队的意见；

（3）反馈性，专家组成员们的交流是通过回答组织者的问题来实现的，可以在任何时候修改自己前期的意见；

（4）统计性，德尔菲法的每一轮预测反馈都采用统计方法对专家们的预测和判断意见进行科学地综合，并以定量指标来预测结果。

2. 德尔菲法的步骤。德尔菲技术的实施过程分为六个步骤：确定研究主题、选择回答问卷的专家组成员、编制问卷并发放问卷、回收问卷与分析、编制下一轮问卷与发放、分析问卷及撰写结果报告。

第一步：确定研究主题。研究者需要确定研究主题、研究方法等，明确为什么要在该项研究中使用德尔菲法，明确研究目的，以及确定如何运用德尔菲法获得研究结论。

第二步：选择回答问卷的专家组成员。在德尔菲法中，专家扮演着十分重要的角色，因而挑选的专家应有一定的代表性、权威性，通常选取15—30人。

第三步：编制问卷并发放问卷。问卷要包括作答说明、受访者基本资料、问题陈述三个部分的内容。由于问卷大都是开放性问题，因而可以通过举例的方式来给专家解释如何作答。

第四步：回收问卷与分析。在寄送问卷10—15天之后，可以清点回收到的问卷。再对回收到的问卷进行分析和整理，剔除不需要的题目，保留有价值的题目，作为下一轮问卷设计的基础。整理专家们有异议的题目等，后续反馈给专家。

第五步：编制下一轮问卷与发放。此轮问卷包括三个部分：（1）上一轮问卷的分析结果；（2）专家对结果提出意见；（3）专家可对结果进行优先排序的标号。需要注意的是，通常德尔菲法可进行多次的问卷调查，直到专家们对所有的议题都达成共识并不再提出新的异议之时，就可进入最后一轮问卷调查。

第六步：分析问卷及撰写结果报告。整理专家反馈的最终结果，将其作为撰写研究报告的资料。

（二）敏感性分析

敏感性分析是指从定量分析的角度研究有关因素发生某种变化对某一个或一组关键指标影响程度的一种不确定分析技术。其实质是通过逐一改变相关变量数值的方法来解释关键指标受这些因素变动影响大小的规律。敏感性因素一般可选择主要参数（如销售收入、经营成本、生产能力、初始投资、寿命期、建设期、达产期等）进行分析。若某参数的小幅度变化能导致经济效果指标的较大变化，则称此参数为敏感性因素，反之则称其为非敏感性因素。下面以利润的敏感性分析为例说明敏感性分析的因素和程序。利润的敏感性分析是指专门研究制约利润的有关因素在特定条件下发生变化时对利润所产生影响的一种敏感性的分析方法。进行利润敏感性分析的主要目的是计算有关因素的利润灵敏度指标，揭示利润与有关因素之间的相对关系，并利用灵敏度指标进行利润预测。

1. 敏感性分析的一般步骤。

（1）确定敏感性分析指标。敏感性分析的对象是具体的技术方案及其反映的经济效益。因此，技术方案的某些经济效益评价指标，例如息税前利润、投资回收期、投资收益率、净现值、内部收益率等，都可以作为敏感性分析指标。

（2）计算该技术方案的目标值。一般将在正常状态下的经济效益评价指标数值，作为目标值。

（3）选取不确定因素。在进行敏感性分析时，并不需要对所有的不确定因素都进行考虑和计算，而应视方案的具体情况选取几个变化可能性较大、并对经济效益目标值影响作用较大的因素。例如：产品售价变动、产量规模变动、投资额变化等，或是建设期缩短、达产期延长等，这些都会对方案的经济效益大小产生影响。

（4）计算不确定因素变动对分析指标的影响程度。若进行单因素敏感性分析，则要在其他因素固定的条件下，变动其中一个不确定因素；然后，再变动另一个因素（仍然保持其他因素不变），以此求出某个不确定因素本身对方案效益指标目标值的影响程度。

（5）找出敏感因素进行分析和采取措施，以提高技术方案的抗风险的能力。

2. 利润灵敏度指标的排列规律。

（1）单价的灵敏度指标总是最高；

（2）销售量的灵敏度指标不可能最低；

（3）单价的灵敏度指标与单位变动成本的灵敏度指标之差等于销售量的灵敏度指标；

（4）销售量的灵敏度指标与固定成本的灵敏度指标之差等于1。

（三）情景分析法的优缺点

情景分析的主要优点在于注重情景发展的多种可能性，降低决策失误对企业造成的影响，对决策事项的可参考性更强。主要缺点在于情景假设的主观性较强，对于情景数据的准确性、逻辑性及因果关系的建立要求较高。

三、约束资源优化

（一）约束资源的含义

约束资源，是指企业拥有的实际资源能力小于需要的资源能力的资源。约束资源优化，是指识别出制约企业实现生产目标的瓶颈资源，如流动资金、原材料、劳动力、技术等要素及要素投入的时间安排等，对其进行优化改善并对其他资源进行相应调整，以优化企业资源配置、提高企业资源使用效率的方法。

（二）识别约束资源的方法

一般适用于企业的营运管理等领域。企业应用约束资源优化工具方法，应识别出管理过程中制约既定目标实现的约束资源。在约束资源不容易通过定量方法认定的情况下，可以通过内部评审法、专家评价法等，识别出管理过程中的约束资源。

1. 内部评审法。内部评审法是指通过企业内部组织开展评议、审查，识别约束资源以实现企业管理目标的方法。通常情况下，企业应组建满足约束资源识别所需的、由财务部门和生产部门等相关人员组成的内部评审小组或类似评审组织，通过开展集中研讨等方式，识别出管理过程中的约束资源。

2. 专家评价法。专家评价法是指利用专家的经验、知识等进行约束资源识别的经验判断方法。通常情况下，对于企业既定目标的实现形成重大制约影响的约束资源，可以通过组织行业内外部专家进行综合评判。

（三）约束资源持续优化

在约束资源识别的基础上，企业应比较约束资源的资源能力差距，搜集约束资源的相关数据和信息，系统性分析约束资源形成的原因和涉及的实施责任主体，制定约束资源优化的实施方案，确保实现约束资源的资源能力提升。

（四）约束资源优化的优缺点

约束资源优化的主要优点在于促进企业不断地发现、分析和解决企业发展的关键瓶颈，提高企业资源配置效率。约束资源优化的主要缺点，一是多部门协同沟通难度大，难以持续实施；二是多个责任主体，责任界定不明确；三是对相关数据的量化要求较高。

四、项目管理法

项目管理的方法一般包括挣值法、成本效益法、价值工程法等。

（一）挣值法（Earned Value Analysis）

1. 挣值的含义及相关成本。挣值是指项目实施过程中已经完成工作的价值，用分配给实际已完成工作的预算来表示。挣值分析法又称为赢得值法或偏差分析法，简称挣值法，是对项目进度和费用进行综合控制的一种有效方法。通过分析项目实施与项目目标期望值之间的差异，从而判断项目实施的成本、进度绩效。挣值法广泛适用于项目管理中的项目实施、项目后评价等阶段。挣值法的评价基准包括成本基准和进度基准，通常可以用于检测实际绩效与评价基准之间的偏差。挣值法分析中常用的指标为：计划成本和实际成本。

计划成本是指计划工作量的预算费用（Budgeted Cost for Work Scheduled）。计算公式为：计划成本 = 计划工作量 × 预算定额。计划成本主要是反映进度计划应当完成的工作量（用费用表示）。

实际成本是指已完成工作量的实际费用（Actual Cost for Work Performed）。实际成本主要是反映项目执行的实际消耗指标。

挣值（Earned Value）是指已经完成工作量的预算成本（Budgeted Cost for Work Performed），又称赢值和挣得值，是指项目实施过程中某阶段按实际完成工作量及按预算定额计算出来的费用，其实质是将已完成的工作量用预算费用来度量。用公式可以表示为：挣值 = 已完工作量 × 预算定额

企业应用挣值法进行项目管理时，应当把项目预算分配至项目计划的各个时点。项目管理时既要监测挣值的增量，以判断当前的绩效状态；又要监测挣值的累计值，以判断长期的绩效趋势。

2. 挣值为基础的偏差测量。挣值法的评价基准包括成本基准和进度基准，通常可以用于检测实际绩效与评价基准之间的偏差。

（1）进度偏差。进度偏差是在某个给定时点上，测量并反映项目提前或落后的进度绩效指标。进度偏差可以采用绝对数，表示为挣值与计划成本之差（偏差量 = 挣值 - 计划成本）；也可采用相对数，表示为挣值与计划成本之比（偏差率 = 挣值 ÷ 计划成本）。

进度偏差率是指项目挣得值与计划值之比。当进度偏差率 >1 表示进度提前，进度偏差率 <1 表示进度延误，进度偏差率 =1 表示实际进度等于计划进度。

（2）成本偏差。成本偏差是在某个给定时点上，测量并反映项目预算亏空或预算盈余的成本绩效指标。成本偏差可以采用绝对数，表示为挣值与实际成本之差（偏差量 = 挣值 - 实际成本）；也可采用相对数，表示为挣值与实际成本的比值（偏差率 = 挣值 ÷ 实际成本）。

成本偏差率是指挣得值与实际费用值之比。当费用偏差率 >1 表示低于预算，费用偏差

率 <1 表示超出预算，费用偏差率 =1 表示实际费用与预算费用吻合，表明项目费用按计划进行。

3. 挣值法的优缺点。挣值法的优点在于通过对项目当前运行状态的分析，可以有效地预测出项目未来发展趋势，严格地控制项目的进度和成本；出现不利偏差时，能够较快地检测出问题所在，留有充足的时间对问题进行处理和对项目进行调整。缺点在于片面注重用财权的执行情况判断事权的实施效益；事后控制方法不利于事前控制；存在用项目非关键路径上取得的挣值掩盖关键路径上进度落后的可能性，影响项目绩效判断的准确性。

【例 5 -2】某项目包含 3 个工作包 A、B、C，总预算成本为 24 万元、60 万元、16 万元。该项目的每期预算成本如表 5 -2 所示。

表 5 -2　　某项目的每期预算成本

工作包	总预算成本（万元）	时间/周											
		1	2	3	4	5	6	7	8	9	10	11	12
A	24	4	4	8	8								
B	60					8	8	12	12	10	10		
C	16											8	8
合计	100	4	4	8	8	8	8	12	12	10	10	8	8
累计		4	8	16	24	32	40	52	64	74	84	92	100

假设截止到第九周末，该项目的完成情况如表 5 -3 所示。

表 5 -3　　某项目截止到第 9 周末的完工情况　　单位：%

工作包	时间/周								
	1	2	3	4	5	6	7	8	9
A	10	25	50	80	100	100	100	100	100
B	0	0	0	5	15	25	30	40	50
C	0	0	0	0	0	0	0	0	0

根据表 5 -2 及表 5 -3 的内容计算该项目截止到第九周末的挣值情况，计算结果如表 5 -4所示。

表 5 -4　　某项目每期累计挣值

工作包	总预算成本（万元）	时间/周								
		1	2	3	4	5	6	7	8	9
A	24	2.4	6	12	19.2	24	24	24	24	24
B	60	0	0	0	3	9	15	18	24	30
C	16	0	0	0	0	0	0	0	0	0
合计	100	2.4	6	12	22.2	33	39	42	48	54

根据实际的成本报告，到第九周末，各个时期已完成的实际成本如表 5 -5 所示。

表 5-5　　　　某项目各个时期已完工程的实际成本

工作包	时间/周									实际总成本（万元）
	1	2	3	4	5	6	7	8	9	
A	2	5	9	5	3					24
B				2	8	10	12	13	10	55
C										
合计	2	5	9	7	11	10	12	13	10	
累计	2	7	16	23	34	44	56	69	79	79

根据以上数据对该项目截止到第九周末的工作情况进行挣值分析，如表 5-6 和图 5-1 所示。

表 5-6　　　　挣值分析

	时间/周								
	1	2	3	4	5	6	7	8	9
计划成本	4	8	16	24	32	40	52	64	74
挣值	2.4	6	12	22.2	33	39	42	48	54
实际成本	2	7	16	23	34	44	56	69	79
进度偏差	-1.6	-2	-4	-1.8	1	-1	-10	-16	-20
成本偏差	0.4	-1	-4	-0.8	-1	-5	-14	-21	-25
进度偏差率	-40.00%	-25.00%	-25.00%	-7.50%	3.13%	-2.50%	-19.23%	-25.00%	-27.03%
成本偏差率	20.00%	-14.29%	-25.00%	-3.48%	-2.94%	-11.36%	-25.00%	-30.43%	-31.65%

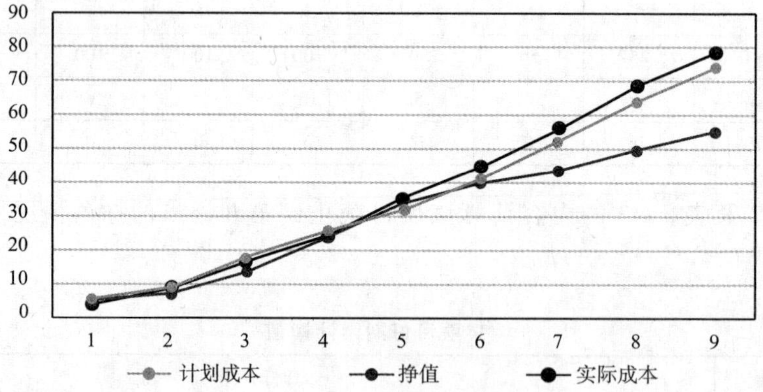

图 5-1　挣值分析

通过例［5-2］中的表 5-6 和图 5-1 可以看出，在项目进行过程中采用挣值法分析，成本偏差率是指挣得值与实际费用值之比。当费用偏差率 >1 表示低于预算，费用偏差率 <1 表示超出预算，费用偏差率 =1 表示实际费用与预算费用吻合，表明项目费用按计划进行。进度偏差率是指项目挣得值与计划值之比。当进度偏差率 >1 表示进度提前，进度偏差率 <1 表示进度延误，进度偏差率 =1 表示实际进度等于计划进度。通过例［5-2］中的表 5-5

和图5－1可以看出，成本偏差率和进度偏差率均小于1，表明项目效率较低、进度较慢、投入超前，因此需要采取措施提高项目效率。

（二）成本效益法

1. 成本效益法的含义。成本效益法是指通过比较项目不同实现方案的全部成本和效益，以寻求最优投资决策的一种项目管理工具方法。其基本原理是：针对某项支出目标，提出若干实现该目标的方案，运用一定的技术方法，计算出每种方案的成本和收益，依据一定的原则，通过比较的方法，选择出最优的决策方案。成本效益法属于事前控制方法，适用于项目可行性研究阶段经济决策方案的选择。

2. 成本效益法的一般程序。

（1）确定项目中的收入和成本；

（2）确定项目不同实现方案的差额收入；

（3）确定项目不同实现方案的差额费用；

（4）制定项目不同实现方案的预期成本和预期收入的实现时间表；

（5）评估难以量化的社会效益和成本。

3. 成本效益法的优缺点。成本效益法的主要优点在于适用性较强，是衡量管理决策可行性的基本依据；考虑评估标的经济与社会、直接与间接、内在与外在、短期与长期等各个维度的成本和收益，具有较强的在综合性。主要缺点在于成本效益法属于事前评价方法，因此评价时存在较多不确定性因素；综合考虑项目的经济效益、社会效益等因素时经济效益以外的其他效益难以量化。

【例5－3】公路货物运输成本效益分析。燃油价格不断上扬对我国运输市场造成极大影响。政策的变革、经济条件的变化等必然引起道路收费标准的调整、行政部门规费征收的改革及运输市场的货运价格的重新形成，因此分析当前的市场条件下运输者的成本效益很有必要。

（1）道路运输收入函数和成本函数。设Y(x)为道路使用者的收入函数；C(x)为道路使用者的成本函数，根据道路运输收益和成本特性，这两个函数可以分别表示为：

$$Y(x) = Px \times L$$
$$C(x) = F + CL(x, L)$$

式中：Px为吨公里运价；x为实际吨位；L为行驶里程；F为一个运次的固定成本；CL(x，L)为货运变动成本。

运输者的效益与其运费收益以及车辆运营的固定成本与变动成本相关，车辆运行固定成本包括车辆折旧、税赋等；车辆运行变动成本包括车辆的燃油费、轮胎消耗费和保修费等运营费用、道路通行费用。车辆的购置费用、燃油费用、当前的货运价格、通行费用、税赋水平等就成为道路使用者收益的主要影响因素。

（2）道路货物运输经济效益分析。道路货物运输成本收入如表5－7、表5－8和表5－9所示，可以看到在每月往返4次的情况下：只有2轴和3轴货运汽车的年纯收入是盈利的，盈利的金额不大，而4轴和5轴货运汽车在这种情况下是亏损的，在达到每月往返6次的情况下，2轴和3轴货运车辆是盈利的，而4轴及5轴货运车辆只有2万多元的收入，这几乎是一个不可能完成的运输量。

表 5－7　　车辆运行固定成本

车型 年费用	2 轴	3 轴	4 轴	5 轴
新车价格	15.5	23.5	27.5	37.5
折旧（万元）	3.1	4.7	5.5	7.5
保险（万元）	0.56	1.05	1.3	1.67
养路费（万元）	5×12×0.02	7.5×12×0.02	14×12×0.02	18×12×0.02
运管费（万元）	5×12×0.0042	7.5×12×0.0042	14×12×0.0042	18×12×0.0042
年检（元）	0.2	0.2	0.2	0.2
工资（万元）	3.0	3.6	3.6	3.6

表 5－8　　哈尔滨至北京车辆运行趟次变动成本

车型 年费用	2 轴	3 轴	4 轴	5 轴
通行费	793	1215	1597	2078
轮胎	154	237	474	728
保修费	127	192	276	328
油耗	1118	1430	1833	2067

表 5－9　　货运汽车平均运费下年纯收入　　单位：万元

车型 次数	2 轴		3 轴		4 轴		5 轴	
	①	②	①	②	①	②	①	②
4.0×12×2	9.2	0.8	12.7	0.9	11.2	－3.5	13.9	－4.4
5.0×12×2	11.5	3.1	15.9	4.1	14.0	－0.7	17.4	0.9
5.5×12×2	12.7	4.3	17.5	5.7	15.4	0.7	19.1	0.9
6.0×12×2	13.8	5.4	19.1	7.3	16.9	2.1	20.7	2.6

注：①为营运收入中不扣除运营固定成本；②为扣除运营固定成本后的纯利润。

（3）案例综合分析。①基于当前的通行费标准、运输价格水平及税赋水平，如果正常装载运输，运营车辆的效益水平很低。②2 轴货车与 3 轴货车在当前的载重水平和正常的运营次数下只能基本维持成本。③高效低耗的 4 轴、5 轴等重型货运汽车不能盈利，大型货运车辆的优势得不到体现。④与货运车辆有关的费用与价格需要做必要的调整。

（三）价值工程法

1. 价值工程法的含义。价值工程法是指对研究对象的功能和成本进行系统分析，比较为获取的功能而发生的成本，以提高研究对象价值的管理方法。可广泛适用于项目设计与改造、项目实施等阶段。其中，功能是指对象满足某种需求的效用或属性；成本是指按功能计算的全部成本费用；价值是指对象所具有的功能与获得该功能所发生的费用之比。

2. 价值工程法的阶段。价值工程法可分为四个阶段：准备阶段、分析阶段、创新阶段和实施阶段。

（1）准备阶段。选择价值工程的对象并明确目标、限制条件和分析范围；根据价值工程对象的特点，组成价值工程工作小组；制订工作计划，包括具体执行人、执行日期、工作目标等。

（2）分析阶段。收集整理与分析对象有关的全部信息资料；通过分析信息资料，简明准确地表述对象的功能、明确功能的特征要求，并绘制功能系统图；运用某种数量形式表达原有对象各功能的大小，求出原有对象各功能的当前成本，并依据对功能大小与功能当前成本之间关系的研究，确定应当在哪些功能区域改进原有对象，并确定功能的目标成本。

（3）创新阶段。依据功能系统图、功能特性和功能目标成本，通过创新性的思维和活动，提出实现功能的各种不同方案；从技术、经济和社会等方面评价所提出的方案，看其是否能实现规定的目标，从中选择最佳方案；将选出的方案及有关的经济资料和预测的效益编写成正式的提案。

（4）实施阶段。组织提案审查，并根据审查结果签署是否实施的意见；根据具体条件及内容，制订实施计划，组织实施，并指定专人在实施过程中跟踪检查，记录全程的有关数据资料，必要时可再次召集价值工程工作小组提出新的方案；根据提案实施后的技术经济效果，进行成果鉴定。

3. 价值工程法的优缺点。价值工程法的主要优点在于把项目的功能和成本联系起来，通过削减过剩功能、补充不足功能使项目的功能结构更加合理化；着眼于项目成本的整体分析，注重有效利用资源，有助于实现项目整体成本的最优化。主要缺点在于要求具有较全面的知识储备，不同性质的价值工程分析对象涉及其他领域的学科性质、广度和深度等都存在很大差别，导致功能的内涵、结构和系统特征必然具有实质性区别。

【例 5－4】房地产开发商要在某城区内的二级地段进行住宅开发，地块面积为 200 亩，一边临水，一边紧邻城市次干道，周边居民收入水平和环境条件一般。现对此地块住宅开发进行产品的档次定位分析。根据地块的城市规划用途、地段特征以及周边城市居民的收入状况，现拟定建设三种不同住宅标准的住宅小区，其建造标准如表 5－10 所示。同时为了计算的简便，将开发商的住宅建造成本和市场上居民愿意或实际购买住宅的整体功能所花成本，转换为成本系数。

表 5－10　　三个方案的特征和成本系数分析

方案名称	主要特征	平均成本		成本系数（C）	
		单位造价	市场售价	单位造价	市场售价
A	环境幽雅、富有特色、智能化高档住宅小区，小高层框架结构，内外结构布置具有人文气息	2200	2750	0.4	0.404

续表

方案名称	主要特征	平均成本		成本系数（C）	
		单位造价	市场售价	单位造价	市场售价
B	各种环境较好的中档住宅小区，框架结构，一般智能化条件	100	2250	0.33	0.331
C	环境一般化的低档经济型住宅小区，框架砖混结合	1500	1800	0.27	0.26

（1）功能指标系统的选择。把住房作为一个独立完整的“产品”进行功能定义和评价，而不再将住房细分下去。功能指标系统的选取，主要考虑对住房市场需求和住房功能定位有直接影响的因素。因此，可建立下列功能系统图：经济适用（价格适中，布局合理）；生活便捷（设施完备，使用方便）；环境适宜（环境舒适，政策配套）；使用安全（结构牢固，三防齐全）；资产增值（地段改良，市场发展）。

（2）功能指标重要系数的确定。首先对上述五个大类指标用市场调查方式打分，然后确定市场目前环境下的指标功能重要性系数，以此作为确定市场各类人员对指标细分评分调查表的有效性标准，以防止个人偏好而导致与实际市场情况相差太远。分别用 f_1 表示经济适用；f_2 表示生活便捷；f_3 表示环境适宜；f_4 表示使用安全；f_5 表示资产增值。通过市场调查的数据整理分析可得五个大类指标得分：$f_1 = 0.3$；$f_2 = 0.25$；$f_3 = 0.2$；$f_4 = 0.15$；$f_5 = 0.10$。根据各功能指标在不同档次住宅中所占的地位不同，首先选取相应的目标客户、市场销售人员、专家等有代表性的相关群体为调查对象，以保证市场调查结果的科学性和合理性，再运用指标之间相对重要性对各指标评分，然后加权系数（0.4，0.30，0.30）求和并归一化，得出各功能重要系数。根据市场调查结果计算各功能重要性系数（见表 5－11）。

表 5－11　　　　功能重要性系数的评分

功能		用户评分（g_1）		专家评分（g_2）		销售人员评分（g_3）		功能重要系数
		得分	修正值（0.4）	得分	修正值（0.3）	得分	修正值（0.3）	
经济适用（0.30）	价格适中	20	8	17	5.1	21	6.3	0.194
	布局合理	13	5.2	14	4.2	11	3.3	0.127
生活便捷（0.25）	设施完备	12	4.8	12	3.6	14	4.2	0.126
	使用方便	7	2.8	10	3	10	3	0.088
环境适宜（0.20）	环境舒适	15	6	12	3.6	13	3.9	0.135
	政策匹配	8	3.2	7	2.1	7	2.1	0.074
使用安全（0.15）	结构牢固	7	2.8	8	2.4	8	2.4	0.076
	三防齐全	7	2.8	8	2.4	5	1.5	0.067

续表

功能		用户评分（g_1）		专家评分（g_2）		销售人员评分（g_3）		功能重要系数
		得分	修正值（0.4）	得分	修正值（0.3）	得分	修正值（0.3）	
资产增值（0.10）	地段改良	6	2.4	7	2.1	6	1.8	0.063
	市场发展	5	2	5	1.5	5	1.5	0.050
合计	100	40	100	30	100	30	1	

（3）方案的功能满足程度评分。对三个方案的情况，采取按功能细分的状况和拟订方案的项目特征进行比较适应性打分，然后用细分功能指标重要性系数进行修正，得出功能评价系数（见表5－12）。

表5－12　　　　三个方案的功能满足程度评分

评价因素		A	修正值（d_1）	B	修正值（d_2）	C	修正值（d_3）
功能因素	重要系数（g）						
价格适中	0.194	4	0.776	7	1.358	8	1.552
布局合理	0.127	2	0.254	7	0.889	8	1.016
设施完备	0.126	4	0.504	8	1.008	7	0.882
使用方使	0.088	7	0.616	10	0.88	4	0.352
环境舒适	0.135	7	0.945	8	1.08	2	0.27
政策匹配	0.074	6	0.444	9	0.666	4	0.296
结构牢固	0.075	5	0.375	9	0.675	4	0.3
三防齐全	0.067	8	0.536	7	0.469	3	0.201
地段改良	0.063	10	0.63	9	0.567	2	0.126
市场发展	0.05	4	0.2	7	0.35	8	0.4
方案总分		57	5.28	81	7.942	50	5.395
功能评价系数（F）			0.284		0.427		0.29

（4）方案价值系数的计算。将表5－12计算的结果和表5－10的成本系数分别代入表5－13或表5－14，按价值功能系数计算公式（V＝F/C），求出价值功能系数。

表 5－13　　a 方案价值系数的计算

方案名称	功能评价系数	成本系数	价值系数	最优选择
	F	C	V = F/C	
A	0.284	0.40	0.710	
B	0.427	0.33	1.294	最优
C	0.29	0.27	1.074	

表 5－14　　b 方案价值系数的计算

方案名称	功能评价系数	成本系数	价值系数	最优选择
	F	C	V = F/C	
A	0.284	0.401	0.71	
B	0.427	0.335	1.27	最优
C	0.29	0.275	1.05	

根据表 5－13 和表 5－14 的价值系数计算结果可知：方案 b 最优。因此，在上述地段、环境等状况下，此项目应该选择建造中档价位住宅小区的产品决策方案最为合理。读者需要注意的是，在方案选择决策中，选择的是价值系数最高的方案。在应用目标成本法进行设计成本管理时，也就是各个部件成本构成时，选择的是价值系数等于 1 的成本构成方案。

第二节　融资渠道与资本成本计算方法

一、融资渠道

企业融资渠道是多种多样的。企业可以利用资本所有者的资本投入，也可以利用债权人的借款或债券投入，可以利用资本市场公开筹措资金，也可以利用企业的内部积累作为资金来源；可以筹措长期资金，也可以筹措短期资金等。企业在进行融资决策时，必须考虑不同融资渠道的选择，力求降低资本成本，拓宽融资渠道。

（一）长期借款

长期借款是指企业向银行或其他非银行金融机构借入的使用期超过 1 年的借款。

1. 长期借款的种类。

（1）按照用途，分为固定资产投资借款、更新改造借款、科技开发和新产品试制借款等。

（2）按照提供贷款的机构，分为政策性银行贷款、商业银行贷款等。此外，企业还可从信托投资公司取得实物或货币形式的信托投资贷款，从财务公司取得各种中长期贷款等。

（3）按照有无担保，分为信用贷款和抵押贷款。信用贷款指无需企业提供抵押品，仅凭其信用或担保人信誉而发放的贷款。抵押贷款是指要求企业以抵押品作为担保的贷款。

2. 长期借款的成本。长期借款的利息率通常高于短期借款，长期借款利率有固定利率和浮动利率两种。浮动利率通常有最高、最低限，并在借款合同中明确。对于借款企业来讲，若预测市场利率将上升，应与银行签订固定利率合同；反之则应签订浮动利率合同。

3. 长期借款融资的优点。

（1）融资速度快。各类证券发行的准备以及证券的发行都需要一定时间，金融机构一般借款所需时间较短，可以迅速地获取资金。

（2）借款弹性好。企业与金融机构可以直接接触；可通过直接商谈来确定借款条件。在借款期间，如果企业情况发生了变化，也可与金融机构进行协商，修改借款合同。

4. 长期借款融资的缺点。

（1）财务风险较大。企业举借长期借款，必须定期还本付息。在经营不利的情况下，可能会产生不能偿付的风险，甚至会导致破产。

（2）限制条款较多。企业与金融机构签订的借款合同中，一般都有较多的限制条款，这些条款可能会限制企业的经营活动。

（二）长期债券融资

债券是发行人依照法定程序发行，约定在一定期限内还本付息的有价证券。债券的发行人是债务人，投资于债券的人是债权人。

1. 长期债券发行价格。债券的发行价格是债券发行时使用的价格，即投资者购买债券时所支付的价格，公司债券的发行价格通常有三种：平价、溢价和折价。其中，平价指以债券的票面金额为发行价格；溢价指以高出债券票面金额的价格为发行价格；折价指以低于债券票面金额的价格为发行价格。债券发行价格的形成受诸多因素的影响，其中主要是票面利率与市场利率的一致程度。为了协调债券购销双方在债券利息上的利益，就要调整发行价格：当票面利率高于市场利率，以溢价发行债券；当票面利率低于市场利率时，以折价发行债券；当票面利率与市场利率一致时，以平价发行债券。

2. 长期债券融资的优点。

（1）融资规模较大。债券属于直接融资，发行对象分布广泛，且不受金融中介机构自身资产规模及风险管理的约束。

（2）具有长期性和稳定性。债券的期限可以比较长，且债券的投资者一般不能在债券到期之前向企业索取本金。

（3）有利于资源优化配置。债券是公开发行的，投资者可以方便地交易并转让所持有的债券，有助于加速市场竞争，优化社会资金的资源配置效率。

3. 长期债券融资的缺点。

（1）发行成本高。企业公开发行公司债券的程序复杂，需要聘请保荐人、会计师、律师、资产评估机构以及资信评级机构等中介。

（2）信息披露成本高。发行债券需要公开披露募集说明书及其引用的审计报告、资产评估报告、资信评级报告等多种文件。债券上市后也需要披露定期报告和临时报告，信息披露成本较高。

（3）限制条件多。为了保护投资者，企业发行债券时通常需要与投资者签订债务契约，契约书中的限制条款通常比优先股及短期债务更为严格，比如限制公司对债券融资的使用、整体债务规模、利润分配等，可能会影响企业的正常发展和以后的融资能力。

（三）普通股融资

普通股是最基本的一种股票形式，它是指股份公司依法发行的具有表决权和剩余索取权的一类股票。普通股的每一份股权包含对公司财产享有平等权利。

1. 股票的发行方式。

（1）公开间接发行。公开间接发行是指通过中介机构，公开向社会公众发行股票。这种发行方式的发行范围广、发行对象多，易于足额筹集资本；但这种发行方式也有不足，主要是手续繁杂，发行成本高。

（2）不公开直接发行。不公开直接发行是指不公开对外发行股票，只向少数特定的对象直接发行因而不需经中介机构承销。这种发行方式灵活性较大，发行成本低，但发行范围小，股票变现性差。

2. 股票的销售方式。

（1）自行销售方式。股票发行的自行销售方式是指发行公司自己直接将股票销售给认购者。这种销售方式可由发行公司直接控制发行过程，实现发行意图，并可以节省发行费用；缺点是融资时间长，发行公司要承担全部发行风险，并需要发行公司有较高的知名度、信誉和实力。

（2）委托销售方式。发行公司将股票销售业务委托给证券经营机构代理。这种销售方式是发行股票所普遍采用的。委托销售又分为包销和代销两种具体办法。包销，是根据承销协议商定的价格，证券经营机构一次性购进发行公司公开募集的全部股份，然后以较高的价格出售给社会上的认购者。代销，是证券经营机构代替发行公司代售股票，并由此获取一定的佣金，但不承担股款未募足的风险。

我国《证券法》规定，股票发行采用代销方式，代销期限届满，向投资者出售的股票数量未达到拟公开发行股票数量70%的，为发行失败。发行人应当按照发行价并加算银行同期存款利息返还股票认购人。同时，代销、包销期限届满，发行人应当在规定的期限内将股票发行情况报国务院证券监督管理机构备案。

3. 普通股的发行价格。股票发行价格通常有等价、时价和中间价三种。等价是指以股票面额为发行价格，也称平价发行或面值发行。时价是以公司原发行同种股票的现行市场价格为基准来选择增发新股的发行价格，也称市价发行。中间价是取股票市场价格与面额的中间值作为股票的发行价格。以中间价和时价发行都可能是溢价发行，也可能是折价发行。值得注意的是，我国普通股发行有一些特殊规定，例如《公司法》规定公司发行股票不准折价发行，证监会规定新股发行市盈率不能超过23倍等。

4. 普通股融资的优点。

（1）没有固定利息负担。公司有盈余，并为适合分配股利，就可以分给股东；公司盈余较少，或虽有盈余但资金短缺或有更有利的投资机会，就可少支付或不支付股利。

（2）没有固定到期日。利用普通股筹集的是永久性的资金，除非公司清算才需偿还。它对保证企业最低的资金需求有重要意义。

（3）融资风险小。由于普通股没有固定到期日，不用支付固定的利息，因此风险小。

（4）能增加公司的信誉。有了较多的自有资金，就可为债权人提供较大的损失保障，因而，普通股融资既可以提高公司的信用价值，同时也为使用更多的债务资金提供了强有力的支持。

(5) 融资限制较少。利用优先股或债券融资，资金的使用通常有许多限制，这些限制往往会影响公司经营的灵活性，而利用普通股融资的限制相对较少。

5. 普通股融资的缺点。

(1) 普通股的资本成本较高。首先，普通股风险较高，投资者要求有较高的投资报酬率。其次，普通股股利不像债券利息那样作为费用从税前支付，因而对融资公司不具有抵税作用。此外，普通股的发行费用一般也高于其他证券。

(2) 普通股融资可能分散公司的控制权，削弱原有股东对公司的控制。

(3) 公司股票上市，需要履行严格的信息披露制度，带来较大的信息披露成本，增加保护商业秘密的难度；此外，股票上市同样会增加公司被收购的风险。

(四) 优先股

按照我国《优先股试点管理办法》，上市公司可以发行优先股，非上市公众公司可以非公开发行优先股。

1. 优先股融资成本。从投资者来看，优先股投资的风险比债券大。当企业面临破产时，优先股的求偿权低于债权人。在公司财务困难的时候，债务利息会被优先支付，优先股股利则其次。因此，同一公司的优先股股东要求的必要报酬率比债权人的高。同时，优先股投资的风险比普通股低。当企业面临破产时，优先股股东的求偿权优先于普通股股东。在公司分配利润时，优先股股息通常固定且优先支付，普通股股利只能最后支付。因此，同一公司的优先股股东要求的必要报酬率比普通股股东的低。

2. 优先股融资的优点。首先，与债券相比，不支付股利不会导致公司破产；没有到期期限，不需要偿还本金。其次，与普通股相比，发行优先股一般不会稀释股东权益。

3. 优先股融资的缺点。优先股的股利支付虽然没有法律约束，但是经济上的约束使公司倾向于按时支付其股利。因此，优先股的股利通常被视为固定成本，与负债融资的利息没有什么差别，会增加公司的财务风险进而增加普通股的成本。

(五) 内部融资

留存收益是企业内部的融资来源。只要企业有盈利并且不全部支付股利，留存就会使股东权益增长，从而全部或部分满足企业的融资需求。这部分资金的多少，取决于净利润的多少和股利支付率的高低。留存收益的增加额可以用以下公式计算：留存收益增加 = 营业收入 × 营业净利率 × （1 - 股利支付率）。

(六) 其他融资方式

1. 配股。上市公司利用证券市场进行再融资是国际证券市场的通行做法，是其能够持续发展的重要动力源泉之一，也是发挥证券市场资源配置功能的基本方式。其中股权再融资的方式包括向现有股东配股和增发新股融资。按照惯例，公司配股时新股的认购权按照原有股权比例在原股东之间分配。配股使得现有股东拥有合法的优先购买新发股票的权利。配股一般采取网上定价发行的方式。配股价格由主承销商和发行人协商确定。

2. 增发新股。公开增发与首次公开发行一样，没有特定的发行对象，股票市场上的投资者均可以认购。而非公开增发（也称定向增发）的对象主要针对机构投资者与大股东及关联方。一般来说，采取非公开增发的形式向控股股东认购资产，有助于上市公司与控股股东进行股份与资产置换，进行股权和业务的整合，同时也进一步提高了控股股东对上市公司的所有权。

3. 可转换债券融资。可转换债券，是一种特殊的债券，它在一定期间内依据约定的条件可以转换成普通股。这种转换，在资产负债表上只是负债转换为普通股，并不增加额外的资本。可转换债券发行之时，明确了以怎样的价格转换为普通股，这一确定的价格就是可转换债券的转换价格（也称转股价格），即转换发生时投资者为取得普通股每股所支付的实际价格。转换比率是债权人将一份债券转换成可获得的普通股股数。可转换债券的面值、转换价格、转换比率之间存在下列关系：转换比率 = 债券面值 ÷ 转换价格。

与普通债券相比，可转换债券使得公司能够以较低的利率取得资金，与此同时，它向投资人提供了转为股权投资的选择权。债权人同意接受较低利率的原因是有机会分享公司未来发展带来的收益。与普通股相比，可转换债券使得公司取得了以高于当前股价出售普通股的可能性。在发行新股时机不理想时，可以先发行可转换债券，然后通过转换实现较高价格的股权融资。这样做不至于因为直接发行新股而进一步降低公司股票市价；而且因为转换期较长，即使在将来转换股票时，对公司股价的影响也较温和，从而有利于稳定公司股价。

二、资本成本的计算方法

（一）资本成本的含义及作用

1. 资本成本的含义[①]。长期资本成本是指长期资金提供者要求的回报，从资金使用者角度看就是企业为筹集和使用资金而付出的代价（资金成本），如通过借款和发行债券筹集资金，要向借款单位和债券持有人支付利息，通过发行股票筹集资金，要向股东支付股息等，包括资金使用费用和资金筹集费用两部分。筹资费用是指企业在筹措资金过程中为获取资金而支付的费用，如向银行借款的手续费，股票、债券的发行费等。筹资费用通常是在筹措资金时一次支付，在使用资金过程中不再发生。使用费用则是指企业在生产经营、投资过程中因使用资金而付出的代价，如向股东支付的股利向债权人支付的利息等，它是资本成本的主要内容。

资本成本即资本成本率。在财务管理中，一般用相对数表示，即表示为使用资金费用与实际筹得资金（即筹数额扣除筹资费用后的差额）的比率。从另一个角度看，在有风险的条件下，资本成本也是投资者要求的必要报酬率。资本成本包括个别资本成本、综合资本成本、边际资本成本三种。

2. 资本成本的作用。

（1）资本成本是企业选择筹资方式的主要依据。资本成本的高低是决定筹资活动的首

① 关于资本成本最权威的定义是《新帕尔格雷夫货币金融大辞典》给出的："资本成本是商业资产的投资者要求获得的预期收益率。以价值最大化为目标的公司的经理把资本成本作为评价投资项目的贴现率或最低回报率"。资本成本既是投资者所要求的回报率即预期收益率，同时又是有条件约束的资金使用者融资成本。所谓资金成本，是指资金使用者为筹措和占用资金而支付的各种筹资费和各种形式的占用费等，是将盈利和资金的一部分支付给资金所有者的报酬，体现着资金使用者和所有者之间的利润分配关系，是单纯从资金使用者角度考虑融资成本。

要因素。在不同的资金来源和筹资方式下，资本成本各不相同，为了提高筹资效果，就必须分析各种筹资方式资本成本的高低，并进行合理配置，使资本成本降到最低。

(2) 资本成本是评价投资项目可行性的重要标准。投资项目的决策通常采用净现值、现值指数内含报酬率等指标进行评价，其中净现值的计算一般是以资本成本作为贴现率，当现值大于零时方案可行，否则方案不予采纳；而当采用内含报酬率评价方案可行性时，一般以资本成本作为基准收益率，内含报酬率大于资本成本时，说明方案可行，否则不可行。简而言之，无论什么投资方案，当投资报酬率大于资本成本时，方案可行；当投资报酬小于资本成本时，方案不可行。

(3) 资本成本是衡量企业经营成果的尺度。资本成本是企业要求的最低投资报酬率。当企业经营利润率大于资本成本时，说明经营业绩尚可，大得越多，说明业绩越好，否则经营业绩就差。

(二) 资本成本的计算

1. 个别资本成本的计算。个别资本成本是指各种筹资方式的成本，主要包括：债券成本、银行借款成本、优先股成本、普通股成本和留存收益成本。前二者统称为负债资本成本，后三者统称为权益资本成本。企业资金来源及取得方式不同，成本含量不同。因此，对于不同来源和方式下的资金应分别计算其成本率。

(1) 长期借款成本。银行借款成本是指借款利息和筹资费用。由于借款利息计入成本费用，可在所得税前支付，可以起到抵免所得税的作用，因此，其成本可按下式计算：$K_l = \frac{I(1-T)}{L(1-f)} = \frac{iL(1-T)}{L(1-f)}$。

式中，

K_l：银行借款成本

I：年利息额

i：年利息率

L：银行借款筹资总额

T：所得税税率

f：筹资费率

由于银行借款的手续费很低，上式中的 f 常常可以忽略不计，则上式可简化为：$K_l = i(1-T)$。

【例 5-5】索菲亚公司从银行取得长期借款 10 万元，年利率为 8%，期限 3 年，每年年末付息一次。假定筹资费率为 1%，企业所得税税率为 25%，则其借款成本为：

$$K_l = \frac{10 \times 8\% \times (1-25\%)}{10 \times (1-1\%)} \times 100\% = 6.06\%$$

(2) 长期债券成本。债券成本主要是指债券利息和筹资费用。由于债券利息在税前支付，具有减税效应，其债券利息的处理与银行借款相同。债券的筹资费用一般较高，这类费用主要包括申请发行债券的手续费、债券注册费、印刷费、上市费以及推销费用等，其计算公式如下：$K_b = \frac{I(1-T)}{B_0(1-f)}$。

式中，

K_b：债券成本

B：债券面值

B_0：债券筹资额，按发行价确定

【例 5-6】 索菲亚公司发行一笔期限为 5 年的债券，债券面值为 200 万元，票面利率为 10%，每年付一次利息发行费率为 3%，假设所税税率为 25%，债券按面值等价发行这笔债券的成本为：

$$K_b = \frac{200 \times 10\% \times (1-25\%)}{200 \times (1-3\%)} \times 100\% = 7.73\%$$

如果按照溢价 210 万元发行，则资本成本是：

$$K_b = \frac{200 \times 10\% \times (1-25\%)}{210 \times (1-3\%)} \times 100\% = 7.36\%$$

如果按照折价 190 万元发行，则资本成本是：

$$K_b = \frac{200 \times 10\% \times (1-25\%)}{190 \times (1-3\%)} \times 100\% = 8.14\%$$

（3）优先股成本。企业发行优先股，既要支付筹资费用，又要定期支付股利。与债券不同的是股利在所得税后支付，且没有固定到期日，即不需还本。企业破产时，优先股股东的求偿权在债券持有人之后，优先股股东的风险大于债券持有人的风险，这就使得优先股的股利率一般大于债券利息率。另外，优先股股利要从净利润中支付，不能抵减所得税，所以优先股成本通常要高于债券成本，其计算公式为：$K_p = \frac{D}{P_0 (1-f)}$。

式中，

K_p：优先股成本

D：每年的股利

P_0：发行优先股总额

【例 5-7】 索菲亚公司按面值发行 200 万元优先股，筹资费率为 4%，每年支付 10% 的股利，优先股的成本为：

$$K_p = \frac{200 \times 10\%}{200 \times (1-4\%)} \times 100\% = 10.42\%$$

（4）普通股成本。普通股成本的计算相对复杂。从理论上看，股东的投资期望收益率即为公司普通股成本；在计算时，常常将此作为计算的依据，采用股利贴现法。股利贴现法是一种将未来的期望股利收益折为现值，以确定其成本率的方法。基本计算公式为：$K_i = \frac{D}{V_0 (1-f)}$。

式中，

K_i：普通股成本

V_0：普通股发行价格

普通股股利一般是不固定的，往往随企业的经营情况或企业的股利政策发生变化。因此，普通股成本的计算公式为：$K_i = \frac{D_1}{V_0(1-f)} + g$。

式中：

D_1：第一年的股利

g：股利平均增长率

【例 5－8】 索菲亚公司以每股 10 元发行普通股 5000 万股，筹资费率为 5%，第 1 年年末每股发放股利 2 元，以后每年增长 4%，普通股成本为：

$$K_i = \frac{5000 \times 2}{5000 \times 10 \times (1 - 5\%)} + 4\% = 25.05\%$$

由美国学者夏普（William Sharpe）、林特尔（John Lintner）、特里诺（Jack Treynor）和莫辛（Jan Mossin）等人于 1964 年提出的资本资产定价模型（Capital Asset Pricing Model，简称 CAPM）主要研究证券市场中资产的预期收益率与风险资产之间的关系，以及均衡价格是如何形成的，是现代金融市场价格理论的支柱，广泛应用于投资决策和公司理财领域，也常常用于普通股的资本成本计算。

依照资本资产定价模型：（1）单个证券的期望收益率由两个部分组成，无风险利率以及对所承担风险的补偿—风险溢价。（2）风险溢价的大小取决于 β 值的大小。β 值越高，表明单个证券的风险越高，所得到的补偿也就越高。（3）β 度量的是单个证券的系统风险，非系统性风险没有风险补偿。

资本资产定价模型：$E(r_i) = r_f + \beta_{im}(E(r_m) - r_f)$

其中：$E(r_i)$是资产 i 的预期回报率

r_f是无风险利率

β_{im}是 Beta 系数，即资产 i 的系统性风险

$E(r_m)$是市场 m 的预期市场回报率

$E(r_m) - r_f$是市场风险溢价（market risk premium），即预期市场回报率与无风险回报率之差

（5）留存收益成本。一般企业都不会把全部收益以股利形式分给股东，所以，留存收益是企业资金的一种重要来源。从成本实际支付看，留存收益并不像其他筹资方式那样直接从市场取得，而是将利润再投资，因此不产生筹资费用。但确实存在资本成本，这是因为投资者如果将这部分收益购买股票、存入银行或进行其他方面投资，也会获得投资收益，而投资人同意将这部分收益留在企业，是期望从中取得更高的投资回报。所以，留存收益也要计算成本，留存收益成本的计算与普通股基本相同，其计算公式为：$K_e = \frac{D_1}{V_0} + g$。

式中，

K_e：留存收益成本

普通股与留存收益都属于所有者权益，股利的支付不固定。企业破产后，股东的求偿权位于最后。与其他投资者相比，普通股股东承担的风险最大，因此，普通股的报酬也应最高。所以，在各种资金来源中，普通股的成本最高，留存收益成本次之。

2. 综合资本成本的计算。企业往往通过多种渠道、采用多种方式筹集资金，筹资成本各不相同。企业的资金往往不可能是单一形式的，需要将各种筹资方式进行组合。为了正确进行筹资和投资决策就必须计算企业的综合资本成本。综合资本成本是以各种资金所占的比重为权数，对各种资本成本进行加权平均计算出来的，故也称为加权平均资本成本。综合资本成本的计算公式为：$K_w = \sum W_j K_j$。

式中，

K_w：综合资本成本

W_j：第 j 种资金的比重

K_j：第 j 种资金的资本成本

【例 5-9】 索菲亚公司共有资金 5000 万元，其中债券 1500 万元，普通股 2500 万元，优先股 500 万元，留存收益 500 万元，各种资金的成本分别为：K_b 为 5%，K_i 为 18%，K_p 为 12%，K_e 为 15%。试计算该企业加权平均的资本成本。

①计算各种资金所占比重：

$$W_b = \frac{1500}{5000} \times 100\% = 30\%$$

$$W_i = \frac{2500}{5000} \times 100\% = 50\%$$

$$W_p = \frac{500}{5000} \times 100\% = 10\%$$

$$W_e = \frac{500}{5000} \times 100\% = 10\%$$

②计算加权平均资本成本：

$$K_w = 30\% \times 5\% + 50\% \times 18\% + 10\% \times 12\% + 10\% \times 15\% = 13.2\%$$

【例 5-10】 索菲亚公司拟筹资 2200 万元建一条生产，其中发行债券 700 万元，票面利率 10%，筹资费用率 2%，所得税税率 25%；发行优先股筹资 500 万元，股息率 14%，筹资费率 3%：发行普通股筹资 1000 万元，筹资费率 5%，预计第 1 年股利率为 12%，以后每年按 6% 递增。

要求计算单项资本成本及综合资本成本。计算如下：

债券资本成本：

$$K_b = \frac{10\% \times (1 - 25\%)}{(1 - 2\%)} = 7.65\%$$

优先股资本成本：

$$K_p = \frac{14\%}{(1 - 3\%)} = 14.43\%$$

普通股资本成本：

$$K_i = \frac{12\%}{(1 - 5\%)} = 18.63\%$$

综合资本成本：

$$K_w = 7.65\% \times \frac{700}{2200} + 14.43\% \times \frac{500}{2200} + 18.63\% \times \frac{1000}{2200} = 14.18\%$$

在个别资本成本率一定情况下，企业综合资本成本高低由资本结构决定，资本结构则取决于各种资本价值。资本价值的确定因研究目的不同有不同的选择，主要有账面价值、目标价值和市场价值这三种。

3. 边际资本成本的计算。边际资本成本是指企业追加筹措资金所付出的代价，即企业每增加1元资本需要负担的代价或成本。当企业以某种方式筹集资金时，其个别资本成本会随着筹集资金额的增加而提高，即使原来的资本结构不变，也会导致企业综合资本成本上升，这时的综合资本成本也就是边际资本成本。边际资本成本规划一般按下列步骤进行：

（1）确定目标资本结构。根据企业现状分析，才能确定企业的最佳资本结构。

【例5-11】索菲亚公司现有资金1000万元，其中债权资金600万元，股权资金400万元。经财务人员研究确定，此时的财务结构处于目标结构状况，即债权占60%，股权占40%是企业的最佳资本结构。

（2）确定不同资本来源的资本成本及分界点。随着企业筹资规模扩大，其资本成本也会发生变化，一般情况是：在一定范围内，个别资本成本是不变的，当资金变化到一定量时，资本成本才发生变化。例如案例中，索菲亚公司随着企业的发展计划扩大经营，需要再筹资。财务人员根据市场调查确定：债权筹资120万元以下时，资本成本是6%，超过120万元时，资本成本是8%；股权筹资50万元以下时，资本成本是13%，超过50万元时，资本成本是15%。

（3）确定筹资总额分界点及范畴。根据目标资本结构和个别资本成本就可以确定筹资总额的分界点。其计算公式为：

筹资总额分界点＝某种筹资分界点÷该种资金占总资金比例

如上例，索菲亚公司的筹资总额分界点计算如下：

根据债权资本计算的筹资分界点＝120÷60%＝200（万元）

根据股权资本计算的筹资分界点＝50÷40%＝125（万元）

据此，有三个筹资范畴，即0—125万元，125万—200万元，200万元以上。

（4）计算不同范畴的边际资本成本。确定筹资范畴以后，就可以进一步计算它们的边际资本成本。计算如下：

0—125万元，边际资本成本＝60%×6%＋40%×13%＝8.8%

125万—200万元，边际资本成本＝60%×6%＋40%×15%＝9.6%

200万元以上，边际资本成本＝60%×8%＋40%×15%＝10.8%

第三节 营运资本管理方法

一、营运资本管理策略

营运资本是指流动资产与流动负债的差额，是投入日常经营活动（营业活动）的资本。

营运资本管理可以分为流动资产管理和流动负债管理两个方面，前者是对营运资本投资的管理，后者是对营运资本筹资的管理。

（一）营运资本投资策略

在销售额不变的情况下，企业安排较少的流动资产投资，可以缩短流动资产周转天数，节约投资成本。但是，投资不足可能会引发经营中断，增加短缺成本，给企业带来损失。企业为了减少经营中断的风险，在销售不变的情况下安排较多的营运资本投资，会延长流动资产周转天数。但是，投资过量会出现闲置的流动资产，白白浪费了投资，增加持有成本。营运资本的投资管理即对投资规模进行控制，根据不同的策略影响短缺成本和持有成本，达到自己的经营目的。

1. 营运资本投资策略涉及的相关概念。

（1）短缺成本。短缺成本是指随着流动资产投资水平降低而增加的成本。例如，当投资不足发生现金短缺时，需要出售有价证券或紧急借款，出售有价证券要承担一定的交易成本，紧急借款则需要支付较高的利息；如果不能够及时筹备资金将会违约并且承担违约成本，或者被迫紧急抛售存货并承担低价出售损失。再如，因投资不足出现存货短缺，会打乱原有生产进程或停工待料而需要重新调整并承担生产准备成本，或者需要紧急订货并承担较高的交易成本；若不能及时补充存货则会失去销售机会，甚至失去客户。

（2）持有成本。投资过度需要承担额外的持有成本。流动资产持有成本是指随着流动资产上升而增加的成本。持有成本主要是与流动资产相关的机会成本。这些投资如果不用于流动资产，可用于其他投资机会并赚取收益。

（3）最优投资规模。流动资产最优的投资规模，取决于持有成本和短缺成本总计的最小化。企业持有成本随投资规模而增加，短缺成本随投资规模而减少，在两者相等时达到最佳投资规模。

2. 营运资本投资策略。营运资本的投资管理策略可以分为适中型投资策略、保守型投资策略和激进型投资策略。

（1）适中型投资策略。适中型的投资策略是指按照预期的流动资产周转天数、销售额及其增长，成本水平和通货膨胀等因素确定的最优投资规模来安排流动资产投资的投资策略。一般要求短缺成本和持有成本大体相等。

（2）保守型的投资策略。保守型流动资产投资策略，要求企业持有较多的现金和有价证券，充足的存货，提供给客户宽松的付款条件并保持较高的应收账款水平，通常表现为安排较高的流动资产与收入比。这种策略需要较多的流动资产投资，承担较大的流动资产持有成本，主要是资金的机会成本，有时还包括其他的持有成本。但是，充足的现金、存货和宽松的信用条件，使企业中断经营的风险很小，其短缺成本很小。

（3）激进型的投资策略。激进型的投资策略，要求公司持有尽可能低的现金和小额的有价证券投资，在存货上作少量的投资，采用严格的销售信用政策或禁止赊销。紧缩的流动资产投资策略，通常表现为较低的流动资产和收入比率。

（二）营运资本筹资策略

营运资本筹资策略，是指在总体上如何为流动资产筹资，采用短期资金来源还是长期资金来源，或者兼而有之。制定营运资本筹资策略，就是确定流动资产所需资金中短期资本和长期资本的比例。流动资产的投资理策略，决定了投资的总量，也就是需要筹资的总量，其主要是决定筹资的来源结构。

1. 营运资本筹资策略涉及的相关概念。流动资产的资金来源，一部分是短期来源，另一部分是长期来源，后者是长期资金来源购买长期资产后的剩余部分。流动资产的筹资结构，可以用经营流动资产中长期筹资来源的比重来衡量，该比率称为易变现率。

$$易变现率=\frac{(股东权益+长期债务+经营性流动负债)-长期资产}{经营性流动资产}$$

2. 营运资本筹资策略。易变现率高，资金来源的持续性强，偿债压力小，管理起来比较容易，称为保守型的筹资政策。易变现率低，资金来源的持续性弱，偿债压力大，称为激进型筹资政策。从最保守型筹资政策到最激进型筹资政策之间，分布着一系列风险程度不同的筹资政策。它们大体上分为三类：适中型筹资政策、保守型筹资政策和激进型筹资政策。

（1）适中型筹资策略。适中型筹资政策的特点是：尽可能贯彻筹资的匹配原则，即长期投资由长期资金支持，短期投资由短期资金支持，即对于波动性流动资产，用临时性负债筹集资金，也就是利用短期银行借款等短期金融负债工具取得资金；对于稳定性流动资产需求和长期资产，用长期债务和权益资本筹集。筹资的匹配原则，不仅适用于流动资金筹集，也适用于长期资本筹资，具有普遍适用性。遵循匹配原则按照投资持续时间结构去安排筹资的时间结构，有利于降低利率风险和偿债风险。资金来源有效期和资产有效期的匹配，是一种战略性的匹配，而不要求完全匹配。实际上，企业也做不到完全匹配。其原因主要有：①企业不可能为每一项资产按其有效期配置单独的资金来源，只能分成短期来源和长期来源两大类来统筹安排筹资。②企业必须有股东权益筹资，它是无限期的资本来源，而资产总是有期限的，不可能完全匹配。③资产的实际有效期是不确定的，而还款期是确定的，必然会出现不匹配。例如，预计销售没有实现，无法按原计划及时归还短期借款，导致匹配失衡。

（2）保守型筹资策略。保守型筹资政策的特点是：短期金融负债只融通部分波动性流动资产的资金需要，另一部分波动性流动资产和全部稳定性流动资产，则由长期资金来源支持。极端保守的筹资政策完全不使用短期借款，全部资金都来自于长期资金来源。这种做法下，一方面，由于短期金融负债所占比重较小，企业无法偿还到期债务的风险较低，同时蒙受短期利率变动损失的风险也较低。然而，另一方面，却会因长期负债资本成本高于短期金融负债的资本成本，以及经营淡季时资金有剩余但仍需负担长期负债利息，从而降低企业的收益。所以，保守型筹资政策是一种风险和收益均较低的营运资本筹资政策。

（3）激进型筹资策略。激进型筹资政策的特点是：短期金融负债不但融通临时性流动资产的资金需要，还解决部分长期性资产的资金需要。极端激进的筹资政策是全部稳定性流动资产都采用短期借款。这种做法下，一方面，由于短期金融负债的资本成本一般低于长期债务和权益资本的资本成本，而激进型筹资政策下短期金融负债所占比重较大，所以，该政策下企业的资本成本较低。但是另一方面，为了满足长期性资产的长期资金需要，企业必然要在短期金融负债到期后重新举债或申请债务展期，这样企业便会更为经常地举债和还债，从而加大筹资困难和风险；还可能面临由于短期负债利率的变动而增加企业资本成本的风险，所以，激进型筹资政策是一种收益性和风险性均较高的营运资本筹资政策。

二、现金及现金等价物管理

现金是可以立即投入流动的交换媒介。它的首要特点是普遍的可接受性，即可以有效地立即用来购买商品、货物、劳务或偿还债务。因此，现金是企业中流动性强的，现金内容的项目包括企业的库存现金、各种形式的银行存款以及其他货币资金。有价证券是企业现金的一种转换形式。有价证券变现能力强，企业有多余现金时，常将现金兑换成有价证券，现金流出量大于流入量需要补充现金时再出让有价证券换回现金。在这种情况下，有价证券就成了现金的替代品。数字货币是电子货币形式的替代货币，同样可以用于真实的商品和服务交易，其特点是运用 P2P 等网络技术来发行、管理和流通货币。数字货币的兴起逐渐引起企业的关注，其管理方式还需要未来进一步探究。

（一）现金及现金等价物管理的目标及方法

1. 现金管理的目标。企业置存现金的原因，主要是满足交易性需要、预防性需要和投机性需要。

（1）交易性需要。交易性需要是指满足日常业务的现金支付需要。企业经常得到收入，也经常发生支出，两者不可能同步同量。收入多于支出，形成现金置存；收入少于支出，需要借入现金。企业必须维持适当的现金余额，才能使业务活动正常地进行下去。

（2）预防性需要。预防性需要是指置存现金以防发生意外的支付。企业有时会出现意想不到的开支，现金流量的不确定性越大，预防性现金的数额也就应越大；反之，企业现金流量的可预测性强，预防性现金数额可小些。此外预防性现金数额还与企业的借款能力有关，如果企业能够很容易地随时借到期资金，也可以减少预防性现金的数额，否则应扩大预防性现金数额。

（3）投机性需要。投机性需要指置存现金于不寻常的购买机会，比如遇有廉价原材料成其他资产应的机会，便可用手头现金大量购入；再如在适当时机购入价格有利的股票和其他有价证券，等等。当然，除了金融和投资公司外，一般来讲，其他企业专为投机性需要而特殊置存现金的不多，遇到不寻常的购买机会也常设法临时筹集资金。企业缺乏必要的现金，将不能应付业务开支，使企业蒙受损失。企业由此而造成的损失称之为短缺现金成本。短缺现金成本不考虑企业其他资产的变现能力，仅就不能以充足的现金支付购买费用而言，内容上大致包括：丧失购买机会（甚至会因缺乏先进不能及时购买原材料，而使生产中断造成停工损失）、造成信用损失和得不到折扣好处，其中失去信用造成的损失难以准确计量，但其影响往往很大，甚至导致供货方拒绝或拖延供货，债权人要求清算等。但是，如果企业置存过量的现金，又会因这些资金不能投入无法取得利益而承受另一些损失。此外，在市场正常的情况下，一般说来，流动性的资产，其收益性较低，这意味着企业应尽可能少地置存现金，即使不将其投入本企业的经营周转，也应尽可能多地投资于能产生高收益的其他资产，避免资产闲置或用于低收益资产而带来的损失。这样，企业便面临现金不足和现金过量两方面的威胁。企业现金管理的目标，就是要在资产的流动性和盈利能力之间作出抉择，以获取最大的长期利润。

2. 现金管理的方法。

（1）力争现金流量同步。如果企业能尽量使它的现金流入与现金流出发生的时间趋于一致，就可以使其所持有的交易性现金余额降到最低水平，即现金流量同步。

(2) 加速收款。加速收款主要指缩短应收账款的时间。发生应收账款会增加企业资金的占用，但又是必要的，可以扩大销售规模，增加销售收入。问题在于如何既利用应收账款吸引客户，又缩短收款时间。这要在两者之间找到适当的平衡点，并需实施妥善的收账策略。

(3) 推迟应付账款的支付。推迟应付账款的支付，是指企业在不影响自己信誉的前提下，尽可能地推迟应付款的支付期，充分运用供货方所提供的信用优惠。如遇企业急需现金，甚至可以放弃供货方的折扣优惠，在信用期的最后一天支付款项。当然，这要权衡折扣优惠与急需现金之间的利弊得失而定。

(二) 最佳现金持有量分析

现金的管理除了做好日常收支，加速现金流转速度外，还需控制好现金持有规模，即确定适当的现金持有量。下面是几种确定最佳现金持有量的方法。

1. 成本分析模式。成本分析模式是通过分析持有现金的成本，寻找持有成本最低的现金持有量。企业持有现金会产生机会成本、管理成本和短缺成本。

(1) 机会成本。现金作为企业的一项资金占用是有代价的，这种代价就是机会成本。现金资产的流动性极佳，但盈利性极差。持有现金则不能将其投入生产经营活动，失去因此而获得的收益。企业为了经营业务，有必要持有一定的现金以应付意外的现金需要。但现金拥有量过多，机会成本代价大幅度上升就不合算了。

(2) 管理成本。企业拥有现金会发生管理费用，如管理人员工资、安全措施费等。这些费用是现金的管理成本，管理成本是一种固定成本，与现金持有量之间无明显的比例关系。

(3) 短缺成本。现金的短缺成本，是因缺乏必要的现金，不能应付业务开支所需而使企业家受损失或为此付出的转换成本等代价。现金的短缺成本随现金持有量的增加而下降，随现金持有量的减少而上升。

上述三项成本之和最小的现金持有量，就是最佳现金持有量。最佳现金持有量的具体计算，可以先分别计算出各种方案的机会成本、管理成本、短缺成本之和，其中总成本之和最低的现金持有量即为最佳现金持有量。

2. 存货模式。企业平时持有较多的现金，会降低现金的短缺成本但也会增加现金占用的机会成本；而平时持有较少的现金，则会增加现金的短缺成本，却能减少现金占用的机会成本。如果企业平时只持有较少的现金，在有现金需要时（如手头的现金用尽），通过出售有价证券换回现金（或从银行借入现金），便能既满足现金的需要，避免短缺成本，又能减少机会成本。

因此，适当的现金与有价证券之间的转换，是企业提高资金使用效率的有效途径。这与企业奉行的营运资金政策有关。采用保守型投资政策，保留较多的现金则转换次数少。如果经常进行大量的有价证券与现金的转换，则会加大转换交易成本，因此如何确定有价证券与现金的每次转换量，是一个需要研究的问题。这可以用现金持有量的存货模式解决。

企业每次以有价证券转换回现金是要付出代价的（如支付经纪费用），被称为现金的交易成本。现金的交易成本与现金转换次数、每次的转换量有关。假定现金每次的交易成本是固定的，在企业一定时期现金使用量确定的前提下，每次以有价证券转换回现金的金额越大，企业平时持有的现金量便越高，转换的次数便越少，现金的交易成本就越低；反之，每次转换回现金的金额越低，企业平时持有的现金量便越低，转换的次数会越多，现金的交易成本就越高，现金交易成本与持有量成反比。因此现金的机会成本和交易成本是呈反方向变化的，我们将现金持有量视为存货，而为取得该存货发生持有成本（机会成本）和交易成本的综合计算的和即为现金持有量的总成本。

现持有量的存货模式是一种简单、直观的确定最佳现金持有量的方法，但它也有缺点，主要是假定现金的流出量稳定不变的情况实际上很少出现。相比而言，那些适用于现金流量不确定的控制最佳现金持有量的方法，就显得更具普遍应用性。

3. 随机模式。随机模式是在现金需求量难以预知的情况下进行现金持有量控制的方法。对企业来讲，现金需求量往往波动大且难以预知，但企业可以根据历史经验和现实需要，测算出一个现金持有量的控制范围，即制定出现金持有量的上限和下限，将现金量控制在上下限之内。当现金量达到控制上限时，用现金购入有价证券，使现金持有量下降；当现金量降到控制下限时，则抛售有价证券换回现金，使现金持有量回升。若现金量在控制的上下限之内，便不必进行现金与有价证券的转换，保持它们各自的现有存量。

随机模式建立在企业的现金未来需求总量和收支不可预测的前提下，因此计算出来的现金持有量比较保守。

三、应收账款和短期融资

（一）应收账款

1. 应收账款管理目标。赊销是企业扩大销售、加强市场竞争能力的一种重要手段。应收账款管理的主要目的，是要在采用信用政策增加的盈利和由此所付出的代价之间进行权衡。

2. 应收账款的成本。企业持有应收账款要付出一定的代价，即为应收账款的成本。应收账款成本包括：

（1）应收账款的机会成本。应收账款的机会成本是因投资于应收账款而丧失的投资收益或垫支资金所产生的利息成本，亦即资本成本。

$$
\begin{aligned}
\text{应收账款机会成本} &= \text{应收账款平均垫支资金占用额} \times \text{资本成本率} \\
&= \text{应收账款平均余额} \times \text{变动成本率} \times \text{资本成本率} \\
&= \text{每日销售额} \times \text{平均收现期} \times \text{变动成本率} \times \text{资本成本率}
\end{aligned}
$$

（2）应收账款的管理成本。应收账款的管理成是指对应收账款进行管理而耗费的开支，主要包括收账费用、延期付款成本、调查顾客信用情况费用、收集各种信息费用、账簿记录费用和其他费用等。

（3）应收账款的坏账成本。应收账款的坏账成本是因故不能收回账款而发生的损失。此项成本一般与应收账款的发生额成正比。

3. 信用政策的确定。信用政策是否合理，是决定一个企业生产经营成败的重要因素。合理的信用政策应该是应收账款的收益性和流动性二者之间合理选择。信用政策包括信用标准、信用条件和收账政策三部分。

（1）信用标准。信用标准是企业用来衡量客户获得商业信用所应具备的基本条件。在确定信用标准之前，应对申请赊购的客户进行信用状况分析。通常这项工作通过信用的“C”系统完成。信用的“5C”系统是指：品质（character）、能力（capacity）、资本（capital）、抵押（collateral）和条件（condition）。

（2）信用条件。信用条件是指企业要求客户支付赊销款项的条件，包括信用期限、折扣期限和现金折扣。信用期限是企业给予顾客最长的赊账付款期限。折扣期限是给予顾客享受现金折扣的付款时间。现金折扣是企业为了鼓励客户提前付款，为客户提供的债务扣减。例如“2/10，n/30”就是一项信用条件。其中2%为现金折扣，10天为折扣期限，30天为信用期限，超过10天就要支付全款。应当指出，在企业同时更改信用期限和折扣条件时，二者应结合起来进行分析。

【例5－12】 假设某企业全年赊销额为600000元，原赊销条件为n/45，应收账款平均收现期为60天，即1年周转6次。现为鼓励客户早日付款，拟将赊销条件更改为“2/20，n/45”，结果将使应收账款平均收现期缩短到30天，估计60%的客户将在折扣期内付款。企业目前投资收益率为20%。要求：作出能否更改折扣条件的决策。

企业给予客户的现金折扣成本＝60000×2%×60%＝72000（元）

加速应收账款周转而增加的收益＝（6000000/6－6000000/12）×20%＝100000（元）

增加的净收益＝100000－72000＝28000（元）

由于净收益增加，故此方案可行。

（3）收账政策。收账政策是指公司为了催收已过期的应收账款遵循的程序。公司催收账款时，必然要为收回款项而付出代价，即收账费用。但收账费用与坏账损失二者之间不是线性关系。确定收账政策，应在加速收款减少应收账款资金占用而形成的投资收益或节约的机会成本、减少的坏账损失之和与收账费用之间进行权衡，选取净收益较大的收账政策。企业在制定综合信用政策时，应将企业的信用标准、信用条件和收账政策结合起来在所得与所费间进行平衡。决策的原则是赊销的总收益应大于因赊销带来的总成本。

4. 应收账款的日常监控。企业采用赊销方式销售是推动企业发展的动力，但往往招致坏账损失。为了加速应收账款周转，在合理的信用政策下，加强应收账款的日常监控，最大程度地降低坏账损失这是管理工作的一个重要环节。

（1）应收账款周转速度考核。考核应收账款周转速度其考核指标有：

应收账款周转率＝赊销收入净额/平均应收账款

平均收现期＝360/应收账款周转率

（2）进行账龄的动态分析。通常监督应收账款收回情况的方法是账龄分析法。所谓账龄分析法是指按客户赊欠企业账款的时间长短编制应收账款账龄分析表，根据账龄的长短，分别采取不同管理措施的一种方法。

（3）催收拖欠款项。合理的催收账款的程序一般是：信函通知、电话催收、派人面谈和法律行动。客户拖欠的原因可概括为无力偿付和故意拖欠。对不同情况要进行具体分析确定合理的讨债方法以便收回欠款。

（二）短期融资管理

短期融资是指为满足公司临时性流动资产需进行的融资活动，通常是指短期负债融资。

短期负债融资具有融资速度快、融资弹性大、融资成本低、融资风险大的特点。

1. 短期融资的方式和分类。短期融资主要有银行信用和商业信用两种形式。短期融资按形成的途径可分为自然性融资和非自然性融资两大类。自然融资的成本很低，几乎没有直接成本。非自然融资成本高，并且都是直接成本。这种直接成本主要是应付利息。

2. 商业信用。商业信用是指企业在商品和劳务等商业交易中因延期付款或预收货款形成的借贷关系，它是由商业交易中商品和劳务提供与货款结算在时间上的不一致产生的，是企业间的一种直接信用关系。

（1）商业信用的主要形式。应付账款：购买货物暂未付款而欠对方的款项。如赊购商品就是一种最典型、最常见的商业信用形式。预收货款：销货方向购货方预先收取部分或全部货款，延迟一定时期交货。

（2）商业信用条件。不提供现金折扣的延期付款条件：在不提供现金折扣的延期付款条件下，卖方允许买方在交易发生后一定时期内按发票面额支付货款，购货方可因延期付款得到资金融通。提供现金折扣的延期付款条件：在提供现金折扣的延期付款条件下，购货方若提前付款，销货方将给予一定现金折扣；如购货方不享受现金折扣，可在信用期内付清账款。

（3）商业信用的资本成本。商业信用筹资没有成本的两种情况：①没有现金折扣的商业信用；②有现金折扣且购货方实际享受了现金折扣。

（4）商业信用融资的优缺点。商业信用融资的优点有自然性融资、融资成本低、限制条件少等。商业信用融资的缺点包括资金可供使用的时间较短、融资的机会成本高、偿债现金压力大等。

本章小结

投融资管理包括投资管理和融资管理。投资管理，是指企业根据自身战略发展规划，以企业价值最大化为目标，对将资金投入营运进行的管理活动。融资管理，是指企业为实现既定的战略目标，在风险匹配的原则下，对通过一定的融资方式和渠道筹集资金进行的管理活动。

投融资决策分析方法，一般包括贴现现金流法、情景分析、约束资源优化和项目管理。其中现金流量和贴现率的计算是本章学习中的难点。

融资渠道与资本成本计算方法。企业融资渠道是多种多样的。企业可以利用资本所有者的资本投入，也可以利用债权人的借款或债券投入，可以利用资本市场公开筹措资金，也可以利用企业的内部积累作为资金来源；可以筹措长期资金，也可以筹措短期资金等。企业在进行融资决策时，必须考虑不同融资渠道的选择，力求降低资金成本，拓宽融资渠道。

营运资本管理可以分为流动资产管理和流动负债管理两个方面，前者是对营运资本投资的管理，后者是对营运资本筹资的管理。营运资本投资的管理包括流动资金投资策略管理和流动资产要素管理，要素管理包括现金、应收账款和存货管理。营运资本筹资的管理包括信用管理和短期融资决策。

本章练习题及参考答案

一、不定项选择题

1. 相对于普通股而言，优先股股东可以优先行使的权利有（　　）。

A. 优先认股权　　B. 优先表决权

C. 优先分配股利权　　D. 优先分配剩余财产权

2. 按照资金来源渠道不同，可将筹资分为（　　）。

A. 直接筹资和间接筹资　　B. 内源筹资和外源筹资

C. 权益筹资和负债筹资　　D. 短期筹资和长期筹资

3. 下列各项中，属于普通年金形式的项目有（　　）。

A. 零存整取储蓄存款的整取额　　B. 定期定额支付的养老金

C. 年资本回收额　　D. 偿债基金

4. 在计算个别资本成本时，需要考虑所得税抵减作用的筹资方式有（　　）。

A. 银行借款　　B. 长期债券

C. 优先股　　D. 普通股

5. 下列各项中与净资产收益率密切相关的财务指标有（　　）。

A. 主营业务净利率　　B. 总资产周转率

C. 总资产增长率　　D. 权益乘数

二、计算题

某企业计划筹建资金 100 万元，所得税税率为 33%。有关资料如下：

（1）向银行借款 10 万元，借款年利率为 7%，手续费为 33%。

（2）按溢价发行债券，债券面值 14 万元，溢价发行价格为 15 万元，票面利率为 9%，期限为 5 年，每年支付一次利息，其筹资费率为 3%。

（3）发行优先股 25 万元，预计年股利为 12%，筹资费率 4%。

（4）发行普通股 40 万元，每股发行价格为 10 元，筹资费率为 6%。预计第一年股利为 1.2 元，以后按照每年 8% 递增。

（5）其余所需资金通过留存收益取得。

要求：

（1）计算个别资本成本；

（2）计算企业加权平均资本成本（以账面价值为权数）。

一、不定项选择题

1. CD　2. C　3. BCD　4. BCD　5. AB

二、计算题

（1）借款成本 $=7\% \times (1-33\%)/(1-2\%)=4.79\%$

债券成本 $=14\times9\%(1-33\%)/15(1-3\%)=5.8\%$

优先股成本 $=25\times12\%/25(1-4\%)=12.5\%$

普通股成本 $=1.2/10(1-6\%)+8\%=20.77\%$

留存收益成本 $=1.2/10+8\%=20\%$

（2）企业加权平均成本 $=10\%\times4.79\%+15\%\times5.8\%+25\%\times12.5\%+40\%\times20.77\%+10\%\times20\%=14.78\%$

第六章 绩效管理

【学习目标】

- 了解责任会计的概念
- 熟悉责任会计的内容
- 熟悉内部转移定价的类型、制定方法和适用范围
- 掌握责任中心的种类、特征和考核指标
- 掌握服务部门成本分配的方法

第一节　责任会计

责任会计是绩效管理反映在管理会计中的经典内容。它是在行为科学理论的基础上产生的，与企业组织机构相适应，在分权管理的条件下，为适应企业内部经济责任制的要求，对企业内部各责任中心的经济业务进行规划与控制，以实现业绩考核与评价的一种管理控制制度。企业组织结构与其责任会计系统存在密切的联系，理想的责任会计系统应反映并支持企业组织结构。本节内容将重点介绍企业单位在分权管理环境下责任中心的类型以及责任中心的业绩评价方法与报告。

一、责任中心的类型

分权式管理通常通过创建分部即责任中心来实现。

责任中心是指企业内部独立提供产品（或服务等，金融机构则为资金等）的责任主体。责任中心是为履行某种责任而设立的特定部门，其责任人被授予一定的经营决策权以便对该责任区域实施有效的控制。企业为了保证预算的彻底落实和最终实现，必须把总预算中确定的目标和任务，按照责任中心逐层进行指标分解，形成责任预算，使各个责任中心据以明确各自的目标和任务。由此可见，设立责任中心是责任会计制度的基础。划分责任中心的目的，是为调动一切积极因素，使各中心在其责任范围内努力工作，为实现企业整体目标创造有利条件。根据不同责任中心的权责范围及业务活动的特点不同，一般可将其分为成本中心、利润中心和投资中心三种。每一类型责任中心的具体定义及管理要点，请参阅本书第三章对应内容。

二、成本中心的业绩评价与报告

（一）成本中心的目标

成本中心的特点是没有经营权或销售权，无法控制收益，因而只对在其职权范围内发生

的成本或费用负责。成本中心的目标即在保质保量完成生产任务或搞好管理工作的前提下控制和降低成本费。标准成本中心的管理者不对该中心业务活动水平的变动负责，但要对那些在成本中心的能力范围之内、达到外部决策所要求的效率承担责任。对于标准成本中心生产的产品来说，要根据投入和产出的关系评估其效率；而对于其经营效果的评估，则要看该中心是否在指定的质量和时间上达到了所要求的产量。

由于责任会计是围绕责任中心来组织，以各个责任中心为对象进行有关资料的收集、整理和分析，因此，成本中心的责任成本与一般所说的完全成本法下的产品成本有很大不同。两者的区别主要体现在：

1. 计算的原则不同。凡按谁受益、谁承担的原则把成本归集到各个产品明细账上的，叫作产品成本；凡按谁负责、谁承担的原则把成本归集到负责控制的成本中心账上的，叫作责任成本。

2. 成本的计算对象不同。产品成本是按承担客体（产品）进行计算，而责任成本是按责任中心计算。

3. 两者的目的不同。产品成本是反映和监督产品成本计划的完成情况，是实行经济责任制的重要手段；而责任成本则是反映和评价责任预算的执行情况，是控制生产耗费、贯彻经济责任制的主要工具。

责任成本与产品成本虽有区别，但两者又有一定联系，就某一时期来说，全厂的产品总成本与全厂的责任成本总和是相等的。

（二）成本中心的控制要求

成本中心所能控制的主要是在生产或经营管理过程中所发生的各项耗费，为了提高控制的有效性，必须明确如下要求。

1. 成本中心的责任成本必须是可控成本。

（1）可控成本和不可控成本。凡是责任中心能够控制的各种耗费称为可控成本。可控成本是经理人员能够通过他们的决策影响其金额大小的支出项目。例如，一位邮购部主管可能仅对人工成本、运输成本、订货错误和调整以及客户满意程度负责，而不负责支持信息系统的成本，因为他无法控制该项成本。可控成本必须符合以下三个条件：责任中心有办法知道将发生什么性质的耗费；责任中心有办法计算该耗费；责任中心有办法控制并调节该耗费。凡不符合上述三个条件的成本，即为不可控成本。不可控成本是经理人员不能通过决策影响的费用项目，但可能属于其他经理人员所控制。例如，邮购信息系统的成本，尽管不受邮购部主管的控制，但对负责信息系统的经理来说却是可控的。属于某成本中心的各项可控成本之和，即构成该中心的责任成本。

（2）可控性的含义。把成本区分为可控制与不可控制，不是按某项成本（耗费）的固有性质划分的，而是将它同一个具体的责任中心联系来考虑的。如果以一个企业整体来说，企业发生的所有成本都是可控的，因为成本的某个项目总是为企业某一个责任中心所控制。这里所讲的“可控制”，是指对该项成本可以产生重大影响，而不是全部影响。因为很少能有一个企业内部的责任中心对构成某一个成本项目的全部因素都进行控制。例如把一个生产班组作为一个责任中心来看，那么它对材料成本的控制是有限度，因为对材料品种的选择往往受工艺设计和采购部门供应工作的限制。尽管如此，生产班组在提高材料利用率和减少废品等方面对材料成本还是可以施加重大影响的，因此，材料成本通常认为是生产班组的可控成本。由此可见，区分可控成本与不可控成本的关键是责任中心的行动对它是否产生重大影响。于是，创造条件使责任中心承担的成本同其行动联系起来，可使不可控成本变成可控成本。如企业的外购电力在全厂只安装一个电表，对各车间来说是不可控成本；如果为各个车间分别安装电表，则车间承担的电力费是根据电表计量的消耗量，而不是根据分配公式确定的耗费，这时的电力费就变成了可控成本。

（3）成本可控性划分。成本的可控和不可控与责任中心所处管理层次的高低、拥有管理权限及控制范围的大小和经营期间的长短有直接关系。首先，成本的可控与否同责任中心的权利层次有关。某些成本对于较高层次的责任中心或高级领导来说是可控的，对于其下属的较低层次的责任中心或基层领导来说，就可能是不可控的。对整个企业来说，几乎所有的成本都是可控的，而对于企业下属各层次、各部门来说，则既有各自的可控成本又有各自的不可控成本。其次，成本的可控与否同责任中心的管辖范围有关，某项成本就某一责任中心来看是不可控的，而对另一责任中心来说却是可控的，这不仅取决于该责任中心的业务内容，也取决于该责任中心所管辖的业务范围。最后，某些从短期来看属于不可控的成本，从较长的期间看又成为可控成本。例如，现有生产设备的折旧，在设备原价和折旧方法既定的条件下，该设备继续使用时，就具体使用它的部门来说折旧是不可控的；但当现有设备不能继续使用，要用新的设备来代替它时，新设备的折旧则取决于设备更新所选用设备的价格及正常使用寿命，这时新设备的折旧又成为可控成本了。成本按可控性分类和成本按其他标志的分类，有时是既相联系又有区别的。从一个成本中心来看，变动成本大多是可控成本，固定成本大多是不可控成本。然而，这种划分并不是绝对的，还要结合有关情况按成本的习性作具体分析。如管理人员工资是固定成本，但也为可控成本。再从成本的发生同各个成本中心的关系看，在各个成本中心直接发生的直接成本大多是可控成本，由其他部门分配来的间接成本大多是不可控成本。但也要具体问题具体分析，例如，一个成本中心所使用固定资产的折旧费是直接成本，但它不是可控成本。

2. 成本中心的责任划分必须明确。成本中心在企业中一般是按生产组织的方式来划分的，它可贯穿于从上到下不同的生产组织层次。在生产组织中，有些部门之间的职责划分较为明确，有些不够明确。例如，一个企业中，车间与车间之间的职责划分一般较明确，但班组或个人之间的职责划分就较模糊。为保证责任会计的有效性，成本中心应划分到适当的层次，但并非越细越好，基本原则是能够保证各成本中心的责任划分有明确的界定。对于每项需要加以控制的费用，各责任中心都必须确定主要责任人。尽管每个责任人都有其明确的责任范围，但并不是对责任范围内所发生的费用都要负责，有的应负主要责任，有的只负次要责任，各级责任人只能控制各自责任范围的可控费用。但在企业实践中，总会有些费用项目（如固定资产折旧费）难以确定责任归属，对这些费用项目不宜硬性归属到某个部门，可由企业财务部门直接控制。

3. 为各成本中心编制成本预算。责任成本预算是成本中心业绩控制的重要依据。责任成本预算的编制应按各成本中心发生的业务量进行编制。当各成本中心发生的成本包括变动成本与固定成本时，应先区分变动成本和固定成本，分别计算出变动成本总额和固定成本总额，再加总求出成本总额。

4. 建立责任成本计量体系。由于责任成本计量与产品成本计量是两个体系，因此，进行责任成本计量时，必须建立适合责任成本计量的原始凭证体系，并根据各成本中心发生的实际成本消耗情况分设账簿进行记录和汇总。

【例 6 – 1】 蓝天公司有甲、乙、丙三个成本中心，生产 A、B、C 三种产品，某年发生的费用消耗情况如下：直接材料 100000 元；直接人工 60000 元；制造费用 54000 元。

根据原始凭证，按产品和成本中心归集产品成本与责任成本如表 6 – 1 所示。

表 6 – 1　　按产品和成本中心归集的产品成本与责任成本　　单位：元

成本项目	费用合计	产品成本			责任成本		
		A	B	C	甲	乙	丙
直接材料	100000	45000	35000	20000	40000	30000	30000
直接人工	60000	18000	23000	19000	22000	18000	20000
制造费用	54000	20000	18000	16000	24000	14000	16000
合计	214000	83000	76000	55000	86000	62000	66000

（三）成本中心的评价

1. 标准成本中心的评价。

（1）标准成本法。标准成本，是指在正常的生产技术水平和有效的经营管理条件下，企业经过努力应达到的产品成本水平。标准成本法，是指企业以预先制定的标准成本为基础，通过比较标准成本与实际成本，核算和分析成本差异、揭示成本差异动因、实施成本控制、评价经济业绩的一种成本管理方法。成本差异，是指实际成本与相关标准成本之间的差额。当实际成本大于标准成本时，形成超支差异；当实际成本小于标准成本时，形成节约差异。标准成本法一般适用于产品及其生产条件相对稳定，或生产流程与工艺标准化程度较高的企业。

（2）标准成本的差异分析。

①直接材料差异分析。直接材料成本差异，是指直接材料实际成本与标准成本之间的差额，该项差异可分解为直接材料价格差异和直接材料数量差异。直接材料价格差异，是指在采购过程中，直接材料实际价格脱离标准价格所形成的差异；直接材料数量差异，是指在产品生产过程中，直接材料实际消耗量脱离标准消耗量所形成的差异。有关计算公式如下：

直接材料成本差异 = 实际成本 – 标准成本
= 实际耗用量 × 实际单价 – 标准耗用量 × 标准单价
= 直接材料价格差异 + 直接材料数量差异

直接材料价格差异 = 实际耗用量 ×（实际单价 – 标准单价）

直接材料数量差异 =（实际耗用量 – 标准耗用量）× 标准单价

【例 6 – 2】 某企业本月生产产品 400 件，使用材料 2500 千克，材料单价为 0.55 元/千克；单位产品的直接材料标准成本为 3 元，即每件产品耗用 6 千克直接材料，每千克材料的标准价格为 0.5 元。按照上述公式计算差异如下：

直接材料价格差异 = 2500 ×（0.55 – 0.5）= 125（元）

直接材料数量差异 =（2500 – 400 × 6）× 0.5 = 50（元）

直接材料成本差异 = 实际成本 - 标准成本

= 2500 × 0.55 - 400 × 6 × 0.5

= 1375 - 1200 = 175（元）

或者：直接材料成本差异 = 直接材料价格差异 + 直接材料数量差异 = 125 + 50 = 175（元）。直接材料的价格差异与数量差异之和，应当等于直接材料成本的总差异，并可据此验算差异分析计算的正确性。

②直接人工差异分析。直接人工成本差异，是指直接人工实际成本与标准成本之间的差额，该差异可分解为工资率差异和人工效率差异。工资率差异，是指实际工资率脱离标准工资率形成的差异，计算时按实际工时计算确定；人工效率差异，是指实际工时脱离标准工时形成的差异，计算时按标准工资率计算确定。有关计算公式如下：

直接人工成本差异 = 实际成本 - 标准成本

= 实际工时 × 实际工资率 - 标准工时 × 标准工资率

= 直接人工工资率差异 + 直接人工效率差异

直接人工工资率差异 = 实际工时 ×（实际工资率 - 标准工资率）

直接人工效率差异 =（实际工时 - 标准工时）× 标准工资率

直接人工成本的差异分析应从直接人工工资率差异和直接人工效率差异两个维度进行分析。

【例 6-3】某企业本月生产产品 400 件，实际使用工时 890 小时，支付工资 4539 元；直接人工的标准成本是 10 元/件，即每件产品标准工时为 2 小时，标准工资率为 5 元/小时。按上述公式计算差异如下：

工资率差异 = 890 ×（4539/890 - 5）= 890 ×（5.10 - 5）= 89（元）

人工效率差异 =（890 - 400 × 2）× 5 =（890 - 800）× 5 = 450（元）

人工成本差异 = 实际人工成本 - 标准人工成本

= 4539 - 400 × 10 = 539（元）

或者：人工成本差异 = 工资率差异 + 人工效率差异 = 89 + 450 = 539（元）。

工资率差异与人工效率差异之和，应当等于人工成本总差异，并可据此验算差异分析计算的正确性。

③变动制造费用差异分析。变动制造费用项目的差异，是指变动制造费用项目的实际发生额与变动制造费用项目的标准成本之间的差额，该差异可分解为变动制造费用项目的价格差异和数量差异。变动制造费用项目的价格差异，是指燃料、动力、辅助材料等变动制造费用项目的实际价格脱离标准价格的差异；变动制造费用项目的数量差异，是指燃料、动力、辅助材料等变动制造费用项目的实际消耗量脱离标准用量的差异。变动制造费用项目成本差异的计算和分析原理与直接材料和直接人工成本差异的计算和分析相同。

【例 6-4】本月实际产量 400 件，使用工时 890 小时，实际发生变动制造费用 1958 元；变动制造费用标准成本为 4 元/件，即每件产品标准工时为 2 小时，标准的变动制造费用分配率为 2 元/小时。按上述公式计算：

变动制造费用价格差异 = 890 ×（1958/890 - 2）= 890 ×（2.2 - 2）= 178（元）

变动制造费用数量差异 =（890 - 400 × 2）× 2 = 90 × 2 = 180（元）

变动制造费用成本差异 = 1958 - 400 × 4 = 358（元）

验算：变动制造费用成本差异 = 变动制造费用耗费差异 + 变动制造费用效率差异 = 178 + 180 = 358（元）

④固定制造费用差异分析。固定制造费用项目成本差异，是指固定制造费用项目实际成本与其标准成本之间的差额。能量差异是指固定制造费用预算与固定制造费用标准成本的差额，或者说是实际业务量的标准工时与生产能量的差额用标准分配率计算的金额。它反映实际产量标准工时未能达到生产能量而造成的损失。其计算公式如下：

固定制造费用项目成本差异 = 固定制造费用项目实际成本 - 固定制造费用项目标准成本（预算）

固定制造费用能量差异 = 固定制造费用预算数 - 固定制造费用标准成本

= 固定制造费用标准分配率 × 生产能量 - 固定制造费用标准分配率 × 实际产量标准工时

=（生产能量 - 实际产量标准工时）× 固定制造费用标准分配率

【例 6-5】 本月实际产量 400 件，发生固定制造成本 1424 元，实际工时为 890 小时；企业生产能量为 500 件即 1000 小时；每件产品固定制造费用标准成本为 3 元/件即每件产品标准工时为 2 小时，标准分配率为 1.50 元/小时。

固定制造费用耗费差异 = 1424 - 1000 × 1.5 = -76（元）

固定制造费用能量差异 = 1000 × 1.5 - 400 × 2 × 1.5 = 1500 - 1200 = 300（元）

固定制造费用成本差异 = 实际固定制造费用 - 标准固定制造费用

= 1424 - 400 × 3 = 224（元）

验算：固定制造费用成本差异 = 耗费差异 + 能量差异 = -76 + 300 = 224（元）

2. 费用中心的评价。确定费用中心的评价指标是一件困难的工作。费用中心的业绩涉及预算、工作质量和服务水平。工作质量和服务水平的量化很困难，并且与费用支出关系密切。这正是费用中心与标准成本中心的主要差别。对于费用中心，一般以一定的业务工作量为基础，事先按期编制费用弹性预算来评价费用中心的成本控制业绩。由于很难依据一个费用中心的工作质量和服务水平来确定预算数额，一个解决的办法是考察同行业类似职能的支出水平。例如，有的企业根据销售收入的一定百分比来制定研究开发费用预算。尽管很难解释为什么研究开发费用与销售额具有某种因果关系，但是，百分比法还是使人们能够在同行业之间进行比较。另外一个解决办法是零基预算法。从根本上说，决定费用中心预算的水平有赖于了解情况的专业人员的职业判断。

（四）成本中心的业绩报告

责任会计是以责任预算为基础，对责任预算的执行情况进行系统的记录和计量，并定期编制业绩报告，通过实际完成情况同预定目标的对比来评价各个责任中心的工作成果。

成本中心编制的业绩报告一共包括三栏：预算额、实际发生额及其差异额，并按成本或费用的项目分别列示。报告中所反映的项目并非仅限于金额指标，还可包括实物量、时间等对评价成绩中心业绩有帮助的其他指标，对预算额和实际发生额之间的差异需要进行分析。对差异原因的分析是一项非常重要的内容，有助于各成本中心在今后的工作中扬长避短，对有关的生产经营活动实施有效的控制和调节，从而有效地控制成本，提高企业经济效益。业绩报告中一般不列示不可控成本，但有时为了使管理者能够了解该成本中心在一定期间内消耗的全貌，可将不可控成本项目作为参考资料列示。

应当指出，在企业管理的不同层次上，业绩报告的侧重点应有所不同。最低层次责任中心的业绩报告是较为详细的，例如，直接材料可以进一步分解为价格差异和用量差异。随着层次的升高，报告的内容应有更简洁的形式表现。业绩报告的编制应自下而上，从最低层次的成本中心逐级向上汇编，直至最高管理层次，最低层次的成本中心的业绩报告中包括自身的可控成本，其他各层成本中心都应包括下属单位转来的责任成本和自身的可控成本。成本中心业绩报告的基本内容和格式可用表6－2来说明。

表6－2　　××成本中心业绩报告

××年××月

单位：元

项　目	预算	实际	超支（节约）
下属责任中心转来的责任成本：			
甲车间			
乙车间			
小计			
本成本中心可控成本：			
直接材料			
直接人工			
管理人员工资			
维修费			
其他			
小计			
本成本中心责任成本总计			

三、利润中心的业绩评价与报告

（一）利润中心的目标

建立利润中心的主要目标，是通过授予必要的经营权和确立利润这一综合指标来推动与促进各责任中心扩大销售、节约成本，努力实现自己的利润目标，促使企业有限的资金得到最有效的利用。

（二）利润中心的控制要求

（1）各利润中心经营决策权的授权必须明确；（2）利润评价指标的确定要合理；（3）制定合理的内部转让价格；（4）建立利润中心评价体系。

（三）利润中心的评价

利润中心的业绩评价，主要是通过一定期间实际实现的利润同“责任预算”所确定的预计利润数进行比较，进而对差异形成的原因和责任进行具体剖析，借以对其经营上的得失和有关人员的功过作出全面而正确的评估。通常以“贡献边际”作为业绩评价指标。贡献边际指标用于责任中心的业绩评价，还可引申分部经理可控边际和分部边际等指标。其计算公式分别为：

分部贡献边际 = 分部销售收入 - 分部变动成本

分部经理可控边际 = 分部贡献边际 - 分部经理人员可控的固定成本

分部边际 = 分部经理可控边际 - 分部经理不可控的固定成本

分部税前利润 = 分部边际 - 分配来的共同固定成本

$$公司税前利润 = \sum 各分部税前利润$$

在上述指标中，对决策人员而言，分部边际适合长期需求决策及部门业绩评价，而贡献边际则适用于短期决策。

【例 6-6】假设蓝天公司某部门 2×14 年 4 月有关数据如下：部门销售收入 15000 元；已售商品的变动成本和变动管理费 10000 元；部门的固定间接费用 2000 元（其中，800 元由部门经理可控制，1200 元为部门经理不可控制）分配的公司一般管理费用 1000 元。

要求：以上述资料为基础，编制该部门的利润表，并选择适当的指标评价该利润中心的经营业绩和部门经理人员的工作业绩。

为便于对部门经理人员和部门业绩进行评价，现将利润表整理如表 6-3 所示：

表 6-3　　利润中心利润表

××年 4 月　　单位：元

销售收入	15000
减：变动成本	(10000)
贡献边际	5000
减：可控成本	(800)
分部经理可控边际	4200
减：不可控固定成本	(1200)
分部边际	3000
减：分配的公司管理费用	(1000)
税前净利	2000

对于利润中心，至少能用四种可以选择的指标进行业绩评价。

（1）贡献边际。5000 元的部门贡献边际对于理解部门内部本量利的关系是非常重要的，它适用于短期决策（例如特殊订单的定价及利用短期促销以增加现有生产能力的使用）。但这一指标对于业绩的评估并没有用。部门经理至少可以控制某些固定成本，并且在固定成本和变动成本的划分上有一定的选择余地。因此，部门经理的业绩评价指标至少应该包括可控制的固定成本。

（2）分部经理边际。分部经理边际主要用于评价利润中心负责人的经营业绩因而应针对经理人员的可控成本费用进行评价。为此，应将各利润中心的固定成本进一步区分为可控成本和不可控成本。这主要是考虑到有些成本费用可以划归、分摊到有关利润中心，却不能为利润中心负责人所控制，如广告费、保险费等。在评价利润中心负责人业绩时，应将其不可控的固定成本从中剔除。它是评价经理人员工作业绩的最佳标准。因为它反映了经理在其权限和控制范围内有效使用资源的能力。这一评价指标的重要不足是对可控固定成本和不可控固定成本很难划分。

（3）分部边际。分部边际主要用于对责任中心（分部）的业绩进行分析和评价，因而还需从分部经理边际再扣除不可控固定成本。其所反映的是分部补偿共同性固定成本及提供企业利润所做的贡献。部门的一些与生产能力有关的成本如工厂场地成本、仓库成本、行政人员成本、机器成本，可能是过去高级管理层所制定的投资决策的结果。而且，部门管理员的工资也可能是企业制定的。这些成本都不是部门经理所能控制的。部门边际明显是计量部门获利水平的重要数据，但除非部门经理有权调整这些投资和关键人员，否则，这些成本是不可控的，因而在评价经理业绩时是不相关的。

（4）税前部门净利。很多公司把所有在公司层次上发生的与生产能力有关的成本都分配到各部门。这样做是为了提醒部门经理注意这些共同成本，并且使他们明白，只有当各产生收入的部门都产生了足够的贡献边际来弥补这些成本时，整个企业才有可能获利。因为只有各部门利润超过公司的共同成本，才能获利。所以将这些成本分配到各部门以表明它们对公司的贡献也是有一定道理的。但不能使用这一指标评价部门或部门经理的工作业绩。这是因为：第一，这些成本在部门一级是不可控制的；第二，分配给各部门的公司管理费用的计算方法常常是任意的，这使部门活动对这些管理费用高低的影响并无因果关系。

（四）利润中心的业绩报告

利润中心业绩报告的基本内容和格式可用表6－4来说明。

表6－4　　××利润中心业绩报告

××年××月　　单位：元

项　目	实际	预算	差异
销售收入			
变动成本			
分部贡献边际			
分部经理人员可控的固定成本			
分部经理可控成本			
分部经理不可控的固定成本			
分部边际			
分配来的共同固定成本			
分部税前利润			

四、投资中心的业绩评价与报告

（一）投资中心的目标

投资中心是分权管理模式的最突出表现，在当今世界各国，大型集团公司下面的分公司、子公司往往都是投资中心。在组织形式上，成本中心基本上不是独立的法人，利润中心可以是也可以不是独立的法人，但投资中心一般都是独立的法人。投资中心的主要目标是确保投资的安全回收和投资的收益率，以保证企业的规模和经营不断有所发展。

（二）投资中心的控制要求

投资中心的控制要求主要包括：（1）投资中心的投资决策权必须落实。（2）利润中心的所有控制要求都适合投资中心。（3）投资决策讲究科学化。（4）各投资中心共同使用的资产必须划分清楚；共同发生的成本也应按适当的标准进行分配；各投资中心之间相互调剂使用的现金、存货、固定资产等，均应实行有偿使用。只有这样，才能符合责任会计的要求，正确评价各投资中心的经济效益。（5）当企业是由几个投资中心组成的时候，每个投资中心的战略目标应与企业整体的目标保持一致。每个投资中心的业绩评价方法应与企业整体的业绩评价方法相同。

（三）投资中心的评价

根据投资中心生产经营活动的特点，企业应从努力程度和完成任务的能力这两个方面评估投资中心经理的表现。通常以投资报酬率（ROI）、剩余收益（RI）和经济增加值（EVA™）作为评价投资中心经营成果的主要指标。

1. 投资报酬率（ROI）。

（1）投资报酬率的计算。投资报酬率是投资中心所获得的营业利润与营业资产（投资额）的比率，其计算公式为：投资报酬率 = 营业利润/营业资产。由于利润是期间概念，因此，分母的营业资产计算时应以期初和期末的平均余额为准，从而保证与营业利润这一时期指标统计上的可比性。由于营业资产可按营业总资产计算，也可按营业净资产计算，因此，投资报酬率有两种相互补充的计量方法：总资产报酬率和股东权益报酬率。投资报酬率按营业总资产计算，主要用于分析和评价由投资中心掌握、使用的全部资产的盈利能力，它着眼于企业整体的经营效率，反映企业管理人员综合利用全部资产创造营业利润的业绩。总资产收益率假设纳税、付息前的收益是运用总资产赚取的，两者存在因果关系。此时的利润是指未扣除利息及税金之前利润，即息税前利润。以息税前利润作为分子，实际上扣除了投资中心的不可控因素——所得税和利息费用，这样处理较为客观、合理，而且它体现资产的全部收益，也较为完整。投资报酬率也可按营业净资产（营业总资产扣减对外负债后的余额）计算，用于说明投资中心运用公司产权供应的每一元资本对企业整体利润贡献的大小，此时的营业利润应是指税后净利。它着眼于经营效率转化为所有者收益的情况，反映股东获得回报的水平。股东权益报酬率假设税后利润是运用股东资本赚取的，两者存在因果关系。它是财务管理中最重要的核心指标。

【例 6-7】某投资中心在生产经营中掌握、使用的营业资产年初为 110000 元，年末为 90000 元；相应的负债都为 40000 元。与其相联系的利息费用为 3000 元，年税后利润为 6000 元，所得税率为 50%。

要求：按营业总资产和营业净资产分别计算投资报酬率。

按营业总资产计算：

投资报酬率 $= \{[6000/(1-50\%)]+3000\}/[(110000+90000)/2] = 15\%$

按营业净资产计算：

投资报酬率 = 6000/[(110000 - 40000 + 90000 - 40000)/2] = 10%

需要说明的是，本章以下例题涉及投资报酬率计算时，均默认营业资产（投资额）是平均的概念，营业资产和所对应营业利润总是相互匹配的，不再细分是总资产还是净资产，是息税前利润还是税后净利。

（2）提高投资报酬率的途径。为便于进一步说明影响投资报酬率这个指标的基本因素，可将其展开如下：

投资报酬率 =（销售收入/营业资产）×（营业利润/销售收入）= 资产周转率 × 销售利润率

投资报酬率这一指标还可以进一步展开：

投资报酬率 =（销售收入/营业资产）×（成本费用/销售收入）×（营业利润/成本费用）
= 资产周转率 × 销售成本率 × 成本费用利润率

为了提高投资报酬率，不仅要尽可能降低成本，增加销售、提高销售利润率，减少投资，同时也要经济有效地利用现有的营业资产，努力提高其利用效果。

举例说明如下：

【例 6－8】假定某投资中心资料如下：营业利润 20000 元，销售收入 200000 元，营业资产 100000 元。则有：

投资报酬率 = 20000/200000 × 200000/100000 = 10% × 2 = 20%

方法 1：降低成本。假定该投资中心降低酌量性固定成本广告费用 2000 元，因此，利润可以由 20000 元增为 22000 元，销售收入及投资金额不变，则有：

投资报酬率 = 22000/200000 × 200000/100000 = 11% × 2 = 22%

降低成本的主要途径有：降低约束性固定成；降低变动成本；降低酌量性固定成本。

方法 2：增加销售。假定投资中心投资额不变，销售收入由 200000 元增为 220000 元，并假定利润由 20000 元增为 24000 元（营业杠杆作用），则有：

投资报酬率 = 24000/220000 × 220000/100000 = 10.9% × 2.2 = 24%

许多人误以为销售收入不影响投资报酬率，因为在计算公式中销售收入是利润率的分母，是周转率的分子，两者可以抵消，因此，投资报酬率只是利润与投资的函数。而实际上，由于营业杠杆的作用，利润的增长率要大于销售收入的增长率，故在投资不变的情况下，只要增加销售收入，便可增加投资报酬率。影响销售的主要因素有：销售量；销售组合（结构）；销售价格；生产量水平；确定利润的会计方法等。因此，增加销售的途径应从这些影响因素的分析中获得。

方法 3：降低投资。假定该投资中心的投资金额通过减少存货、加速应收账款的回收，由 100000 元减为 90000 元，销售收入及利润保持不变，则有：

投资报酬率 = 20000/200000 × 200000/90000 = 10% × 2.22 = 22.2%

降低投资的主要途径有：减少固定资产投资；减少存货；加快应收账款收回等。

（3）投资报酬率计算应注意的问题。为应用投资报酬率对各投资中心的业绩进行正确的评价，还必须注意以下三点：①各投资中心所占用的营业资产收入和成本数据都应建立在可比的基础上，即营业资产、收入和成本的范围要限于各投资中心实际占用和可控制区域内。必须排除各种不可控制的因素（例如投资中心共同占用的资产以及不可控的成本等）。②由于营业利润是个时期指标，而营业资产只是期初或期末的时点数字。因此，为了正确反映营业利润与营业资产之间的关系，必须使用平均营业资产来计算投资报酬率。③营业资产的计价也要建立在可比的基础上，特别是固定资产一般应按原始价值计算。因为固定资产的账面价值（原价减累计折旧）是逐年递减的，如果按账面价值计算，营业利润不变，也会表现为投资报酬率逐年提高的假象，从而影响对不同投资中心的业绩进行公平的比较。

（4）投资报酬率的优缺点。投资报酬率作为业绩评价指标，无论是对企业整体还是对企业内部各投资中心，都是公认的评价业绩的主要财务比率，因而得到了广泛的运用。投资报酬率的优点主要包括：①在评价部门业绩时，能同时兼顾利润与投资，可以计量企业资产使用的效率水平，可以反映投资中心的综合盈利能力。投资者可以根据投资报酬率的高低，将资本由一个国家转入另一个国家，由一个行业转入另一个行业，由一个企业转入另一个企业；②可促使部门经理将其注意力集中于利润最大的投资。投资报酬率的缺点主要包括：①过分集中于报酬率最大化，而不集中于利润金额的增加。例如可通过降低分部可运用资产账面净值以及压缩酌量成本开支的方法提高该项指标。②容易造成职能失调行为，从而影响企业的整体利益。部门经理可能从事短期内对部门投资报酬率有利，但对企业长期获利能力有害的决策。当某一部门的新投资机会可使整个企业的投资报酬率提高但却使该部门的报酬率降低时，该部门经理可能会仅凭自己的业绩评价作考虑，而决定放弃该项目，以至于使整个企业的利润失去改进机会。

2. 剩余收益（RI）。

（1）剩余收益的计算。剩余收益是指投资中心的营业利润扣减其营业资产按规定的最低预期报酬率（即资本成本）计算的基本利润后的余额。它是为了弥补投资报酬率指标的缺陷而产生的一种计量企业经营业绩的新指标。其计算公式如下：剩余收益 = 营业利润 - 基本利润 = 营业利润 - 营业资产 × 最低预期报酬率。最低预期报酬率通常指企业根据情况所确定的预期投资报酬率，企业可以统一用加权平均资本成本作为各投资中心的最低预期报酬率。20 世纪 50 年代以来通用电气公司就一直利用这种指标评价其下属各个业务部门的业绩。

（2）剩余收益的优缺点。以剩余收益作为评价经营成果的尺度，其优点为：第一，可以消除利用投资报酬率进行业绩评价所带来的错误信号，并促使管理当局重视对投资中心业绩用金额的绝对数进行评价；第二，可以引导企业经营者采纳高于企业资金成本的决策，促使部门目标和企业整体目标趋于一致，克服了投资报酬率指标的不足；第三，较全面地体现了权益资本成本的补偿要求，弥补了会计收益指标的不足。

【例 6 - 9】 假设某个部门的营业资产为 20000 元，营业利润为 4000 元，则投资报酬率为 20%，假设企业整体资本成本为 15%。部门经理现面临一个投资报酬率为 17% 的投资机会，投资额为 10000 元，每年利润 1700 元。尽管对整个企业来说，由于投资报酬率高于资本成本，应当利用这个投资机会，但该部门却不愿意，因为这会使本部门的投资报酬率由过去的 20% 下降到 19%。

投资报酬率 = (4000 + 1700)/(20000 + 10000) = 19%

同样的道理，假设该部门现有一项价值 5000 元的资产，该资产每年获利 850 元，投资报酬率为 17%，超过了资本成本。部门经理却愿意放弃该项资产以提高部门的投资报酬率。

投资报酬率 = (4000 - 850)/(20000 - 5000) = 21%

当使用投资报酬率作为业绩评价标准时，部门经理可以通过加大公式分子或减少公式分母来提高这个比率。实际上，减少分母更容易实现。从引导部门经理采取与企业总体利益一致的决策来看，投资报酬率不是一个很好的指标，而剩余收益正好可以弥补这一不足。

在本例中：

目前部门剩余收益 = 4000 - 20000 × 15% = 1000（元）

采用增资方案后的剩余收益 =（4000 + 1700）-（20000 + 10000）× 15% = 1200（元）

采用减资方案后的剩余收益 =（4000 - 850）-（20000 - 5000）× 15% = 900（元）

用剩余收益进行评价，部门经理会采纳增资方案而放弃减资方案，这正是与企业整体目标相一致的。

但是，使用剩余收益指标也存在缺点，具体表现在：第一，剩余收益指标是绝对数指标，不便于不同规模的企业之间进行比较，规模大的部门容易获得较大的剩余收益；第二，剩余收益计算公式中含有净利润，因此，它同样具有会计收益指标的固有缺陷；第三，对权益资金成本率的计算和确定有一定的难度，具有多种选择性，若选择不慎，则不能达到预期效果；第四，该指标只利于投资中心的内部决策，不利于同其他投资中心的业绩进行比较。

3. 经济增加值（EVA™）。

（1）经济增加值的概念及适用条件。经济增加值，是指税后净营业利润扣除资本成本后的净值。经济增加值及其改善值是全面评价经营者有效使用资本和为企业创造价值的重要指标。经济增加值为正，表明经营者在为企业创造价值；经济增加值为负，表明经营者在损毁企业价值。经济增加值法，是指以经济增加值（Economic Value Added，简称 EVA™）为核心，建立业绩指标体系，引导企业注重价值创造，并据此进行绩效管理的方法。经济增加值法较少单独使用，一般与关键业绩指标法、平衡计分卡等其他方法结合使用。经济增加值法的适用对象为成长期以上企业。初创期企业、人力资本和信息资本等无形资产占主导的企业，以及周期性、波动性较大的企业，应慎重选用经济增加值法。

（2）经济增加值的计算。经济增加值等于税后净营业利润减去资本成本后的净额，资本成本为加权平均资本成本率与调整后的平均资本占用的乘积。经济增加值的计算公式为：

经济增加值 = 税后净营业利润 - 资本成本

= 税后净营业利润 - 平均资本占用 × 加权平均资本成本率

其中：税后净营业利润衡量的是企业的经营盈利情况；平均资本占用反映的是企业持续投入的各种债务资本和股权资本；加权平均资本成本率反映的是企业各种资本的平均成本率。

计算经济增加值时，需要进行相应的会计项目调整，以消除财务报表中不能准确反映企业价值创造的部分。会计调整项目的选择应遵循价值导向性、重要性、可控性、可操作性与行业可比性原则，数据来源于财务报表。

①税后净营业利润等于会计上的税后净利润加上利息支出等会计调整项目后得到的税后利润。计算税后净营业利润的会计调整项目，应根据不同企业实际情况，以及企业不同时期的价值主张合理确定。常用的调整项目有：a. 一次性支出但收益期较长的费用，予以资本化处理，如研究开发费、大型广告费等；b. 反映付息债务成本的利息支出，不作为期间费用扣除，扣除所得税影响后予以加回；c. 营业外收入、营业外支出具有偶发性，将当期发

生的营业外收支从税后净利润中扣除，并与以前年度累计发生的营业外收支合并做资本化处理；d. 将当期减值准备发生额扣除所得税影响后予以加回；e. 递延税金不反映实际支付的税款情况，将递延所得税负债的增加额、递延所得税资产的减少额加回到税后净利润中；f. 其他非经常性损益调整项目，如股权转让收益等。

②平均资本占用是所有投资者投入企业经营的全部资本，包括债务资本和股权资本。其中债务资本包括长短期借款、应付债券等有息负债，不包括应付账款、应付票据、其他应付款等不产生利息的无息流动负债。股权资本中包含少数股东权益。计算平均资本占用时选择的会计调整项目，可根据企业实际情况确定，一般计算公式为：

平均资本占用 = 平均所有者权益 + 平均负债 - 平均无息流动负债 - 平均在建工程 + 平均减值准备
+ 平均递延所得税负债贷方余额 - 平均递延所得税资产借方余额
+（累计营业外支出 - 累计营业外收入）×（1 - 所得税税率）

平均无息流动负债 = 平均流动负债 - 平均短期借款 - 平均一年内到期的长期负债平均减值准备
= 平均坏账准备 + 平均存货跌价准备 + 平均长期投资减值准备
+ 平均短期投资减值准备 + 平均固定资产减值准备 + 平均无形资产减值准备
+ 平均在建工程减值准备 + 平均商誉减值准备等减值准备

③加权平均资本成本率是债务资本和股权资本的加权平均资本成本率，反映了投资者对投入资本的最低回报要求。债务资本成本率是企业实际支付给债权人的税前利率，反映的是企业在资本市场中债务融资的边际成本。如果企业存在不同利率的融资来源，债务资本成本率应使用加权平均值。股权资本成本率是在不同风险下，所有者对投资者要求的最低回报。通常根据资本资产定价模型确定。

④企业层级的加权平均资本成本率确定后，应结合行业情况、不同下级单位（部门）的特点，通过计算（能单独计算的）或指定（不能单独计算的）的方式确定下级单位（部门）的资本成本率。通常情况下，企业对下级单位（部门）所投入资本即股权资本的成本率是相同的，为简化资本成本率的计算，下级单位（部门）的加权平均资本成本率一般与企业保持一致。

（四）投资中心业绩报告

投资中心责任报告的基本内容和格式如表 6 - 5 所示。

表 6 - 5　××投资中心业绩报告

××年　　单位：元

项　目	实际	预算	差异
销售收入（1）			
成本（2）			
营业净利(3) = (1) - (2)			
平均资产原价（4）			
资产报酬率(5) = (3)/(4)			
基本利润(6) = (4) × 最低资本成本			
剩余收益(7) = (3) - (6)			

第二节 内部转移定价

企业内部各个责任单位在生产经营活动中既相互联系又相互独立地开展经营活动，各责任中心之间经常相互提供中间产品或劳务。为了正确、客观地评价各个责任中心的经营业绩，明确经营责任，使各个责任中心的业绩评价与考核建立在客观可比的基础上，从而调动各责任中心的积极性，企业应当为各个责任中心之间交换的中间产品或服务制定具有经济依据的内部转移价格。

一、内部转移定价的概念与管理目标

（一）什么是内部转移价格

内部转移定价是指企业内部转移价格的制定和应用方法。而内部转移价格是指企业内部分公司、分厂、车间、分部等责任中心之间进行相互提供产品（或服务）、资金等内部交易时所采用的计价标准。

（二）制定内部转移价格的目标

企业制定内部转移价格主要是为了传递能够使得目标一致的决策数据。当企业对各部门进行业绩评价时，评价标准为各部门管理者是否作出了同时有利于分部和公司整体利益的决策。例如，在选择是从企业内部还是外部市场购入产品或劳务这个问题上，内部转移定价应该指引管理者作出符合公司整体利益的决策。即一个决策在增加部门利益的同时也能够增加公司的利益。转移定价系统的另一个目的就是限制部门的自主权。最高管理层可以规定部门之间产品和劳务的转移价格。但是，一旦组织决定实行分权管理，部门管理者应该有权利自由制定决策。转移定价系统的影响取决于最高管理层制定的业绩评价和计量系统，而不是直接在决策上的干预。总之，企业应用内部转移定价工具方法的主要目标是界定各责任中心的经济责任，计量其绩效，为实施激励提供可靠依据。

企业在制定内部转移价格时，有时采用基于成本的定价，有时采用基于市场的定价，还有时采用协商定价，通常并没有一个单一的、普遍适用的答案。下文将对内部转移定价的几种方法进行介绍。

二、内部转移定价的适用条件、原则及基本方法

（一）适用条件

内部转移定价主要适用于具有一定经营规模、业务流程相对复杂、设置了多个责任中心且责任中心之间存在内部供求关系的企业。

（二）原则

1. 合规性原则。内部转移价格的制定、执行及调整应符合会计、财务、税收等法律法规的规定。

2. 效益性原则。企业应用内部转移定价工具方法，应以企业整体利益最大化为目标，

避免为局部追求最优而损害企业整体利益的情况；同时，应兼顾各责任中心及个人利益，充分调动各方积极性。

3. 适应性原则。内部转移价格体系应当与企业所处行业特征、企业战略、业务流程、产品（或服务）特点、业绩评价体系等相适应，使企业能够统筹各责任中心利益，对内部转移价格达成共识。

（三）基本方法

企业绩效管理委员会或类似机构应根据各责任中心的性质和业务特点，分别确定适当的内部转移价格形式。内部转移价格通常分为价格型、成本型和协商型。

1. 价格型内部转移价格。价格型内部转移价格，是指以市场价格为基础制定的、由成本和毛利构成的内部转移价格，一般适用于内部利润中心。责任中心所提供的产品（或服务）经常外销且外销比例较大的，或所提供的产品（或服务）有外部活跃市场可靠报价的，可将外销价或活跃市场报价作为内部转移价格。责任中心一般不对外销售且外部市场没有可靠报价的产品（或服务），或企业管理层和有关各方认为不需要频繁变动价格的，可以参照外部市场价或预测价制定模拟市场价，作为内部转移价格。没有外部市场，但企业出于管理需要设置为模拟利润中心的责任中心，可以以生产成本基础上加一定比例毛利作为内部转移价格。

【例 6-10】蓝天公司部门 A 的产品既可以销售给公司的其他内部部门 B，也可以销售给为外部客户，具有中间市场。此时可以接受的最低转让价格为多少？两部门收入与成本结构如表 6-6 所示：

表 6-6　　A、B 两部门收入与成本结构

A 部门	B 部门
中间市价（对外销售）25 元	对外销售价格 100 元
变动成本 15 元	由 A 部门转入的价格 25 元
	B 部门增加的变动成本 40 元

此时的最低转让价格为 25 元，即为 A 部门在中间市场对外销售的价格或 B 部门可自中间市场买进的价格。最低转让价格 = 销售部门的单位变动成本 15 元 + 放弃对外销售时所损失的单位贡献边际（25 - 15）= 25（元）。

只要 A 部门可向 B 部门每单位收取 25 元的转让价格，则 A 部门自愿将其产品对内供应，因为 A 部门销售给 B 部门得到的利润与对外销售一样；同样，只要外界的价格不低于 25 元，则 B 部门自然愿意向 A 部门购买。中间市价 25 元为两部门可接受的转让价格，两个分部的利润计量也很公平。部门 A 对产品是内部转让还是外部销售并不关心，因为两种类型的交易所得利润相同。部门 B 可以要求和获得部门 A 所能提供的任何数量的产品。因此，以市场为基础的转让价格可能是最理想的转让价格。

2. 成本型内部转移价格。成本型内部转移价格，是指以标准成本等相对稳定的成本数据为基础，制定的内部转移价格，一般适用于内部成本中心。以成本为基础的转让价格在实践中经常使用，特别适用于以下情况：①转让的产品没有外部市场；②尽管有外部市场，但它是不完全的，即市场价格受到制定转让价格的企业对外销售产品数量的影响，或者只有有限的外部需求；③产品包含秘方，管理人员不想对外泄露。如果存在上述三者之一的情况，就没有制定转让价格适合的市场价格基础。以成本为转让价格的基础适合于各成本中心之间相互提供产品或服务。以成本为转让价格的基础有四种不同形式，如表6-7所示。

表6-7　　成本为转让价格的基础

成本类型	实际成本	标准成本
完全成本	1	2
变动成本	3	4

（1）实际成本与标准成本。产品在各部门间的转让，很多企业采用实际成本作为计价基础。此法的缺点是：①最后将产品销售给外界顾客的部门才获得利润，其余部门均无利润可言，因而无法以ROI或RI评价各部门的业绩；②对成本控制无法产生鼓励作用，一个部门的成本既然如数转让到下一部门，则任何部门都不会从事成本控制的努力，而最后销售部门负担前面部门积累的浪费以及缺乏效率，自然影响其利润、ROI及RI。以实际成本为转让价格虽然有上述缺点，却为很多企业所普遍采用，主要原因是该法容易理解、易于实施。标准成本仅在部门采用标准成本制度时才使用，当然也可以为转让计价的目的而要求工程师设定标准成本；如标准成本无法取得，则只有使用实际成本。

（2）完全成本与变动成本。完全成本包括固定及变动生产成本，而变动成本仅包括变动生产成本。采用变动成本定价法的最大优点是可以促使销售部门的设备在短期之内作最佳的运用，但长期而言，固定成本不能忽视，只有全部成本收回之后才有利润可言。因此，根据变动成本确定转让价格需谨慎从事，以避免就短期而言，销售部门有利润，但就长期而言，则发生亏损，或使整个企业的利润减少等情况的发生，违背目标一致性原则，产生次优化问题。

【例6-11】假定蓝天公司的甲部门制造一种零件，其变动成本为12元，售价为20元，生产1个零件需直接人工1小时。现乙部门制造一种新产品，每件产品需耗用一个零件，所需零件与甲部门目前生产的不同。乙部门为取得所需的零件，有两种方法可供选择：

①以每个15元的价格由企业外部购入，每年需购买50000个。

②向甲部门购买，此时甲部门需放弃原有生产，因为乙部门的需要量正好为甲部门的产能。甲部门生产新零件1个需直接人工1小时，每个零件的变动制造成本为10元。乙部门生产时还需投入变动成本25元，其产品售价为60元。要求：判断此时甲部门应放弃目前所拥的业务而开始为乙部门制造零件？还是继续目前的生产，而让乙部门向外购买？

假定乙部门决定以每个15元的价格向外购买，而让甲部门继续生产原有零件，则损益情况如表6-8所示。

表6-8　　损益情况表

项目	甲部门	乙部门	整个公司
销售收入（20，60）	1000000	3000000	4000000
变动成本（12，40）	600000	2000000	2600000
贡献边际	400000	1000000	1400000

反之，若乙部门以 10 元钱价格向甲部门购买零件，而甲部门放弃现有的生产，则损益情况如表 6－9 所示。

表 6－9 损益情况表

项目	甲部门	乙部门	整个公司
销售收入（10，60）	500000	3000000	3500000
变动成本（10，35）	500000	1750000	2250000
贡献边际	0	1250000	1250000

将上述两种情况进行比较，显示乙部门以 10 元的价格向甲部门购买的时候，其贡献边际为 1250000 元，比零件由外购时增加 250000 元（1250000－1000000），但却使整个公司的利润减少 150000 元（1400000－1250000），从而产生次优化。

（3）机会成本与转让价格。有没有一个让组织整体作出最合适的转让定价决策的通用原则呢？没有，因为最合适的决策必须要达到三个标准，即目标一致、管理层付出努力和子单位享有自主权，三者缺一不可。理想的转让价格应该是在某一产量水平下使各分部和企业整体都实现各自利润的最大化。但在以市场价格为基础的转让价格和以成本加成为基础的转让价格下都不可能实现。当中间资源供给短缺时，产品的转让定价决策受到限制性因素影响，此时管理人员可利用下面的公式计算企业内部转让价格的最低价格：最低转让价格＝由于商品转让而发生的每单位额外支出成本＋由于转让而使组织发生的每单位机会成本。其中，由于商品转让而发生的每单位额外支出成本包括商品或劳务的直接变动成本和其他仅由于转让而发生的支出成本；由于转让而使组织发生的每单位机会成本一般为放弃对外销售时所损失的单位贡献边际。因此，一般情况下，公式也可表示为：最低转让价格＝销售部门的单位变动成本＋放弃对外销售时所损失的单位贡献边际。

【例 6－12】 承接【例 6－11】，计算甲部门零件的最低转让价格。

应用上述公式，可求得甲部门零件的最低转让价格为：

最低转让价格＝销售部门的单位变动成本(10)＋放弃对外销售时所损失的单位贡献边际(20－12)＝18（元）

利用计算的最低转让价格，管理人员可立即作出正确决定：该零件不应在企业内部之间转让，因为乙部门由外买进时仅需支付 15 元。

（4）成本加成。在没有现成正常市场价格的情况下，可采用“成本加成”作为制定内部转让价格的计价基础。即在产品劳务的全部成本的基础上加上合理的利润率，它可以是完全成本加成、变动成本加成，也可以是标准成本加成。

3. 协商型内部转移价格。

（1）什么是协商型内部转移价格。在实践中市场价格实际执行有时会有困难，而且半成品提供给内部单位比对外销售通常节约更多费用，如果转让的数量较大，则单位成本较低。于是，在直接按市价计价的情况下，这方面的节约将全面表现为半成品供应单位的工作成果，接受单位得不到任何好处，因而引起不满，就会要求采用协商价格作为内部转让价格。协商型内部转移价格，是指企业内部供求双方通过协商机制制定的，双方利益相对均衡的内部转移价格，主要适用于供求双方分权程度较高，且供方存在较多闲置产能的情况。协商价的取值范围通常较宽，一般不高于市场价，不低于变动成本。该种定价方式的原因包括：内部结算价格中不包含外部推销、管理费用和税金等；内部转移的中间产品数量较大，单位成本相应较低；供应方大多拥有剩余生产能力。

（2）协商价格制定转让价格适用的情况。①有关的中间产品存在外部市场，两个部门的管理者可以自由地选择接受或拒绝某一价格，这避免了双边垄断局面的发生，在这种局面下，价格取决于协商双方的力量和谈判技巧；②内部转让可使销售或管理费用减少；③转让的数量相当大，足以产生数量折扣；④销售部门具有闲置生产能力；⑤购买部门所需的物品无法由外界供应；⑥有权利外购或外销，这为讨价还价提供了必要条件；⑦各协商者都享有全部市场信息，这使得协商价格接近一方（最好是双方）的机会成本；⑧当协商发生矛盾（双方利益有大有小）可能导致非最优决策时，企业最高管理部门应当进行必要的干预，但干预应是有限的、合理的。

（3）协商价格存在的缺陷。①对于有关管理者来说协商很花费时间；②容易在部门间造成矛盾；③它使对部门获利能力的评价受到管理者协商技巧的影响；④它要求高级管理者花时间监督而不是介入协商过程；⑤如果协商价格高于提供转让产品的机会成本，有可能导致次优的产量水平。在实务中，根据协商价格制定转让价格决策的困难在于：确定的转让价格要能够激励各分部主管的经营并能使企业整体实现利润最大化；但当分部主管有权力协商转让价格时，他们首先考虑的是其自身利益（分部利润），而不是企业整体利益。

第三节 服务部门的成本分配

企业成本管理对企业绩效管理起到至关重要的作用。成本分配方法则是成本会计系统的重要组成部分。大多数企业组织还有个所谓的服务部门，这个部门不直接生产产品或提供服务，而是向直接生产产品和提供服务的部门提供服务。例如，工厂服务部门包括维护和制订生产计划。在医院里，医院的维护和人事部门也属于服务部门的范畴。本节将对服务部门成本分配的相关内容进行介绍，包括服务部门成本分配的目的、原则及方法。

一、分配目的

成本会计系统一般都是先累计成本，然后把成本分配到企业的每一个个体中去，这样的个体就称之为部门。企业中的部门包括生产部门和服务部门。生产部门是指工人们在其中生产产品或提供服务的部门；服务部门是指为其他部门或客户提供服务的部门，例如：人力部、设备维护部等。企业生产产品和服务并提供有关生产活动所需的支持性服务导致了成本的产生。直接成本可以直接追溯到相应的部门，但间接成本需要分配。服务部门成本分配的目的就是将服务部门的变动成本和固定成本分配到组织内的其他部门。

二、分配原则

1. 在提供服务之前确定有关成本分配的细节。只有先制定了规则，才能使所有部门恰当地作出计划；

2. 分别分配变动成本库和固定成本库。一个服务部门（如计算机部门）如果多个成本动因导致成本分配，则该部门可以设立多个成本库。应至少设立一个变动成本库和一个固定成本库；

3. 像生产经营部门一样，利用预算对每个服务（辅助）部门进行业绩评估。无论之后成本如何分配的，服务部门业绩的评估取决于实际成本和预算的比较。可从预算中确定分配时需要使用的变动成本库和固定成本库。

三、分配方法

服务部门的成本分配方法通常有三种——直接法、顺序法、交互分配法。

（一）直接法

直接法在把既定服务部门的成本分配给生产部门时，将忽略其他服务部门。

直接法计算工作简便，但分配结果不够正确，适用于服务部门内部相互提供劳务不多的企业，对于那些交互分配数额较大的企业，采用该方法将会影响计算结果的准确性。

【例 6－13】 某企业有两个生产部门——铸造和精加工车间，有两个服务部门——设施管理部和人事部。假定每个部门的全部成本都只有一个成本动因。设施管理部门的最佳成本动因是占地面积，人事部门的最佳成本动因是雇员人数。有关各部门成本和动因量如表6－10所示：

表 6－10　成本及动因

项目	服务部门		生产部门	
	设施管理	人事	铸造	精加工
间接成本（元）	126000	24000	100000	160000
占地面积（m^2）	3000	9000	15000	3000
雇员人数	20	30	80	320
直接人工小时			2100	10000
机器小时			30000	5400

直接法的计算结果如表 6－11 所示：

表 6－11　直接法

项目	分配率	铸造	精加工
分配自设施管理	126000/（15000＋3000）＝7	7×15000＝105000 元	7×3000＝21000 元
分配自人事	24000/（80＋320）＝60	60×80＝4800 元	60×320＝19200 元
部门间接成本		100000 元	160000 元
合计		209800 元	200200 元

（二）顺序法

顺序法在确认服务部门对生产部门提供支持的同时，也确认对其他部门作业提供的服务。顺序法将服务部门按照相互提供受益量或受益金额的多少顺序排列。通常，从向其他部门提供最多服务的服务部门开始，分配顺序中排在最后的是提供最少服务的服务部门。一次只分配一个服务部门的成本，把该成本分配到其他生产部门中去。一旦部门成本被分配到其他部门，就不会再有其他服务部门的成本被分回这一部门。

顺序法，一般适用于在各服务部门交互提供的劳务量有明显顺序的企业。如果顺序关系不明显，一方面分配顺序很难确认，另一方面分配的结果也不准确。顺序法的计算结果如表6－12所示：

表6－12　　顺序法

项目	分配比例	服务部门		生产部门	
		设施管理	人事	铸造	精加工
部门成本		126000	24000	100000	160000
第一步 设施管理	9/15/3	（126000）	126000×9/27＝42000	126000×15/27＝70000	126000×3/27＝14000
第二步 人事	8/32		（66000）	66000×8/40 ＝13200	66 000×32/40 ＝52800
合计		0	0	183200	226800

（三）交互分配法

交互分配法首先将各服务部门的成本在所有受益部门之间进行（交互）分配。然后，将分配后的服务部门成本向各生产部门进行分配。

交互分配法比直接分配法的分配结果正确，同时方法并非十分复杂，易于理解和操作。但是这种方法对服务部门成本的交互分配只进行了一次，第二次分配也仅分给了服务部门之外的部门，所以该方法也不是很准确。交互分配法的计算结果如表6－13所示：

表6－13　　交互分配法

项目	服务部门		生产部门	
	设施管理	人事	铸造	精加工
部门成本	126000	24000	100000	160000
第一次 设施管理人事	（126000） 24000×2/42＝1143	126000×9/27＝42000 （24000）	126000×15/27＝70000 24000×8/42＝4571	126000×3/27＝14000 24000×32/42＝18286
余额	1143	42000	174571	192286
第二次 设施管理人事	（1143）	（42000）	1143×15/18＝953 42000×8/40＝8400	1143×3/18＝190 42000×32/40＝33600
合计	0	0	183924	226076

本章小结

本章首先介绍了责任会计的有关内容。责任会计是现代企业组织分权管理模式的产物。在分权管理的模式下，责任会计制度的基础是设立责任中心。责任中心一般分为成本中心、利润中心和投资中心三种。其中，成本中心通常采用成本差异作为考核指标；利润中心通常以贡献边际作为业绩评价指标；而投资中心通常以投资报酬率、剩余收益和经济增加值作为主要评价指标。三种责任中心的业绩评价方法是本章的重点与难点。

在设立责任中心的基础上，本章讨论了企业内部转移定价的相关内容。当一个责任中心向另一个责任中心提供产品或服务，并向其收取转移价格之时，部门之间就会产生相互影响，各责任中心的业绩评价问题就会变得复杂。因此，企业需要制定合理的内部转移价格。内部转移价格通常分为价格型、成本型和协商型。价格型内部转移定价是指，以市场价格为基础制定的、由成本和毛利构成的内部转移价格，一般适用于内部利润中心；成本型内部转移价格，是指以标准成本等相对稳定的成本数据为基础，制定的内部转移价格，一般适用于内部成本中心；协商型内部转移价格，是指企业内部供求双方通过协商机制制定的，双方利益相对均衡的内部转移价格，主要适用于供求双方分权程度较高，且供方存在较多闲置产能的情况。

本章还讨论了服务部门的成本分配目的、原则和方法。其中，服务部门的成本分配方法及其优缺点是本章需要重点掌握的内容。直接法、顺序法、交互分配法是服务部门成本分配的三种主要方法。直接法在把既定服务部门的成本分配给生产部门时，将忽略其他服务部门，因此计算工作简便，但分配结果不够正确，适用于服务部门内部相互提供劳务不多的企业。顺序法在确认服务部门对生产部门提供支持的同时，也确认对其他部门作业提供的服务，将服务部门按照相互提供受益量或受益金额的多少顺序排列；交互分配法首先将各服务部门的成本在所有受益部门之间进行（交互）分配，然后将分配后的服务部门成本向各生产部门进行分配。

本章对初级管理会计师在绩效管理中所扮演的角色进行了介绍，初级管理会计师需要在设定战略导向的绩效目标、管理战略绩效达成过程和绩效评价与反馈三个关键任务过程中发挥作用。

本章练习题及参考答案

一、判断题

1. 成本的可控性是确定责任成本的唯一依据。（　）

2. 中间产品的转移价格，既是提供方的销售收入，又是接收方的购买成本。（　）

3. 顺序法将服务部门按照相互提供受益量或受益金额的多少顺序排列。通常，从向其他部门提供最少服务的服务部门开始，分配顺序中排在最后的是提供最多服务的服务部门。（　）

二、单选题

1. 主要对成本、费用负责的责任中心是（　　）。

A. 利润中心　　B. 成本中心　　C. 收入中心　　D. 投资中心

2.（　　）是指投资中心的营业利润减去其营业资产按规定的最低预期报酬率（即资本成本）计算的基本利润后的余额。

A. 投资报酬率　　B. 剩余收益　　C. 经济增加值　　D. 资产收益率

三、多选题

1. 下列可以作为投资中心的业绩考核指标的有（　　）。

A. 投资报酬率　　B. 利息保障倍数　　C. 经济增加值　　D. 剩余收益

2. 下列关于经济增加值的说法正确的有（　　）。

A. 经济增加值仍未克服剩余收益指标由于会计信息失真带来的影响

B. 由于经济增加值考虑了权益资本成本，因此可以避免高估分部利润

C. 由于经济增加值是一个绝对值，因此可以避免采用相对值指标带来的决策次优化问题

D. 由于规模差异而产生的不同企业或部门的经济增加值差距，使得该指标无法在不同部门之间进行比较

E. 经济增加值的核心理念是资本效率

四、计算题

W 公司有 A、B 两个分公司，A 公司和 B 公司在 2017 年的营业利润和各自所占经营资产如下表所示：

单位：元

	A 公司	B 公司
营业利润	6720	12480
营业资产	28000	72000

W 公司为分公司规定的最低投资报酬率为 12%。

要求：分别以投资报酬率和剩余收益来评价 A、B 两个公司的业绩，你认为哪个分公司的业绩较优？结合两个分公司的投资情况，你认为哪个指标的评价结果比较客观？为什么？

一、判断题

1. √　2. √　3. ×

二、单选题

1. B　2. B

三、多选题

1. ACD　2. BCDE

四、计算题

A 公司：

投资报酬率 =6720/28000 =24%

剩余收益 =6720 -28000 ×12% =3360（元）

B 公司：

投资报酬率 =12480/72000 =17.3%

剩余收益 =12480 -72000 ×12% =3840（元）

以投资报酬率评价两公司的业绩时，由于 A 公司的投资报酬率高于 B 公司，因此可以认为 A 公司的业绩较优。

以剩余收益评价两公司的业绩时，由于 B 公司的剩余收益高于 A 公司，因此可以认为 B 公司的业绩较优。

从上述分析可以发现，剩余收益是一个绝对数指标，它忽视了投资中心的初始投资额，故单独以剩余收益指标评价责任中心的业绩是不合理的。因此，在使用剩余收益指标进行业绩评价时，应当结合投资报酬率指标。

第七章 内部控制与风险管理

【学习目标】

- 了解风险管理与内控的框架
- 掌握风险管理的概念、原则和程序
- 学会应用风险矩阵
- 了解风险管理的其他工具

内部控制是为了达到经营活动的效率和效果、财务报告的可靠性、保护资产的安全和完整、确保有关法律、法规和规章制度的贯彻执行和保证企业战略目标的实现而制定和实施的一系列控制方法、措施和程序。在经济发达国家，内部控制被广泛采用，并日趋完善，在企业风险管理中发挥着积极的作用。

初级管理会计师在企业风险管理与内部控制的不同程序中担任着不同的角色，通常而言，包括如下职责：(1) 初级管理会计师在建立和实施风险管理过程中，负责了解单位风险管理的政策和程序，并在充分了解的基础上，认真执行单位既定风险管理的政策和策略。(2) 在识别和评估风险的过程中，初级管理会计师首先理解单位的风险类型和组成及其所处基本状态；其次在了解风险的基础上，运用风险识别和评估的工具，协助管理层进行风险评估。(3) 在监控和反馈环节，初级管理会计师应具体了具体风险的有效控制状态，收集整理相关数据，评价风险管理情况，识别是否存在重大风险管理缺陷，协助团队编制风险管理报告。初级管理会计师需要了解单位所执行的内部控制框架（如财政部、COSO 等框架）及其与风险管理的关系，理解具体的有关治理与控制的政策、方针，理解基于风险的内部控制理念与模式。在了解相关政策和理念的基础上，根据相关规定执行单位内部控制措施，协助团队执行内部控制检查流程。

第一节 风险管理与内部控制的基本框架

一、国外风险管理与内部控制的发展历程

国外的风险管理与内部控制经历了较长的发展阶段，是从内部牵制发展而来的，至今经历了以下七个发展阶段：

(一) 内部牵制阶段

内部控制，作为一个专用名词和完整概念，直到 20 世纪 30 年代才被人们提出、认识和

接受。但在此前的人类社会发展中，早已存在着内部控制的基本思想和初级形式，这就是内部牵制（Internal check）。例如，在古罗马时代，对会计账簿实施的“双人记账制”——某笔经济业务发生后，由两名记账人员同时在各自的账簿上加以登记，然后定期核对双方账簿记录，以检查有无记账差错或舞弊行为，进而达到控制财务收支的目的，即是典型的内部牵制措施。综观该时期的内部牵制，它基本是以查错防弊为目的，以职务分离和账目核对为手法，以钱、账、物等会计事项为主要控制对象。

内部牵制是以提供有效的组织和经营，并防止错误和其他非法业务发生的业务流程设计。其主要特点是以任何个人或部门不能单独控制任何一项或一部分业务权力的方式进行组织上的责任分工，每项业务通过正常发挥其他个人或部门的功能进行交叉检查或交叉控制。设计有效的内部牵制以便使各项业务能完整正确地经过规定的处理程序，而在这规定的处理程序中，内部牵制机能永远是一个不可缺少的组成部分。其主要特点是：以任何个人或部门不能单独控制任何一项或一部分业务权力的方式进行组织的责任分工。一般来说，内部牵制的执行大致可分为以下四类：一是实物牵制。例如把保险柜的钥匙交给两个以上的工作人员持有。非同时使用这两把以上的钥匙，保险柜就打不开。二是机械牵制。例如保险柜的大门若非按正确程序操作就打不开。三是体制牵制。采用双重控制预防错误和舞弊的发生。四是簿记牵制。定期将明细账与总账进行核对。在现代内部控制理论中，内部控制仍占有重要地位，成为有关组织机构控制和职务分离控制的基础。

内部牵制是基于以下两个基本设想：（1）两个或以上的人或部门无意识地犯同样错误的机会是很小的；（2）两个或以上的人或部门有意识地合伙舞弊的可能性大大低于单独一个人或部门舞弊的可能性。实践证明这些设想是合理的，内部牵制机制确实有效地减少了错误和舞弊行为，因此在现代内部控制理论中，内部牵制仍占有重要的地位，成为有关组织机构控制、职务分离控制的基础。

（二）内部控制阶段

1934 年美国证券交易法，首先提出了“内部会计控制”应设计并维护一套能为下列目的提供合理保证的内部会计控制系统：①交易依据管理部门的一般和特殊授权执行；②交易的记录必须满足 GAAP 或其他适当标准编制财务报表和落实资产责任的需要；③接触资产必须经过管理部门的一般和特殊授权；④按适当时间间隔，将财产的账面记录与实物资产进行对比，并对差异采取适当的补救措施。

20 世纪 40 年代末，内部控制这一概念受到了进一步的重视。为了赋予内部控制一个准确完整的定义，美国注册会计师协会审计程序委员会下属的内部控制专门委员会经过两年研究，于 1949 年发表了题为内部控制、协调系统诸要素及其对管理部门和注册会计师的重要性的专题报告，对内部控制首次作出了如下权威定义“内部控制是企业所制定的旨在保护资产、保证会计资料可靠性和准确性、提高经营效率、推动管理部门所制定的各项政策得以贯彻执行的组织计划和相互配套的各种方法及措施”。此定义强调，内部控制不只限于与会计和财务部门直接有关的控制方面，它还包括预算控制、成本控制、定期报告经营情况、进行统计分析并将统计报告送交有关部门、制订培训计划以培训有关人员使其能够履行职责，以及设立内部审计部门以保证管理部门所制定的各种程序的准确性，并保证其得到贯彻执行等内容。此外内部控制还包括其他领域的一些活动，例如，具有工程性质的进度分析以及在检查系统中运用的质量控制，基本上属于生产部门的活动。

（三）管理控制和会计控制阶段

上述美国注册会计师协会审计程序委员会下属的内部控制专门委员会发布的范围广泛的内部控制定义及其解释，当时被普遍认为是对内部控制这一重要概念的重大贡献。但该报告所定义的内部控制概念，其内容如此宽泛，包括了审计人员对审查内部控制所不愿、也不可能承担的职责。从与委托人讨论什么是良好的会计和经营方法的角度考虑，他们感到1949年的定义非常合适，但从承担为制订审计计划而对内部控制进行检查的责任角度考虑，他们感到这一定义范围过宽。1958年美国注册会计师协会下属的审计程序委员会发布的《审计程序公告第29号》对内部控制定义重新进行表述，将内部控制划分为会计控制和管理控制。该委员会将内部控制划分为“会计控制”和“管理控制”两大类——即将保护资产和保证会计资料可靠性和准确性有关的控制划分为内部会计控制，而将与后两个目标即提高经营效率、保证管理部门所制定的各项政策得到贯彻执行的控制归入内部管理控制。

内部会计控制包括组织规划的所有方法和程序，这些方法和程序与财产安全和财物记录可靠性有直接的联系。这个控制包括授权与批准制度、从事财务记录和审核与从事经营或财产保管职务分离的控制、财产的实物控制和内部审计。管理控制包括但不限于确保交易由管理当局授权的组织结构、程序及有关记录；会计控制是为资产安全、财务记录可靠及有关事项提供合理的保证的组织结构、程序及记录。内部管理控制包括组织规划的所有方法和程序，这些方法和程序主要与经营效率和贯彻管理方针有关，通常只与财务记录有间接关系。这些控制一般包括统计分析、时动研究即工作节奏研究、业绩报告、员工培训计划和质量控制。

所以把内部控制分为会计控制和管理控制，是为了按照公认审计准则来归范内部控制检查和评价的范围。对此，1963年，审计程序委员会《审计程序公告第33号》明确规定：独立审计师应主要检查会计控制。会计控制一般对财务记录产生直接的、重要的影响，审计人员必须对它作出评价。管理控制通常只对财务记录产生间接的影响，因此，审计人员可以不对其作评价。但是，如果审计人员认为，某些管理控制对财务记录的可靠性产生重要的影响，那么他要视情况对它们进行评价。例如，在某种特定的情况下，生产部门、销售部门和其他业务部门的统计分析需要给予评价。

将内部控制划分为“会计控制”和“管理控制”两大类，大大缩小了注册会计师的责任范围，但人们认为对“会计控制”的保护资产和保证财务记录可靠性这两点仍然可能发生误解。即对“保护”一词作广义的解释可能会使人们产生这样一种印象：“决策过程中的任何程序和记录都可以包括在会计控制的保护资产概念中。”为了避免这种宽泛的解释，1972年美国注册会计师协会（AICPA）对会计控制又提出并通过了一个较为严格的定义：“会计控制是组织计划和所有与下面直接有关的方法和程序：①保护资产，即在业务处理和资产处置过程中，保护资产免遭过失错误、故意致错或舞弊造成的损失。②保证对外界报告的财务资料的可靠性。”

1972年，美国审计准则委员会（ASB）根据《证券交易法》的思路进行研究和讨论，在第1号公告（SAS NO.1）中，对管理控制和会计控制提出定义：①内部会计控制。会计控制由组织计划以及与保护资产和保证财务资料可靠性有关的程序和记录构成。会计控制旨在保证：经济业务的执行符合管理部门的一般授权或特殊授权的要求；经济业务的记录必须有利于按照一般公认会计原则或其他有关标准编制财务报表，以及落实资产责任；只有在得到管理部门批准的情况下，才能接触资产；按照适当的间隔期限，将资产的账面记录与实物资产进行对比，一经发现差异，应采取相应的补救措施。②内部管理控制。管理控制包括但不限于组织计划以及与管理部门授权办理经济业务的决策过程有关的程序及其记录。这种授权活动是管理部门的职责，它直接与管理部门执行该组织的经营目标有关，是对经济业务进行会计控制的起点。

根据上述内部控制定义的演变过程，可以归结出两个结论：第一，注册会计师在开展其审计工作时所运用的会计控制概念，是一种纯技术的、专业化的、适用范围具有严格规定性的、防护色彩很浓的概念，它的主要宗旨是预防和发现错弊；第二，自审计程序委员会于1949年提出第一个内部控制定义起，人们为完善该定义作了不懈的努力，以至于今天的内部控制定义与1949年的定义有天壤之别。这种以会计控制为主的定义，虽为独立审计界认可，却屡屡遭到管理人员的反对。他们指出，这些定义把精力过多地放在纠错防弊上，过于消极和狭窄。

（四）内部控制结构阶段

美国注册会计师协会的文献界定了会计控制概念，而公司的经理们创立并在实践中运用这管理控制概念，这两个概念形成鲜明的对照。如果对这两种关于内部控制的不同解释同时并存这一事实视而不见，那么任何设计内部控制系统的企图都是短视的，同时也是徒劳的。于是，人们提出了内部控制结构和整体架构的概念。

20世纪80年代以后，西方会计审计界研究的重点逐步从一般涵义向具体内容深化。1988年美国注册会计师协会发布《审计准则公告第55号》（SAS 55），从1990年1月起取代1972年发布的《审计准则公告第1号》。该文告首次以内部控制结构（Internal Control Structure）一词取代原有的"内部控制"一词，而且文告提出的内部控制内容比以前更为实在，条理更加清楚。该公告指出："企业的内部控制结构包括为合理保证企业特定目标的实现而建立的各种政策和程序"，并且明确了内部控制结构的内容：内部控制结构是指为了对实现特定公司目标提供合理保证而建立的一系列政策和程序构成的有机整体，包括控制环境、会计系统及控制程序三个部分。

1. 控制环境。所谓控制环境是指对建立、加强或削弱特定政策和程序效率发生影响的各种因素。具体包括：管理者的思想和经营作风；企业组织结构；董事会及其所属委员会，特别是审计委员会发挥的职能；确定职权和责任的方法；管理者监控和检查工作时所用的控制方法，包括经营计划、预算、预测、利润计划、责任会计和内部审计；人事工作方针及其执行；影响本企业业务的各种外部关系，例如由银行指定代理人的检查等。

2. 会计系统。会计系统规定各项经济业务的鉴定、分析、归类、登记和编报的方法，明确各项资产和负债的经营管理责任。健全的会计系统应实现下列目标：鉴定和登记一切合法的经济业务；对各项经济业务按时进行适当分类，作为编制财务报表的依据；将各项经济业务按适当的货币价值计价，以便列入财务报表；确定经济业务发生的日期，以便按照会计期间进行记录；在财务报表中恰当地表述经济业务以及对有关内容进行揭示。

3. 控制程序。控制程序指管理当局所制订的用以保证达到一定目的的方针和程序。它包括下列内容：经济业务和经济活动的批准授权；明确各个人员的职责分工，防止有关人员对正常业务图谋不轨和隐藏错弊。职责分工包括：指派不同人员分别承担批准业务、记录业务和保管财产的职责；凭证和账单的设置和使用，应保证业务和活动得到正确的记载；对财产及其记录的接触和使用要有保护措施；对已登记的业务及其计价要进行复核。

上述内部控制结构的内容与1972年颁布的内部控制定义相比有两个明显的改动：一是正式将内部控制环境纳入内部控制范畴，二是不再区分会计控制和管理控制。这些改变可以说是反映了70年代后期以来内部控制实务操作和理论研究的一个新动向。

（五）内部控制整体框架阶段

进入20世纪90年代后，人们对会计控制的研究进入了一个全新的阶段。1992年，美国“反对虚假财务报告委员会”所属的内部控制专门研究委员会——发起机构委员会（Committee of Sponsoring Organizations of the Treadway Commission，简称COSO委员会），在进行专门研究后提出专题报告：《内部控制——整体架构》，也称COSO报告。经过两年的修改，1994年COSO委员会提出对外报告的修改篇，扩大了内部控制涵盖范围，增加了与保障资产安全有关的控制，得到了美国审计总署（General Accounting Office，GAO）的认可。与此同时，AICPA则全面接受COSO报告的内容，于1995年据以发布了《审计准则公告第78号》（SAS NO. 78），并自1997年1月起取代了《审计准则公告第55号》。COSO报告指出：内部控制是一个过程，受企业董事会、管理当局和其他员工影响，旨在保证财务报告的可靠性、经营的效果和效率以及现行法规的遵循。它认为内部控制整体架构主要由控制环境、风险评估、控制活动、信息与沟通、监督五项要素构成。

1. 控制环境。任何企业的核心是企业中的人及其活动。人的活动在环境中进行，人的品性包括操守、价值观和能力等，它们既是构成环境的重要因素之一，又与环境相互影响、相互作用。环境要素是推动企业发展的引擎，也是其他一切要素的核心。构成一个单位的氛围，影响内部人员控制其他成分的基础。包括：员工的诚实性和道德观、员工的胜任能力、董事会或审计委员会、管理哲学和经营方式、组织结构、授予权利和责任的方式以及人力资源政策和实施。

2. 风险评估。企业必须制定目标，该目标必须和销售、生产、行销、财务等作业相结合。为此，企业也必须设立可辨认、分析和管理相关风险的机制，以了解自身所面临的风险，并适时加以处理。管理层应识别并采取相应行动来管理对经营、财务报告、符合性目标有影响的内部或外部风险，包括风险识别和风险分析。

3. 控制活动。企业必须制定控制的政策及程序，并予以执行，以帮助管理阶层保证“为保证其控制目标的实现，其用以辨认并用以处理风险所必须采取的行动业已有效落实”。管理层应对所确认的风险采取必要的措施，以保证单位目标得以实现的政策和程序，包括业绩评价、信息处理、实物控制和职责分离。

4. 信息与沟通。围绕在控制活动周围的是信息与沟通系统。这些系统使企业内部的员工能取得他们在执行、管理和控制企业经营过程中所需的信息，并交换这些信息。为了使职员能执行其职责，企业必须识别、捕捉、交流外部和内部信息。沟通是使员工了解其职责，保持对财务报告的控制。它包括使员工了解在会计制度中他们的工作如何与他人相联系，如何对上级报告例外情况。沟通的方式有政策手册、财务报告手册、备查簿，以及口头交流或管理示例等。

5. 监控。整个内部控制的过程必须施以恰当的监督，通过监督活动在必要时对其加以修正。COSO 委员会同时提出，企业所设定的目标是一个企业努力的方向，而内部控制组成要素则是为实现或达成该目标所必需的条件，两者之间存在直接的关系。每一个组成要素适用于所有的目标类别，每一个组成要素也与每一个目标都有关。对于任何企业或企业中的任何部门，内部控制都极为重要。任何企业或企业中的任何部门都应评价内部控制质量的进程，即对内部控制改革、运行及改进活动评价。包括内部审计和与单位外部人员、团体进行交流。

上述五种成分实际上内容广泛，相互关联。控制环境是其他控制成分的基础，在规划控制活动时，必须对企业可能面临的风险有细致的了解和评估；而风险评估和控制活动必须借助企业内部信息有效的沟通；最后，实施有效的监控以保障内部控制的实施质量。

同以往的内部控制理论及研究成果相比，COSO 报告更加强调内部控制与经营管理相结合，更加强调内控文化的作用。

（六）内部控制整体框架——风险管理阶段

2004 年 4 月，美国 COSO 委员会在广泛吸收各国理论界和实务界研究成果的基础上，颁布了《企业风险管理框架》。该框架在 1992 年 COSO 的内部控制框架报告的基础上建立企业风险管理框架，将企业管理的重心由内部控制转向以风险管理为中心。相对于内部控制框架而言，新的 COSO 报告新增加了一个观念即“风险组合观”、一个目标即“战略目标”、两个概念即“风险偏好和风险容忍度”和三个要素即“目标制定”、“事项识别”和“风险反应”。企业风险管理包括八个相互关联的要素，各要素贯穿在企业的管理过程之中。

1. 内部环境。企业的内部环境是其他所有风险管理要素的基础，为其他要素提供规则和结构。企业的内部环境不仅影响企业战略和目标的制定、业务活动的组织和对风险的识别、评估和反应。它还影响企业控制活动、信息和沟通系统以及监控活动的设计和执行。内部环境包含的内容很多，包括企业员工的价值观、人员的胜任能力和发展计划、管理者的经营模式、权限和职责的分配方式等。董事会是内部环境的重要组成部分，对其他内部环境要素有重要的影响。企业的管理者也是内部环境的一部分，其职责是建立企业风险管理理念，确定企业的风险偏好，营造企业的风险文化，并将企业的风险管理和相关的初步行动结合起来。

2. 目标制定。根据企业确定的任务或预期，管理者制定企业的战略目标，选择战略并确定其他与之相关的目标并在企业内层层分解和落实。而企业风险管理就是提供给企业管理者一个适当的过程，既能够帮助制定企业的目标，又能够将目标与企业的任务或预期联系在一起，并且保证制定的目标与企业的风险偏好相一致。企业的目标包括战略目标、经营目标、报告目标和合法性目标：（1）战略目标，是企业的高层次目标，与企业的任务和预期相联系并支持企业的任务和预期。（2）经营目标，是指企业经营的有效性和效率，包括业绩目标和盈利性目标，根据管理者对企业结构和经营选择的不同而变化。（3）报告目标，指企业报告的有效性，包括内部和外部报告，既涉及财务信息，也涉及非财务信息。（4）合法性目标，是指企业是否符合相关的法律和法规。

某些企业使用另一类目标——“资源安全”目标，有时也叫“资产安全”目标。从广义上看，这一目标是防止企业资产或资源的损失，防止由于偷窃、浪费、无效率或仅仅是企业错误的商业决策等引起的损失。这里的商业决策错误包括以过低的价格出售产品、没有留住企业的关键员工、没有阻止对本企业专利权的侵害，或者是出现未预期的负债，等等。

3. 事项识别。不确定性的存在，即管理者不能确切地知道某一事项是否会发生、何时发生或者事项的结果，使得企业的管理者需要对这些事项进行识别。而潜在事项对企业可能有正面的影响、负面的影响或者两者同时存在。有负面影响的事项是企业的风险，要求企业的管理者对其进行评估和反应。因此，风险是指某一对企业目标的实现可能造成负面影响的事项发生的可能性。对企业有正面影响的事项，或者是企业的机遇，或者是可以抵消风险对企业的负面影响的事项。机遇可以在企业战略或目标制定的过程中加以考虑，以确定有关行动抓住机遇。可能潜在地抵消风险的负面影响的事项则应在风险的评估和反应阶段予以考虑。

4. 风险评估。风险评估可以使管理者了解潜在事项如何影响企业目标的实现。管理者应从两个方面对风险进行评估——风险发生的可能性和影响。风险发生的可能性是指某一特定事项发生的可能性，影响则是指事项的发生将会带来的影响。对于风险的评估应从企业战略和目标的角度进行。首先，应对企业的固有风险进行评估。固有风险是指企业没有采取任何管理措施可能使企业面临的风险。确定对固有风险的风险反应模式就能够确定对固有风险的管理措施。其次，管理者应在对固有风险采取有关管理措施的基础上，对企业的残存风险进行评估。残存风险是指管理者采取有关的管理措施后仍旧存在的风险。

5. 风险反应。风险反应可以分为规避风险、减少风险、共担风险和接受风险四类。规避风险是指采取措施退出会给企业带来风险的活动。减少风险是指减少风险发生的可能性、减少风险的影响或两者同时减少。共担风险是指通过转嫁风险或与他人共担风险，降低风险发生的可能性或降低风险对企业的影响。接受风险则是不采取任何行动而接受可能发生的风险及其影响。对于每一个重要的风险，企业都应考虑所有的风险反应方案，为风险反应方案的选择提供广泛的空间，这也是对现状提出挑战。有效的风险管理要求管理者选择可以使企业风险发生的可能性和影响都落在风险容忍度之内的风险反应方案。选定某一风险反应方案后，管理者应在残存风险的基础上重新评估风险，即从企业总体的角度或者组合风险的角度重新计量风险。各行政部门、职能部门或者业务部门的管理者应采取一定的措施对该部门的风险进行复合式评估并选择相应的风险反应方案。这种组合风险观是相对于部门的目标和风险容忍度而言的。应用于各独立部门风险组合观，也可以被大多数高层管理者所采用，以决定企业总体的风险组合与相对企业目标而言的企业总体的风险偏好是否相等。

6. 控制活动。控制活动是帮助保证风险反应方案得到正确执行的相关政策和程序。控制活动存在于企业的各部分、各个层面和各个部门。控制活动是企业为实现其商业目标而执行的过程的一部分。通常包括两个要素：确定应该做什么的政策和影响该政策的一系列程序。每个主体都有其自己的一套目标和执行目标的方法，因此，其子目标、结构和相关的控制活动也会不同。即使两个企业有同样的目标和结构，由于每个企业的管理人员都不同，不同的管理人员在影响内部控制时使用不同的个人判断，他们的控制活动也很可能不同。而且，控制活动还会受企业所处的环境和行业、企业的复杂性、企业的历史和文化的影响。

7. 信息和沟通。来自于企业内部和外部的相关信息必须以一定的格式和时间间隔进行确认、捕捉和传递，以保证企业的员工能够执行各自的职责。有效的沟通包括企业内自上而下、自下而上以及横向的沟通，还包括将相关的信息与企业外部相关方的有效沟通和交换等。

8. 监控。对企业风险管理的监控是指评估风险管理要素的内容和运行以及一段时期的执行质量的一个过程。企业可以通过两种方式对风险管理进行监控——持续监控和个别评估。持续监控和个别评估都是用来保证企业的风险管理在企业内各管理层面和各部门持续得到执行。所有风险管理的失效都会影响企业确定和执行战略的能力，影响企业实现其既定目标的能力。失效可能代表一种预期的、潜在的或真实的缺陷，或者代表加强风险管理过程的一个机会，以增加企业目标实现的可能性。对此，应将企业所有的风险管理失效都报告给适当的管理层，以保证其采取必要的措施以纠正风险管理失效。

监控还包括对企业风险管理的记录，对企业风险管理进行记录的程度根据企业的规模、经营的复杂性和其他因素的影响而有所不同。企业风险管理的内容没有记录并不意味着风险管理无效或无法对风险管理进行评估。但是，适当的记录通常会使风险管理的监控更为有效果和有效率。

简单地看，相对于内部控制框架而言，新的 COSO 报告新增加了一个观念、一个目标、两个概念和三个要素，即“风险组合观”、“战略目标”、“风险偏好”和“风险容忍度”的概念以及“目标制定”、“事项识别”和“风险反应”要素。对应风险管理的需要，新框架还要求企业设立一个新的部门——风险管理部。

（七）企业风险管理框架阶段

2017 年 9 月美国 COSO 委员会发布了更新版的《企业风险管理框架》，报告对企业风险管理进行重新定位。按照最新的 ERM 框架对 COSO 企业风险管理的分析，企业风险管理体系的最新结构如表 7-1 所示。

表 7-1　COSO 新版《企业风险管理框架》要素和原则

	5 项要素				
	治理和文化	战略和目标设定	绩效	审查和修订	信息、沟通和报告
20 项原则	1. 加强董事会对风险的监督	6. 分析业务环境	10. 识别风险	15. 评估重大风险	18. 升级信息系统
	2. 建立运营结构	7. 定义风险偏好	11. 评估风险严重程度	16. 审阅风险和绩效	19. 沟通风险信息
	3. 定义期望的组织文化	8. 评估替代战略	12. 风险的优先排序	17. 改善企业风险管理	20. 将风险、文化和绩效形成报告
	4. 展现对核心价值的承诺	9. 形成业务目标	13. 执行风险应对		
	5. 吸引、发展并留住优秀人才		14. 建立风险组合观		

新框架除了在标题、风险和风险管理定义等方面作出改动，也告别了 2004 年版的立方体 8 要素框架，而改为 5 要素 20 项原则的框架。下面对新版框架的内容进行概述。

在治理与文化要素中，治理强调企业风险管理的重要性和监督责任；文化则包含道德价值观、理想行为，以及对主体风险的理解。具体体现为五项原则，第一，执行董事会风险监督，董事会肩负着治理责任，以支持管理层实现战略目标为己任，所以要对战略进行监督。第二，建立运营架构，即企业实现战略和商业目标的必要途径。第三，定义所需的文化，组织对于期望行为如何定义往往彰显主体追求的文化理念。第四，展现对核心价值的承诺，指组织对主体核心价值观的承诺。第五，吸引、培养并留住人才，即组织致力于培育与战略和业务目标相适应的人力资本。

在战略与目标设定要素中，企业战略规划过程中的风险管理、战略和目标设定是紧密相连的，风险偏好以战略为基础来设定，并与其保持一致；商业目标将战略付诸实践，并为识别、评估和应对风险提供基础。具体体现为四项原则。第六，分析商业环境，指组织应重视不同商业环境对风险状况的潜在影响。第七，定义风险偏好，即组织在创造、保持和实现价值时应定义风险偏好。第八，评估替代战略，即组织评估替代战略和对风险的潜在影响。第九，建立商业目标，组织在建立不同层次的商业目标时应对风险进行考量。

在绩效要素中，对影响战略和商业目标实现的风险进行识别与评估。即以符合风险偏好为前提，将风险按照严重程度进行排序，采取一种组合的视角对风险进行评估和应对，并将结果反馈至主要风险利益相关方。具体通过五项原则体现。第十，识别风险，即组织对影响战略和商业目标绩效的风险进行识别。第十一，评估风险的严重程度，指组织对风险的严重程度进行评估。第十二，风险排序，即组织对风险进行排序，并以此制定风险应对措施。第十三，实施风险应对，指组织识别和选择风险应对措施的过程。第十四，建立风险组合观，即通过组合的视角来评估风险。

在审查和修订要素中，通过审视主体的绩效情况，组织可以考虑如何利用企业风险管理要素，根据重大的变化发挥更长期的作用，以及需要进行哪些修订。具体化为以下三项原则。第十五，评估重大变化，即组织识别和评估可能对战略和商业目标产生重大影响的变化。第十六，审阅风险和绩效，指组织审视主体绩效，并同时考虑风险。第十七，企业风险管理改进，即组织需要持续改进企业风险管理。

在信息、沟通和报告要素中，企业风险管理需要一个持续的过程，获取和分享内外部的必要信息，信息自上而下或自下而上在整个组织里流转。具体为以下三项原则。第十八，利用信息系统，指通过信息和技术系统来支持企业风险管理。第十九，沟通风险信息，即运用沟通渠道支持企业风险管理。第二十，对风险、文化和绩效进行报告，即对主体各层次的风险、文化和绩效提供报告。

更新后的框架特点主要表现在以下方面：首先，更加清晰地把企业风险管理同利益相关者多重预期相互联结；其次，风险这一主题不再单独进行执行，而是通过组织绩效的背景进行定位；再次，组织不仅能够更好地预期和管理风险，而且能够认识到变化不止潜藏危机，同样可以创造机会；最后，进一步将风险管理和战略、绩效管理统筹结合，注重强调企业风险管理提供信息的能力，为企业战略和绩效管理作出贡献。

（八）其他相关内部控制体系

1. 较小型公众公司财务报告内部控制指南。2002 年美国颁布的 SOX 法案中第 404 号条款要求公众公司管理层每年对其财务报告内部控制的效果进行评估和报告。然而，较小型公众公司在面对执行第 404 号条款的挑战时，承受了意料之外的成本。为了指导较小型公众公司执行第 404 号条款，美国反虚假财务报告委员会管理组织于 2006 年发布了《较小型公众公司财务报告内部控制指南》。

《较小型公众公司财务报告内部控制指南》为较小型公众公司按照成本效率原则使用《内部控制——整合框架》设计和执行财务报告内部控制提供了指导。

《较小型公众公司财务报告内部控制指南》分为三部分。第一部分是概要，向公司董事会和高层管理人员介绍了整个文件的主要内容。第二部分介绍了较小型公众公司在财务报告内部控制方面的主要观点，其中描述了公司的特征，并描述了这些特征是如何影响内部控制的、较小型公众公司面临的挑战以及管理层如何使用《内部控制——整合框架》。此外，还从《内部控制——整合框架》中提炼了 20 个基本原则，并介绍了较小型公众公司以符合成本效率的方式应用这些原则的相关态度、方法和实例。第三部分提供了解释性工具以帮助管理层对内部控制进行评估。管理者可能会使用这些解释性工具以确定公司是否已有效地应用了这些原则。

2. 内部控制体系监督指南。COSO 委员会于 2009 年 1 月发布了《内部控制体系监督指南》，该指南以风险导向为核心理念，将监督有效植入公司的持续控制过程作为根本目标，从而能将内部控制失败的风险最小化并提高决策所需信息的可靠性，它在实质上推动了内部控制监督要素的应用性发展。

《内部控制体系监督指南》包括三卷：《第一卷：指南》提出了监督的特征和目的，并给出了一个有效监督的模型；《第二卷：应用》是第一卷的具体展开，详细描述了第一卷提出的监督模型的具体应用；《第三卷：案例》介绍了 46 个小案例和 3 个综合案例，阐述了指南中所提出的概念在企业的实际应用，这些案例均来自于制定该指南过程中受访的企业。

二、中国内部控制与风险管理的发展

在内部控制规范化成为全球性趋势的背景下，随着资本市场在我国的迅速发展，我国政府和利益相关者开始日益关注企业的内部控制建设问题。1999 年修订的《中华人民共和国会计法》，第一次以法律形式对建立健全内部控制提出了原则要求，财政部随即连续制定发布了包括《内部会计控制规范——基本规范》在内的七项内部会计控制规范。而真正将内部控制和风险管理形成法规，还是在美国“安然事件”和“世通案件”及 SOX 法案颁布之后。

（一）财政部的《内部会计控制规范》

2001 年财政部印发了《内部会计控制规范——基本规范（试行）》《内部会计控制规范——货币资金（试行）》两项内部控制规范。内部会计控制是企业为鉴别、分析、分类、记录和报告业务经营及其相关活动并对有关资产和负债负责而建立起来的会计方法和措施，是内部控制的核心内容。内部会计控制的基本要求是：完整的会计记录（完整性），及时的会计反映（及时性），业务及修改活动的合理描述（合理分类），对业务及相关活动适当计量（恰当估价），对业务及相关活动的披露和揭示（充分披露）等。内部会计控制的内容主要包括：货币资金、实物资产、对外投资、工程项目、采购与付款、筹资、销售与收款、成本费用、担保等经济业务的会计控制。随后，财政部又印发了工程项目、采购与付款、销售与收款、对外投资、担保等具体的内部会计控制规范。

（二）中国人民银行的《商业银行内部控制指引》

为促进商业银行建立和健全内部控制，防范金融风险，保障银行体系安全稳健运行，中国人民银行于2002年4月颁布了《商业银行内部控制指引》。商业银行内部控制是商业银行为实现经营目标，通过制定和实施一系列制度、程序和方法，对风险进行事前防范、事中控制、事后监督和纠正的动态过程和机制。商业银行内部控制的目标包括：确保国家法律规定和商业银行内部规章制度的贯彻执行；确保商业银行发展战略和经营目标的全面实施和充分实现；确保风险管理体系的有效性；确保业务记录、财务信息和其他管理信息的及时、真实和完整。商业银行内部控制包括以下要素：内部控制环境；风险识别与评估；内部控制措施；信息交流与反馈；监督评价与纠正。

（三）五部委的《企业内部控制基本规范》及配套指引

在我国政府部门颁布的一系列有关内部控制和风险管理的政策法规中，影响最大、最具权威性的是2008年财政部等五部委颁发的《企业内部控制基本规范》以及2010年财政部等五部委颁布的《企业内部控制配套指引》。它们的发布，标志着适应我国实际情况、融合国际先进经验的“以防范风险和控制舞弊为中心，以控制标准和评价标准为主体，结合合理、层次分明、衔接有序、方法科学、体系完备”的中国企业内部控制规范体系建设目标基本建成。

具体来说，我国企业内部控制规范框架体系由两部分组成，即标准体系和评价体系。其中，标准体系由《企业内部控制应用指引》构成，评价体系由《企业内部控制评价指引》和《企业内部控制审计指引》构成。

1.《企业内部控制基本规范》。《企业内部控制基本规范》在内部控制规范体系中处于最高层次，起到统驭全局的作用，描绘了企业建立与实施内控体系必须建立的框架结构，规定了企业内部控制的基本目标、基本要素、基本原则和总体要求，是制定应用指引的基本依据，同时也是实施内部控制评价和会计师事务所审计的基本依据。

《企业内部控制基本规范》将内部控制定义为：“内部控制是由企业董事会、监事会、经理层和全体员工实施的、旨在实现控制目标的过程。”内部控制的目标是合理保证企业经营管理合法合规、资产安全、财务报告及相关信息真实完整，提高经营效率和效果，促进企业实现发展战略。企业建立内部控制应当遵循五项基本原则，即全面性原则、重要性原则、制衡性原则、适应性原则、成本效益原则。根据《企业内部控制基本规范》，企业建立内部控制应当包括五个要素：内部环境、风险评估、控制活动、信息与沟通、内部监督。

从本质上来说，《企业内部控制基本规范》在形式上借鉴了COSO内部控制五要素框架，但在内容上却体现了八要素的特征，并融入了中国的基本国情。具体来说：（1）内部环境是企业实施内部控制的基础，一般包括治理结构、机构设置及权责分配、内部审计、人力资源政策、企业文化等。内部环境是内部控制其他四个构成要素的基础，在企业内部控制

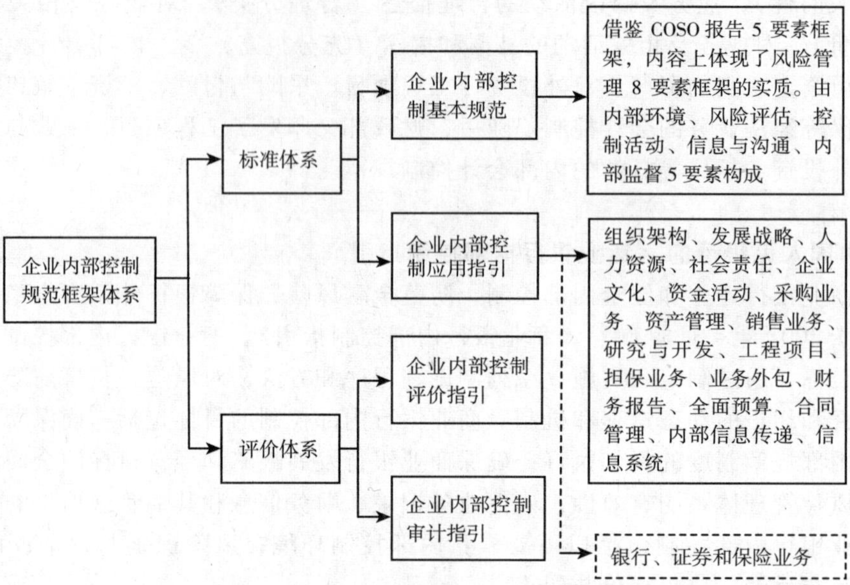

图7-1 企业内部控制规范框架体系

的建立与实施中发挥着基础性作用。(2) 风险评估是企业及时识别、系统分析经营活动中与实现内部控制目标相关的风险，合理确定风险应对策略。风险评估由目标设定、风险识别、风险分析和风险应对构成，是内部控制的重要环节。企业在生产经营和管理过程中，只有持续地进行科学的风险评估，自觉地将风险控制在可承受范围内，才能最终实现企业的长远发展。(3) 控制活动是企业根据风险评估结果，采用相应的控制措施，将风险控制在可承受度之内，是企业实施内部控制的重要手段。企业应当结合风险评估结果，通过手工控制与自动控制、预防性控制和发现性控制相结合的方法，运用相应的控制措施，将风险控制在可承受度之内。控制措施一般包括：不相容职务分离控制、授权审批控制、会计系统控制、财产保护控制、预算控制、运营分析控制、绩效考评控制等。(4) 信息与沟通是企业及时、准确地收集、传递与内部控制相关的信息，确保信息在企业内部、企业与外部之间进行有效沟通，是企业实施内部控制的重要条件。信息与沟通贯穿于内部环境、风险评估、控制活动、内部监督等四个要素中，同时又是四个基本要素的重要工具，为企业内部控制的有效运行提供信息保证，从而有助于提高企业内部控制的效率和效果。(5) 内部监督是企业对内部控制建立与实施情况进行监督检查，评价内部控制的有效性，发现内部控制缺陷，并及时加以改进的过程，是企业内部控制得以有效实施的机制保障。内部监督分为日常监督和专项监督。日常监督是指企业对建立与实施内部控制的情况进行常规、持续的监督检查；专项监督是指在企业发展战略、组织结构、经营活动、业务流程、关键岗位员工等发生较大调整或变化的情况下，对内部控制的某一或者某些方面进行有针对性的监督检查。

内部环境、风险评估、控制活动、信息与沟通、内部监督五个要素相互联系、互为补充，共同促进企业控制目标的实现，缺一不可。

2.《企业内部控制应用指引》。《企业内部控制应用指引》在企业内部控制规范体系中处于主体地位。它是在基本规范的基础上，对企业按照内部控制五项基本原则和五个基本要素建立健全本企业内部控制所提出的可操作性的指引。《企业内部控制应用指引》由18项具体应用指引组成，具体包括的内容：已发布的针对企业具体业务或事项的18项应用指引，内容涵盖组织架构、发展战略、人力资源、社会责任、企业文化、资金活动、采购业务、资产管理、销售业务、研究与开发、工程项目、担保业务、业务外包、财务报告、全面预算、合同管理、内部信息传递和信息系统等企业最常见、最基本、迫切需要加强控制的环节和领域。

企业内部控制应用指引可以划分为三类，即内部环境类指引、控制活动类指引、控制手段类指引，基本涵盖了企业资金流、实物流、人力流和信息流等各项业务和事项。其中，内部环境类指引包括组织架构、发展战略、人力资源、社会责任、企业文化等5个指引；控制活动类指引包括资金活动、采购业务、资产管理、销售业务、研究与开发、工程项目、担保业务、业务外包、财务报告等9个指引；控制手段类指引包括全面预算、合同管理、内部信息传递、信息系统等4个指引。

3.《企业内部控制评价指引》。内部控制评价是企业内部控制中非常重要的一环。《企业内部控制评价指引》从内部控制评价的原则、内容、程序、缺陷认定、评价报告的编制和披露等方面为我国企业开展内部控制评价提供了一个共同遵循的标准，对促进企业全面评价内部控制的设计和运行情况具有重要意义。

《企业内部控制评价指引》对内部控制评价的定义为：企业董事会或类似决策机构对内部控制有效性进行全面评价、形成评价结论、出具评价报告的过程。企业应当遵循全面性、重要性、客观性的基本原则，围绕内部环境、风险评估、控制活动、信息与沟通、内部监督等要素，确定内部控制评价的具体内容，并按照内部控制评价的程序、综合运用个别访谈、调查问卷、专题讨论、穿行测试、实地查验、抽样和比较分析等方法开展评价工作，在日常监督和专项监督的基础上，认定内部控制缺陷。企业应对内部控制评价过程、内部控制缺陷认定及整改情况、内部控制有效性的结论等相关内容作出披露。

4.《企业内部控制审计指引》。内部控制审计是指会计师事务所接受委托，对特定基准日内部控制设计和运行的有效性进行审计。它是企业内部控制规范体系实施中引入的强制性要求，既有利于促进企业健全内部控制体系，又能增强财务报告的可靠性。《企业内部控制审计指引》是对会计师事务所执行内部控制有效性审计所提供的指引。它着重从审计责任的划分、审计范围的界定、整合审计的实施、被审计单位人员的工作成果、审计方法的选择、控制缺陷的评价和审计报告等方面对如何做好内部控制审计业务作出了明确要求或强调说明。

《企业内部控制审计指引》创造性地解决了内部控制审计的新要求（不能局限于财务报告内部控制有效性审计）与注册会计师风险责任的可承担性之间的矛盾。《企业内部控制审计指引》明确指出："注册会计师应当对企业财务报告内部控制有效性发表审计意见，同时还应对内部控制审计过程中注意到的非财务报告内部控制的重大缺陷，在内部控制审计报告中予以说明。"

（四）国资委的《中央企业全面风险管理指引》

2006年6月，国务院国资委根据《企业国有资产监督管理暂行条例》（国务院令第378号）关于"国有及国有控股企业应当加强内部监督和风险控制"的要求，出台了《中央企业全面风险管理指引》，旨在进一步加强和完善国有资产监管工作，深化国有企业改革，加强风险管理，促进企业持续、稳定、健康发展。

《中央企业全面风险管理指引》的发布是中国内部控制与风险管理发展的一个里程碑事件，借鉴了COSO《企业风险管理——整合框架》的主要内容，第一次较为全面、系统地将风险管理的理念引入中国，并根据中国的基本国情和中央企业的基本特征进行了细化和改进，从中央企业开展全面风险管理工作的总体原则、基本流程、组织体系、风险评估、风险管理策略、风险管理解决方案、监督与改进、风险管理文化、风险管理信息系统等方面进行了详细阐述，要求各中央企业把风险管理作为企业各项管理工作的主线，将风险管理要求融入企业管理和业务流程中去，尽快建立和完善全面风险管理体系。

《中央企业全面风险管理指引》对全面风险管理的定义是：围绕企业总体经营目标，通过在企业管理的各个环节和经营过程中执行风险管理的基本流程，培育良好的全面风险管理文化，建立健全全面风险管理体系，包括风险管理策略、风险理财措施、风险管理组织体系、风险管理信息系统和内部控制系统，从而为实现风险管理总体目标提供合理保证的过程和方法。

简单地说，《中央企业全面风险管理指引》所构建的全面风险管理体系主要由三个部分组成：目标、基本流程和环境。其中，目标是全面风险管理体系建设的出发点；基本流程是实现控制目标的手段；环境是基本流程运行的保障。

1. 全面风险管理目标。全面风险管理的控制目标包括五个，分别是：战略目标、报告目标、合规目标、经营目标、减灾目标。战略目标是确保将风险控制在与总体目标相适应并可承受的范围内；报告目标是确保内外部，尤其是企业与股东之间实现真实、可靠的信息沟通，包括编制和提供真实、可靠的财务报告；合规目标是指企业应当遵守有关法律法规；经营目标是确保企业有关规章制度和为实现经营目标而采取重大措施的贯彻执行，保障经营管理的有效性，提高经营活动的效率和效果，降低实现经营目标的不确定性；减灾目标是确保企业建立各项重大风险发生后的危机处理计划，保护企业不因灾害性风险或人为失误而遭受重大损失。

2. 全面风险管理环境。全面风险管理环境包括风险管理文化、风险管理组织体系、风险管理信息系统。其中，风险管理文化包括对员工进行风险态度、行为的宣导，进一步深化风险管理"一把手负责制"，建立符合公司战略目标的风险偏好，完善公司风险政策，以增强企业全员的风险意识；风险管理组织体系由三道风险管理防线组成，第一道是业务职能部门，第二道是风险管理职能部门，第三道是内部审计部门和董事会下设的审计委员会；风险管理信息系统是对风险管理体系设计方法和结果进行固化和标准化，并实现对风险的事前、事中和事后控制，以及对风险管理体系的运行绩效和有效性进行监督检查及改善。

3. 全面风险管理基本流程。全面风险管理的基本流程包括：建立初始信息框架、风险评估、制定风险管理策略、提出和实施风险管理解决方案、风险管理的监督与改进，在此过程中，信息与沟通贯穿始终。其中，建立初始信息框架阶段主要是收集与本企业风险和风险管理相关的内部、外部初始信息，包括历史数据和未来预测，并进行分类整理；风险评估阶段是确定风险承受度并进行风险辨识、分析、评价和排序的过程；制定风险管理策略阶段主要是企业根据自身条件和外部环境，围绕企业发展战略，确定风险偏好、风险承受度和风险管理有效性标准，选择风险承担、风险规避、风险转移、风险降低等适合的风险管理工具的总体策略，并确定风险管理所需人力和财力资源的配置原则；提出和实施风险管理解决方案阶段是指企业根据风险管理策略，针对各类风险或每一项重大风险制定风险管理解决方案；风险管理的监督与改进阶段是指企业以重大风险、重大事件和重大决策、重要管理及业务流程为重点，对风险管理初步信息、风险评估、风险管理策略、关键控制活动及风险管理解决方案的实施情况进行监督，采用压力测试、返回测试、穿行测试以及风险控制自我评估等方法对风险管理的有效性进行检验，根据变化情况和存在的缺陷及时加以改进。

（五）银监会的《商业银行内部控制指引》

银监会的《商业银行内部控制指引》对内部控制的定义为："内部控制是商业银行为实现经营目标，通过制定和实施一系列制度、程序和方法，对风险进行事前防范、事中控制、事后监督和纠正的动态过程和机制。"

商业银行内部控制的目标包含以下几点：一是确保国家法律规定和商业银行内部规章制度的贯彻执行；二是确保商业银行发展战略和经营目标的全面实施和充分实现；三是确保风险管理体系的有效性；四是确保业务记录、财务信息和其他管理信息的及时、真实和完整。

商业银行在建立内部控制体系时应当包括内部控制环境、风险识别与评估、内部控制措施、信息交流与反馈和监督评价与纠正五个要素。

（六）保监会的《保险公司风险管理指引》

保监会的《保险公司风险管理指引》适用于在中国境内依法设立的保险公司和保险资产管理公司，其中的风险是指对保险经营目标可能产生负面影响的不确定性因素，其中的风险管理是指保险公司围绕经营目标，对保险经营中的风险进行识别、评估和控制的基本流程以及相关的组织架构、制度和措施。

为合理保证保险管理经营目标的实现，保险公司首先应当建立由董事会负最终责任、管理层直接领导，以风险管理机构为依托，相关职能部门密切配合，覆盖所有业务单位的风险管理组织体系；之后应当识别和评估经营过程中面临的各类主要风险，包括：保险风险、市场风险、信用风险和操作风险等；在识别风险之后保险公司应对风险进行控制，包括明确风险管理总体策略、制定风险解决方案和方案的组织实施等内容；再对风险管理的流程及其有效性进行检验评估，并根据评估结果及时改进；最后保险公司应当及时向中国保监会报告本公司发生的重大风险事件。

（七）行政事业单位内部控制

2012 年 11 月 29 日，财政部以财会〔2012〕21 号印发《行政事业单位内部控制规范（试行）》。该《规范》从风险评估与控制、单位层面控制、业务层面控制、内部控制评价与监督四个方面，阐明风险评估的步骤与重点、单位及业务管理活动的各项控制要点，以及针对内部控制设计及运行情况的评价与监督，明确了建立和运行内部控制与风险管理统一执行的制度、标准和规范。

第二节 风险管理的概念、原则与程序

一、风险的定义

风险（risk）一词源于意大利语“risco”，是在早期航海贸易中出现的一个术语，被理解为航行中遇到的危险，具体体现为各种自然现象或者航海遇到礁石、搁浅等事件。经过几百年的变迁，风险这个词的涵义已经不仅仅是最初的“遇到的危险”，而具有了丰富的内涵与外延。尤其是近两个多世纪以来，风险这一概念与人类的决策和行动的后果联系更加紧密，被视为影响个人和群体的事件的特定方式。同时，与风险有关的科学研究活动也日益活跃起来，涉及了自然科学、社会科学中的诸多学科领域，很多学科都从各自不同的角度给出了风险的定义，造成目前风险定义的多样化。因此，目前尚无一个适用于各个领域的公认的定义。这些定义概括起来主要有以下几种：

（一）风险的一般定义

韦氏辞典对风险的解释有两层含义：（1）损失或伤害的可能性；（2）引起或预示一种危害的人或事。牛津辞典对风险的注释是遭遇危险、受到损失或伤害等的可能性或机会。《辞海》对风险的解释是指人们在生产建设和日常生活中遭遇可能导致人身伤亡、财产受损及其他经济损失的自然灾害、意外事故和其他不测事件的可能性。

（二）经济学领域的定义

自 1895 年，美国经济学家海恩斯提出风险的概念以来，许多学者也都对风险作出了不同的定义，这些定义大致可以归纳为三种观点：（1）不确定性观——风险是损失的不确定性；（2）危险损失观——风险是可能发生的危险和损失；（3）结果差异观——风险是实际结果与预计结果之间的差异。

（三）社会学领域的定义

社会学领域对风险的定义大多从人的主观角度解释，认为风险是人的一种感受或认知，是“一种对客观事物的主观估计”。

（四）其他学术领域中的定义

许多学者常常会根据各自研究的需要，对风险进行有针对性地定义。例如，统计学家把风险定义为实际结果与预期结果的离差度。保险学者把风险定义为一个事件的实际结果偏离预期结果的客观概率。还有学者将风险用公式定义，认为风险是事件造成破坏或伤害的程度与该事件发生概率两者的乘积。

尽管对风险的定义描述不一，但我们不难提炼出风险一些共同的特征：第一，结果具有不确定性；第二，结果的不确定性可能是损失，也可能是收益，但令人关注的是损失；第三，客观存在性，但在一定程度上可以用概率和统计学工具进行预测；第四，风险评估的过

程受诸多主观因素的影响。

可见，由于某个事项或者某项经营活动，其收益或损失在事前无法准确地估计和评价，其产生的结果往往是不确定的，而这种不确定性所带来的变动就是风险。风险既强调了结果的不确定性，即相对于期望值的偏离程度，也强调不确定事项可能带来的期望收益或损失。所以，本书认为，风险就是不确定性及其带来的期望值的变动。

二、风险的分类

为风险分类的目的在于识别和评估风险，有助于企业高级管理者集中关注那些重要的风险类型，并指导其决策。由于根据不同的标准、针对不同的领域，可以对风险进行不同的划分，本书仅集中介绍与企业风险管理紧密结合的几种分类方式：

（一）根据风险是否由社会经济变动划分

风险按照是否由社会经济变动而引起，可以分为静态风险和动态风险。

1. 静态风险。由于自然力的不规则作用或者由于人们的错误或失当行为而招致的风险，例如自然界的洪灾、火灾、海难，人的死亡、残疾、疾病，以及盗窃、欺诈、呆账、破产等。静态风险是在社会经济正常情况下存在的一种风险，故谓之“静态”风险。

2. 动态风险。指社会经济的变动为直接原因的风险，通常由人们欲望的变化、生产方式和生产技术以及产业组织的变化等所引起。例如消费者爱好转移、市场结构调整、资本扩大、技术改进、人口增长、利率变动、环境改变等。

静态风险与动态风险的区别主要是：第一，静态风险的风险事故对于社会而言一般是实实在在的损失，而动态风险事故对于社会而言并不一定是损失，它可能对部分社会个体（经营单位）有益，而使另一部分个体遭受实际的损失；第二，从影响的范围来看，静态风险一般只对少数社会成员产生影响，而动态风险的影响则较为广泛；第三，静态风险对个体而言，风险事故的发生是偶然的、不规则的，但就社会整体而言，可以发现其具有一定的规律性，然而动态风险则很难找到其发生的规律。

（二）根据风险获利机会划分

风险按是否有获利机会为标准，可以分为纯粹风险、投机风险和收益风险。

1. 纯粹风险。纯粹风险是指只有损失可能而无获利机会的风险，即造成损害可能性的风险。其所致结果有两种：损失和无损失。例如交通事故只有可能给人们的生命财产带来危害，而决不会有利益可得。在现实生活中，纯粹风险是普遍存在的，如水灾、火灾、疾病、意外事故等都可能导致巨大损害。但是，这种灾害事故何时发生，损害后果多大，往往无法事先确定，人们通常所称的“危险”，也就是指这种纯粹风险。

2. 投机风险。投机风险是指既可能造成损害，也可能产生收益的风险，其所致结果有三种：损失、无损失和盈利。例如，有价证券，证券价格的下跌可使投资者蒙受损失，证券价格不变无损失，但是证券价格的上涨却可使投资者获得利益；还如赌博等带有一定的诱惑性，可以促使某些人为了获利而甘冒损失的风险。

3. 收益风险。收益风险是指只会产生收益而不会导致损失的风险，例如接受教育可使人终身受益，但对受教育的得益程度是无法进行精确计算的，并且也与不同的个人因素、客观条件和机遇有密切关系。对不同的个人来说，虽然付出的代价是相同的，但其收益可能是大相径庭的，这也可以说是一种风险。

（三）根据风险来源划分

大致可以将风险分为外部风险和内部风险。继续划分，就可以衍生出许多具体的类别。这种具体的划分方式在风险管理中具有很大的实用性，方便企业进行风险识别。例如，外部风险包括经济风险、法律风险、社会风险、科技风险、自然风险等。内部风险包括人员风险、管理风险、经营风险、技术风险、安全环保风险等。

（四）根据风险是否可以分散划分

可以将风险分为系统风险和非系统风险。系统风险又称为不可分散风险，是指由经济因素、市场因素等引起的，对所有资产都有影响的风险。而非系统风险又称为可分散风险，指由特定因素引起的，只对某些资产收益产生影响的风险。

（五）根据风险是否可控划分

1. 不可控风险。不可控风险是由外界环境因素变化导致产生的，突发性强，常常难以预料和避免，并不在企业可以控制的范围内，企业只能密切监视，审时度势，灵活调整，将可能带来的损失降至最低限度。具体包括以下几个方面的风险：（1）突发自然灾害、事故所致的风险。这种风险，是不以人的意志为转移的，它往往给企业带来意想不到的突然打击，如地震、海啸、旱灾、涝灾、突发事故等。（2）宏观政治、经济形势变化，以及法律、法规、政策调整所致的风险。企业能否盈利在很大程度上受国家政治、经济状况和经济实力的影响，总体宏观政治、经济环境决定了企业发展的机会程度。（3）产业结构调整所致的风险。产业政策调整会引起行业地位变化，某些行业地位会上升，同时另一些行业地位会下降。地位下降的行业和企业效益必将下滑，面临的风险却将随着企业经济效益的下降而上升。（4）市场供需状况变化所致的风险。市场环境是企业经营中最直接最重要的环境，从根本上决定着企业的生存与发展。当前环保、节能等观念的加强，使原有的高耗能、高污染产品的市场需求率下降，导致生产此类产品的一些中小企业面临市场缩水、行业淘汰、转变生产模式的风险。（5）科学技术巨大进步创新所致的风险。知识经济时代是科技进步创新的时代，科学技术将在创新环境中飞跃发展前进。如近几年的计算机工程、太空通讯、激光技术等在给企业带来机会的同时，威胁也随之而来。（6）所处行业前景和行业竞争所致的风险。行业的发展都有其无法跨越的生命周期，就像生物有机体一样也有一个从生到死、由盛到衰的过程。行业由创业期，走向成长期，经过成熟期，最后走到衰退期。若企业所从事的行业正逐渐走向衰退期，那么这个企业在经营状况、市场占有率等方面都会急剧恶化，从而也将面临更多风险的挑战。

2. 可控风险。可控风险指的是由于企业内部“经营资源”的管理不善，从而导致企业产生投资收益上的不确定性和投资损失的可能性。例如，企业经营管理风险、财务风险、人力资源风险、技术风险、信息风险、法律风险。

（六）根据风险形成的原因划分

风险按照形成损失的原因分类，可以分成自然风险、社会风险、经济风险和政治风险。

1. 自然风险。由于自然现象、物理现象和其他实质风险因素所形成的风险。例如，地震、海啸、暴风雨、洪水、火灾等。

2. 社会风险。由于个人行为的反常或不可预料的团体行动而形成的风险。例如，抢劫、偷盗、罢工、暴动等。

3. 经济风险。生产经营过程中，由于相关因素的变动或估计错误导致产量减少或价格涨跌的风险。

4. 政治风险。起源于种族、宗教、国家之间的冲突、叛乱、战争所引起的风险。现在人们对政治风险的理解已更为广泛。通常由于政策、制度的变动以及权力的更替而引起的风险也称为政治风险。在国外，政治风险又指投资风险，即因为政局、政策的变化，投资环境恶化，使投资者蒙受损失的风险。

需要注意的是，自然风险、社会风险、经济风险和政治风险是相互联系、相互影响的，有时很难明确区分。例如，由于人的行为引起的风险，以某种自然现象表现出来，则风险本身属于自然风险，但由于它是人们行为的反常所致，因此又属于社会风险。又如，由于价格变动引起产品销售不畅，利润减少，这本身是一种经济风险，但价格变动导致某些部门、行业生产不景气，造成社会不安定，于是又是一种社会风险。还有，社会问题积累可能演变成政治问题，因此社会风险酝酿着政治风险。

（七）根据风险融入企业经营划分

我们把各种各样的风险融入企业的实际经营中去就形成了企业经营所面临的各种风险，具体来看，主要包括以下几类风险。

1. 战略风险。战略是指为了组织的生存和发展，利用内部优势，把握外部机会，对组织全局的长远的重大问题进行的谋划。企业战略的制定、实施和管理关乎企业的发展方向，关系到企业的未来，没有战略就没有明天。战略风险就是指企业战略管理过程中由于战略行为不当而使企业遭受巨大损失的不确定性。

2. 财务风险。财务风险是指企业在各种财务活动过程中，由于各种难以或无法预料、控制的因素作用，使得实际财务成果与预计财务成果相背离，因而有蒙受经济损失的机会或可能性。财务风险是未来财务收益不可能实现的概率，是财务活动和企业经营活动过程中各种不确定性的综合反映。例如，筹资风险、投资风险、收益分配风险、资金营运风险、流动性风险、坏账的不确定性、财务欺诈行为、信用风险等。

3. 法律风险。法律风险是指企业经营中不懂法律规则、疏于法律审查、未按照法律规定或合同约定行使权利、履行义务或由于企业外部的法律环境发生变化所造成的经济纠纷和涉诉给企业带来的潜在或已发生的重大经济损失。法律风险目前已经成为企业最为常见、爆发率最高的风险之一，它给企业所带来的损害往往是企业难以承受的。

4. 市场风险。市场风险指因股市价格、利率、汇率等市场要素的波动而导致产品或金融工具价值或收益具有不确定性的风险。它包括产品市场风险与金融市场风险。产品市场风险是指因市场变化、产品滞销等原因导致跌价或者不能及时卖出自己的产品，如商品价格风险。金融市场风险包括汇率风险、利率风险、衍生金融工具风险以及股票、债券价格风险等。

5. 运营风险。运营风险是指企业在运营过程中，由于外部环境的复杂性和变动性以及主体对环境的认知能力和适应能力的有限性，而导致的运营失败或使运营活动达不到预期目标的可能性及其损失。运营风险并不是指某一种具体特定的风险，而是包含一系列具体的风险。它主要体现为人为决策风险、流程控制与操作风险等。

6. 技术风险。技术风险是指技术从发明到商品化过程中可能出现的各种不利情况，它们不仅是一些纯技术原因造成的，也涉及一些非技术因素，如市场、组织等，并且这些因素彼此交织在一起，交互发生作用。企业在创办及成长过程中所承受的技术风险主要可归纳为：技术的市场风险、技术开发风险、技术替代风险和技术流失风险。

7. 政治风险。政治风险是指一个国家或者地区发生政治环境或对外政治关系的变化而导致企业经营活动受到影响，并导致其经营绩效或其他目标遭受损失的不确定性。政治风险对于跨国经营企业影响的可能性最大，由于跨国公司与主权国家是两个不同的利益主体，追求目标的差异可能导致两者之间利益上的矛盾与冲突。尤其是东道国政策与环境的变化不仅会造成投资者对投资的失控，而且可能使其项目失去盈利的机会甚至是亏损、破产，这一点对于我国企业跨国经营的现实来讲，愈加重要。

三、企业风险管理的内涵

风险作为客观存在的事物，不可避免。当人们认识到风险的存在时，为了避免事件发生的不良后果，减少事件造成的各种损失，降低风险成本，便产生了借用管理科学的原理和方法来规避风险的需求，企业风险管理（Risk Management）应运而生。而企业风险管理的本质是识别影响企业目标实现的各种事件，发现其中存在的机遇，管理其中的风险，最终保证企业目标的实现，例如，企业价值最大化、股东财富最大化、利益相关者价值最大化等目标。虽然本质是如此，但是企业风险管理仍然存在很多不同定义。

（一）COSO 的定义

COSO 委员会将企业风险管理定义为：“企业董事会，管理层和其他人员共同实施的一个体系，应用于战略制定并贯穿于企业之中，用来识别潜在的、可能影响企业的事件，并管理风险使之满足管理层的风险偏好，为企业实现其目标提供合理保证。”这是用过程来描述企业全面风险管理，强调的是要建立企业的风险文化和理念，也是目前比较通用的做法，这与在企业管理中把企业活动和行为看作是流程的做法是一致的。

（二）澳新标准委员会的定义

澳新标准委员会对企业风险管理的定义是：“一个逻辑的系统的方法，包括建立风险管理基础、风险识别、风险分析、风险评估、风险应对、监督与协商、沟通与评价等，穿插于公司各个业务活动、职能部门和业务流程，使得公司能够达到损失最小化和机遇最大化。”强调企业内外部相关利益方都参与到风险管理中来，通过及时沟通和积极分析企业外部环境和内部环境的影响，来设置实施风险管理的目标、范围、涉及的主体、策略等。

（三）北美财险精算委员会的定义

北美财险精算委员会认为企业风险管理是："一门能够评估、控制、利用、财政管理和监督所有来源的风险的学科，目的是为了给公司股东增加长期价值和短期价值。"

（四）内部审计师协会（IIA）的定义

内部审计师协会（IIA）认为企业风险管理是一套严格的、协作的体系，用以评估和应对影响公司战略及财务目标实现的所有风险，包括自上而下和自下而上的风险。

（五）《中央企业全面风险管理指引》的定义

我国的《中央企业全面风险管理指引》所称企业风险管理是："指企业围绕总体经营目标，通过在企业管理的各个环节和经营过程中执行风险管理的基本流程，培育良好的风险管理文化，建立健全全面风险管理体系，包括风险管理策略、风险理财措施、风险管理的组织职能体系、风险管理信息系统和内部控制系统，从而为实现风险管理的总体目标提供合理保证的过程和方法。"

（六）《管理会计应用指引》的定义

《管理会计应用指引》中对企业风险管理的定义，是指企业对风险进行有效评估、预警、应对，为企业风险管理目标的实现提供合理保证的过程和方法。企业风险管理并不能替代内部控制，企业应当建立健全内部控制制度，并作为风险管理的工作基础。

四、企业风险管理的必要性

风险管理的产生绝非偶然。随着生产的高度社会化和技术的复杂化，各种经济、政治、社会、技术等各方面的新风险层出不穷，造成企业利润降低，竞争加剧，经营成本增大，促使人们寻求一种科学、全面、经济的方式来处置各类风险。现代经济生活中，风险管理的必要性体现为以下几方面：

（一）风险管理有利于经济的稳定发展

风险管理的全面实施有助于消除风险对整个经济社会造成的灾害性损失及其他连锁反应，有助于社会生产的顺利进行，使生产逐步增长，提高产量，降低成本，增加效益，这为社会经济的进一步发展、社会福利的进一步增进提供了条件。可以说，风险管理是现代经济社会正常运转的重要手段之一。

（二）风险管理有利于为企业创造安全的生产经营环境

企业的风险管理通过损失前控制和损失后及时提供经济补偿，保障了企业的继续生存，使之免于灾难性的损失，并给企业员工提供了安全保障和各种安全措施，从而消除了他们的后顾之忧，可以全身心地投入到生产经营活动，保障了企业生产经营的正常进行。

（三）风险管理有利于保障企业经营目标的实现

企业以盈利为目的，而实施风险管理可以使企业的盈利建立在更稳固的基础上。在企业的生产经营中，盈利主要来源于两个途径：增加收入和减少支出。风险管理的实施对于促使企业增加收入和减少支出均有直接意义，它有助于将企业生产经营中面临的风险损失降到最低，并在损失发生后及时合理地提供各种必备的资金和物资，这就直接或间接地减少了企业的费用，从而企业盈利增加，保障了企业的首要经营目标的实现。

（四）风险管理有利于增强企业决策的科学性

风险管理利用科学系统的方法，管理和处置各种风险。风险管理计划的实施，有利于企业减少和消除生产风险、经营风险和决策失误风险，对于企业健康发展有重要意义。

（五）风险管理有助于改进企业管理效用

风险管理以最小成本达到最大安全保障为宗旨，它的各种风险处置措施都体现在企业的产品、劳务和其他有关活动中。它将纯粹风险的各种费用合理分摊到产品、劳务之中，减少了费用开支，促使企业的各职能部门提高经营和管理效率。当企业准确地认识了风险，就能够采取预防和控制性活动进行管理，从而提高管理效用。

五、企业风险管理的原则

1. 合规性原则。企业风险管理应符合相关政策的要求和监管制度的规定。
2. 融合性原则。企业风险管理应与企业的战略设定、经营管理和业务流程相结合。
3. 全面性原则。企业风险管理应覆盖企业的所有的风险类型、业务流程、操作环节和管理层级与环节。
4. 重要性原则。企业应对风险进行评价，确定需要进行重点管理的风险，并有针对性地实施重点风险监测，及时识别、应对。
5. 平衡性原则。企业应权衡风险与业绩和风险管理成本与风险管理收益之间的关系。

六、企业风险管理的主要程序

企业一般按照风险管理目标的设立、风险识别、风险分析、风险监测与预警、风险应对、风险管理沟通、风险管理考核、风险管理有效性评价等程序进行。

（一）风险管理目标的设立

风险管理目标是在确定企业风险偏好的基础上，将企业的总体风险和主要类型的风险控制在风险容忍度范围之内。风险偏好，是指企业愿意承担的风险及相应的风险水平；风险容忍度，是指企业在风险偏好的基础上，设定的风险管理目标值的可容忍波动范围。

（二）风险识别

企业应根据风险形成机制，从企业的内部和外部识别可能影响风险管理目标实现的风险因素和风险事项。

（三）风险分析

企业应在风险识别的基础上，对风险成因和特征、风险之间的相互关系，以及风险发生的可能性、对目标影响严重程度和可能持续的时间进行分析。

（四）风险监测、预警与应对

企业应在风险评价的基础上，针对需重点关注的风险，设置风险预警指标体系对风险的状况进行监测，并通过将指标值与风险对冲、风险补偿、风险降低等策略结合进行分析，把风险控制在风险偏好及容忍度之内。

（五）风险管理信息沟通

企业应在企业内部各管理级次、责任单位、业务环节之间，以及企业与外部投资者、债权人、客户、供应商、中介机构和监管部门等有关方面之间，将风险管理各环节的相关信息进行传递和反馈。

（六）风险管理考核

企业应根据风险管理职责设置风险管理相关机构和人员的风险管理考核指标，并纳入企业绩效管理，建立明确的、权责利相结合的奖惩制度，以保证风险管理活动持续性和有效性。风险管理部门应定期对各职能部门和业务部门的风险管理实施情况和有效性进行考核，形成考核结论并出具考核报告，及时报送企业经营管理层和绩效管理部门。

（七）风险管理评价

企业应对风险管理制度和工具方法设计的健全性、实施后的有效性，以及风险管理目标的达成情况进行评价，识别是否存在重大风险管理缺陷，形成评价结论并出具评价报告。

第三节　风险管理的工具

一、风险矩阵

（一）风险矩阵概述

风险矩阵（也称风险热度图、风险坐标图等），是指按照风险发生的可能性和风险发生后果的严重程度，将风险绘制在矩阵图中，展示风险及其重要性等级的风险管理工具。风险矩阵的基本原理是根据企业风险偏好，判断并度量风险发生可能性和后果严重程度，计算风险值，以此作为主要依据在矩阵中描绘出风险重要性等级。企业应用风险矩阵，应明确应用主体（企业整体、所属企业或部门），确定所要识别的风险，定义风险发生可能性和后果严重程度的标准，以及定义风险重要性等级及其表示形式。风险矩阵适用于企业各类风险重要性等级的展示，也适用于各类风险的分析评价和沟通报告环节。

（二）风险矩阵应用环境

企业应用风险矩阵工具方法，应遵循《管理会计应用指引第700号——风险管理》中对应用环境的一般要求。企业应用风险矩阵工具方法，应综合考虑所处的外部环境、企业内部的财务和业务情况以及企业风险管理目标、风险偏好、风险容忍度、风险管理能力等。企业应用风险矩阵工具方法，应由承担风险管理责任的职能部门和业务部门负责具体实施。企业风险管理专职部门负责风险矩阵工具应用的培训、组织、协调、指导，并根据承担风险管理责任部门绘制的风险矩阵列示的风险重要性等级，汇总编制企业整体的风险矩阵。企业必要时可组成风险管理专家组，以便对风险发生可能性和后果严重程度作出客观、全面的分析和评价。

（三）风险矩阵的应用程序

企业应用风险矩阵工具方法，一般按照绘制风险矩阵坐标图、制定风险重要性等级标准、分析与评价各项风险、风险矩阵中描绘出风险点、对风险矩阵展示的风险信息进行沟通报告和持续修订等程序进行。企业应以风险后果严重程度为横坐标、以风险发生可能性为纵坐标，绘制风险矩阵坐标图。企业可根据风险管理精度的需要，确定定性、半定量或定量指标来描述风险后果严重程度和风险发生可能性。

表示风险后果严重程度的横坐标等级可定性描述为“微小、较小、较大和重大”（也可采用1、2、3、4四个半定量分值），表示风险发生可能性的纵坐标等级可定性描述为“不太可能、偶尔可能、可能、很可能”（也可采用1、2、3、4四个半定量分值），从而形成16个（4×4）方格区域的空白风险矩阵图（见图7-2）。还可以根据需要通过定量指标更精确地描述风险后果严重程度和风险发生可能性。

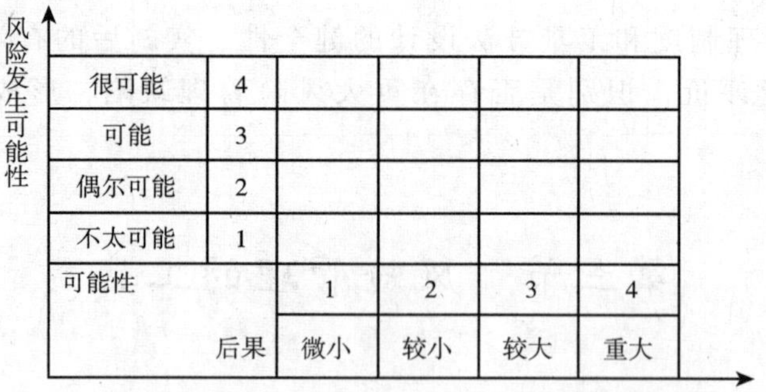

图7-2 风险矩阵

企业在确定风险重要性等级时，应综合考虑风险后果严重程度和发生可能性以及企业的风险偏好，将风险重要性等级划分为可忽视的风险、可接受的风险、要关注的风险和重大的风险等级别。对于使用半定量和定量指标描绘的矩阵，企业可将风险后果严重程度和发生可能性等级的乘积（即风险值）划分为与风险重要性等级相匹配区间（见表7-2）。

表 7－2　风险重要性等级判断参考标准

风险值	风险等级代码	风险级别描述	等级含义
1—4	Ⅰ	可忽视的风险	无需采取控制措施
5—8	Ⅱ	可接受的风险	可考虑建立规章制度，定期检查
9—12	Ⅲ	要关注的风险	采取明确的预警监控和应对措施
13—16	Ⅳ	重大的风险	需配置资源，积极应对

企业在逐项分析和评价需在风险矩阵中展示的风险时，注意考虑各风险的性质和企业对该风险的应对能力，对单个风险的发生后果严重程度的量化应注重参考相关历史财务数据。该过程可以通过相关问卷或表单辅助进行。综合各方专家意见后，得到每一风险发生可能性和后果严重程度的评分结果。

企业应将每一风险发生的可能性和后果严重程度的评分结果组成的唯一坐标点标注在建立好的空白风险矩阵图中，标明各点的含义并给风险矩阵命名，完成风险矩阵的绘制。

以某企业为例，其对 7 项风险进行定量评价，其中：风险①发生的可能性为 83%，发生后对企业造成的损失为 2100 万元；风险②发生的可能性为 40%，发生后对企业造成的损失为 3800 万元；而风险⑦发生的可能性在 55% 到 62% 之间，发生后对企业造成的损失在 7500 万元到 9100 万元之间，在风险矩阵上用一个区域来表示，则绘制风险矩阵如图 7－3 所示：

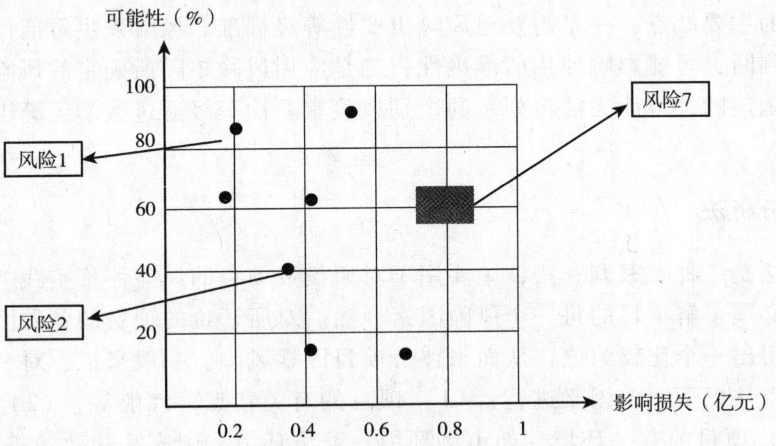

图 7－3　风险矩阵

绘制风险矩阵的目的在于对多项风险进行直观的比较，从而确定各风险管理的优先顺序和策略。如某企业绘制了如图 7－4 风险矩阵，并将该图划分为 A、B、C 三个区域，企业决定承担 A 区域中的各项风险且不再增加控制措施；严格控制 B 区域中的各项风险且专门补充制定各项控制措施；确保规避和转移 C 区域中的各项风险且优先安排实施各项防范措施。

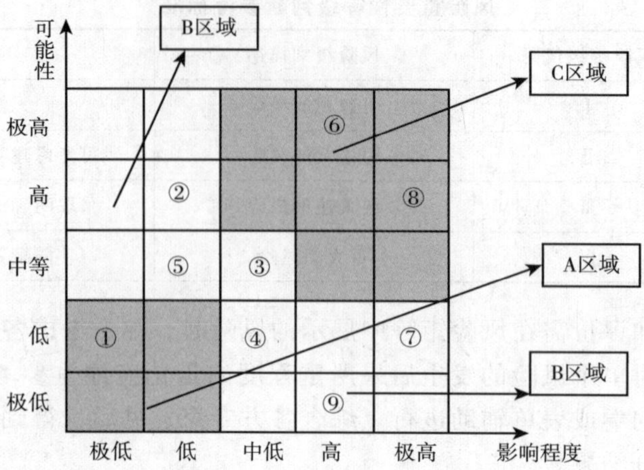

图 7-4 风险矩阵

（四）风险矩阵的优缺点

风险矩阵的主要优点：一是为企业确定各项风险重要性等级提供了流程化、规范化、可视化的工具，增强风险沟通和报告效果，有利于企业采取有效的监管预警和及时应对；二是简便明了、直观易懂，列示形式灵活多样，适用于各类企业不同类型和不同层级的风险管理责任部门应用。

风险矩阵的主要缺点：一是需要对风险重要性等级标准、风险发生可能性、后果严重程度等作出主观判断，可能影响使用的准确性；二是应用风险矩阵所确定的风险重要性等级是通过相互比较确定的，因而无法将列示的个别风险重要性等级通过数学运算得到总体风险的重要性等级。

二、策略分析法

策略分析法是一种专家调查法，主要用于对所投资项目的风险评价实践。在运用策略分析法时，首先必须了解项目的每一个风险因素，然后对所评价的项目的各种因素进行综合评价分析，最后得出一个比较数值，从而来评价项目因素风险。一般来说，对一个融资项目的评价，主要可以从以下四个因素进行：（1）项目的有关特点、性能等；（2）经营该项目的有关条件；（3）项目的有关环境，如市场环境、竞争环境、国家法律政策等；（4）项目所面临的风险。

根据这四个要素可建立模型，如图 7-5 所示：

在运用策略分析法对融资项目进行评价时，主要运用的是通过专家对各个因素进行评判，其评价步骤如下：

（1）规定一个评价的依据，用分值的高低来表示各种因素的优劣，假设分值取值范围是 1—20，1 表示最差情况，20 表示最好情况。

（2）根据各种因素的相对重要性，确定其权数大小，假设权数范围是 1—5，即 1 表示最不重要，5 表示最重要。

（3）将打分值乘以权数，即为各因素的评分值。评分值的范围在 1—100。

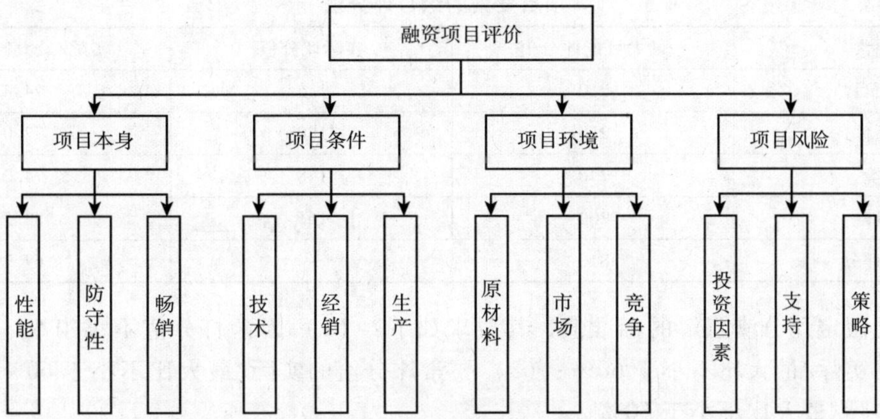

图 7-5　策略分析简化模型

（4）将因素组内的诸因素评分值相加，得到因素组的评分值。要素的最大可能值就是所含诸因素权数之和的 10 倍。最后可计算出该要素的实际评分值与最大可能值之比，从而得出一个比值，并根据比值的大小来评价风险的影响程度。表 7-3 给出“项目”要素评分的一个实例：

表 7-3　　　　项目要素评价表

因素组	因素	因素打分值	因素权数	因素评分值	因素组评分值
性能	效益	9	2	18	48
	可靠性	8	1	8	
	简易性	8	2	16	
	便利性	6	1	6	
畅销性	外观	9	2	18	85
	独特性	9	1	9	
	经济性	5	2	10	
	及时性	6	1	6	
	可了解性	7	2	14	
	贸易性	7	2	14	
	可购性	7	2	14	
防守性	合法性	8	1	8	23
	新颖性	8	1	8	
	专利	7	1	7	
项目要素评分值					156
最大可能评分值					210
实际/最大（%）					74.3

同理可以得出其他一些要素的评分表，过程在此简略。其结果如表 7-4 所示：

表 7-4　　项目要素的综合评分法

要素	最大可能评分值	实际评分值	实际/最大比（%）
项目	210	156	74.3
条件	250	180	72.0
境	240	178	74.2
风险	200	165	82.5
总评分	810		67.3

然后再假定评分满意解的标准值，其要求如下：(1) 因素打分值不小于 5；(2) 因素组评分值的实际/最大比不小于 60%；(3) 要素评分值的实际/最大比不小于 60%；(4) 总评分值的实际/最大比不小于 60%。

能同时满足上述要求的风险评价方案是满意的。如果没有达到要求，可以重新进行修正评价，从而得出令人满意的结果。在上例中，风险的评价方案是满意的。

三、蒙特卡罗法

蒙特卡罗法（Monte-Carlo 法），又称统计试验法或随机模拟法，是运用一系列随机数模拟项目风险概率分布的方法，具体地说就是通过构造描述数学模型与计算机仿真得到相对较精确的风险概率分布的方法，其特点是用数学方法在计算机上模拟实际概率过程，然后加以统计处理。此法最初由 Von Neumanm 和 Ulam 用来模拟核反应堆中子的行为活动而首创的。

分析中人们最关心的问题往往是系统的动态性。但是目前各种定量计算所运用的数学模型很少能反映随机事件变化的复杂过程，尤其当变量本身牵涉到不确定性的问题时，使所考虑的问题更复杂，构造数学模型也更加困难。蒙特卡罗可以随机模拟各种变量之间的动态关系，解决某些具有不确定性的复杂问题，被公认为是一种经济而有效的方法。

（一）蒙特卡罗法的基本原理

假定函数 Y = f（X1，X2，…，Xn），其中变量 X1，X2，…，Xn 的概率分布已知。但在实际问题中，Y = f（X1，X2，…，Xn）往往是未知的，或者是非常复杂的函数关系式，一般难以用解析法求解有关 Y 的概率分布及其数字特征。蒙特卡罗法利用一个随机数发生器通过直接或间接抽样取出每一组随机变量（X1，X2，…，Xn），然后按 Y 对于（X1，X2，…，Xn）的关系式确定函数 Y 的值 Yi，即 Yi = f（X1，X2，…，Xn）。反复独立抽样（模拟）多次（i = 1，2，…，n），便可得到函数 Y 的一批抽样数据 Y1，Y2，…，Yn，当模拟次数足够多时，便可给出与实际情况相近的函数 Y 的概率分布及数字特征。

（二）蒙特卡罗法的模拟步骤

1. 确定输入变量及其概率分布（对于未来事件，通常用主观概率估计）；2. 通过模拟试验，独立地随机抽取各输入变量的值，并使所抽取的随机数值符合既定的概率分布；3. 建立数学模型，按照研究目的编制程序计算各输出变量；4. 确定试验（模拟）次数以满足预定的精度要求，以积累的较大样本来模拟输出函数的概率分布。

通过上述计算过程，虽然产生的是数值样本，却可以与其他的统计样本一样，进行统计处理。一般情况下，Y 的分布形式受最初控制作用的基本变量的概率分布形式控制。

蒙特卡罗法借助人对未来事件的主观概率估计及计算机随机模拟，解决难以用数学分析方法求解的动态系统复杂问题，具有极大的优越性，在目前的风险分析工作中该方法应用比较广泛。

本章小结

风险管理从诞生以来，经历了内部牵制等七个发展阶段。其中影响较大的是美国 COSO 委员会 2004 年颁布的《企业风险管理框架》和 2017 年更新版的《企业风险管理框架》。在我国政府部门颁布的一系列有关内部控制和风险管理的政策法规中，影响最大、最具权威性的是 2008 年财政部等五部委颁发的《企业内部控制基本规范》以及 2010 年财政部等五部委颁布的《企业内部控制配套指引》。

《管理会计应用指引》中对企业风险管理的定义，是指企业对风险进行有效评估、预警、应对，为企业风险管理目标的实现提供合理保证的过程和方法。企业风险管理并不能替代内部控制，企业应当建立健全内部控制制度，并作为风险管理的工作基础。企业一般按照风险管理目标的设立、风险识别、风险分析、风险监测与预警、风险应对、风险管理沟通、风险管理考核、风险管理有效性评价等程序进行。管理会计师可以使用风险管理矩阵和策略分析法等方法分析、评价、管理风险。风险矩阵简单明了，通俗易懂，适用于各类企业不同类型和不同层级的风险管理责任部门应用。

本章练习题及参考答案

一、选择题

1. 甲公司董事会对待风险的态度属于风险厌恶。为有效管理公司的信用风险，甲公司管理层决定将其全部的应收款项以应收总金额的 80% 出售给乙公司，由乙公司向有关债务人收取款项，甲公司不再承担有关债务人未能如期付款的风险。甲公司应对此项信用风险的策略属于（　　）。

A. 风险降低　　B. 风险转移

C. 风险保留　　D. 风险规避

2. 关于风险管理基本流程，下列步骤正确的是（　　）。

A. 制定风险管理策略、提出和实施风险管理解决方案、收集风险管理初始信息、进行风险评估和风险管理的监督与改进

B. 制定风险管理策略、收集风险管理初始信息、进行风险评估和风险管理的监督与改进

C. 收集风险管理初始信息、进行风险评估、制定风险管理策略、提出和实施风险管理解决方案和风险管理的监督与改进

D. 收集风险管理初始信息、制定风险管理策略、提出和实施风险管理解决方案、进行

风险评估和风险管理的监督与改进

3. 下列关于确定风险管理的优先顺序及需要考虑的因素，说法不正确的是（ ）。

A. 企业要找到一种普适性的方法来确定风险管理的优先顺序

B. 要特别重视对企业有影响的重大风险

C. 需要考虑对资金的需求

D. 需要在风险评估结果的基础上，全面考虑风险与收益

4. W 快餐源于欧洲，因企业扩张的需要，目前，W 企业总部决定到印度开发自己的连锁经营店面。然而该快餐企业想要在印度市场上建立店面必须要先向当地政府缴纳高出当地企业平均水平的税金。并且，该快餐店欲推出的一款牛肉汉堡在当地引起了民众强烈的不满，不得不取消该汉堡在当地的销售。分析 W 快餐企业面对的外部风险有（ ）。

A. 产业风险　　B. 政治风险

C. 社会文化风险　　D. 运营风险

5. 甲会计师事务所为了节约成本，减轻管理人员压力，将公司信息系统软硬件服务外包给了乙公司。3 个月后，甲公司出现客户财务数据泄密事件。甲公司经过调查，发现是乙公司技术人员在对信息系统进行维护时操作不当导致信息安全漏洞被黑客攻击所致。在上述案例中，甲会计师事务所面临的风险有（ ）。

A. 运营风险　　B. 市场风险

C. 操作风险　　D. 环境风险

二、判断题

1. 企业信息安全管理中发生的失误导致的风险属于操作风险。（ ）

2. 甲公司是一家电池生产企业，电池的随意丢弃，会严重地污染自然环境，随着“绿色环保”的深入，甲公司的管理层决定，进一步增大投资，回收废旧电池，以降低潜在的风险，甲公司预防的风险属于自然环境风险。（ ）

3. 风险矩阵的主要缺点是需要对风险重要性等级标准、风险发生可能性、后果严重程度等作出客观的判断，可能影响使用的准确性。（ ）

4. 某银行与客户约定的利率超出了人民银行规定的基准利率幅度，银行受到了客户的起诉。对银行来讲，这属于市场风险。（ ）

三、简答题

1. 试述风险管理的原则。

2. 试述风险管理矩阵的优缺点。

一、选择题

1. B　2. C　3. A　4. AC　5. BC

二、判断题

1. ×　2. √　3. ×　4. ×

三、简答题

1. 企业风险管理的原则包括：

（1）合规性原则。企业风险管理应符合相关政策的要求和监管制度的规定。（2）融合性原则。企业风险管理应与企业的战略设定、经营管理和业务流程相结合。（3）全面性原则。企业风险管理应覆盖企业的所有的风险类型、业务流程、操作环节和管理层级与环节。（4）重要性原则。企业应对风险进行评价，确定需要进行重点管理的风险，并有针对性地实施重点风险监测，及时识别、应对。（5）平衡性原则。企业应权衡风险与业绩和风险管理成本与风险管理收益之间的关系。

2. 风险矩阵的主要优点：一是为企业确定各项风险重要性等级提供了流程化、规范化、可视化的工具，增强风险沟通和报告效果，有利于企业采取有效的监管预警和及时应对；二是简便明了、直观易懂，列示形式灵活多样，适用于各类企业不同类型和不同层级的风险管理责任部门应用。

风险矩阵的主要缺点：一是需要对风险重要性等级标准、风险发生可能性、后果严重程度等作出主观判断，可能影响使用的准确性；二是应用风险矩阵所确定的风险重要性等级是通过相互比较确定的，因而无法将列示的个别风险重要性等级通过数学运算得到总体风险的重要性等级。

第八章 信息技术与信息系统

【学习目标】

- 了解信息技术的发展和影响
- 了解计算机硬件、软件、网络和数据库的基础知识
- 掌握信息系统的主要应用类型和作用
- 掌握管理会计信息系统的基本概念
- 了解管理会计信息系统的主要功能模块及其作用

迅猛发展的信息技术正在迅速地推动着社会的进步，改变着我们的生活、工作和思想。信息技术在社会的各个领域、各个层面的广泛应用，实际就是信息系统的应用。今天的任何一个领域都无法脱离信息技术和信息系统的应用，会计也不例外。因此，作为一个现代会计从业人员，必须了解和掌握信息技术和信息系统的相关知识和技能。本章将讲述与管理会计人员密切相关的信息技术和信息系统的基本概念和理论。首先，将要介绍信息技术的基础知识；其次，将讲述信息系统在企业的典型应用；最后将主要探讨管理会计信息系统的相关概念和基本功能。

第一节 信息技术概述

一、信息技术的发展

信息技术是运用技术对信息进行加工处理的行为统称。广义上来说，信息技术是指一切与信息的获取、整理、加工、存储、传递、利用、管理和评价等有关的技术。狭义上说，信息技术是指以电子计算机和现代通信手段获取、传递、存储、显示和分配信息的一门新技术。主要包括微电子技术、通信技术和计算机技术三个部分。

信息技术进步作为人类文明进步的标志，已经经历了五次大的革命：

- 第一次是语言的使用。语言是从猿进化到人的重要标志，是人类进行思想交流和信息传播不可缺少的工具。
- 第二次是文字的出现和使用。约公元前 14 世纪的铁器时代，人类出现了文字，使人类对信息的保存和传播取得重大突破，较大地超越了时间和地域的局限。
- 第三次是印刷术的发明和使用。公元六世纪，我国隋代开始有了刻板印刷，至 15 世纪才进入臻于完善的近代印刷术。印刷术的发明使得书籍、报刊成为重要的信息储存和传播的媒体，为知识的传播提供了保障。

• 第四次是电话、广播、电视等“电器”的使用。19 世纪科技的发展使得人类进入利用电磁波传播信息的时代，这一时代的到来使得人类突破了时空的限制。

• 第五次是计算机技术的发展。1946 年，第一台电子计算机诞生，标志着数字化信息时代的到来。

二、计算机硬件技术

1946 年，在美国宾夕法尼亚大学诞生了世界上第一台数字式电子计算机——ENIAC（Electronic Numerical Integrator And Calculator），如图 8-1 所示。虽然 ENIAC 计算机的功能还远远比不上今天一台普通的微型计算机，但是在当时，它的功能是出类拔萃的，它可以在一秒钟内进行 5000 次加法运算，3 毫秒进行一次乘法运算，与手工计算相比速度要大大加快，60 秒钟射程的弹道计算时间由原来的 20 分钟缩短到 30 秒，并且它的运算精确度和准确度也是史无前例的。

ENIAC 的诞生宣告着计算机时代的来临，但是其本身也存在着明显的缺陷，它体积庞大，运行时耗电量很大。另外，它的存储容量很小，同时，每次计算时都需要重新编排程序，准备时间大大超过实际计算时间。

图 8-1 第一台计算机 ENIAC

尽管如此，ENIAC 的研制成功还是为以后计算机科学的发展提供了契机，而每克服它的一个缺点，都对计算机的发展带来了很大影响，其中影响最大的是数学家冯·诺依曼提出的“程序存储”方式的采用。冯·诺依曼提出计算机应该以二进制为运算基础，并且应该能够存储程序，在需要时可以自动地执行程序。基于此思想，计算机采用了存储程序方式工作原理，即将符号化的计算步骤存放在存储器中，然后依次取出存储的内容进行处理计算，从而实现计算机工作的自动化。依据“程序存储原理”，计算机系统被分成了五部分：运算器、控制器、存储器、输入设备和输出设备（如图 8-2 所示）。当前绝大部分的计算机都是采用冯·诺依曼方式工作的。

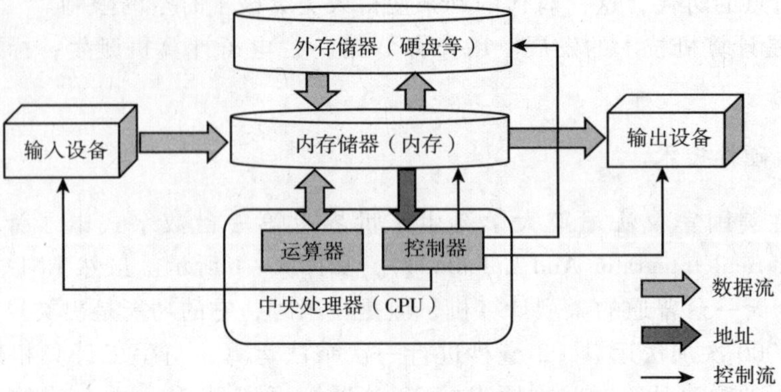

图 8-2 计算机系统结构

（一）中央处理器（CPU）

中央处理器（CPU，Central Processing Unit）习惯上称为微处理器（如图 8-3 所示），是微型计算机的核心，由运算器和控制器两部分组成：运算器是微机的运算部件，主要负责对数据进行算术运算和逻辑运算；控制器是微机的指挥控制中心。主要功能是解释计算机指令并执行指令。

计算机指令是对计算机进行程序控制的最小单位，必须是二进制编码，微处理器依靠指令来计算和控制系统。一个指令规定计算机执行一个基本操作，一个程序规定计算机完成一个完整的任务。所有的指令的集合称为计算机的指令系统。计算机的所有操作都受微处理器控制。微处理器的性能指标直接决定了微机系统的性能指标。而微处理器的性能主要体现在其运行程序的速度上，主要的影响因子是 CPU 主频。CPU 主频也叫时钟频率，单位是兆赫（MHz）或千兆赫（GHz），用来表示微处理器的运算、处理数据的速度。通常主频越高，微处理器处理数据的速度就越快。随着大规模集成电路的出现，使得微处理器的所有组成部分都集成在一块半导体芯片上。

图 8-3 中央处理器（CPU）

微处理器技术是计算机的核心技术，计算机性能主要依赖于微处理器（芯片）的发展。依据微处理器技术的发展历程，计算机的发展也被分为了四个阶段，每一个阶段在技术上都是一次新的突破，在性能上都是一次质的飞跃。

1. 第一阶段 电子管计算机（1946—1957 年）。电子管计算机主要采用电子管作为基本逻辑部件，体积大，耗电量大，寿命短，可靠性大，成本高。运算速度慢，每秒钟运算速度大约在 5 千至 4 万之间。同时采用电子射线管作为存储部件，容量很小，后来外存储器使用了磁鼓存储信息，扩充了存储容量。

2. 第二阶段　晶体管计算机（1958—1964 年）。晶体管计算机采用晶体管作为基本逻辑部件，体积减小，重量减轻，能耗降低，成本下降。计算机的可靠性和运算速度均得到提高，每秒钟运算速度能达到几十万次，甚至上百万次。其普遍采用磁芯作为内存储器，采用磁盘/磁鼓作为外存储器。

3. 第三阶段　集成电路计算机（1965—1969 年）。20 世纪 60 年代，随着集成电路的发展，计算机进入到集成电路计算机时代。此时的计算机主要采用小规模集成电路制作各种逻辑部件，从而使计算机体积更小，重量更轻，耗电更省，寿命更长，成本更低，运算速度有了更大的提高。每秒运算速度能够达到几百万次。同时采用半导体存储器作为内存储器，取代了原来的磁芯存储器，使存储器容量的存取速度有了大幅度的提高，增强了系统的处理能力。

4. 第四阶段　大规模、超大规模集成电路计算机（1970 年至今）。大规模、超大规模集成电路计算机采用大规模，超大规模集成电路作为计算机的基本逻辑部件，使计算机体积，重量，成本均大幅度降低。运算速度极大地提升，每秒运算速度达到上亿次。同时作为内存储器的半导体存储器，集成度也越来越高，容量越来越大；而外存储器除广泛使用软，硬磁盘外，还引进了光盘等多种存储介质。

（二）存储器

存储器是计算机技术中用于保存信息的记忆设备。

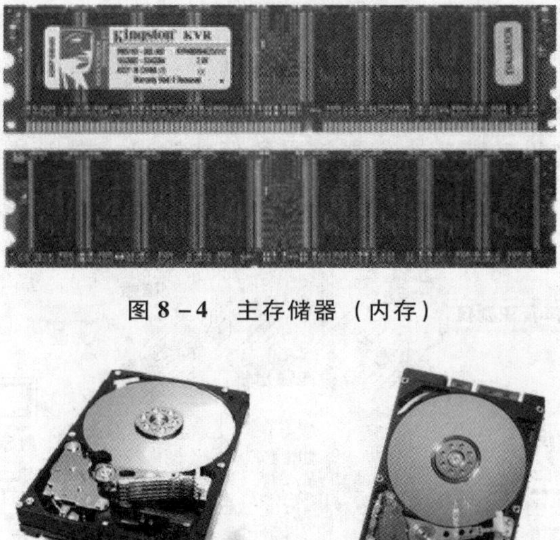

图 8－4　主存储器（内存）

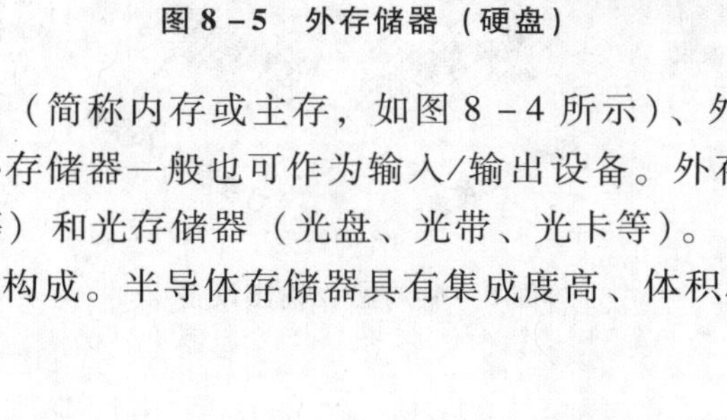

图 8－5　外存储器（硬盘）

存储器分为内存储器（简称内存或主存，如图 8－4 所示）、外存储器（简称外存或辅存，如图 8－5 所示）。外存储器一般也可作为输入/输出设备。外存储器主要有磁表面存储器（磁盘、磁带、磁卡等）和光存储器（光盘、光带、光卡等）。

内存一般由半导体器构成。半导体存储器具有集成度高、体积小、速度快、功耗低、维护简单等优点，缺点是易挥发。半导体存储器主要有两类：随机存取存储器（RAM）和只读存储器（ROM）。随机存取存储器（RAM）通电时存储器内的内容可以保持，断电后，存储的内容立即消失。常见的计算机内存就属于此类。只读存储器（ROM）是存储内容一次性写入的，并可实现永久保存。计算机只能读出原有的内容，不能由用户再写入新内容。计算机启动程序就是从只读存储器中加载的。

存储容量是存储器的一个重要的性能指标。存储容量描述的常用单位有：

位/比特（bit）：这是内存中最小的单位，二进制数序列中的一个 0 或一个 1 就是一比特。在电脑中，一个比特对应着一个晶体管。

字节（B、Byte）：是计算机中最常用、最基本的存储单位。一个字节等于 8 个比特，即 1 Byte = 8bit。

千字节（KB、Kilobyte）：1KB = 1024Byte。

兆字节（MB Megabyte）：1MB = 1024KB。

吉字节（GB、Gigabyte）：1GB = 1024MB。

太字节（TB、Terabyte）：1TB = 1024GB。目前市场流行的微机的硬盘已经达到 TB 级别。

拍字节（PB、Petabyte）：1PB = 1024TB。

艾字节（EB、Exabyte）：1EB = 1024PB。

泽字节（ZB、Zettabyte）：1ZB = 1024EB。

（三）输入/输出设备

输入设备是用来接受用户输入的原始数据和程序，并将它们变为计算机能识别的二进制存入到内存中。常用的输入设备有键盘、鼠标、扫描仪、光笔等。输出设备用于将存入在内存中的由计算机处理的结果转变为人们能接受的形式输出。常用的输出设备有显示器、打印机、绘图仪等。

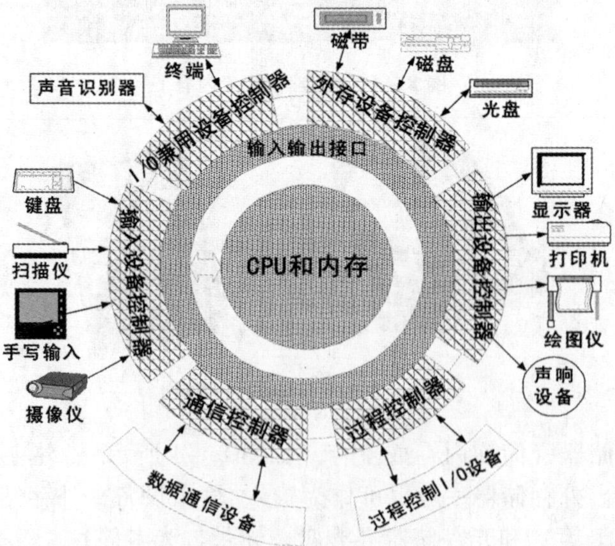

图 8-6　输入/输出设备

三、计算机软件技术

计算机软件（Computer Software）是指计算机系统中的程序及其文档。程序是计算任务的处理对象和处理规则的描述；文档是为了便于了解程序所需的阐述性资料。软件是用户与硬件之间的接口界面。用户主要是通过软件与计算机进行交流。软件是计算机系统设计的重要依据。按照通用类型划分，计算机软件分为系统软件和应用软件，系统软件负责协调整个计算机系统的硬件和各种程序间的活动和功能，应用软件是解决某特定领域问题的软件，如财务软件、通信软件、CAD/CAM 软件等。如果把计算机比喻为一个人，硬件就表示人的身躯；软件则表示人的思想、灵魂。一台没有安装任何软件的计算机称为“裸机”。

（一）系统软件

系统软件是负责管理计算机系统中各种独立的硬件，使得它们可以协调工作。系统软件使得计算机使用者和其他软件将计算机当作一个整体而不需要顾及到底层每个硬件是如何工作的。一般来讲，系统软件包括操作系统和一系列基本的工具（如编译器、数据库管理、存储器格式化、文件系统管理、用户身份验证、驱动管理、网络连接等）。系统软件主要可以划分为四类：操作系统、软件开发语言、实用程序、数据库管理系统。

1. 操作系统。操作系统（Operating System，简称 OS）是管理和控制计算机硬件与软件资源的计算机程序，是直接运行在“裸机”上的最基本的系统软件，任何其他软件都必须在操作系统的支持下才能运行。

操作系统是用户和计算机的接口，同时也是计算机硬件和其他软件的接口。操作系统的功能包括管理计算机系统的硬件、软件及数据资源，控制程序运行，改善人机界面，为其他应用软件提供支持，让计算机系统所有资源最大限度地发挥作用，提供各种形式的用户界面，使用户有一个好的工作环境，为其他软件的开发提供必要的服务和相应的接口等。

典型的操作系统有运行在计算机上的 Windows、Linux、Unix、Mac OS，运行在移动设备上的 IOS、Android、Windows Phone 等。

2. 程序设计语言。所有的软件都是以代码的形式写成的，这种代码称为程序设计语言。自 20 世纪 60 年代以来，世界上公布的程序设计语言已有上千种之多，但是只有很小一部分得到了广泛的应用。从发展历程来看，程序设计语言主要可以分为五代。

（1）机器语言。第一代程序设计语言是机器语言。机器语言是由二进制 0、1 代码指令构成，不同的 CPU 具有不同的指令系统。机器语言程序难编写、难修改、难维护，需要用户直接对存储空间进行分配，编程效率极低。这种语言已经被渐渐淘汰了。

（2）汇编语言。第二代程序设计语言为汇编语言。汇编语言指令是机器指令的符号化，与机器指令存在着直接的对应关系，如：BMOV 2，6，500，表示从某个存储位置将数据移动到另一个位置。汇编语言同样存在着难学难用、容易出错、维护困难等缺点。但是汇编语言也有自己的优点：可直接访问系统接口，汇编程序翻译成的机器语言程序的效率高。

(3) 高级语言。第三代程序设计语言为高级语言。高级语言是面向用户的、基本上独立于计算机种类和结构的语言。其最大的优点是：形式上接近于算术语言和自然语言，概念上接近于人们通常使用的概念，如：printf（"Input a，b，c："）。高级语言的一个命令可以代替几条、几十条甚至几百条汇编语言的指令。因此，高级语言易学易用，通用性强，应用广泛。常见的高级语言有 COBOL、BASIC、C 语言等。

(4) 模块化/可视化/面向对象语言。第四代程序设计语言为模块化/可视化/面向对象语言。它是以模块化或对象集的方式提供更加便捷的编程手段。如面向对象语言即是以"对象 + 消息"程序设计范式构成的程序设计语言。比较流行的面向对象语言有 Visual Basic、Java、C + +等。

(5) 智能语言。第五代程序设计语言为智能语言。智能语言希望提供给非程序设计人员运用日常的自然语言与计算机进行交流，以开发出程序的能力。

3. 实用程序。实用程序是系统软件的一类，是指各种服务性程序，它向操作系统、应用软件和用户提供经常需要的功能，如诊断程序、压缩程序、格式化程序、排错程序等。

4. 数据库管理系统。数据库管理系统（Database Management System）也是系统软件的一种，它是数据库系统的核心，是一种操纵和管理数据库的大型软件，用于建立、使用和维护数据库，简称 DBMS。用户通过 DBMS 访问数据库中的数据，数据库管理员也通过 DBMS 进行数据库的维护工作。同时它还可以使多个应用程序和用户用不同的方法在同时或不同时刻去建立、修改和询问数据库。

常见的数据库管理系统有 Oracle、SQL Server、DB2、Access 等。

（二）应用软件

应用软件（Application Software）是为满足用户不同领域、不同问题的应用需求而提供的软件。它可以拓宽计算机系统的应用领域，放大硬件的功能。应用软件按照应用范围可分为个人级、群组级和企业级。常见的个人级应用软件有文字处理软件（如 Word）、电子表格软件（如 Excel）、个人绘图软件（如 Visio）等。而办公自动化（OA）软件、财务软件等则为常见的企业级应用软件。

四、计算机网络和通信

计算机网络是信息系统赖以存在的物理环境基础。在信息技术高度发展的今天，绝大多数系统都是依赖于计算机网络系统的。

（一）远程通信

计算机网络是远程通信的一种。通信是一个信号在介质中从发送端至接收端的传输。打电话、看电视、听广播、上网等都是通信的典型应用。通信主要有模拟信号通信和数字信号通信。模拟信号通信传输的信号是连续波动的信号，如电话和广播。数字信号通信传输的信号是 0、1 数字信号，如计算机网络通信和数字电视。数字信号通信比模拟信号通信速度快、失真小。二者区别如图 8 - 7 所示：

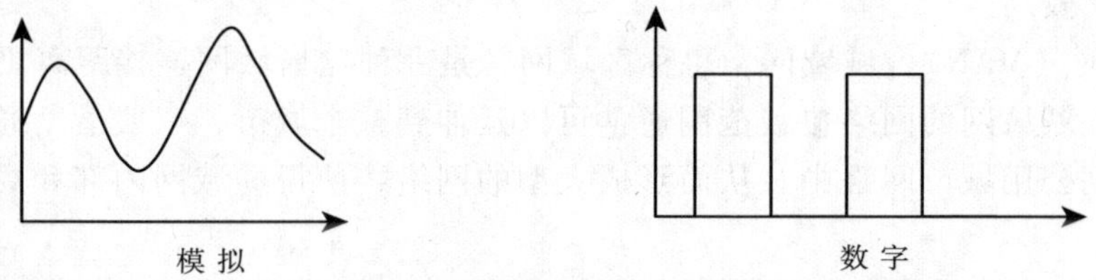

图 8－7　通信信号的分类

通信网络主要由三部分设备构成：

通信终端设备，如计算机、电话，用于发送和接收信号。

远程通信设备，如调制解调器（Modem）、路由器等，用于辅助通信传输。

传输介质，即通信线路，如电话线、网线。

当前最常见的传输介质有：双绞线、同轴电缆、光纤、微波、红外线和卫星等。双绞线是最常见的通信介质，典型的双绞线有电话线和网线。双绞线价格便宜，应用广泛，但是信号易受干扰。同轴电缆是一根中心为导线，外围包着绝缘层的电缆。它的中心传输率和抗干扰能力一般，传输距离较短，但一般比双绞线传输距离要长。常见的有线电视线即为同轴电缆。光纤的传输速度快，抗干扰性强，通常用于网络通信的主干线。

（二）计算机网络

计算机网络是指将地理位置不同的具有独立功能的多台计算机及其外部设备通过通信线路连接起来，在管理软件及通信协议的协调下，实现资源共享和数据交换的计算机系统。

计算机网络系统的主要功能是资源共享和数据交换。资源共享包括硬件资源的共享和软件资源的共享。硬件资源的共享如打印机、服务器的共享。软件资源的共享如数据库管理系统，文件访问服务等。数据交换是现代计算机网络应用的主要目的。在计算机网络中，各种信息可以动态、及时地在网络的计算机中进行交换，如企业内各部门间通过网络相互查询和传送数据、自动转账、上下级之间转送报表等。

1. 网络分类。计算机网络有很多种，按照不同的标准可以分成不同的网络。最常见的分类标准是按照地理有效范围来划分。依据此标准，计算机网络可以分为：广域网、局域网和城域网（有时候也叫区域网）。

（1）广域网（WAN）。广域网是一种远程网，地理范围最广，通常需要跨越很长的距离进行通信，覆盖面积可能是一个国家或多个国家，甚至是整个世界。因特网（Internet）是目前最大的广域网。广域网由于地理上距离可超过几千公里，所以信息衰减很严重。这种网络一般需要使用微波、卫星或租用的网络专线来进行远程通信。

（2）局域网（LAN）。局域网是最常见的网络。终端设备一般都是先接入局域网，然后再通过局域网接入到广域网的。局域网覆盖的地区范围比较小，通常在 10 公里之内，通常在一个机构或一组建筑物中。联网的计算机数量可多可少，可以是家用的 2—3 台互联，也可以是类似网吧和计算机实验室中使用的几百台计算机互联。由于局域网基本上位于一个建筑物内，一般采用专门铺设的线路进行通信。综合而言，局域网连接的范围小、配置比较方便、连接速率比较高。

(3) 城域网 (MAN)。城域网，也称区域网，是一种比局域网连接距离更长、连接计算机更多的网络。城域网的网络覆盖范围通常可以延伸到整个城市，一般借助通讯光纤等将多个局域网联通到公用城市网络中，从而形成大型的网络，使得局域网内部和局域网之间的资源都可以共享。

计算机网络除了按地理有效范围划分为局域网、城域网和广域网外，还可以按照通讯媒体来划分，也就是按照传输介质来划分，一般可分为有线网和无线网。有线网是采用同轴电缆、双绞线、光纤等有线介质连接来传输数据的计算机网络。而无线网则是指依靠微波、激光、红外等无线介质作为载体来传输数据，这种网络联网方式方便灵活，但是联网费用相对较高些。

2. 网络通信协议。计算机网络中的多台计算机之间要通信，各个节点之间就需要不断地交换数据。要保证各节点之间交换数据的有序性和正确性，就必须制定一个网络数据交换的规则、约定与标准，这种规则、约定与标准称为网络协议 (Protocol)。

一般不同的计算机和网络在不同的环境下会采用不同的网络通信协议。网络通信协议也有很多种，比较常见的有开放式系统互联 (简称 OSI) 协议，TCP/IP 协议 (Internet 网遵循的协议)，IEEE802 协议 (局域网协议) 等。

TCP/IP (Transmission Control Protocol/Internet Protocol) 协议是目前应用最为广泛的网络通信协议，也是因特网 (Internet) 最基本的协议，包含 TCP 协议和 IP 协议。该协议定义了电子设备如何连入因特网，以及数据如何在它们之间进行传输。其中 TCP 协议负责发现传输中的问题，一旦有问题就发出信号，要求重新传输，直到所有数据安全正确地传输到目的地。而 IP 协议是给每一台联网设备规定一个地址 (IP 地址)，以便于能够在网络中寻找到目标设备所在以及传输的有效路径。

(三) 移动互联网

移动互联网，就是将移动通信和互联网二者结合起来，成为一体。是指互联网的技术、平台、商业模式和应用与移动通信技术结合并实践的活动的总称。移动互联网的发展离不开移动通信技术的发展。时至今日，移动通信技术从 1G (Generation) 时代发展到了 5G 时代。

- 1G

第一代移动通信系统是模拟蜂窝移动通信，基于模拟技术进行通信，抗干扰性能差。1G 时代的移动网络理论传输速率为 2.4kbps。典型的应用代表如摩托罗拉 8000X (俗称“大哥大”)。

- 2G

第二代移动通信技术是数字通信，因此在抗干扰能力上大大增强。2G 技术加入了更多的多地址技术，使得手机不再只有语音、短信这样单一的业务，还可以更有效率地连入互联网，为接下来的 3G 和 4G 奠定了基础。2G 时代的移动网络理论传输速率为 64kbps (比特率，带宽的主要单位)。典型的应用代表如诺基亚 7110。

- 2.5G

2.5G 移动通信技术是从 2G 迈向 3G 的衔接性技术，支持某些图片格式，可以比 2G 服务提供更高的速率和更多的功能。

- 3G

3G 相对于 2G 来说主要是提升了速率，更加利于 Internet 业务，能够很好地支持视频传播，系统容量大、频率复用系数高。3G 时代的理论传输速率为 2Mbps。典型的应用就是 3G 时代平板电脑的应用。

- 4G

4G 移动技术是集 3G 与 WLAN（Wireless Local Area Networks，无线局域网）于一体的移动技术，能够快速传输数据、高质量音频、视频和图像等。4G 能够以 100Mbps 以上的速度下载，并能够满足几乎所有用户对于无线服务的要求。此外，4G 可以在有线电视调制解调器没有覆盖的地方部署，然后再扩展到整个地区，具有不可比拟的优越性。在 4G 时代，智能移动设备得到了广泛的应用。

- 5G

第五代移动通信技术目前尚未正式商用，预计 2019 年到 2020 年可看到全球营运商陆续推出 5G 商业服务试营，包括：物联网、车联网、智慧医疗、VR/AR（虚拟现实/增强现实）、工业 4.0 等关键应用。在 5G 时代，自动驾驶汽车的车辆间能以 0.001 秒的速度交换数据。

（四）物联网

物联网是新一代信息技术的重要组成部分，也是“信息化”时代的重要发展阶段。英文名称是：“Internet of things（IoT）”。物联网是通过射频识别（RFID）（RFID + 互联网）、红外感应器、全球定位系统等信息传感设备，按照约定的协议，把任何物品与互联网连接起来，进行信息交换和通讯，以实现智能化识别、定位、跟踪、监控和管理的一种网络。简而言之，物联网就是“物物相连的互联网”。这包含两层含义，其一是物联网的核心和基础是互联网，是在互联网基础上的延伸和扩展的网络。其二是物联网用户端延伸和扩展到了任何物品与物品之间，进行信息交换和通信，也就是物物相连。物联网被称为继计算机、互联网之后世界信息产业发展的第三次浪潮。

图 8－8　物联网——万物互联

（五）电子商务（E－Business）

电子商务是利用微电脑技术和网络通讯技术进行的商务活动。广义的电子商务定义为使用各种电子工具从事商务活动。狭义电子商务定义为利用 Internet 从事商务或活动。无论是广义的还是狭义的电子商务的概念，电子商务都涵盖了两个方面：一是离不开互联网这个平台；二是通过互联网完成的是一种商务活动。

按照交易对象，电子商务可以分为企业对企业的电子商务（B2B），企业对消费者的电子商务（B2C），企业对政府的电子商务（B2G），消费者对政府的电子商务（C2G），以及消费者对消费者的电子商务（C2C）等。应用比较广泛的典型电子商务模式有 B2B、B2C、C2C。

1. B2B（Business to Business，企业对企业）。商家（泛指企业）对商家的电子商务，即企业与企业之间通过互联网进行产品、服务及信息的交换，完成商务交易的过程。这些过程包括：发布供求信息，订货及确认订货，支付过程，票据的签发、传送和接收，确定配送方案并监控配送过程等。阿里巴巴平台就是典型的 B2B 电子商务平台。

2. B2C（Business to Customer，企业对个人）。B2C 模式是中国最早产生的电子商务模式，如今的 B2C 电子商务网站非常多，比较大型的有天猫商城、京东商城、一号店、亚马逊、苏宁易购、国美在线等。

3. C2C（Customer to Customer，个人对个人）。C2C 同 B2B、B2C 一样，都是电子商务的几种模式之一。不同的是 C2C 是用户对用户的模式，C2C 商务平台就是通过为买卖双方提供一个在线交易平台，使卖方可以主动提供商品上网拍卖，而买方可以自行选择商品进行竞价。淘宝、58 同城就是比较典型的 C2C 交易平台。

五、数据库及数据库管理系统

数据是计算机中最重要的资源。充分有效地管理和利用各类数据资源，是进行科学研究和决策管理的前提条件。

（一）数据库

数据库技术是管理信息系统、办公自动化系统、决策支持系统等各类信息系统的核心部分，是进行科学研究和决策管理的重要技术手段。

数据库（Database）是按照数据结构来组织、存储和管理数据的仓库，它产生于距今 60 多年前，随着信息技术和市场的发展，特别是 20 世纪 90 年代以后，数据管理不再仅仅是存储和管理数据，而是转变成用户所需要的各种数据管理的方式。数据库有很多种类型，从最简单的存储有各种数据的表格到能够进行海量数据存储的大型数据库系统都在各个方面得到了广泛的应用。

在早期的数据管理中，数据是以文件的形式存在各自的系统中。这种传统的数据管理方式容易造成数据冗余，数据共享性和独立性差。随着计算机广泛应用于数据管理，对数据的共享要求越来越高。传统的文件系统已经不能满足人们的需要，能够统一管理和共享数据的数据库管理系统（DBMS）应运而生。数据模型是数据库系统的核心和基础，各种 DBMS 软件都是基于某种数据模型的。通常按照数据模型的特点将传统的数据库系统分成网状数据库、层次数据库和关系数据库三类，其中最为流行的是关系数据库。

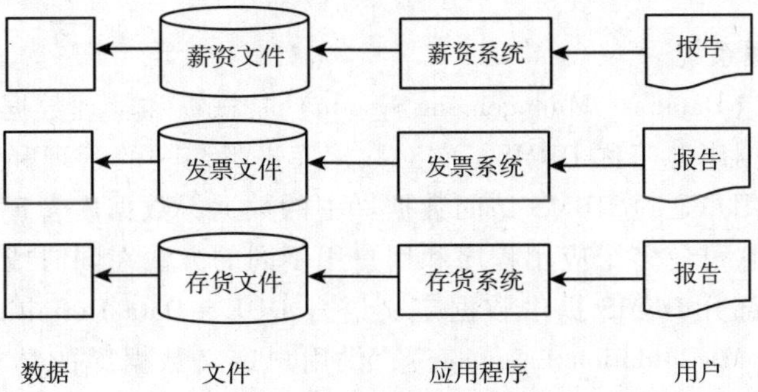

图 8－9　传统数据管理方式

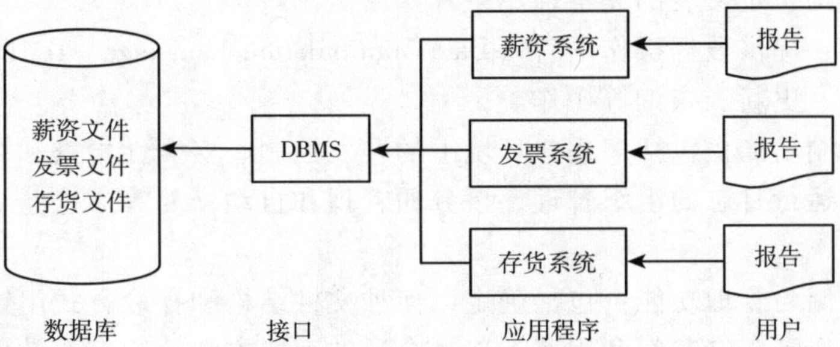

图 8－10　数据库管理方式

关系数据库，是建立在关系模型基础上的数据库，借助于集合代数等数学概念和方法来处理数据库中的数据。现实世界中的各种实体以及实体之间的各种联系均可用关系模型来表示。关系模型就是一种二维表格模型，因而一个关系型数据库就是由二维表及其之间的联系组成的一个数据组织，如表 8－1 所示。简单地说，关系型数据库是由多张能互相联接的二维行列表格组成的数据库。

表 8－1　　关系数据库

	借款合同号	贷款申请书号	客户号	银行账号	贷款货币
1	034764090090	2003027249	10165399	640920188044	001
2	034764090090	2003018662	10139026	640920188045	001
3	044764055090	2004002259	10197372	152931960809	001
4	044764055090	2004002273	10198344	729423908093	001
5	054764055090	2005001072	10198344	152942391809	001
6	054764055090	2005001265	10197372	152931960809	001

在二维数据库表中，用来采集、存储和管理数据的对象或事务称为实体，如客户、存货等，在数据库表中体现为一条条记录。实体的特征称为属性，如客户号、银行账号等，对应数据库表中即为字段。属性的特定值称为数据项，如客户号的值为 10165399。在二维表中，用来识别记录的字段或字段组称为关键字，用来唯一识别记录的关键字称为主关键字，如客户号。

（二）数据库管理系统

数据库管理系统（Database Management System）是操纵和管理数据库的大型软件，用于建立、使用和维护数据库，简称 DBMS。它对数据库进行统一的管理和控制，以保证数据库的安全性和完整性。用户通过 DBMS 访问数据库中的数据，数据库管理员也通过 DBMS 进行数据库的维护工作。它可使多个应用程序和用户用不同的方法在同时或不同时刻去建立、修改和询问数据库。大部分 DBMS 提供数据定义语言 DDL（Data Definition Language）和数据操作语言 DML（Data Manipulation Language），供用户定义数据库的结构与权限约束，实现对数据的追加、删除等操作。因此，数据库管理系统的主要功能有：

数据定义功能：提供数据定义语言（Data Definition Language，DDL），主要用来建立、修改数据库的库结构，定义表的完整性约束和保密限制等。

数据操纵功能：提供数据操作语言（Data Manipulation Language，DML），供用户实现对数据的追加、删除、更新、查询等操作。

数据库运行控制功能：包括多用户环境下的并发控制、安全性检查和存取限制控制、完整性检查和执行、运行日志的组织管理、事务的管理和自动恢复等。这些功能保证了数据库系统的正常运行。

数据组织、存储与管理功能：包括确定以何种文件结构和存取方式组织数据，如何实现数据之间的联系，提高存储空间利用率，选择合适的存取方法提高存取效率等。

当前主流的关系型数据库有 Oracle、DB2、Microsoft SQL Server、Microsoft Access、MySQL 等。

第二节 管理信息系统

管理信息系统是信息技术在企业管理中最典型的应用，也是企业支持管理和决策的信息系统应用的统称。会计信息系统是管理信息系统的子集，管理会计信息系统是会计信息系统的子集。因此，了解管理会计信息系统的应用应先了解管理信息系统的应用。通常在企业里信息系统多指管理信息系统。

一、信息系统的概念

为了更好地理解信息系统，我们首先介绍信息、系统等基本概念。然后再引入信息系统的概念。

（一）信息

信息最简单的解释就是消息，更确切地说是生活主体与外部客体之间的有关情况的消息。信息是一个社会概念，它是由社会共享的人类一切知识、学问以及从客观事物中产生的各种消息的总和。

信息与数据不同，数据是对现实世界的一种真实反映，是记录客观事物，可以鉴别的符号。数据是客观事物的属性、度量、位置以及相互关系等的抽象表示。而信息是经过加工后对人有价值的数据，因此信息是有价值的，是有特定目的的。把数据按照一定的程序经过计算机的处理加工才能产生有助于实现特定目的的信息。

数据通过加工处理的过程形成对人有用的信息，而信息经过归纳总结等过程形成指导人行为的知识。

（二）信息的特征

信息具有多种特征，主要包括事实性、价值性、时效性、增值性、分享性等。

事实性是信息的中心价值，不符合事实的信息不仅没有价值，而且可能价值为负值。维护信息的事实性，也就是维护信息的真实性、准确性、精确性和客观性等，从而达到信息的可靠性。尤其作为生产信息的信息源单位或信息服务单位，这个问题尤为重要。

价值性是信息最大的特点，它的存在使得人们能够达到某种目的。

信息是有时效性的，及时传递的信息能够产生最大的效用。信息应该及时得到传输和处理，随着时间的流逝，信息的价值可能会耗尽或消失。如昨天的天气预报对于今天的大多数人来说就几乎丧失了价值。

信息具有增值性，同样是昨天的天气预报，从时效性上它对今天已经没有作用了，但如果把历史的天气预报汇集起来，进行分析，可以发现天气的规律，从而产生了增值。

信息与物质最大的区别是信息不会因为交换而失去，而物质会因为交换而失去。所以信息不是用来交换的，而是分享的。由于信息的价值性和分享性特点，因此如果让信息运行得更畅通，共享得更有效，那么带来的价值就会越大。

除了以上特点之外，信息还具有完整性、安全性、精确性等特点。

（三）信息生命周期

信息同其他商品一样是有生命周期的。信息生命周期主要包括信息的收集、信息的传输、信息的加工、信息的储存、信息的维护以及信息的应用等六个阶段。

1. 信息的收集。信息的收集是信息生命周期的第一阶段。收集信息面临的第一个问题是确定信息的需求。确定信息的需求应从系统目标出发，从客观情况调查出发。

2. 信息的传输。信息采集后，需要通过一定的媒介进行传输，如网络、移动硬盘等。

3. 信息的加工。信息的加工即为信息系统处理的过程。数据需要通过加工处理才能成为有价值的信息。数据在信息系统中加工处理过程通常需要借助一定的模型，如预测模型、决策模型和模拟模型等。系统建模过程是计算机系统开发中一个重要环节。

4. 信息的储存。数学模型处理后的信息需要存储在相关的存储设备上，以备需要时所用。

5. 信息的维护。信息在生存的过程中需要进行维护。我们必须保证信息的准确、及时、安全和保密，否则信息的意义将被大打折扣，信息的维护涉及信息安全保密性的技术及相应的处理。

6. 信息的应用。信息的识别和收集、传输和处理、存储和维护，都是为了更好地应用信息。信息的应用主要包括两个方面：一是技术方面，二是信息价值转化方面。技术方面的应用主要解决的问题是如何高速高质量地把信息提供到使用者手中。现代信息技术的发展使得信息的提供已经由过去的定期报告发展到了实时检索，提供的形式已经由过去的报告或报表发展到了图形、图像和声像。更为重要的是，技术的进步已经使得信息的应用由专业的技术管理人员转向了非专业的技术管理人员，技术已经不再是制约信息应用的关键因素。信息价值转化的应用是信息应用最重要的方面，是信息使用概念上的深化。企业在信息价值转化应用上大体可分为三个阶段：

（1）提高效率阶段。提高效率阶段是手工作业机械化的过程，是省人省时的阶段，这时使用信息技术的主要目的是提高效率。以超市为例，超市利用收银系统来提高结账效率就是信息应用的提高效率阶段。

（2）及时转化价值阶段。及时转化价值阶段是通过对价值转化的判断，及时进行处理，如超市管理者通过超市收银系统掌握商品的销售信息，从而有效地分析商品销售状况，进而能够更好地掌握订货数量和库存，获取更大的价值。

（3）寻找机会阶段。寻找机会阶段是信息更深价值挖掘的阶段。企业通过自身驾驭信息的能力来发现潜在的机会，通过预测和决策技术来寻找信息中蕴涵的机会，如超市可以借助收银系统来发现商品之间的购买相关性，从而推出更为合理的促销政策和销售手段，挖掘潜在的销售机会。在当前信息技术发展迅速的阶段，真正制约信息利用的不再是技术应用，而是价值转化应用。

（四）系统

系统是为了实现某种目的，由相互作用和相互依赖的若干组成部分按照一定的规则或结构结合而成的、具有特定功能的有机整体。系统是普遍存在的，从基本粒子到河外星系，从人类社会到人的思维，从无机界到有机界，从自然科学到社会科学，系统无所不在。一般来说，系统具有以下一些特点：

1. 系统具有目标性。

2. 具有特定的功能。

3. 系统是由部件组成，部件处于运动中。

4. 系统部件之间存在着联系，形成一定的结构。

5. 系统具有边界。定义系统时，必须定义其边界所在。

6. 系统是一个相对的概念。一个系统是相对于其他系统而存在的，它可能存在于其他系统中，也可能包含其他的系统。

7. 系统处于特定的环境中。任何系统都有其特定的背景环境，受到背景环境的因素制约。

系统主要由四部分要素（如图 8－11 所示）构成：输入、处理、输出和反馈，其中输入、处理和输出是系统的必备要素。以汽车清洗系统为例，在该系统中，系统的输入是脏的汽车、水和各种清洁剂，时间、精力、技能和知识也是系统需要的输入。系统的处理部分是客户选择需要的清洗服务选项（清洗、清洗打蜡和手工干燥等），并将自己的选择告诉汽车清洗操作员，然后由汽车清洗操作员按照客户需求进行汽车清洗工作。系统的输出是干净的汽车。在汽车清洗的过程中，汽车的干净程度是作为系统的反馈部分来帮助汽车清洗系统调整处理作业过程的。

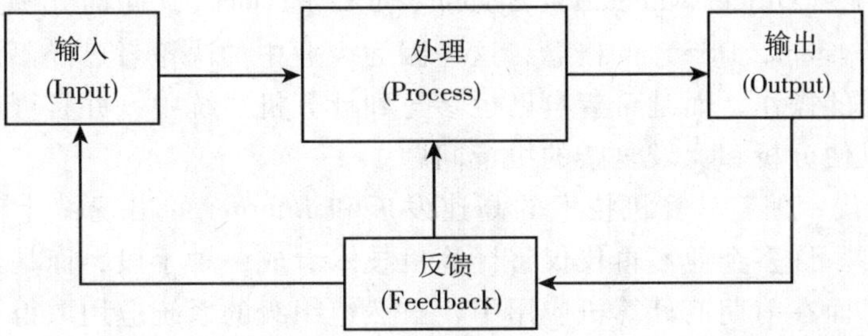

图 8－11　系统的组成部分

（五）信息系统

信息系统是以信息基础设施为基本运行环境，由一系列相互关联的可以收集（输入）、操作和存储（处理）、传播（输出）数据和信息，并提供反馈机制以实现其目标的元素或组成部分的集合。

信息系统基础设施是信息系统的基本运行环境。计算机硬件、软件、网络和数据库构成了信息系统的基础设施。

二、信息系统应用

在本文中，信息系统的应用特指信息系统在企业管理中的应用。

信息系统是一个历史范畴，它的内涵随着时间的变化而不断变化。从最早的事务处理系统到当前的管理信息系统，从简单的部门信息管理到企业战略信息管理，都体现着信息系统的发展和变化。

（一）信息系统应用的发展历程

20 世纪 50 年代中期，计算机就开始在企业管理中得以应用，最初应用于薪资处理系统，目的是加快薪资的计算，提升数据的处理速度和提高数据处理的精确度。在此阶段，计算机在企业管理中的应用只是偶尔的情况，该阶段被称为电子数据处理（Electronic Data Processing，EDP）阶段。

随着计算机技术的发展，计算机系统在企业中许多管理领域得以应用，系统开始普及，许多重复性、数据量庞大的工作都使用计算机来完成。此阶段应用的主要特点是将计算机作为事务处理的工具。因此，这个阶段的计算机应用被称为事务处理系统（Transaction Processing System，TPS）。

进入到 20 世纪 60 年代以后，操作系统、数据库系统都已经开始出现和逐步成熟，因此计算机在企业管理中的应用更加普及。这时使用计算机不仅仅完成业务数据的处理，还使用计算机系统按照预先规定好的数学模型，处理一些诸如统计等复杂的操作。这个阶段的计算机应用被称为管理信息系统（Management Information System，MIS）。

20 世纪七八十年代，个人电脑、局域网迅速发展起来，且性能越来越好。人们希望利用计算机技术来完成那些琐碎、繁重的文档管理、公文流转、记事、调度等工作，并且把办公室中的所有工作人员置入一个协同的办公环境中，以便共享网络中的各种资源，于是产生了办公自动化系统（Office Automation System，OAS）。同时，此时出现了决策支持系统（Decision Support System，DSS）的概念，这是因为企业中的决策者已经不满足于使用计算机技术处理那些常规的操作，而是希望自己也参与到计算机系统中，并且可以根据需要随时调整模型的参数，以便分析和比较复杂的决策问题。

20 世纪 90 年代，随着计算机技术的高速发展和 Internet 的出现，计算机技术在企业中的作用越来越重要。许多企业不再仅仅将计算机技术看成一种手段，而是当作保证企业成功的一种战略资源。而在前期的计算机应用中，虽然组织级的系统应用取得了极大的成功，大大地提高了效率，但是从企业整体来看，信息系统的应用过于分散，信息是孤立的，企业管理的效率并没有得到多大的改善。在此背景下，企业资源计划（Enterprise Resource Planning，ERP）应运而生，ERP 系统强调了企业系统的集成，资源的整合，部门的协作，是一个真正意义上的企业级管理信息系统。

ERP 系统的应用使得企业向集成化系统过渡，计算机在企业管理中的应用不断深入，供应链管理（Supply Chain Management，SCM）、客户管理管理（Customer Relationship Management，CRM）、电子商务（Electronic Commerce，EC）、企业信息门户（Enterprise information portal，EIP）等概念层出不穷。

进入到 21 世纪，随着计算机技术，尤其是网络技术的迅猛发展，专业的信息技术和信息系统服务公司如雨后春笋般地涌现，云服务、共享中心等概念让企业认识到拥有信息系统与信息系统的应用是两回事，信息系统本质还是一种工具，系统的管理和维护等工作完全可以借助专业的技术机构。因此，新的应用模式 IaaS（Infrastructure - as - a - Service，基础设施即服务）、PaaS（Platform - as - a - Service，平台即服务）、SaaS（Software - as - a - Service，软件即服务）等云服务的概念在企业系统应用中开始得以尝试。

同时，从 20 世纪 90 年代开始，随着数据仓库、OLAP、数据挖掘等技术的发展和成熟，商务智能在企业应用逐步展开。21 世纪，大数据时代的到来，更加剧了企业商务智能应用的发展。

从计算机应用的发展历程可以看出，企业信息系统的应用是一个动态的过程，其内容不断地发生着变化。从狭义的管理信息系统，到广义的管理信息系统（包括作业层的事务处理系统、管理层的管理控制系统、战略层的决策支持系统和经理信息系统等）都随着技术的发展在发生着变化，而其万变不离其宗的宗旨就是运用信息技术，对企业的内外部信息进行加工处理和应用，提升企业的运营和管理效率，支持企业各层人员的运营和决策过程。

（二）事务处理系统

在一个企业或组织中，事务处理的主要内容是执行例行的日常办公事务，如行政管理、财务管理、人力、销售、库存管理等。事务处理系统即是为满足企业日常事务处理所需的信息系统。事务处理系统是在数据处理系统（EDP）的基础上发展而来的。在事务处理系统中，将事务定义为一项基础的处理工作，其功能是记录企业或组织所进行的一件件经营活动。用事务处理系统实现的事务常常通过个人计算机来联机终端。在事务处理的同时，直接将事务内容信息记录到计算机系统中。在一定的时间内积累的事务记录汇总形成一个事务文件。经常使用从事务活动中得到的数据更新事务文件中的内容。这种事务记录的更新工作在对事务文件处理时进行，或者在随后的主机运行时批处理完成。在事务文件处理的同时，系统还将更新与事务处理有关的或受到事务处理影响的存储文件（即主文件）。以超市收银系统为例，在收银事务处理时，系统将消费者的购买情况记录在超市销售记录表中（即事务文件），同时将更新客户主文件的相关信息（如客户的钱包余额、积分、信用等信息）。

虽然事务处理系统是在数据处理系统的基础上形成的，但是这两类系统之间还是有明显的区别。数据处理系统中的数据处理主要完成数据记录的保存和例行的事务处理过程的自动化。事务处理系统中包含更多的内容，它保存着反映事务的数据，如销售额、收入、成本等的变化信息，这些数据和信息可以为其他计算机信息系统所用，这是它与数据处理系统的重要区别。数据处理系统是处于没有其他计算机信息系统环境的，是孤立存在的；而事务处理系统是组织中众多系统中的一个，且与其他系统存在相互依存的关系，一个系统的输入可能是另一个系统的输出。因此，企业管理信息系统的基础是事务处理系统，事务处理系统的输出是企业数据库的主要来源。

因此，事务处理系统可以定义为：完成组织事务数据的收集、分类、存储、维护、更新和恢复，从而保存数据，并且为别的系统提供输入信息的系统。

（三）管理信息系统

事务处理系统为企业带来了效率，加快了企业处理活动的速度，降低了人工成本。也带动了企业对事务处理系统的投入。任何企业对信息系统的投入都是从事务处理系统开始的。随着人们对事务处理系统的应用，人们也很快发现不仅仅可以利用这些系统来处理数据，而且这些系统所存储的数据能够帮助管理人员在各自的领域中（无论是人力资源、市场还是行政领域）作出更好的决策，从而形成了为满足管理人员和决策者需求的信息系统，即管理信息系统。

管理信息系统是用来为管理人员和决策者提供日常信息的人员、过程、数据库和设备的有组织的集合，是为管理者提供信息，规划、控制和决策的系统。它支持组织管理人员观察、控制组织的运行。管理信息系统管理的对象是企业的管理流程和程序，输入的是事务处理系统处理过的数据，借助分析模型，通过模拟分析、统计分析等处理方式，输出预测报表、总结报告等定期或非定期报告，如薪资汇总报告用来帮助财务主管预测未来的工资成本，顾客信用系统能控制顾客的付款。

管理信息系统主要用来帮助企业或组织解决结构化的、程序化的决策问题。如企业经营管理中的车间调度计划安排、库存管理中的订货决策等。

（四）决策支持系统

决策支持系统是支持某些做决策的人员、过程、数据库和设备的有组织的集合，它使得管理层能够利用模型和综合数据来支持半结构化和非结构化决策。决策支持系统的输入是管理信息系统的综合数据和分析模型等，借助于模拟决策模型，最终输出决策分析报告。决策支持系统的关键在于决策的有效性。它用于支持和辅助各种问题的决策过程。决策支持系统已经超出了传统管理信息系统的范畴，管理信息系统是帮助企业“将事情做正确”，而决策支持系统是帮助管理人员“做正确的事情”。管理信息系统仅仅是生成各种报告，决策支持系统则能对传统管理信息系统不支持的复杂问题提供立即支持和帮助。例如，一个汽车制造商想寻找一块最佳的地点来建造一座新工厂，或者某石油公司想确定最佳的石油开采地。决策支持系统可以帮助提供各种备选方案，并帮助做出最终决策，而传统管理信息系统却做不到。

决策支持系统包括丰富的数据库，还包括用于支持决策者或用户的模型库，这些需要管理人员自身的判断。

决策支持系统和管理信息系统之间的关系类似于管理信息系统与事务处理系统之间的关系。正如管理信息系统是在事务处理系统的基础上发展形成的一样，决策支持系统是在管理信息系统基础上发展而来的，且它注重管理信息系统的决策功能。

三、ERP 系统

ERP（Enterprise Resource Planning，企业资源计划）是由美国计算机技术咨询和评估集团（Gartner Group Inc）提出的一种供应链管理思想，是指利用信息技术，一方面将企业内部所有资源整合在一起，对开发设计、采购、生产、成本、库存、分销、运输、财务、人力资源、品质管理进行科学规划；另一方面将企业与其外部的供应商、客户等市场要素有机结合，实现对企业的物资资源（物流）、人力资源（人流）、财务资源（财流）和信息资源（信息流）等资源进行一体化管理（即“四流一体化”或“四流合一”）。其核心思想是供应链管理，强调对整个供应链的有效管理，提高企业配置和使用资源的效率。发展到今天，ERP 已经成为企业尤其是大中型企业信息系统应用的最典型代表。

（一）ERP 的发展

ERP 是从 MRP（物料需求计划）、MRP Ⅱ（制造资源计划）发展而来的。

物资需求计划（Material Requirement Planning，MRP）是指根据产品结构各层次物品的从属和数量关系，以每个物品为计划对象，以完工时期为时间基准倒排计划，按提前期长短区别各个物品下达计划时间的先后顺序，是一种工业制造企业内物资计划管理模式。MRP 系统首先根据市场需求预测和顾客订单需求等制订出产品的主生产计划（Master Production Schedule，简称 MPS），从而明确需要生产什么，生产多少。然后，MRP 系统将依据产品的生成进度计划，组成产品的材料结构表和库存状况，通过计算机计算所需物料的需求量和需求时间，最终确定材料的加工进度和订货日程。

MRP 系统的正常运行，需要有一个现实可行的主生产计划。它除了要反映市场需求和合同订单以外，还必须满足企业的生产能力约束条件。因此，除了要编制资源需求计划外，还需要制订能力需求计划（CRP），同各个工作中心的能力进行平衡。只有在采取了措施做到能力与资源均满足负荷需求时，才能开始执行计划。而要保证实现计划就要对计划的实施过程进行控制，一般在执行 MRP 时使用派工单来控制加工的优先级，使用采购单来控制采购的优先级。这样，基本 MRP 系统进一步发展，将能力需求计划和执行及控制计划的功能包含进来，形成一个环形回路，称为闭环 MRP。闭环 MRP 系统是一个完整的生产计划与控制系统。

闭环 MRP 系统的出现，使生产活动方面的各种子系统得到了统一。但这还不够，因为在企业的管理中，生产管理只是一个方面，它所涉及的仅仅是物流，而与物流密切相关的还有资金流。这在许多企业中是由财会人员另行管理的，这就造成了数据的重复录入与存储，甚至造成数据的不一致性。于是，在 80 年代，人们把生产、财务、销售、工程技术、采购等各个子系统集成为一个一体化的系统，称之为制造资源计划（Manufacturing Resource Planning）系统，英文缩写还是 MRP，为了区别物料需求计划（亦缩写为 MRP）而记为 MRP Ⅱ。

MRP Ⅱ以 MRP 为核心，把生产/财务/销售/工程技术/采购等子系统集成为了一个一体化系统，实现物流、信息流与资金流的集成。因此，MRP Ⅱ是一个比较完整的生产经营管理计划体系，是实现制造业企业整体效益的有效管理模式。

进入 90 年代，随着市场竞争的进一步加剧，企业竞争空间与范围的进一步扩大，80 年代 MRP Ⅱ主要面向企业内部资源全面计划管理的思想逐步发展为 90 年代怎样有效利用和管理整体资源的管理思想，ERP 也就随之产生。ERP 是在 MRP Ⅱ的基础上扩展了管理范围，给出了新的结构。

MRP Ⅱ主要侧重对企业内部人、财、物等资源的管理，ERP 系统在 MRP Ⅱ的基础上扩展了管理范围，它把客户需求和企业内部的制造活动，以及供应商的制造资源整合在一起，形成企业一个完整的供应链，并对供应链上所有环节如订单、采购、库存、计划、生产制造、质量控制、运输、分销、服务与维护、财务管理、人事管理、项目管理等进行有效管理。

在 MRP Ⅱ系统中，MRP Ⅱ是通过计划的及时滚动来控制整个生产过程，实时性较差，一般只能实现事中控制。而 ERP 系统支持在线分析处理（Online Analytical Processing，OLAP）、售后服务即质量反馈，强调企业的事前控制能力，它可以将设计、制造、销售、运输等通过集成来并行地进行各种相关的作业，为企业提供了对质量、适应变化、客户满意、绩效等关键问题的实时分析能力。此外，在 MRP Ⅱ中，财务系统只是一个信息的归结者，它的功能是将供、产、销的数量信息转变为价值信息，是物流的价值反映。而 ERP 系统则将财务计划和价值控制功能集成到了整个供应链上。

（二）ERP 功能模块

ERP 是将企业所有资源进行整合集成管理，简单地说是将企业的三大流——物流、资金流、信息流进行全面一体化管理的管理信息系统。它的功能模块已不同于以往的 MRP 或 MRP Ⅱ的模块，它不仅可用于生产企业的管理，而且在许多其他类型的企业如一些非生产、公益事业的企业也可导入 ERP 系统进行资源计划和管理。ERP 系统包括以下主要功能：财务管理、供应链管理、销售与市场、分销、客户服务、制造管理、库存管理、工厂与设备维护、人力资源、报表、制造执行系统（Manufacturing Executive System，MES）、工作流服务等。此外，还包括质量管理、运输管理、项目管理等补充功能，其主要模块如图 8－12 所示。

1. 财务会计。ERP 中的财务模块与一般的财务软件不同，作为 ERP 系统中的一部分，它和系统的其他模块有相应的接口，能够相互集成，比如：它可将由生产活动、采购活动输入的信息自动计入财务模块生成总账、会计报表，取消了输入凭证繁琐的过程，几乎完全替代以往传统的手工操作。一般的 ERP 软件的财务部分分为财务会计（或会计核算）与财务管理两大块。

财务会计主要是记录、核算、反映和分析资金在企业经济活动中的变动过程及其结果。一般由总账、应收、应付、现金、固定资产、多币制等部分功能模块构成，它集中了公司有关会计的数据资料，提供完整的会计信息，同时作为企业实行控制和规划的基础。

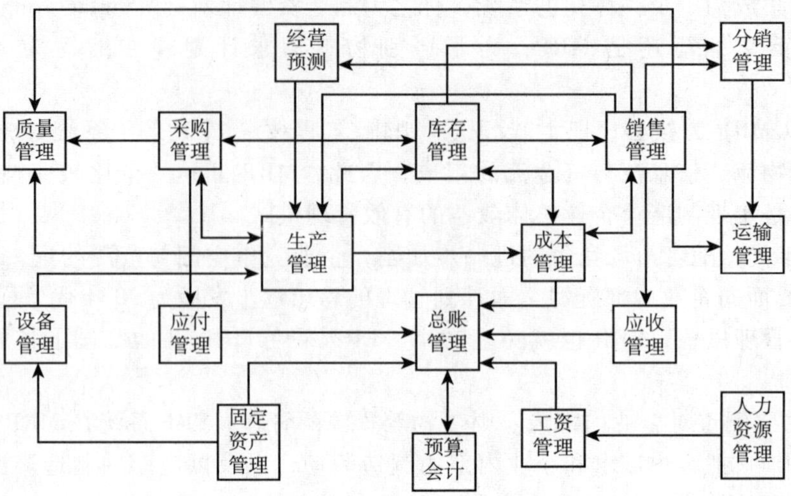

图8-12 ERP系统主要功能模块及关系

2. 财务管理。财务管理的功能主要是基于会计核算的数据，再加以分析，从而进行相应的预测、管理和控制活动。它侧重于财务计划、控制、分析和预测。

（1）财务计划：根据前期财务分析做出下期的财务计划、预算等。

（2）财务分析：提供查询功能和通过用户定义的差异数据的图形显示进行财务绩效评估，账户分析等。

（3）财务决策：财务管理的核心部分，主要是做出有关资金的决策，包括资金筹集、投放及资金管理。

3. 生产计划与控制。生产计划与控制是ERP系统的核心所在，它将企业的整个生产过程有机的结合在一起，使得企业能够有效的降低库存，提高效率。同时各个原本分散的生产流程的自动链接，也使得生产流程能够前后连贯进行，而不会出现生产脱节，耽误生产交货时间的情况。

生产控制管理是一个以计划为导向的先进生产、管理方法。企业确定的一个总生产计划，经过系统层层细分后，下达到各部门去执行。即生产部门以此生产，采购部门按此采购，等等。

生产计划与控制主要又包括主生产计划、物料需求计划、能力需求计划、车间管理与控制、制造标准等模块。

4. 采购与库存管理。采购与库存管理主要以物料为管控对象，以工作流程为导向实现对所有采购处理的最佳化，自动评估供应商，透过精确的库存和仓储管理降低采购和仓储成本，并与发票核查等相整合。

库存控制用来控制存储物料的数量，以保证稳定的物流支持正常的生产，同时又追求最小限度的占用资本。它是一种相关的、动态的、极真实的库存控制系统。它能够结合、满足相关部门的需求，随时间变化动态地调整库存，精确地反映库存现状。采购管理确定合理的定货量、优秀的供应商和保持最佳的安全储备。随时提供定购、验收的信息，跟踪和催促外购或委外加工的物料，保证货物及时到达。建立供应商的档案，用最新的成本信息来调整库存的成本。

5. 销售与分销管理。销售与分销的管理是从产品的销售计划开始，对销售产品、销售地区、销售客户各种信息进行管理和统计，并对销售数量、单价、金额、利润、绩效、客户服务等作出全面的分析，支持销售和分销活动，实现合理定价、订单快速处理、按时交货等功能。主要的功能有三大块：

（1）对于客户信息的管理和服务。建立客户信息档案，对其进行分类管理，进而进行针对性的客户服务，以达到最高效率的保留老客户、争取新客户。

（2）对于销售订单的管理。销售订单是 ERP 的入口，所有的生产计划都是根据销售订单下达并进行排产。销售订单的管理是贯穿了产品生产的整个流程。它包括：销售订单—主生产计划—MRP—采购计划—派工单—报检单—完工单—生产入库。

（3）对于销售的统计与分析。系统根据销售订单的完成情况，依据各种指标作出统计，如客户分类统计，销售代理分类统计等，再依据这些统计结果对企业实际销售效果进行评价。

6. 人力资源管理。人力资源管理，作为 ERP 中一个独立的模块，和 ERP 中的财务、生产系统组成了一个高效的、具有高度集成性的企业资源系统。ERP 中的人力资源管理主要实现人员的招聘管理、工资核算、工时管理以及人力资源规划辅助决策等功能。

（三）ERP 特点

1. 集成性。集成性表现在 ERP 是一个信息高度集成的管理系统，不仅可以使对企业内部的物流和资金流、信息流实现集成，而且也可以将企业外部有关供货商及其市场和客户的物流、资金流和信息流集成在一起。

2. 实时性。实时性表现在 ERP 系统与互联网相结合，具有很强的数据交换和通信能力，实现企业实时在线管理。

3. 规范性。规范性是 ERP 系统实现信息集成的必要条件，它包含两方面：一是信息规范，这通常指数据的名称、代码和定义必须明确一致，统一各个业务部门的传统习惯做法；二是业务流程规范，它是保证信息资源完整的必要条件，业务流程不规范必然造成信息流程不规范，会造成数据的流失或不完整。信息流程的规范化，取决于业务流程的规范化，它是信息公开透明的必要条件，也是建立公平、公正和诚信市场秩序的前提。ERP 首先是一套企业规范化管理思想，面向企业供应链而提出的一整套企业管理体系标准。其次，ERP 才是一套系统，一套整合了企业管理理念、业务流程、基础数据、人、财、物和计算机软硬件资源的综合集成系统。

第三节　管理会计信息系统

管理会计信息系统是管理会计信息化的产物。管理会计信息化，是指以财务和业务数据为基础，借助计算机、网络通信等现代信息技术手段，对信息进行获取、加工、整理、分析和报告等操作处理，为企业有效开展管理会计活动提供全面、及时、准确的信息支持。①

管理会计信息化是会计信息化的重要组成部分，是会计信息化的一个新阶段。

一、会计信息化

会计信息化是以会计系统为核心，集业务处理、计划管理、资源管理、财务会计和管理于一体的集成化系统。这个系统是基于计算机网络、服务于会计业务一体化的全新的会计信息系统。

会计信息系统是一个经济信息系统，它是对会计主体已经发生和预期发生的经济活动所产生的数据进行加工，通过一定的方法和科学的程序，最终生成财务信息和相关的非财务信息，以供各类信息使用者用于经济决策和社会发展决策。

（一）会计电算化

会计电算化是会计信息化的初级阶段，也是会计信息化的基础。会计电算化是指以电子计算机为主体的当代信息技术、网络通讯技术在会计工作中的应用。而会计信息化既包括运用计算机用于会计核算等会计工作，也包括将会计核算与其他经营管理活动有机结合的过程。

我国的会计电算化工作大致经历了以下几个阶段：模拟手工记账的探索起步阶段；与企业其他业务相结合的推广发展阶段；适应会计准则和制度的发展要求引入会计专业判断的渗透融合阶段；与内部控制相结合建立 ERP 系统的集成管理阶段。

模拟手工记账的探索起步阶段始于 1979 年财政部拨款 500 万元在长春一汽进行会计电算化试点，80 年代初是模拟手工记账的探索起步阶段。此阶段会计软件的内容是用计算机模拟手工记账，不仅模拟手工环境的会计循环，而且模拟手工环境的数据输出形式，利用计算机完成单项会计核算任务，如工资核算、总账核算、报表汇总等。此阶段会计软件开发的目标是实现会计核算电算化，利用计算机代替人工处理数据量大、业务简单的单项会计业务，将会计人员从繁杂、庞大的数据加工中解脱出来。此阶段会计软件的特点是程序简单，程序和数据是相互联系的，没有数据管理，缺乏信息共享。

20 世纪 90 年代，会计电算化进入到与其他业务结合的推广发展阶段。此阶段会计电算化由单项会计核算向完整的会计核算信息系统发展，企业由单项的业务处理扩展为全面电算化。核算内容涵盖了账务处理模块、报表处理模块、往来管理模块、工资核算模块、固定资产核算模块、材料核算模块、成本核算模块、销售核算模块等各个方面。软件开发也不再局限于单项会计核算，而是针对整个企业的业务流程进行开发，除了会计部门的核算工作之外，还将企业其他部门的日常核算也纳入了计算机管理，并且以文件的方式来进行数据管理，数据和程序是相互独立的，使用相对灵活。

到了 20 世纪 90 年代中期，会计电算化进入到了引入会计专业判断的渗透融合阶段。该阶段的会计软件引入会计专业判断的内容，将原本由人工完成的复杂的会计专业判断转化为

---

① 《管理会计应用指引第 802 号——管理会计信息系统》。

计算机数据库中的公式和模型，当实际业务发生时把实际数据输入计算机，经系统运算之后，系统自动将运算结果与系统内部的计划、预算标准相对比，如有偏离，则及时输出信息提供预警，要求对受控系统进行调节，以保证计划或预算的正常实施；或者及时发出提示，建议修改计划或者修改预算。这一阶段主要实现了数据库系统管理，并且引入了决策支持系统。

进入到21世纪，会计电算化进入到与内控相结合建立ERP系统的集成管理阶段。ERP软件涵盖了所有会计核算软件的全部功能，并且将其与办公自动化系统、电子商务、企业分销管理等全方位准确对接，充分实现了企业各类资源的集中管理。

（二）会计信息系统

会计信息系统是利用信息技术对会计信息进行采集、存储和处理，完成会计核算任务，并能提供为进行会计管理、分析、决策使用的辅助信息的系统。在信息社会，会计工作中常规可以程序化的任务将由会计信息系统处理，同时会计信息系统还将辅助会计人员完成其他管理与决策任务。

会计软件是会计信息系统的核心部分。会计软件是指专门用于会计工作的电子计算机应用软件，包括采用各种计算机语言编制的用于会计工作的计算机程序，例如总账处理、报表编制、固定资产管理、工资核算等。按照会计软件适用的范围来分，会计软件一般可分为通用的商品化会计软件和专用会计软件两种。

会计软件是随着信息技术革命和会计学科的发展而逐步发展和完善的。早期的会计软件所包含的子系统非常少，主要包括工资核算、总账、报表等子系统。每个子系统功能相对比较简单，主要是帮助财会人员完成记账、算账、报账等基本核算业务。随着信息技术革命和会计学科的发展，越来越多新的信息技术应用于会计信息系统（如网络技术），与此同时，随着会计改革的不断深入，越来越多的先进会计管理理论和管理方法也不断加入会计信息系统，使会计信息系统功能不断丰富和完善。

比较完整的会计信息系统一般包括如图8－13所示的功能模块。

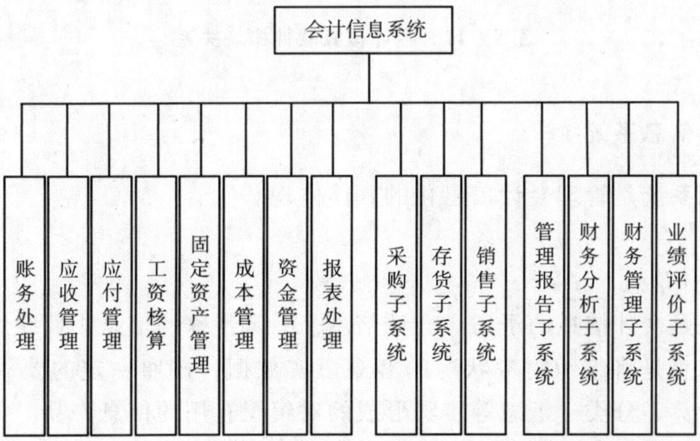

图8－13　会计信息系统功能结构图

通用的商品化会计核算软件的主要功能模块包括：账务处理模块、报表处理模块、固定资产核算模块、工资核算模块和其他模块，其关系如图 8 - 14 所示。

1. 账务处理模块。账务处理模块是会计软件的核心，它主要是以会计凭证为原始数据，按会计科目和统计指标体系对记账凭证所记载的交易与事项，进行记录、分类、计算、加工、汇总，输出总分类账、明细分类账、日记账及其他辅助账簿、凭证和报表。主要的功能包括：账务初始化（建账），凭证处理（输入、审核、汇总），查询，对账，结账，打印输出，其他辅助功能等。

2. 报表处理模块。报表处理模块是按国家的会计制度规定，根据会计资料编制会计报表，向公司管理者和政府部门提供财务报告。主要的功能包括：报表定义，报表计算，报表汇总，报表查询，报表输出等。

3. 固定资产核算模块。固定资产核算模块主要用于固定资产明细核算及管理，其目标是记录固定资产的在案情况及其增减变化，生成相关凭证传递到账务处理模块。固定资产核算模块主要功能有：设置核算参数，建立固定资产卡片和账簿，录入固定资产变动情况，计提折旧，汇总计算，查询及打印输出，编制转账凭证等。

4. 工资核算模块。工资核算模块主要用于编制工资表，分配工资费用。主要功能包括：设计工资项目及项目计算公式，录入职工工资基础资料，输入工资数据，汇总计算工资，查询工资数据，打印输出等。

5. 应收/应付核算模块。应收/应付核算模块主要用于完成企业应收/应付款的日常业务处理，编制应收/应付业务的记账凭证等。

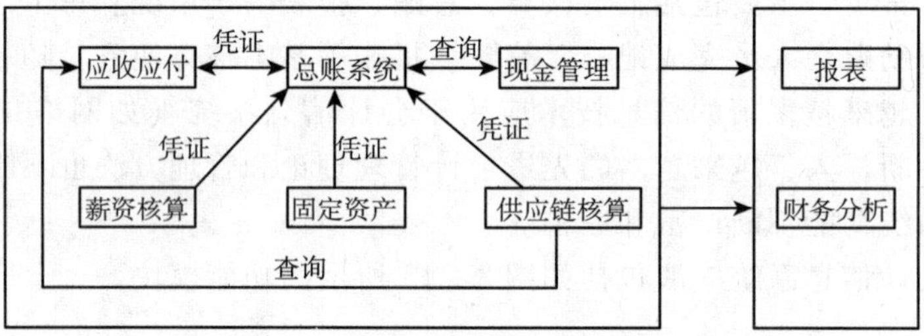

图 8 - 14 会计核算软件模块关系

二、管理会计信息系统

管理会计信息系统是管理会计信息化的具体体现。

（一）管理会计信息

管理会计信息是会计信息的子集。会计信息是一类特殊的信息，反映组织的财务状况和经营成果。会计信息是将组织财务状况的客观事实数据，按照一定的要求经过信息加工过程，通过采集、计算、分类、汇总等步骤形成的对组织有用的信息产品。如会计原始凭证通过财务处理过程形成最终的明细账、总账和会计报表等。

在会计处理过程中，经过加工处理后的会计信息，往往又成为后续处理的数据。例如，会计人员对原始凭证进行分析加工，用会计语言表述为具有会计信息特征的记账凭证；而记账凭证又是登记账簿的数据来源，记账凭证经过登记账簿加工后，生成明细账和总账等会计核算信息；这些明细账和总账所反映的会计信息，又进一步加工生成会计报表等综合信息；而这些会计报表的综合信息，又为财务管理、预算管理、投资决策等提供数据源。

管理会计信息作为一类特殊的信息，是指管理会计应用过程中所使用的财务信息和非财务信息。而管理会计的应用过程是服务于单位内部管理需要，有机融合财务与业务活动，在单位规划、决策、控制和评价等方面发挥重要作用的管理活动。因此，管理会计信息范畴很广，一切与管理会计活动相关的信息都属于管理会计信息。依据管理会计应用过程的定义，管理会计信息应该涉及组织的成本相关信息、预算相关信息、绩效相关信息和管理控制相关信息。

各类的管理会计信息又可以按照不同的分类方法进行更明细的信息描述和计量。如成本信息，可以从不同的视角进行描述，分为供应链成本信息、质量成本信息、产品生命周期成本信息、制造成本信息、环境成本信息等。

以生产制造型组织为例，依据供应链的流程环节，成本信息可以划分为采购环节成本信息、生产环节成本信息、配送环节成本信息和销售环节成本信息。

管理会计信息是信息的一种，具有信息的一切特征。

（二）管理会计信息系统定义

从管理会计应用的角度定义，管理会计信息系统是实现管理会计的应用过程（成本、预算、绩效和控制管理活动），为企业管理规划、决策、控制和评价服务的信息系统。管理会计信息系统一方面要运用会计信息系统中的财务信息，另一方面要调用其他业务子系统中提供的业务信息。

从信息系统的角度定义，管理会计信息系统是企业管理信息系统的一个子系统，是为了满足特定的管理目标，通过输入数据，加工处理，产生管理会计信息输出的一个信息系统。处理过程是管理会计信息系统的核心，它将输入的数据转换成满足系统目标的输出信息。该过程包括信息采集、计量、传递、存储、分析和报告等多个环节。系统的输出则包括产品成本、顾客成本、预算、业绩报告，管理控制报告等。

（三）管理会计信息系统功能

依据管理会计信息系统的定义，管理会计信息系统一般应该包含以下若干核心的功能：

1. 集成组织内外各种形式的业务信息。管理会计信息系统不同于财务会计信息系统和业务系统，它是一种管理型的系统，服务于组织管理过程。其层次处于业务系统之上，数据来源于各类业务系统。管理会计系统要发挥最大的辅助管理决策功效，则必须能够集成各种形式的业务信息。这也是管理会计信息系统第一大功能要求。与访问单个信息资源不同，信息集成需要基于统一的信息资源观念，使连贯搜索、访问、复制、转化和分析成为现实，为管理会计系统的应用提供必要的数据和信息基础。这也对管理会计信息的标准化提出了严格的要求。

从信息应用的本质来说，管理会计信息系统实质也就是利用采集来的各种形式的财务数据和业务数据，进行有效的整合和集成，利用数据仓库、数据挖掘等商业智能工具，借助管理会计工具模型对数据进行加工得到管理会计报告，为组织经营决策提供量化依据。

2. 对成本实施有效的控制。管理会计一个基础和核心的功能就是对成本实施进行有效的管理。通过对业务经营、流程、作业的分析等，进行相关成本的计算，收集并提供各种管理信息，如产品成本信息、产品及作业质量信息、时间信息、产品及顾客盈利性信息等，从而支持管理决策与控制。因此，管理会计信息系统应用的一个基础目标就是实现对成本的有效控制和决策支持。在管理会计信息系统中，应该提供全面准确的成本核算与管理信息，从产品成本、部门成本、项目成本、人力成本、质量成本、客户成本等方面强化成本控制，提供成本费用的归集和逐级分摊、成本的预测与分析，实现成本的源头控制、实施控制、核算控制、评价分析，达到集约管理的目的。

同时，管理会计系统还需按照管理会计的要求，通过对责任中心收入、成本明细数据的核算、分析，准确地将经营成本、经营收入、营业费用、内部转移收支分解到部门、产品、团队等责任主体，为产品定价、资源配置提供量化依据，进行相应地投入产出分析，并支持分级汇总管理。

3. 实现预算管理功能。实行全面预算，强化预算管理，对于明确和实施企业的发展战略，协调各机构和部门的工作，控制组织的日常经营活动，以及考核各机构、部门和产品的盈利能力，都有重要的意义。管理会计信息系统应能通过科学的编制方法，简化操作人员的劳动量的同时保证预算编制的准确和合理性，并提供严格的控制机制，对预算的执行情况进行管理和控制。

从内容上来说，预算管理功能应该实现全面预算管理的基本内容，即销售预算、经营预算和报表预算等。从过程上来说，预算管理功能需要覆盖预算管理的全过程，即预算的编制、预算的执行与控制、预算的差异分析与调整，以及预算的考核评价。

4. 实现组织的绩效管理功能。绩效管理是依据员工（或团队）和组织之间达成的协议，来实施一个双向式互动的沟通过程。该协议对员工的工作职责、工作绩效如何衡量，员工和组织之间应如何共同努力以维持、完善和提高工作绩效等作出了明确的要求和规定。绩效管理的内容包括绩效计划、绩效沟通、收集数据并分析问题、绩效考核与评价、薪酬管理、员工满意度及积极性、人事决策与调整等。管理会计信息系统应该能够自动统计各部门、机构、产品、人员等的投入、产出、利润等指标数据，并可进行多角度的横向和纵向比较，为各级组织进行有效、准确的考核提供依据。

5. 实现组织的效益管理和决策支持功能。管理会计信息系统应该在成本明细化控制的基础上，将各项收入进行分解，以确定机构、责任中心、产品和客户的赢利情况和能力，在此基础上将创造价值的责任、权力进行有效的分解、落实到位，为加强作业管理、提高作业效率、增强利润中心的盈利能力服务。

（四）管理会计系统模块构成

基于管理会计信息系统的功能要求，管理会计信息系统一般包含下列一些子系统模块：成本管理系统、预算管理系统、绩效管理系统、投资管理系统、管理会计报告系统。

1. 成本管理系统。成本管理系统是管理会计系统的一个重要组成部分，它旨在帮助组织建立科学有效的现代成本管理体系，在保证产品质量的前提下，对企业生产经营过程的各个成本环节进行科学合理的管理，力求以最少耗费取得最大的生产成果。成本管理的目的是通过寻求企业资源配置的高效低耗，寻求企业长期成本降低的潜力，为企业确立长期竞争优势。因此，成本管理系统主要包括成本预测、成本计划、成本核算、成本控制、成本决策、成本分析和考核等职能要素。

成本管理系统需要实现对企业成本参数设置，一般包括对成本要素、成本中心、成本对象等参数的设置，以及成本核算方法的配置，从财务会计核算模块、业务处理模块以及人力资源等模块抽取所需数据，进行精细化成本核算，生成分产品、分批次（订单）、分环节、分区域等多维度的成本信息，以及基于成本信息进行成本分析，实现成本的有效控制，为企业成本管理的事前计划、事中控制、事后分析提供有效的支持。

在成本管理系统中，成本控制是系统的中心环节，成本预测是成本决策的前提，成本决策、成本计划是成本控制的依据，成本控制是实现成本降低目标的保证，成本核算是成本控制是否达到既定目标的最后验证，而成本分析与成本考核则是实现成本控制目标的有效工具。因此，成本管理系统主要可以分为五大子系统：成本核算子系统、成本预测子系统、成本分析子系统、成本决策子系统和成本控制子系统。

(1) 成本核算子系统。成本核算子系统主要负责完成对企业生产经营过程各个交易活动或事项的实际成本信息的收集、归纳、整理，并计算出实际发生的成本数据，支持多种成本计算和分摊方法，准确地度量、分摊和分配实际成本。

成本核算的输入信息主要包括业务事项的记录和货币计量数据等。企业在成本核算子系统中使用具体的成本工具方法（如完全成本法、变动成本法、作业成本法、目标成本法、标准成本法等），建立相应的计算模型，以各级成本中心为核算主体，完成成本核算的处理过程。成本核算处理过程结束后，将输出实际的成本数据、管理层以及各个业务部门所需要的成本核算报告等。

(2) 成本分析子系统。成本分析子系统包括成本分析、成本考核两大功能，主要负责对实际成本数据与计划数、目标值进行分类比较，因素分析比较等，并根据与管理人员的交互，形成评价考核的结论。编制成各种形式的分析、考核的指标报告输出。成本分析的输入信息主要包括成本标准或计划数据、成本核算子系统中生成的成本实际数据等。然后系统根据输入的数据和规则，选择具体的分析评价方法（如差异分析法、趋势分析法、结构分析法等），对各个成本中心的成本绩效进行分析比较，汇总形成各个责任中心及企业总体成本绩效报告，并输出成本分析报告、成本绩效评价报告等。

(3) 成本预测子系统。成本预测子系统主要包括两部分功能。一是负责完成在新产品的研发设计过程中，对新产品的成本进行估算预测，以帮助实现低成本高效益的产品设计，缩短产品设计周期。二是负责对于已经投入运营的老产品的全生命周期成本进行估算预测，以帮助决策者及时制定或修改有关的方案。成本预测的输入信息主要包括业务计划数据、成本评价结果、成本预测假设条件以及历史数据、行业对标数据等。然后系统运用成本预测模型（如算术平均法、加权平均法、平滑指数法等）对下一个工作周期的成本需求进行预测，用户根据经验或行业可比数据对模型预测结果进行调整，并输出成本预测报告。

(4) 成本决策子系统。成本决策子系统主要包括成本决策和成本计划两大主要功能，负责收集成本分析与考核子系统输出的各种报告和数据，以及成本预测子系统的预测数据，模拟决策过程，通过人机交互，运用多种决策模型的分析综合，向管理者提供有效的决策支持。并根据最终的决策方案，制订出成本控制计划。

(5) 成本控制子系统。成本控制主要按照既定的成本费用目标，对构成成本费用的诸要素进行规划、限制和调节，及时纠正偏差，控制成本费用超支，把实际耗费控制在成本费用计划范围内。

成本控制的输入信息主要包括成本费用目标和政策、成本分析报告、预算控制等。系统通过建立工作流审批授权机制，以实现费用和成本控制过程，通过建立成本预警机制实现成本控制的处理过程。系统最终的输出主要是费用支付清单、成本控制报告等。

2. 预算管理系统。预算管理系统是管理会计系统的典型代表。在很多组织的观念中，甚至将管理会计系统与预算管理系统等同。预算管理系统在很长的时期曾经是传统管理控制体系的代名词。这足以说明预算管理系统的重要性。预算管理系统旨在帮助企业建立、完善、优化预算管理体制，在企业管理的基础上引入全面预算、责任中心、责任控制等管理理念、机制和方法，搭建企业管理控制、计划实施和业绩考核的平台，全面提升企业管理水平。预算管理系统面向的对象是各预算管理的责任中心，包括：成本中心、收入中心、费用中心、利润中心和投资中心等。预算管理模块应实现的主要功能包括对企业预算参数设置、预算管理模型搭建、预算目标制定、预算编制、预算执行控制、预算调整、预算分析和评价等全过程的信息化管理。因此，预算管理系统的主要功能一般包括：

（1）预算计划子系统。预算计划子系统主要完成企业预算目标的设定和业务计划的制订，实现预算的启动和准备过程。预算目标和计划制订的输入信息主要有企业远景与战略规划、内外部环境信息、投资者和管理者期望、往年绩效数据、经营状况预测以及公司战略举措、各业务板块主要业绩指标等。企业利用系统对内外部环境和问题进行分析，评估预算备选方案，制订详细的业务计划，输出企业与各业务板块主要绩效指标和部门业务计划等。

（2）预算编制子系统。预算编制子系统主要完成预算目标设定、预算分解和目标下达、预算编制和汇总以及预算审批过程，实现自上而下、自下而上等多种预算编制流程，并提供固定预算、弹性预算、零基预算、滚动预算、作业预算等一种或多种预算编制方法的处理机制。

预算编制的输入信息主要包括历史绩效数据、关键绩效指标、预算驱动因素、管理费用标准等。系统提供给企业构建预算编制模型，企业可借助适用的预测方法（如：趋势预测、平滑预测、回归预测等）建立预测模型，辅助企业制定预算目标，依据预算管理体系，自动分解预算目标，辅助预算的审批流程，自动汇总预算。最终输出各个责任中心的预算方案等。

（3）预算执行控制子系统。预算执行控制子系统主要实现预算信息模块与各财务和业务系统的及时数据交换，实现对财务和业务预算执行情况的实时控制等。

预算执行控制的输入信息主要包括企业各业务版块及部门的主要绩效指标、业务计划、预算执行控制标准及预算执行情况等。企业可通过系统对数据的校验、比较和查询汇总，比对预算目标和执行情况的差异；建立预算监控模型，预警和冻结超预算情形，形成预算执行情况报告；执行预算控制审核机制以及例外预算管理等。最终输出预算执行差异分析报告、经营调整措施等。

（4）预算调整子系统。预算调整子系统主要实现对部分责任中心的预算数据进行调整，完成调整的处理过程等。预算调整的输入信息一般包括企业各业务版块及部门的主要绩效指标、预算执行差异分析报告等。通过预算调整子系统，企业可对预算数据进行调整，并依据预算管理体系，自动分解调整后的预算目标，辅助调整预算的审批流程，自动汇总预算。最终输出各个责任中心的预算调整报告、调整后的绩效指标等。

（5）预算分析和评价子系统。预算分析和评价子系统主要提供多种预算分析模型，实现在预算执行的数据基础上，对预算数和实际发生数进行多期间、多层次、多角度的预算分析，最终完成预算的业绩评价，为绩效考核提供数据基础。

预算分析和评价的输入信息主要包括预算指标及预算执行情况，以及业绩评价的标准与考核办法等数据。企业可以通过建立差异计算模型，实现预算差异的计算，辅助实现差异成因分析过程，最终输出部门、期间、层级等多维度的预算差异分析报告等。

3. 绩效管理系统。绩效管理系统主要实现业绩评价和激励管理过程中各要素的管理功能，包括业绩计划和激励计划的制订、业绩计划和激励计划的执行控制、业绩评价与激励实施管理等，为企业的绩效管理提供支持。

（1）绩效管理计划子系统。绩效管理计划子系统主要完成绩效管理目标和标准的设定、绩效管理目标的分解和下达、业绩计划和激励计划的编制过程，以及计划的审批流程。绩效管理计划子系统的输入信息主要包括企业及各级责任中心的战略关键绩效指标和年度经营关键绩效指标，以及企业绩效评价考核标准、绩效激励形式、条件等基础数据。处理过程主要包括构建指标体系、分配指标权重、确定业绩目标值、选择业绩评价计分方法以及制订薪酬激励、能力开发激励、职业发展激励等多种激励计划。本子系统的主要输出是各级考核对象的业绩计划、绩效激励计划等。

（2）绩效管理计划执行子系统。绩效管理计划执行子系统主要实现与预算系统与各业务系统的及时数据交换，实现对业绩计划与激励计划执行情况的实时控制等。绩效管理计划执行子系统的输入信息主要包括绩效实际数据以及业绩计划和激励计划等。在本子系统中，企业将建立指标监控模型，根据指标计算办法计算指标实际值，比对实际值与目标值的偏差，输出业绩计划和激励计划执行差异报告等。

（3）业绩评价和激励子系统。业绩评价和激励子系统主要实现对计划执行情况进行评价，形成综合评价结果，向被评价对象反馈改进建议及措施等。业绩评价和激励子系统的输入信息一般包括被评价对象的业绩指标实际值和目标值、指标计分方法和权重等。企业将利用系统选定评分计算方法计算评价分值，形成被评价对象的综合评价结果，输出业绩评价结果报告和改进建议等。

4. 投资管理系统。投资管理系统主要实现对企业投资项目进行计划和控制的系统支持过程，一般包括投资计划的制订和对每个投资项目进行的及时管控，以及辅助企业实现投资计划的编制和审批过程。企业借助投资管理系统定义投资项目、投资程序、投资任务、投资预算、投资控制对象等基本信息，并在此基础上制订企业各级组织的投资计划和实施计划，实现投资计划的分解和下达。在投资管理系统中，企业可以实现对具体投资项目的管控全过程，包括项目计划与预算、项目执行、项目结算与关闭、项目报告以及项目后审计等。

（1）项目计划与预算子系统。项目计划与预算子系统主要完成项目里程碑计划、项目实施计划、项目概算、项目利润及投资测算、项目详细预算等过程，并辅助实现投资预算的审核和下达过程。项目里程碑计划是指对项目的关键节点进行定义，在关键节点对项目进行检查和控制，以及确定项目各阶段的开始和结束时间等。

（2）项目执行子系统。项目执行子系统主要实现项目的拨款申请，投资计量，项目实际发生值的确定、计算和汇总，以及与目标预算进行比对，对投资进行检查和成本管控。

(3) 项目结算子系统。项目结算子系统主要实现通过定义的结算规则，运用项目结算程序，对项目实现期末结账处理工作。同时在结算完成后，对项目执行关闭操作，保证项目的可控性。

(4) 项目报告子系统。项目报告子系统主要向用户提供关于项目数据的各类汇总报表及明细报表，包括项目计划、项目投资差异分析报告等。

(5) 项目后审计子系统。项目后审计子系统主要实现对项目的实施过程、成本、绩效等进行审计和评价工作。

5. 管理会计报告系统。管理会计报告是管理会计系统的主要成果，是管理会计信息的主要载体，也是管理会计信息系统的重要组成部分。虽然在很多企业的实际应用中，管理会计报告部分可能并未以独立的子系统或模块的形式而存在，而是作为其他系统或模块的一部分，但是管理会计报告系统的功能是管理会计系统应用中不可或缺的一部分。

管理会计报告系统主要基于信息系统中财务数据、业务数据实现自动生成管理会计报告，支持企业有效实现各项管理会计活动。管理会计报告系统为用户生成报告提供足够丰富、高效、及时的数据源，形成统一规范的数据集，并在此基础上，借助有效的商务智能等工具方法，自动生成多维度报表。

管理会计报告系统可以为企业提供灵活的自定义报告功能。企业可以借助报表工具自定义管理会计报表的报告主体、期间（定期或不定期）、结构、数据源、计算公式以及报表展现形式等。同时，系统可以根据企业自定义报表的模板自动获取数据进行计算加工，并以预先定义的展现形式输出。

为了帮助用户更好地分析问题，管理会计报告系统一般都提供用户追溯数据源的功能。用户可以在系统中对报告的最终结果数据进行追溯，层层追溯其数据来源和计算方法，直至业务活动。

本章小结

本章全面介绍了计算机信息技术和信息系统的基本概念和基础应用。首先详细介绍了计算机硬件、软件、网络和数据库的基本原理和方法。接下来阐述了信息系统的一些基本概念和典型应用，这些基本概念包括信息、系统、信息系统等，典型应用包括事务处理系统、管理信息系统、决策支持系统和 ERP（企业资源计划）等。最后从管理会计信息化的视角，阐述了企业管理会计信息系统的基本功能及主要模块。

本章练习题及参考答案

一、不定项选择题

1. 计算机系统的核心部件是（ ）。

A. 微处理器　　B. 存储设备

C. 输入设备　　D. 输出设备

2. 下列哪种软件不属于系统软件？（　）

A. 操作系统　　B. 数据库管理系统

C. 压缩软件　　D. ERP 软件

3. MRP Ⅱ是指（　）。

A. 企业资源计划　　B. 物料需求计划

C. 制造资源计划　　D. 生产资源计划

4. 以下属于会计信息系统功能模块的有（　）。

A. 总账系统　　B. 工资核算系统

C. 固定资产管理系统　　D. 管理报告系统

5. 管理会计信息系统主要包括（　）。

A. 成本管理系统　　B. 预算管理系统

C. 总账系统　　D. 绩效管理系统

二、判断题

1. Office 是一种常见的企业级应用软件。（　）
2. 数据库表中的关键字具有唯一性。（　）
3. 集成性是 ERP 系统的最大特点。（　）
4. 会计信息系统也是 ERP 系统的一部分。（　）
5. 事务处理系统是管理信息系统的基础。（　）

三、简答题

1. 计算机系统主要包括哪几个部分？
2. 微处理器的主要功能是什么？
3. 计算机软件的分类有哪些？
4. ERP 系统有哪几个发展阶段？各自特点是什么？
5. 管理会计信息系统主要子系统及其功能。

一、不定项选择题

1. A　2. D　3. C　4. ABCD　5. ABD

二、判断题

1. ×　2. ×　3. √　4. √　5. √

三、简答题

1. CPU、内存储器、外存储器、输入设备、输出设备。

2. 指令控制 + 数据加工计算。

3. 系统软件 + 应用软件。系统软件又包括操作系统、程序设计语言、实用程序、数据库管理系统，应用软件又包括个人级应用软件、群组级应用软件和企业级应用软件。

4. （1）MRP（物料需求计划）阶段，MRP 主要是以产品结构（BOM）为基础，对产品的物料需求量及需求时间进行准确计划；（2）闭环 MRP 阶段，闭环 MRP 是结合 MRP 和企业产能实现产品完整的生产计划和控制系统；（3）MRP Ⅱ（制造资源计划）阶段，MRP Ⅱ是以 MRP 为核心，考虑了财务的职能，实现物流、信息流和资金流的集成；（4）ERP（企业资源计划）阶段，ERP 是在 MRP Ⅱ的基础上，结合供应链的上下游实现资源的统一计划和整合，是一个集成的企业供应链管理系统。

5. （1）成本管理系统。主要的功能包括实现成本预测、成本计划、成本核算、成本控制、成本决策、成本分析和考核的系统化，为企业成本管理的事前计划、事中控制、事后分析提供有效的支持。（2）预算管理系统。主要功能是实现预算编制、执行控制、预算调整、预算分析和评价全过程的信息化管理。（3）绩效管理系统。主要实现业绩评价和激励管理过程中各要素的系统管理，包括业绩计划和激励计划的制订、业绩计划和激励计划的执行控制、业绩评价与激励实施管理等。（4）投资管理系统。主要实现对企业投资项目进行计划和控制的系统支持过程。（5）管理会计报告系统。主要基于信息系统中财务数据、业务数据实现自动生成管理会计报告，支持企业有效实现各项管理会计活动。

附录 1　资金时间价值

按照经济学家欧文·费雪（Irving Fisher）提出的“时间价值”理论，等额的现金在不同时点上的价值量是不等的。资金时间价值（Time Value of Money）是指资金经历一定时间的投资和再投资后所增加的价值，也称为货币时间价值。从量的规定性来看，货币的时间价值是没有风险和没有通货膨胀下的社会平均资金利润率。企业投融资活动中为了进行比较和分析，必须将不同时点的现金流量按照利率或者折现率折算成为同一时点的现金流量。

通常资金时间价值计算方式采用单利法、复利法和年金法。为便于论述和计算方便，将规定有关的符号列示如下：

P——期初额或现值，一个或多个现金流量相当于现在时点的价值；

F——本利和或终值，一个或多个现金流量相当于未来时点的价值；

A（PMT）——年金，连续发生在一定周期内的等额现金流量；

I——利息；

i（RATE）——利率或折现率，通常指每年利息与本金之比；

t（n）（NPER）——时间（计算利息的期数）。

（注：括号内的符号为 EXCEL 内置函数的符号。）

为简化计算，假设现金流量均发生在每期期末，决策时点为 $t=0$，现金流量折现频数与收付款频数相同。

一、单利法

所谓单利法是指投资的本金在贷款期限中获得利息，所生利息均不加入本金重复计算利息。

单利法下，利息的计算公式为：$I=P\times i\times t$

终值是指投资期结束时投入本金和利息的和。

单利法下终值的计算公式为：$F=P+P\times i\times t$

投资的本金又称期初额或现值。把将来的资金按照一定利率折算到现在的价值的过程称为折现。折现时采用的利率称为折现率。

单利法下现值与终值的关系：$P=F/(1+i\times t)$

例：某人存入银行 1200 元，票面利率为 4%，存款日期为 6 月 15 日，8 月 14 日到期（共 60 天），则到期时利息为：$I=1200\times 4\%\times 60/360=8$（元）。

二、复利法

所谓复利法是指计算投资收益过程中，每经过一个计息期，要将所生利息加入本金再计利息，逐期滚算，俗称“利滚利”。

复利终值的计算公式：$F=P(1+i)^n$

其中 $(1+i)^n$ 被称为复利终值系数或 1 元的复利终值，用符号（F/P，i，n）表示。

复利现值的计算公式：$P = F(1+i)^{-n}$

其中$(1+i)^{-n}$称为复利现值系数，或称1元的复利现值，用（P/F，i，n）表示。将不同期数和利率对应的1元的复利现值系数编制在一起，称为复利现值系数表，作为附录放在书后可以大大减轻可以复利计算的工作量。

复利现值系数表（详见附表2-2）

同样的道理，将不同期数和利率对应1元的复利终值系数编制在一起，称为复利终值系数表（详见附表2-1）。

复利利息的计算公式：$I = S - P$

名义利率与实际利率：复利的计息期不一定总是一年，有可能是季度、月、日。当利息在一年内要复利几次，给出的年利率叫做名义利率。

例：某项投资中的本金为1000元，投资5年，利率8%，每年复利一次，其本利和与复利息的计算分别为：

$$F = 1000 \times (1+8\%)^5 = 1000 \times 1.469 = 1469$$

$$I = 1469 - 1000 = 469$$

如果每季复利一次，每季度利率 = 8%/4 = 2%，复利次数 = 5×4 = 20。则本利和与复利息的计算分别为：

$$F = 1000 \times (1+2\%)^{20} = 1000 \times 1.486 = 1486$$

$$I = 1486;$$

当一年内复利几次时，实际得到的利息要比按名义利率计算的利息高。

如上例中实际利率

$$F = P \times (1+i)^n$$

$$1486 = 1000 \times (1+i)^5$$

$$(1+i)^5 = 1.486 \text{ 即}(F/P,i,n) = 1.486$$

查复利现值表得：

$$(F/P,8\%,5) = 1.469$$

$$(F/P,9\%,5) = 1.5384$$

采用插值法：

i	系数
8%	1.469
×	1.486
9%	1.538

$$\frac{8\% - x}{8\% - 9\%} = \frac{1.469 - 1.483}{1.469 - 1.538}$$

$$X = 0.2463$$

$$\text{实际利率} = 8\% + 0.2463\% = 8.25\%$$

三、年金法

所谓年金，是指每隔一个相等期间支出或收回相等金额的系列款项。按照现金流量发送的情况不同，年金可以分为普通年金、预付年金。年金法是对年金采用复利计算现值或终值的方法，是复利计算法的特例。

1. 普通年金的终值与现值。普通年金又称后付年金，是指每期等额的发生在每一期期末的系列现金流量。普通年金的终值是一定时期内每期期末现金流量的复利终值之和，其计算公式为：

$$F = A\sum_{t=1}^{n-1}(1+i)^n$$

对公式的后半部分整理可得，$F = A\ [\frac{(1+i)^n - 1}{i}]$

假如某人在第 1 年至第 4 年每年年末等额存入银行 600 元，年利率大 10%，按照年计算复利，那么在第 4 年年末，其银行存款额将为多少？

我们可以逐年计算发生在不同年份 600 元资金的终值，然后将其累加，可得第 4 年年末的金额为 2784.6 元。即：

$$600 + 600(1+10\%) + 600(1+10\%)^2 + 600(1+10\%)^3 = 2784.6$$

$$F = A\sum_{t=1}^{n-1}(1+i)^n$$

其中 $\sum_{t=1}^{n-1}(1+i)^n$ 称为年金终值系数，也可以表示 $[\frac{(1+i)^n - 1}{i}]$，或称 1 元的年金终值，用（F/A，i，n）表示。年金终值计算公式跟多表示为：

$$F = A[\frac{(1+i)^n - 1}{i}]$$

如果我们换一种方式，利用年金终值系数表，查 $i = 10\%$，$n = 4$ 的年金现值系数，可得 4.641，则该现金流量序列的终值为 $600 \times 4.641 = 2784.6$。

将不同期数和利率对应的 1 元的年金终值系数编制在一起，称为年金终值系数表，作为附录放在书后可以大大减轻可以年金终值计算的工作量。

年金终值系数表（详见附表 2－3）

普通年金现值是一定时期内每期期末现金流量的复利现值之和，其计算公式为：

$$P = \sum_{t=1}^{n-1}\frac{A}{(1+i)^n}$$

对公式整理可得：$P = A\ [\frac{1-(1+i)^{-n}}{i}]$，

式中 $[\frac{1-(1+i)^{-n}}{i}]$ 为年金现值系数。同样的道理，将不同期数和利率对应 1 元的年金现值系数编制在一起，称为年金现值系数表（详见附表 2－4）。

我们依然采用上例的资料求各期的现金流量折现值之和。我们可以采用多期复利折现的方法：

$600(1+10\%)^{-1}+600(1+10\%)^{-2}+600(1+10\%)^{-3}+600(1+10\%)^{-4}=1901.4$

但是更多的人们会采用简便的方法，查年金现值系数表，i = 10%，n = 4，年金现值系数为 3.169，则该现金流量序列的现值为 600 × 3.169 = 1901.4。

2. 预付年金的终值与现值。预付年金又称先付年金，是指每期等额的发生在每一期期初的系列现金流量。预付年金与普通年金（后付年金）的差别仅在于现金流量的时间不同。预付年金终值和现值的计算公式为：

$$F=A\left[\frac{(1+i)^{n+1}-1}{i}-1\right]=A\left[\frac{(1+i)^{n}-1}{i}\right](1+i)$$

$$P=A\left[\frac{1-(1+i)^{-(n-1)}}{i}+1\right]=A\left[\frac{1-(1+i)^{-n}}{i}\right](1+i)$$

仍依前例，假如某人在第 1 年至第 4 年每年年初等额存入银行 600 元，年利率为 10%，按照年计算复利，那么在第 4 年年末，其银行存款额将为多少？

根据公式：$F=A\left[\frac{(1+i)^{n}-1}{i}\right](1+i)$，查年金终值系数表（i = 10%，n = 4）为 4.641，则 F = 600 × 4.641 × （1 + 10%） = 3065.04。

该现金流量下在第 4 年年末，其银行存款额将为 3065.04 元。

该现金流量下的现值为 $P=A\left[\frac{1-(1+i)^{-n}}{i}\right](1+i)$。查年金现值系数表（i = 10%，n = 4）为 3.169，则 P = 600 × 3.169 × (1 + 10%) = 2091.54。

附录2　货币时间价值系数表

附表2-1　　复利终值系数表

期数	1%	2%	3%	4%	5%	6%	7%	8%	9%	10%
1	1.0100	1.0200	1.0300	1.0400	1.0500	1.0600	1.0700	1.0800	1.0900	1.1000
2	1.0201	1.0404	1.0609	1.0816	1.1025	1.1236	1.1449	1.1664	1.1881	1.2100
3	1.0303	1.0612	1.0927	1.1249	1.1576	1.1910	1.2250	1.2597	1.2950	1.3310
4	1.0406	1.0824	1.1255	1.1699	1.2155	1.2625	1.3108	1.3605	1.4116	1.4641
5	1.0510	1.1041	1.1593	1.2167	1.2763	1.3382	1.4026	1.4693	1.5386	1.6105
6	1.0615	1.1262	1.1941	1.2653	1.3401	1.4185	1.5007	1.5869	1.6771	1.7716
7	1.0721	1.1487	1.2299	1.3159	1.4071	1.5036	1.6058	1.7138	1.8280	1.9487
8	1.0829	1.1717	1.2668	1.3686	1.4775	1.593	1.7182	1.8509	1.9926	2.1436
9	1.0937	1.1951	1.3048	1.4233	1.5513	1.6895	1.8385	1.9990	2.1719	2.3579
10	1.1046	1.2190	1.3439	1.4802	1.6289	1.7908	1.9672	2.1589	2.3674	2.5937
11	1.1157	1.2434	1.3842	1.5395	1.7103	1.8983	2.1049	2.3316	2.5804	2.8531
12	1.1268	1.2682	1.4258	1.6010	1.7959	2.0122	2.2522	2.5182	2.8127	3.1384
13	1.1381	1.2936	1.4685	1.6651	1.8856	2.1329	2.4098	2.7196	3.0658	3.4523
14	1.1495	1.3195	1.5126	1.7317	1.9799	2.2609	2.5785	2.9372	3.3417	3.7975
15	1.1610	1.3459	1.5580	1.8009	2.0789	2.3966	2.7590	3.1722	3.6425	4.1772
16	1.1726	1.3728	1.6047	1.8730	2.1829	2.5404	2.9522	3.4259	3.9703	4.5950
17	1.1843	1.4002	1.6528	1.9479	2.2920	2.6928	3.1588	3.7000	4.3276	5.0545
18	1.1961	1.4282	1.7024	2.0258	2.4066	2.8543	3.3799	3.9960	4.7171	5.5599
19	1.2081	1.4568	1.7535	2.1068	2.5270	3.0256	3.6165	4.3157	5.1417	6.1159
20	1.2202	1.4859	1.8061	2.1911	2.6533	3.2071	3.8697	4.6610	5.6044	6.7275
21	1.2324	1.5157	1.8603	2.2788	2.7860	3.3996	4.1406	5.0338	6.1088	7.4002
22	1.2447	1.5460	1.9161	2.3699	2.9253	3.6035	4.4304	5.4365	6.6586	8.1403
23	1.2572	1.5769	1.9736	2.4647	3.0715	3.8197	4.7405	5.8715	7.2579	8.9543
24	1.2697	1.6084	2.0328	2.5633	3.2251	4.0489	5.0724	6.3412	7.9111	9.8497
25	1.2824	1.6406	2.0938	2.6658	3.3864	4.2919	5.4274	6.8485	8.6231	10.835
26	1.2953	1.6734	2.1566	2.7725	3.5557	4.5494	5.8074	7.3964	9.3992	11.918
27	1.3082	1.7069	2.2213	2.8834	3.7335	4.8223	6.2139	7.9881	10.245	13.110
28	1.3213	1.7410	2.2879	2.9987	3.9201	5.1117	6.6488	8.6271	11.167	14.421
29	1.3345	1.7758	2.3566	3.1187	4.1161	5.4184	7.1143	9.3173	12.172	15.863
30	1.3478	1.8114	2.4273	3.2434	4.3219	5.7435	7.6123	10.063	13.268	17.449
40	1.4889	2.2080	3.2620	4.8010	7.0400	10.286	14.975	21.725	31.409	45.259
50	1.6446	2.6916	4.3839	7.1067	11.467	18.420	29.457	46.902	74.358	117.39
60	1.8167	3.2810	5.8916	10.520	18.679	32.988	57.946	101.26	176.03	304.48

续表

期数	12%	14%	15%	16%	18%	20%	24%	28%	32%	36%
1	1. 1200	1. 1400	1. 1500	1. 1600	1. 1800	1. 2000	1. 2400	1. 2800	1. 3200	1. 3600
2	1. 2544	1. 2996	1. 3225	1. 3456	1. 3924	1. 4400	1. 5376	1. 6384	1. 7424	1. 8496
3	1. 4049	1. 4815	1. 5209	1. 5609	1. 6430	1. 7280	1. 9066	2. 0972	2. 3000	2. 5155
4	1. 5735	1. 6890	1. 7490	1. 8106	1. 9388	2. 0736	2. 3642	2. 6844	3. 0360	3. 4210
5	1. 7623	1. 9254	2. 0114	2. 1003	2. 2878	2. 4883	2. 9316	3. 4360	4. 0075	4. 6526
6	1. 9738	2. 1950	2. 3131	2. 4364	2. 6996	2. 9860	3. 6352	4. 3980	5. 2899	6. 3275
7	2. 2107	2. 5023	2. 6600	2. 8262	3. 1855	3. 5832	4. 5077	5. 6295	6. 9826	8. 6054
8	2. 4760	2. 8526	3. 0590	3. 2784	3. 7589	4. 2998	5. 5895	7. 2058	9. 2170	11. 703
9	2. 7731	3. 2519	3. 5179	3. 8030	4. 4355	5. 1598	6. 9310	9. 2234	12. 167	15. 917
10	3. 1058	3. 7072	4. 0456	4. 4114	5. 2338	6. 1917	8. 5944	11. 806	16. 060	21. 647
11	3. 4785	4. 2262	4. 6524	5. 1173	6. 1759	7. 4301	10. 657	15. 112	21. 199	29. 439
12	3. 8960	4. 8179	5. 3503	5. 9360	7. 2876	8. 9161	13. 215	19. 343	27. 983	40. 038
13	4. 3635	5. 4924	6. 1528	6. 8858	8. 5994	10. 699	16. 386	24. 759	36. 937	54. 451
14	4. 8871	6. 2613	7. 0757	7. 9875	10. 147	12. 839	20. 319	31. 691	48. 757	74. 053
15	5. 4736	7. 1379	8. 1371	9. 2655	11. 974	15. 407	25. 196	40. 565	64. 359	100. 71
16	6. 1304	8. 1372	9. 3576	10. 748	14. 129	18. 488	31. 243	51. 923	84. 954	136. 97
17	6. 8660	9. 2765	10. 761	12. 468	16. 672	22. 186	38. 741	66. 461	112. 14	186. 28
18	7. 6900	10. 575	12. 376	14. 463	19. 673	26. 623	48. 039	85. 071	148. 02	253. 34
19	8. 6128	12. 056	14. 232	16. 777	23. 214	31. 948	59. 568	108. 89	195. 39	344. 54
20	9. 6463	13. 744	16. 367	19. 461	27. 393	38. 338	73. 864	139. 38	257. 92	468. 57
21	10. 804	15. 668	18. 822	22. 575	32. 324	46. 005	91. 592	178. 41	340. 45	637. 26
22	12. 100	17. 861	21. 645	26. 186	38. 142	55. 206	113. 57	228. 36	449. 39	866. 67
23	13. 552	20. 362	24. 892	30. 376	45. 008	66. 247	1140. 83	292. 30	593. 20	1178. 7
24	15. 179	23. 212	28. 625	35. 236	53. 109	79. 497	174. 63	374. 14	783. 02	1603. 0
25	17. 000	26. 462	32. 919	40. 874	62. 669	95. 396	216. 54	478. 90	1033. 6	2180. 1
26	19. 040	30. 167	37. 857	47. 414	73. 949	114. 48	268. 51	613. 00	1364. 3	2964. 9
27	21. 325	34. 390	43. 535	55. 000	87. 260	137. 37	332. 96	784. 64	1800. 9	4032. 3
28	23. 884	39. 205	50. 066	63. 800	102. 97	164. 84	412. 86	1004. 3	2377. 2	5483. 9
29	26. 750	44. 693	57. 576	74. 009	121. 50	197. 81	511. 95	1285. 6	3137. 9	7458. 1
30	29. 960	50. 950	66. 212	85. 850	143. 37	237. 38	634. 82	1645. 5	4142. 1	10143
40	93. 051	188. 88	267. 86	378. 72	750. 38	1469. 8	5455. 9	19427	66521	*
50	289. 00	700. 23	1083. 7	1670. 7	3927. 4	9100..4	46890	*	*	*
60	897. 60	2595. 9	4384. 0	7370. 2	20555	56348	*	*	*	*

附表2-2　　**复利现值系数表**

期数	1%	2%	3%	4%	5%	6%	7%	8%	9%	10%
1	0.9901	0.9804	0.9709	0.9615	0.9524	0.9434	0.9346	0.9259	0.9174	0.9091
2	0.9803	0.9612	0.9426	0.9246	0.9070	0.8900	0.8734	0.8573	0.8417	0.8264
3	0.9706	0.9423	0.9151	0.8890	0.8638	0.8396	0.8163	0.7938	0.7722	0.7513
4	0.9610	0.9238	0.8885	0.8548	0.8227	0.7921	0.7629	0.7350	0.7084	0.6830
5	0.9515	0.9057	0.8626	0.8219	0.7835	0.7473	0.7130	0.6806	0.6499	0.6209
6	0.9420	0.8880	0.8375	0.7903	0.7462	0.7050	0.6663	0.6302	0.5963	0.5645
7	0.9327	0.8706	0.8131	0.7599	0.7107	0.6651	0.6227	0.5835	0.5470	0.5132
8	0.9235	0.8535	0.7894	0.7307	0.6768	0.6274	0.5820	0.5403	0.5019	0.4665
9	0.9143	0.8368	0.7664	0.7026	0.6446	0.5919	0.5439	0.5002	0.4604	0.4241
10	0.9053	0.8203	0.7441	0.6756	0.6139	0.5584	0.5083	0.4632	0.4224	0.3855
11	0.8963	0.8043	0.7224	0.6496	0.5847	0.5268	0.4751	0.4289	0.3875	0.3505
12	0.8874	0.7885	0.7014	0.6246	0.5568	0.4970	0.4440	0.3971	0.3555	0.3186
13	0.8787	0.7730	0.6810	0.6006	0.5303	0.4688	0.4150	0.3677	0.3262	0.2897
14	0.8700	0.7579	0.6611	0.5775	0.5051	0.4423	0.3878	0.3405	0.2992	0.2633
15	0.8613	0.7430	0.6419	0.5553	0.4810	0.4173	0.3624	0.3152	0.2745	0.2394
16	0.8528	0.7284	0.6232	0.5339	0.4581	0.3936	0.3387	0.2919	0.2519	0.2176
17	0.8444	0.7142	0.6050	0.5134	0.4363	0.3714	0.3166	0.2703	0.2311	0.1978
18	0.8360	0.7002	0.5874	0.4936	0.4155	0.3503	0.2959	0.2502	0.2120	0.1799
19	0.8277	0.6864	0.5703	0.4746	0.3957	0.3305	0.2765	0.2317	0.1945	0.1635
20	0.8195	0.6730	0.5537	0.4564	0.3769	0.3118	0.2584	0.2145	0.1784	0.1486
21	0.8114	0.6598	0.5375	0.4388	0.3589	0.2942	0.2415	0.1987	0.1637	0.1351
22	0.8034	0.6468	0.5219	0.4220	0.3418	0.2775	0.2257	0.1839	0.1502	0.1228
23	0.7954	0.6342	0.5067	0.4057	0.3256	0.2618	0.2109	0.1703	0.1378	0.1117
24	0.7876	0.6217	0.4919	0.3901	0.3101	0.2470	0.1971	0.1577	0.1264	0.1015
25	0.7798	0.6095	0.4776	0.3751	0.2953	0.2330	0.1842	0.1460	0.1160	0.0923
26	0.7720	0.5976	0.4637	0.3607	0.2812	0.2198	0.1722	0.1352	0.1064	0.0839
27	0.7644	0.5859	0.4502	0.3468	0.2678	0.2074	0.1609	0.1252	0.0976	0.0763
28	0.7568	0.5744	0.4371	0.3335	0.2551	0.1956	0.1504	0.1159	0.0895	0.0693
29	0.7493	0.5631	0.4243	0.3207	0.2429	0.1846	0.1406	0.1073	0.0822	0.0630
30	0.7419	0.5521	0.4120	0.3083	0.2314	0.1741	0.1314	0.0994	0.0754	0.0573
35	0.7059	0.5000	0.3554	0.2534	0.1813	0.1301	0.0937	0.0676	0.0490	0.0356
40	0.6717	0.4529	0.3066	0.2083	0.1420	0.0972	0.0668	0.0460	0.0318	0.0221
45	0.6391	0.4102	0.2644	0.1712	0.1113	0.0727	0.0476	0.0313	0.0207	0.0137
50	0.6080	0.3715	0.2281	0.1407	0.0872	0.0543	0.0339	0.0213	0.0134	0.0085
55	0.5785	0.3365	0.1968	0.1157	0.0683	0.0406	0.0242	0.0145	0.0087	0.0053

续表

期数	12%	14%	15%	16%	18%	20%	24%	28%	32%	36%
1	0. 8929	0. 8772	0. 8696	0. 8621	0. 8475	0. 8333	0. 8065	0. 7813	0. 7576	0. 7353
2	0. 7972	0. 7695	0. 7561	0. 7432	0. 7182	0. 6944	0. 6504	0. 6104	0. 5739	0. 5407
3	0. 7118	0. 6750	0. 6575	0. 6407	0. 6086	0. 5787	0. 5245	0. 4768	0. 4348	0. 3975
4	0. 6355	0. 5921	0. 5718	0. 5523	0. 5158	0. 4823	0. 4230	0. 3725	0. 3294	0. 2923
5	0. 5674	0. 5194	0. 4972	0. 4761	0. 4371	0. 4019	0. 3411	0. 2910	0. 2495	0. 2149
6	0. 5066	0. 4556	0. 4323	0. 4104	0. 3704	0. 3349	0. 2751	0. 2274	0. 1890	0. 1580
7	0. 4523	0. 3996	0. 3759	0. 3538	0. 3139	0. 2791	0. 2218	0. 1776	0. 1432	0. 1162
8	0. 4039	0. 3506	0. 3269	0. 3050	0. 2660	0. 2326	0. 1789	0. 1388	0. 1085	0. 0854
9	0. 3606	0. 3075	0. 2843	0. 2630	0. 2255	0. 1938	0. 1443	0. 1084	0. 0822	0. 0628
10	0. 3220	0. 2697	0. 2472	0. 2267	0. 1911	0. 1615	0. 1164	0. 0847	0. 0623	0. 0462
11	0. 2875	0. 2366	0. 2149	0. 1954	0. 1619	0. 1346	0. 0938	0. 0662	0. 0472	0. 0340
12	0. 2567	0. 2076	0. 1869	0. 1685	0. 1372	0. 1122	0. 0757	0. 0517	0. 0357	0. 0250
13	0. 2292	0. 1821	0. 1625	0. 1452	0. 1163	0. 0935	0. 0610	0. 0404	0. 0271	0. 0184
14	0. 2046	0. 1597	0. 1413	0. 1252	0. 0985	0. 0779	0. 0492	0. 0316	0. 0205	0. 0135
15	0. 1827	0. 1401	0. 1229	0. 1079	0. 0835	0. 0649	0. 0397	0. 0247	0. 0165	0. 0099
16	0. 1631	0. 1229	0. 1069	0. 0930	0. 0708	0. 0541	0. 0320	0. 0193	0. 0118	0. 0073
17	0. 1456	0. 1078	0. 0929	0. 0802	0. 0600	0. 0451	0. 0258	0. 0150	0. 0089	0. 0054
18	0. 1300	0. 0946	0. 0808	0. 0691	0. 0508	0. 0376	0. 0208	0. 0118	0. 0068	0. 0039
19	0. 1161	0. 0829	0. 0703	0. 0596	0. 0431	0. 0313	0. 0168	0. 0092	0. 0051	0. 0029
20	0. 1037	0. 0728	0. 0511	0. 0614	0. 0365	0. 0261	0. 0135	0. 0072	0. 0039	0. 0021
21	0. 0926	0. 0638	0. 0531	0. 0443	0. 0309	0. 0217	0. 0109	0. 0056	0. 0029	0. 0016
22	0. 0826	0. 0560	0. 0462	0. 0382	0. 0262	0. 0181	0. 0088	0. 0044	0. 0022	0. 0012
23	0. 0738	0. 0491	0. 0402	0. 0329	0. 0222	0. 0151	0. 0071	0. 0034	0. 0017	0. 0008
24	0. 0659	0. 0431	0. 0349	0. 0284	0. 0188	0. 0126	0. 0057	0. 0027	0. 0013	0. 0006
25	0. 0588	0. 0378	0. 0304	0. 0245	0. 0160	0. 0105	0. 0046	0. 0021	0. 0010	0. 0005
26	0. 0525	0. 0331	0. 0264	0. 0211	0. 0135	0. 0087	0. 0037	0. 0016	0. 0007	0. 0003
27	0. 0469	0. 0291	0. 0230	0. 0182	0. 0115	0. 0073	0. 0030	0. 0013	0. 0006	0. 0002
28	0. 0419	0. 0255	0. 0200	0. 0157	0. 0097	0. 0061	0. 0024	0. 0010	0. 0004	0. 0002
29	0. 0374	0. 0224	0. 0174	0. 0135	0. 0082	0. 0051	0. 0020	0. 0008	0. 0003	0. 0001
30	0. 0334	0. 0196	0. 0151	0. 0116	0. 0070	0. 0042	0. 0016	0. 0006	0. 0002	0. 0001
35	0. 0189	0. 0102	0. 0075	0. 0055	0. 0030	0. 0017	0. 0005	0. 0002	0. 0001	*
40	0. 0107	0. 0053	0. 0037	0. 0026	0. 0013	0. 0007	0. 0002	0. 0001	*	*
45	0. 0061	0. 0027	0. 0019	0. 0013	0. 0006	0. 0003	0. 0001	*	*	*
50	0. 0035	0. 0014	0. 0009	0. 0006	0. 0003	0. 0001	*	*	*	*
55	0. 0020	0. 0007	0. 0005	0. 0003	0. 0001	*	*	*	*	*

附表2-3 **年金终值系数表**

期数	1%	2%	3%	4%	5%	6%	7%	8%	9%	10%
1	1.0000	1.0000	1.0000	1.0000	1.0000	1.0000	1.0000	1.0000	1.0000	1.0000
2	2.0100	2.0200	2.0300	2.0400	2.0500	2.0600	2.0700	2.0800	2.0900	2.1000
3	3.0301	3.0604	3.0909	3.1216	3.1525	3.1836	3.2149	3.2464	3.2781	3.3100
4	4.0604	4.1216	4.1836	4.2465	4.3101	4.3746	4.4399	4.5061	4.5731	4.6410
5	5.1010	5.2040	5.3091	5.4163	5.5256	5.6371	5.7507	5.8666	5.9847	6.1051
6	6.1520	6.3081	6.4684	6.6330	6.8019	6.9753	7.1533	7.3359	7.5233	7.7156
7	7.2135	7.4343	7.6625	7.8983	8.1420	8.3938	8.6540	8.9228	9.2004	9.4872
8	8.2857	5.5830	8.8923	9.2142	9.5491	9.8975	10.260	10.637	11.029	11.436
9	9.3685	9.7546	10.159	10.583	11.027	11.491	11.978	12.488	13.021	13.580
10	10.462	10.950	11.464	12.006	12.578	13.181	13.816	14.487	15.193	15.937
11	11.567	12.169	12.808	13.486	14.207	14.972	15.784	16.646	17.560	18.531
12	12.683	13.412	14.192	15.026	15.917	16.870	17.889	18.977	20.141	21.384
13	13.809	14.680	15.618	16.627	17.713	18.882	20.141	21.495	22.953	24.523
14	14.947	15.974	17.086	18.292	19.599	21.015	22.551	24.215	26.019	27.975
15	16.097	17.293	18.599	20.024	21.579	23.276	25.129	27.152	29.361	31.773
16	17.258	18.639	20.157	21.825	23.658	25.673	27.888	30.324	33.003	35.950
17	18.430	20.012	21.762	23.698	25.840	28.213	30.840	33.750	36.974	40.545
18	19.615	21.412	23.414	25.645	28.132	30.906	33.999	37.450	41.301	45.599
19	20.811	22.841	25.117	27.671	30.539	33.760	37.379	41.446	46.019	51.159
20	22.019	24.297	26.870	29.778	33.066	36.786	40.996	45.762	51.160	57.275
21	23.239	25.783	28.677	31.969	35.719	39.993	44.865	50.423	56.765	64.003
22	24.472	27.299	30.537	34.248	38.505	43.392	49.006	55.457	62.873	71.403
23	25.716	28.845	32.453	36.618	41.431	46.996	53.436	60.893	69.532	79.543
24	26.974	30.422	34.427	39.083	44.502	50.816	58.177	66.765	76.790	88.497
25	28.243	32.030	36.459	41.646	47.727	54.865	63.249	73.106	84.701	98.347
26	29.526	33.671	38.553	44.312	51.114	59.156	68.677	79.954	93.324	109.18
27	30.821	35.344	40.710	47.084	54.669	63.706	74.484	87.351	102.72	121.10
28	32.129	37.051	42.931	49.968	58.403	68.528	80.698	95.339	112.97	134.21
29	33.450	38.792	45.219	52.966	62.323	73.640	87.347	103.97	124.14	148.63
30	34.785	40.568	47.575	56.085	66.439	79.058	94.461	113.28	136.31	164.49
40	48.886	60.402	75.401	95.026	120.80	154.76	199.64	259.06	337.88	442.59
50	64.463	84.579	112.80	152.67	209.35	290.34	406.53	573.77	815.08	1163.9
60	81.670	114.05	163.05	237.99	353.58	533.13	813.52	1253.2	1944.8	3034.8

续表

期数	12%	14%	15%	16%	18%	20%	24%	28%	32%	36%
1	1. 0000	1. 0000	1. 0000	1. 0000	1. 0000	1. 0000	1. 0000	1. 0000	1. 0000	1. 0000
2	2. 1200	2. 1400	2. 1500	2. 1600	2. 1800	2. 2000	2. 2400	2. 2800	2. 3200	2. 3600
3	3. 3744	3. 4396	3. 4725	3. 5056	3. 5724	3. 6400	3. 7776	3. 9184	4. 0624	4. 2096
4	4. 7793	4. 9211	4. 9934	5. 0665	5. 2154	5. 3680	5. 6842	6. 0156	6. 3624	6. 7251
5	6. 3528	6. 6101	6. 7424	6. 8771	7. 1542	7. 4416	8. 0484	8. 6999	9. 3983	10. 146
6	8. 1152	8. 5355	8. 7537	8. 9775	9. 4420	9. 9299	10. 980	12. 136	13. 406	14. 799
7	10. 089	10. 731	11. 067	11. 414	12. 142	12. 916	14. 615	16. 534	18. 696	21. 126
8	12. 300	13. 233	13. 727	14. 240	15. 327	16. 499	19. 123	22. 163	25. 678	29. 732
9	14. 776	16. 085	16. 786	17. 519	19. 086	20. 799	24. 713	29. 369	34. 895	41. 435
10	17. 5649	19. 337	20. 304	21. 322	23. 521	25. 959	31. 643	38. 593	47. 062	57. 352
11	20. 655	23. 045	24. 349	25. 733	28. 755	32. 150	40. 238	50. 399	63. 122	78. 998
12	24. 133	27. 271	29. 002	30. 850	34. 931	39. 581	50. 895	66. 510	84. 320	108. 44
13	28. 029	32. 089	34. 352	36. 786	42. 219	48. 497	64. 110	84. 853	112. 30	148. 48
14	32. 393	37. 581	40. 505	43. 672	50. 818	59. 196	80. 496	109. 61	149. 24	202. 93
15	37. 280	43. 842	47. 680	51. 660	60. 965	72. 035	100. 82	141. 30	198. 00	276. 98
16	42. 753	50. 980	55. 718	60. 925	72. 939	87. 442	126. 01	181. 87	262. 36	377. 69
17	48. 884	59. 118	65. 075	71. 673	87. 068	105. 93	157. 25	233. 79	347. 31	514. 66
18	55. 750	68. 394	76. 836	84. 141	103. 74	128. 12	195. 99	300. 25	459. 45	700. 94
19	63. 440	78. 969	88. 212	98. 603	123. 41	154. 74	244. 03	385. 32	607. 47	954. 28
20	72. 052	91. 025	102. 44	115. 38	146. 63	186. 69	303. 60	494. 21	802. 86	1298. 8
21	81. 699	104. 77	118. 81	134. 84	174. 02	225. 03	377. 46	633. 59	1060. 8	1767. 4
22	92. 503	120. 44	137. 63	157. 42	206. 34	271. 03	469. 06	812. 00	1401. 2	2404. 7
23	104. 60	138. 30	159. 28	183. 60	244. 49	326. 24	582. 63	1040. 4	1850. 6	3271. 3
24	118. 16	158. 66	184. 17	213. 98	289. 49	392. 48	723. 46	1332. 7	2443. 8	4450. 0
25	133. 33	181. 87	212. 79	249. 21	342. 60	471. 98	898. 09	1706. 8	3226. 8	6053. 0
26	150. 33	208. 33	245. 71	290. 09	405. 27	567. 38	1114. 6	2185. 7	4260. 4	8233. 1
27	169. 37	238. 50	283. 57	337. 50	479. 22	681. 85	1383. 1	2798. 7	5624. 8	11198
28	190. 70	272. 89	327. 10	392. 50	566. 48	819. 22	1716. 1	3583. 3	7425. 7	15230
29	214. 58	312. 09	377. 17	456. 30	669. 45	984. 07	2129. 0	4587. 7	9802. 9	20714
30	241. 33	356. 79	434. 75	530. 31	790. 95	1181. 9	2640. 9	5873. 2	12941	28172
40	767. 09	1342. 0	1779. 1	2360. 8	4163. 2	7343. 9	22729	69377	207874	609890
50	2400. 0	4994. 5	7217. 7	10436	21813	45497	195373	819103	*	*
60	7471. 6	18535	29220	46058	114190	281733	*	*	*	*

附表2-4 **年金现值系数表**

期数	1%	2%	3%	4%	5%	6%	7%	8%	9%	10%
1	0.9901	0.9804	0.9709	0.9615	0.9524	0.9434	0.9346	0.9259	0.9174	0.9091
2	1.9704	1.9416	1.9135	1.8861	1.8594	1.8334	1.8080	1.7833	1.7591	1.7355
3	2.9410	2.8839	2.8286	2.7751	2.7232	2.6730	2.6243	2.5771	2.5313	2.4869
4	3.9020	3.8077	3.7171	3.6299	3.5460	3.4651	3.3872	3.3121	3.2397	3.1699
5	4.8534	4.7135	4.5797	4.4518	4.3295	4.2124	4.1002	3.9927	3.8897	3.7908
6	5.7955	5.6014	5.4172	5.2421	5.0757	4.9173	4.7665	4.6229	4.4859	4.3553
7	6.7282	6.4720	6.2303	6.0021	5.7864	5.5824	5.3893	5.2064	5.0330	4.8684
8	7.6517	7.3255	7.0197	6.7327	6.4632	6.2098	5.9713	5.7466	5.5348	6.3349
9	8.5660	8.1622	7.7861	7.4353	7.1078	6.8017	6.5152	6.2469	5.9952	5.7590
10	9.4713	8.9826	8.5302	8.1109	7.7217	7.3601	7.0236	6.7101	6.4177	6.1446
11	10.3676	9.7868	9.2526	8.7605	8.3064	7.8869	7.4987	7.1390	6.8052	6.4951
12	11.2551	10.5753	9.9540	9.3851	8.8633	8.3838	7.9427	7.5361	7.1607	6.8137
13	12.1337	11.3484	10.6350	9.9856	9.3936	8.8527	8.3577	7.9038	7.4869	7.1034
14	13.0037	12.1062	11.2961	10.5631	9.8986	9.2950	8.7455	8.2442	7.7862	7.3667
15	13.8651	12.8493	11.9379	11.1184	10.3797	9.7122	9.1079	8.5595	8.0607	7.6061
16	14.7179	13.5777	12.5611	11.6523	10.8378	10.1059	9.4466	8.8514	8.3126	7.8237
17	15.5623	14.2919	13.1661	12.1657	11.2741	10.4773	9.7632	9.1216	8.5436	8.0216
18	16.3983	14.9920	13.7535	12.6593	11.6896	10.8276	10.0591	9.3719	8.7556	8.2014
19	17.2260	15.6785	14.3238	13.1339	12.0853	11.1581	10.3356	9.6036	8.9501	8.3649
20	18.0456	16.3514	14.8775	13.5903	12.4622	11.4699	10.5940	9.8181	9.1285	8.5136
21	18.8570	17.0112	15.4150	14.0292	12.8212	11.7641	10.8355	10.0168	9.2922	8.6487
22	19.6604	17.6580	15.9369	14.4511	13.1630	12.0416	11.0612	10.2007	9.4424	8.7715
23	20.4558	18.2922	16.4436	14.8568	13.4886	12.3034	11.2722	10.3711	9.5802	8.8832
24	21.2434	18.9139	16.9355	15.2470	13.7988	12.5504	11.4693	10.5288	9.7066	8.9847
25	22.0232	19.5235	17.4131	15.6221	14.0939	12.7834	11.6536	10.6748	9.8226	9.0770
26	22.7952	20.1210	17.8768	15.9828	14.3752	13.0032	11.8258	10.8100	9.9290	9.1609
27	23.5596	20.7069	18.3270	16.3296	14.6430	13.2105	11.9867	10.9352	10.0266	9.2372
28	24.3164	21.2813	18.7641	16.6631	14.8981	13.4062	12.1371	11.0511	10.1161	9.3066
29	25.0658	21.8444	19.1885	16.9837	15.1411	13.5907	12.2777	11.1584	10.1983	9.3696
30	25.8077	22.3965	19.6004	17.2920	15.3725	13.7648	12.4090	11.2578	10.2737	9.4269
35	29.4086	24.9986	21.4872	18.6646	16.3742	14.4982	12.9477	11.6546	10.5668	9.6442
40	32.8347	27.3555	23.1148	19.7928	17.1591	15.0463	13.3317	11.9246	10.7574	9.7791
45	36.0945	29.4902	24.5187	20.7200	17.7741	15.4555	13.6055	12.1084	10.8812	9.8628
50	39.1961	31.4236	25.7298	21.4822	18.2559	15.7619	13.8007	12.2335	10.9617	9.9148
55	42.1472	33.1748	26.7744	22.1086	18.6335	15.9905	13.9399	12.3186	11.0140	9.9471

续表

期数	12%	14%	15%	16%	18%	20%	24%	28%	32%	36%
1	0. 8929	0. 8772	0. 8696	0. 8621	0. 8475	0. 8333	0. 8065	0. 7813	0. 7576	0. 7353
2	1. 6901	1. 6467	1. 6257	1. 6052	1. 5656	1. 5278	1. 4568	1. 3916	1. 3315	1. 2760
3	2. 4018	2. 3216	2. 2832	2. 2459	2. 1743	2. 1065	1. 9813	1. 8684	1. 7663	1. 6735
4	3. 0373	2. 9137	2. 8550	2. 7982	2. 6901	2. 5887	2. 4043	2. 2410	2. 0957	1. 9658
5	3. 6048	3. 4331	3. 3522	3. 2743	3. 1272	2. 9906	2. 7454	2. 5320	2. 3452	2. 1807
6	4. 1114	3. 8887	3. 7845	3. 6847	3. 4976	3. 3255	3. 0205	2. 7594	2. 5342	2. 3388
7	4. 5638	4. 2883	4. 1604	4. 0386	3. 8115	3. 6046	3. 2423	2. 9370	2. 6775	2. 4550
8	4. 9676	4. 6389	4. 4873	4. 3436	4. 0776	3. 8372	3. 4212	3. 0758	2. 7860	2. 5404
9	5. 3282	4. 9464	4. 7716	4. 6065	4. 3030	4. 0310	3. 5655	3. 1842	2. 8681	2. 6033
10	5. 6502	5. 2161	5. 0188	4. 8332	4. 4941	4. 1925	3. 6819	3. 2689	2. 9304	2. 6495
11	5. 9377	5. 4527	5. 2337	5. 0286	4. 6560	4. 3271	3. 7757	3. 3351	2. 9776	2. 6834
12	6. 1944	5. 6603	5. 4206	5. 1971	4. 7932	4. 4392	3. 8514	3. 3868	3. 0133	2. 7084
13	6. 4235	5. 8424	5. 5831	5. 3423	4. 9095	4. 5327	3. 9124	3. 4272	3. 0404	2. 7268
14	6. 6282	6. 0021	5. 7245	5. 4675	5. 0081	4. 6106	3. 9616	3. 4587	3. 0609	2. 7403
15	6. 8109	6. 1422	5. 8474	5. 5755	5. 0916	4. 6755	4. 0013	3. 4834	3. 0764	2. 7502
16	6. 9740	6. 2651	5. 9542	5. 6685	5. 1624	4. 7296	4. 0333	3. 5026	3. 0882	2. 7575
17	7. 1196	6. 3729	6. 0472	5. 7487	5. 2223	4. 7746	4. 0591	3. 5177	3. 0971	2. 7629
18	7. 2497	6. 4674	6. 1280	5. 8178	5. 2732	4. 8122	4. 0799	3. 5294	3. 1039	2. 7668
19	7. 3658	6. 5504	6. 1982	5. 8775	5. 3162	4. 8435	4. 0967	3. 5386	3. 1090	2. 7697
20	7. 4694	6. 6231	6. 2593	5. 9288	5. 3527	4. 8696	4. 1103	3. 5458	3. 1129	2. 7718
21	7. 5620	6. 6870	6. 3125	5. 9731	5. 3837	4. 8913	4. 1212	3. 5514	3. 1158	2. 7734
22	7. 6446	6. 7429	6. 3587	6. 0113	5. 4099	4. 9094	4. 1300	3. 5558	3. 1180	2. 7746
23	7. 7184	6. 7921	6. 3988	6. 0442	5. 4321	4. 9245	4. 1371	3. 5592	3. 1197	2. 7754
24	7. 7843	6. 8351	6. 4338	6. 0726	5. 4509	4. 9371	4. 1428	3. 5619	3. 1210	2. 7760
25	7. 8431	6. 8729	6. 4641	6. 0971	5. 4669	4. 9476	4. 1474	3. 5640	3. 1220	2. 7765
26	7. 8957	6. 9061	6. 4906	6. 1182	5. 4804	4. 9563	4. 1511	3. 5656	3. 1227	2. 7768
27	7. 9426	6. 9352	6. 5135	6. 1364	5. 4919	4. 9636	4. 1542	3. 5669	3. 1233	2. 7771
28	7. 9844	6. 9607	6. 5335	6. 1520	5. 5016	4. 9697	4. 1566	3. 5679	3. 1237	2. 7773
29	8. 0218	6. 9830	6. 5509	6. 1656	5. 5098	4. 9747	4. 1585	3. 5687	3. 1240	2. 7774
30	8. 0552	7. 0027	6. 5660	6. 1772	5. 5168	4. 9789	4. 1601	3. 5693	3. 1242	2. 7775
35	8. 1755	7. 0700	6. 6166	6. 2153	5. 5386	4. 9915	4. 1644	3. 5708	3. 1248	2. 7777
40	8. 2438	7. 1050	6. 6418	6. 2335	5. 5482	4. 9966	4. 1659	3. 5712	3. 1250	2. 7778
45	8. 2825	7. 1232	6. 6543	6. 2421	5. 5523	4. 9986	4. 1664	3. 5714	3. 1250	2. 7778
50	8. 3045	7. 1327	6. 6605	6. 2463	5. 5541	4. 9995	4. 1666	3. 5714	3. 1250	2. 7778
55	8. 3170	7. 1376	6. 6636	6. 2482	5. 5549	4. 9998	8. 1666	3. 5714	3. 1250	2. 7778

参考文献

1. 财政部．关于全面推进管理会计体系建设的指导意见，2014.

2. 财政部．管理会计基本指引，2016.

3. 财政部．管理会计应用指引，2016－2018.

4. 财政部．规划宏伟蓝图开创历史先河——财政部关于全面推进管理会计体系建设的指导意见系列解读之一，2014.

5. 贺颖奇，等．中国注册管理会计师胜任能力框架研究，2017.

6. 贺颖奇．管理会计的三个基本框架［M］. 北京：中国财政经济出版社，2019.

7. 贺颖奇，陈佳俊．管理会计［M］. 上海：上海财经大学出版社，2003.

8. 孟焰．西方现代管理会计的发展及对我国的启示［M］. 北京：经济科学出版社，1997.

9. 余绪缨．管理会计［M］. 北京：中国财政经济出版社，1983.

10. 彭宏超．管理会计学［M］. 杭州：浙江大学出版社，2013.

11. 金萍．管理会计学［M］. 昆明：云南大学出版社，2015.

12. 徐鸣，瞿炎辰编著．管理会计［M］. 上海：华东理工大学出版社，2013.

13. 刘爱东．现代管理会计学［M］. 长沙：中南大学出版社，2011.

14. 夏明会．管理会计［M］. 北京：北京理工大学出版社，2012.

15. 林涛．管理会计［M］. 厦门：厦门大学出版社，2011.

16. 陈建，史继坤．管理会计［M］. 长沙：湖南大学出版社，2012.

17. 张长胜．企业全面预算管理教程［M］. 北京：北京大学出版社，2012. 09.

18. 方世力．集团公司全面预算管理［M］. 北京：中国宇航出版社，2012.

19. 孙茂竹，王艳茹，李朝晖．成本管理会计［M］. 大连：东北财经大学出版社，2017.

20. 于富生，黎来芳，张敏．成本会计学．北京：中国人民大学出版社，2012.

21. 王仲兵．成本会计学（第二版）［M］. 大连：东北财经出版社，2012.

22. 张涛．管理成本会计［M］. 北京：经济科学出版社，2009.

23. 吴革．成本与管理会计（第二版）［M］. 北京：中信出版社，2012.

24. 李会青．成本会计学（第二版）［M］. 上海：上海财经大学出版社，2016.

25. 鲁亮升，庞碧霞．成本会计（第二版）［M］. 大连：东北财经大学出版社，2017.

26. 赵宝芳．成本会计［M］. 北京：经济科学出版社，2006.

27. 李艳霞，杨淑云，刘利．成本会计［M］. 北京：经济科学出版社，2002.

28. 欧阳清．成本会计学［M］. 大连：东北财经大学出版社，2001.

29. 江希和，向有才．成本会计教程与案例［M］. 上海：立信会计出版社，2009.

30. 刘淑莲．财务管理［M］. 北京：机械工业出版社，2015.

31. 荆新，王化成，刘俊彦．财务管理学［M］. 北京：中国人民大学出版社，2015.

32. 秦荣生．企业内部控制与风险管理［M］. 北京：经济科学出版社，2012.

33. 张瑞君，蒋砚章．会计信息系统（第 7 版）［M］. 北京：中国人民大学出版社，2015.

34. 刘鹏．信息系统与商业创新［M］. 北京：清华大学出版社，2017.

35. 薛华成．管理信息系统（第 5 版）［M］. 北京：清华大学出版社，2007.

36. 罗超理，李万红．管理信息系统原理与应用［M］. 北京：清华大学出版社，2002.

37. 中国注册会计师协会．2018 年注册会计师全国统一考试辅导教材：财务成本管理．北京：中国财政经济出版社，2018.

38. 中国注册会计师协会．2017 年注册会计师全国统一考试辅导教材：公司战略与风险管理．北京：中国财政经济出版社，2017.

39. 赫伯特·西蒙．管理行为（中译本）［M］. 北京：中国社会科学出版社，1985.

40. 赫伯特·西蒙．管理决策新科学（中译本）［M］. 北京：中国社会科学出版社，1985.

41. 罗伯特·卡普兰，等．高级管理会计（中译本）［M］. 大连：东北财经大学出版社，1999.

42. 迈克尔·波特．竞争优势［M］，陈小悦，译．北京：华夏出版社，2005.

43. 齐默尔曼，等．决策与控制会计（中译本）［M］. 大连：东北财经大学出版社，2000.

44. 查尔斯·T. 亨格瑞，加里·L. 森登．管理会计［M］. 潘飞，沈红波译．北京：北京大学出版社，2016.

45. 哈格·卡明斯．信息时代的管理信息系统（原书第 8 版）［M］. 严建援，等，译．北京：机械工业出版社，2015.

46. 美国管理会计师协会．管理会计公告（第 1 – 4 辑）．刘霄仑，等，译．北京：人民邮电出版社，2013.

47. Efraim Turban. 管理信息技术（原书第 5 版）［M］. 赵苹，等，译．北京：中国人民大学出版社，2009.

48. George H. Bodnar Williarm S. Hopwood. 会计信息系统（原书第 8 版）［M］. 卢俊，译．北京：清华大学出版社，2003.

49. N. M. 格拉斯．卓越管理的新思维：理念、工具和人（中译本）［M］. 北京：中国标准出版社，科文（香港）出版有限公司，2000.

50. 胡玉明，21 世纪管理会计主题的转变——从企业价值增值到企业核心能力培植［J］. 外国经济与管理，2001（12）．

51. 胡玉明．中国管理会计理论研究：回归本质与常识［J］. 财务研究，2017（3）．

52. 孔宁宁，张新民，吕娟．营运资本管理效率对公司盈利能力的影响：基于中国制造业上市公司的经验数据［J］. 南开商业评论，2009（12）：121 – 126.

53. 王竹泉，孙莹，张先敏，等．中国上市公司营运资金管理调查（2013）［J］．会计研究，2014（12）：72－78.

54. 李心合．嵌入供应链的营运资金管理［J］. 会计之友，2012（12）：21－23.

55. 张先敏．供应链管理影响营运资金管理绩效的机理研究［J］. 财务与会计（理财版），2014（6）：67－70.

56. 张先敏，王竹泉．供应商关系、客户关系与经营性营运资金管理绩效［J］．会计论坛，2014（1）：51－62.

57. 温琳，王慧，薛靖．营销渠道营运资金管理绩效比较分析：以青岛海尔、格力电器与美的电器为例［J］. 财会通讯，2012（12）：115－116.

58. 潘飞，陈世敏，文东华，王悦．中国企业管理会计研究框架［J］. 会计研究，2010.

59. 余绪缨．现代管理会计研究的新思维［J］. 会计研究，2003（6）.

60. AAA Committee. Report of the Committee on Concepts and Standards—Internal Planning and Control. The Accounting Review. 1974.

61. Abdel－Kader, M. and Luther, R. 2006. IFAC's Conception of the Evolution of Management Accounting. Advances in Management Accounting. 15：229－247.

62. AMAC. 1988. Management Accounting Guidelines. Canada.

63. Bromwich, M. and Sea Pens, R. Management Accounting Research：The first Decade. Management Accounting Research, 2001, 2：254.

64. CGMA. The Global Management Accounting Principles－Effective management accounting：Improving decisions and building successful organisations. 2014.

65. SONIA BANOS. Working capital management, corporate performance, and financial constraints［J］. Journal of Business Research, 2014（3）：332－338.

66. http：//www. cgma. org

67. http：//www. cimaglobal. com

68. http：//www. cncima. com

69. https：//cpacanada. ca/en/ CPA Canada

70. http：//www. ifac. org

71. http：//www. imanet. org

72. http：//www. imanet. org. cn